분해의 철학

분해의 철학

{부패와 발효를 생각한다}

후지하라 다쓰시

박성관 옮김

사월의책

분해의 철학

1판 1쇄 발행 2022년 12월 10일
2쇄 발행 2023년 3월 15일

지은이 후지하라 다쓰시
옮긴이 박성관
펴낸이 안희곤
펴낸곳 사월의책

편집 박동수
디자인 김현진

등록번호 2009년 8월 20일 제2012-000118호
주소 경기도 고양시 일산서구 중앙로 1388 동관 B113호
전화 031)912-9491 | 팩스 031)913-9491
이메일 aprilbooks@aprilbooks.net
홈페이지 www.aprilbooks.net
블로그 blog.naver.com/aprilbooks

ISBN 979-11-92092-05-8 93100

* 책값은 뒤표지에 있습니다.

차 례

프롤로그: 생겨나면서 손상된다

1장 '제국'의 형태—네그리와 하트의 '부패' 개념에 대하여

2장 나무블럭의 철학—프뢰벨의 유치원에 대하여

3장 인류의 임계—차페크의 미래소설에 대하여

4장 넝마주이의 마리아—법과 일상의 틈새에서

5장 떠들썩한 장례식—생태학사 속의 '분해자'

6장 수리의 미학—수선한다, 푼다, 베푼다

에필로그: 분해의 향연

청소 아저씨에게

프롤로그

생겨나면서 손상된다

1 청소 아저씨

시나가와에 4년 정도 살았던 적이 있다. 문을 열고 베란다로 나가면 낮고 무거운 엔진 소리가 여기저기서 들려오는 공공 주택이 당시 거주지였다. 낡은 자동차를 파쇄하는 공장이나 주로 시나가와구의 쓰레기를 소각하는 시나가와구 청소센터도 멀지 않은 곳에 있었다. 거대한 푸드 코트를 자랑하는 쇼핑센터도 걸어서 갈 수 있는 거리였다. 때때로 길거리 스피커에서는 스모그주의보가 흘러나온다. 바로 옆에 대형 도로가 있고 신칸센은 물론 도쿄-요코하마 급행선에 모노레일까지 달리고 있으니 분진과 소음의 이유를 찾기에 전혀 어려움이 없다. 평일 아침, 집에서 버스로 20분 정도 떨어진 시나가와역의 출구를 잇는 통로를 보면, 검은 양복을 입은 샐러리맨들이 10열 종대로 줄을 지어 묵묵히 직장으로 향한다.

하지만 화창하고 공기가 맑은 아침에는 저 멀리 눈 덮인 후지산이 시야에 들어온다. 집에서 가장 가까운 역의 이름이기도 한 아오모노요코초 북쪽에는 골목식당 거리가 펼쳐져 있다. 축제날에는 시나가와에서 태어난 우리 어머니도 전통 의상을 입고 포장마차에서 술을 마신다. 활기찬 상점가에서는 말끝마다 "…습다!"를 꼭 붙이는 샐러리맨들이 점심을 후다닥 해치우고, 밤이 되면 술로 간과 위를 괴롭히러 모여들어 나름 대성황을 이룬다. 메구로강 하구 부근에 있는 가까운 해상공원은 하수처리시설 옆에 조성된 공원이다. 토요일과 일요일에는 깔깔거리며 뛰어다니는 아이들과, 그 아이들이 던진 공을 어기적어기적 쫓아가는 졸음 섞인 얼굴의 아버지들을 볼 수가 있다. 이곳은 대도시 한가운데 있으면서도 잠깐이나마 숨을 돌릴 수 있는 평온함이 남아 있었다.

이러한 분위기는 주거 환경 쪽도 마찬가지였다. 150가구를 수용할 수 있는 11층짜리 공공 주택은 들고 나는 사람이 많고 자치회도 따로 없다. 당연히 모르는 사람이 부지기수여서 간혹 엘리베이터를 함께 타게 되더라도 그저 인사를 하는 정도다. 하지만 그래도 왠지 모르게 마음이 편안했다. 가장 큰 이유를 들자면 '청소 아저씨'였다. 이와테현 출신인 그는 매일 아침 8시경에 이 공공 주택에 도착한 뒤 푸른 작업복에 알록달록한 수건을 머리에 두르고 쓰레기장에 쌓인 쓰레기를 정리한다. 그리고 수거차가 올 때는 쓰레기가 담긴 컨테이너를 도로에 가지런히 늘어놓는다. 쓰레기 정리가 얼추 마무리되면 청소 용구, 물이 담긴 커다란 소주병, 휴대용 라디오를 짐수레에 싣고 다니면서 각 층마다 있는 공용 통로를 청소한다. 나는 매일 아침 바닥을 슥슥 솔질하는 소리가 들려오면 하루가 시작된 것 같은 상쾌한 기분이 들곤 했다. 다리가 조금 불편해서 보행이 특이한 아저씨가 복도를 통과한 뒤 그 티끌 하나 없는 청정함이라니. 아저씨의 표정은 언제나 부드러웠지만 신체에는 엄격한 직업의식 같은 것이 새겨져 있음을 느꼈다.

아저씨가 주민들에게 애정 어린 존경의 대상이었던 것은 청소를 하다가 이와테 사투리로 말을 건네오기 때문만은 아니었다. 주민들 모두의 이름과 성격을 알고 있고 각각에 맞추어 이야기를 해주기 때문만도 아니었다. 사실 아저씨는 손재주가 좋아서 울퉁불퉁한 손가락을 사용해 쓰레기장에서 장난감을 만들어준 것이다. 각 가정에서 쓰레기로 배출된 골판지나 스티로폼 등이 쓰레기장에 있는 책상 위에서 공룡이 되기도 하고 자동차가 되기도 하니 놀러온 아이들의 눈은 반짝반짝 빛난다. 아이들의 생일에는 수제 케이크를 갖고 와준다. 골판지나 색종이로 만들어진 종이 케이크다. 그 안에 아저씨가 직접 구입한 먹을 수 있는 간식이 들어 있어 이 또한 아이들의 마음을 사로잡을 뿐만 아니라 부모들의 마음도 훈훈하게 해주는 것이었다.

또 다마가와에서 잡았다는 가재나 거북을 쓰레기로 버려진 스티로폼에 잘 넣어 쓰레기장에서 아이들에게 보여준다. 근처의 곤충 상자에는 거대한 메뚜기들이 가득 채워져 있고 "이건 뭐야, 아저씨?"라고 묻는 여자아이에게 아저씨는 "가재의 먹이야"라고 상쾌하게 답해주었다. 쓰레기장은 언제나 청결했고, 학원이나 숙제에 쫓기는 아이들이 자연스레 모여드는 장소였다.

다만 아이들을 대하는 아저씨의 방식은 상당히 쿨했다. 안 될 때는 안 된다고 하고 무리한 일은 무리라고 한다. 오냐 오냐 하며 머리를 쓰다듬거나 애들 말투를 쓰는 일은 별로 없다. 아첨을 떨어 환심을 사는 일도 없다. 적당한 거리감을 유지하면서 아이들의 요구에 꽤나 드라이하게 대응하는 것인데, 이 거리감이 또 아이들에게 편안함을 주는 듯했다.

나는 출근 전에 쓰레기를 버리러 갔다가 아저씨와 만나 이야기를 할 때가 많았다. 아저씨는 내게 옛이야기를 자주 해주었다. 이와테의 가난한 농가에서 태어난 그는 일본 각지에서 다양한 직업을 거치다가 도쿄까지 오게 된 것인데, 그 자세한 이야기는 여기서는 하고 싶지 않다. 어쨌거나 청소 아저씨가 걸어온 길은 일본 전후사 자체였고, 그 고심에 찬 여정 끝에 도달한 경지가 '청소 아저씨'였다는 걸 알았다. 동일본 대지진 재해 당시 비상계단에 아저씨가 걸어놓은 "힘내라, 도호쿠(東北)"라는 펼침막도 아저씨의 인생에서 배어 나온 표현이었다.

어느 날 근처에 사는 어머니로부터 "아저씨가 어딘가로 가게 되었다나봐"라는 갑작스런 말을 들었다. 당황해 쓰레기장으로 가 그에게 물어보니 "이야기를 하면 눈물이 나올 거 같아 소리 없이 빠져나가려고 했는데…"라며 고개를 떨구었다. 아무래도 중개업자가 바뀌는 바람에 아저씨도 자연스레 계약 해지가 되어버린 것 같았다.

평소 아저씨에게 신세만 지고 제대로 답례도 하지 못했던 우리는 작전을 짰다. 근처에 살던 어머니는 도쿄로 이사를 온 뒤에도 전혀 변하지 않던 관서지방 사투리로 주택관리 회사에 집요하게 전화를 걸어댔다. 우리는 서명 용지를 만들고, 그걸 모든 가구의 우편함에 넣었다. 곧 많은 서명 용지가 돌아왔다. 그중 대다수는 이름도 얼굴도 모르는 사람들이었다. 아저씨의 모습을 그린 어린이의 편지, 슬하에 아이는 없지만 아저씨가 일하는 모습에는 감사하고 있다는 부부의 말이 적혀 있던 편지, 소식을 들은 아이들이 울음을 터뜨렸다고 쓰여 있는 편지도 있었다.

곧바로 그것을 모아 주택관리공사에 보냈더니 매우 정중한 태도로 쓰인, 게다가 발전적인 답장이 왔다. 다만 답장을 받고 보니, 아저씨가 일하는 모습을 생각하면 여전히 보수가 박한데, 이 점에 대해 제대로 호소하지 못했던 점은 크게 반성하지 않을 수 없었다. 이토록 흔치 않은 일을 어째서 노동 시장은 더 적절하게 평가할 수 없는 것일까? 아저씨보다 보수를 두 자릿수, 아니 심지어 다섯 자릿수 이상 받는 사람들이 어째서 이 세상에 존재하는 것일까? 처음 급여액을 알았을 때 단순히 의문이 들었고 나의 어리석음이 부끄러웠다. 어찌 되었든 아저씨는 작업복을 바꾸어 입고 다시 일할 수 있게 되었으며 아이들에게서는 불안한 표정이 사라졌다.

물론 서명 운동을 하는 동안 내가 멀지 않은 장래에 교토로 이사 간다는 사실은 아저씨에게 말하지 않았다. 어느 날 마음을 먹고 털어놓았을 때 역시나 아저씨는 내 앞에서 울기 시작했다.

아저씨는 매일 수많은 쓰레기를 쏟아내는 우리를 향해 "아직 쓸 수 있는 이런 물건을 버리다니 아깝네"라는 말은 한 번도 하지 않았다. "예전에는 이렇게 물건을 버리지는 않았는데"라고 푸념하지도 않았다. 나 자신도 마음 한켠에서는 질책받기를 바라고 있었을지 모르지만, 아저씨는 그저 묵묵히 가정에서 분류되었을 쓰레기를 한 번 더 분류하여 그중에서 재사용 가능한 것을 장난감이나 청소 도구로 바꾸어 갔다. 그러니까 아저씨에게 보살핌을 받고 있었던 건 실은 어른들이었을지도 모른다. 적어도 나는 아저씨의 자녀뻘 되는 나이로, 커터칼을 쥔 아저씨의 손가락에, 그리고 이와테 사투리로 펼쳐지는 옛날이야기에 동심으로 돌아갔음을 고백하지 않을 수 없다.

2 속성을 상실한 것들의 필요성

청소 아저씨의 이런 행위들은 대체 무엇을 의미하고 있었던 것일까? 무엇이 그토록 사람들의 마음을 흔들었던 것일까? 근대 사회의 관점에서 보자면 아저씨의 행위는 이중의 의미에서 물건의 연명이라고 부를 수 있는 행위였다.

첫째, 건물의 유지 보수를 한 것. 청소 아저씨가 없다면 건축업자의 손을 떠난 뒤 건물의 노후화는 심히 가속화될 것이다. 그런 콘크리트 덩어리를 날마다 씻어 깨끗하게 해주니 상하거나 더러워지기가 쉽지 않다. 무기적인 소재로 지어진 주택을 매일 손질함으로써 연명시키는 것이 청소 아저씨의 일이었다. 그리고 그 일은 주택에 사는 인간이나 인간 이외의 생명체의 신체로부터 지면으로 떨어지는, 콘크리트 위에서는 분해되지 않는 것들을 모아 쓰레기봉투에 넣는 그런 행위다. 청소란 기본적으로 어떤 일인가? 만일 더러운 상태라면 제대로 되어 있지 않다는 것이 의식되지만, 반면 매일같이 심혈을 기울여 해보아도 특별히 칭찬을 받지도 상을 받지도 못하는 일이다. 요리나 세탁 같은 가사 노동과 마찬가지로 '그림자 노동'이라 불릴 그런 일이다. 청소 아저씨도 아마 청소를 한 것만으로는 피고용인이 해야 할 일을 한 것으로 당연시될 뿐, 주민들로부터 감사의 마음이 생겨나는 일은 없었을 것이다.

둘째, 쓰레기를 아이들의 장난감이나 청소 용구로 바꾼 것. 즉 청소 아저씨는 쓰레기가 되어 사회적 가치를 박탈당한 것을 다시 한 번 사회적 가치가 있는 것으로 재조립하여 그것의 연명을 성취한 것이다.

청소 아저씨의 행위는 첫째 의미에서는 확실히 연명이라고 할 수 있다. 그러나 둘째 의미에서 '연명'이라고 하는 것은 고도로 산업화된 사회가 아니고서는 들어맞지 않는 표현이다. 쓰레기란 어떤 제품이 더 이상 사용 가치가 없어졌다고 판단되거나, 경우에 따라서는 가치가 있음에도 불구하고 소유자의 손을 떠난 후 다른 주인을 찾지 못한 채 결국에는 연소되거나 땅속에 매립되고 마는 것들의 총칭이다. 요컨대 쓰레기란 물건의 이름이 아니라 어떤 특정한 사회경제 상황 속에서 그 물건의 최종 형태를 나타내는 말에 불과하다. 신품이 쓰레기라는 명칭으로 바뀌는 것일 뿐이다. 플라스틱도 콘크리트도 존재하지 않았던 시대라면 예컨대 목재는 몇 번이고 재사용됐으며, 부엌에서 식용으로 쓰기 곤란했던 것은 그냥 쓰레기로 버려지는 대신 토끼나 염소, 돼지의 먹이가 되거나 비료가 된다든가 했고, 최종적으로는 땅속의 곤충이나 절지동물, 구더기, 미생물의 먹이가 되어 먹히고 깨어지고 잘게 썰어져 산산이 바스러졌다. 곤충, 절지동물, 미생물이 유기물을 다시 한 번 다른 생물이 흡수하기 쉽도록 더 작은 유기물이나 무기물로 잘게 부수어갔다.[1] 다른 측면에서 말하자면 어떤 것의 생산량이 자연의 분해 능력을 웃돌 때 비로소 쓰레기는 태어난다. 그러니까 청소 아저씨는 버려질 운명에 처한 물건의 죽음을 미루고 그 삶을 연명시킨 게 아니라, 애당초 사물이나 존재의 죽음 따위는 없었던 시대와 장소에서는 극히 당연했던 '작용'을 전적으로 무의식중에 촉진하고 있었을 뿐이다.

이렇듯 어떤 것의 속성(무엇인가에 속해 있어 분리할 수 없는 성질)이나 기능(어떤 목적이 이루어지도록 하는 작용)이 최종적으로 다 소진되어 운동의 방향성이 상실되고 마침내 사라져버릴 때까지 계속해서 흡수되고 이용되는 것을 생태학 세계에서는 '분해'라 부른다. 이 개념은 '분해'의 일반적인 정의, 즉 '하나의 존재를 개개의 요소로 나누는 것 또는 나눠지는 것'이라는 의미로부터 크게 벗어나는 건 아니다. 이 책에서도 생태학적 뉘앙스를 늘 염두에 둘 터인데, 그러면서 동시에 좀 더 보편적인 의미에서 이 개념을 사용할 것이다. '분해'는 청소 아저씨에게서 볼 수 있듯이 인간 사회에서도 일반적으로 볼 수 있는 현상이다. 망가진 자동차를 공장에서 파쇄하여 재활용할 수 있게 만들듯이, 부엌에서 배출되는 물고기의 창자를 비료로 사용하듯이, 재를 벽돌의 재료로 이용하듯이 말이다.

어떤 것에 뒤얽혀 있던 속성이 제거되고 기능도 잃어버리고 산산이 흩어지게 되어 '그저 거기에 있다' '무엇인가에 작용하는 상태에 있다'고 말할 수밖에 없는 상태에 도달했을 때, 그것은 비슷한 상태의 다른 것과 합성되기 쉬워진다. 예를 들자면 물에 녹기 쉬워지는 것이다. 물에 잘 녹는다는 것은 중요하다. 수용성 물질은 이동성이 커지고 확산성 역시 커질 뿐만 아니라 물을 보유한 물질 속으로 침투하기도 쉬워진다. 더욱이 양전하를 띠거나 음전하를 띤 전해질(이온)로 분리되어 다른 소재와 결합하기 쉬워진다. 결합하기 쉬운 소재가 침투하기 쉬워지는 것은 다른 것의 소재가 되기 쉬워지고 결국 어떤 것의 일부가 되어 부활하기 쉬워지는 것이기도 하다. 그렇게 되지 않았다면 지구라는 행성은 벌써 오래전에 쓰레기더미로 변모하여 너무 뜨거워진 나머지 대부분의 생명체는 죽음에 이르렀으리라.

사물에 잠재해 있는 열을 발산하고 해체하고 고요히 가라앉혀 잠들게 하는 것. 인간과 식물과 동물, 나아가 생명체와 인공물의 울타리조차 자유로이 넘어가는 초영역적인 현상에 이와테 출신의 청소 아저씨는 자연스레 참여하고 있었던 것이다. 게다가 청소 아저씨는 어느 하나의 계를 유지하기 위해 더 이상 필요 없게 된 것들을 분해하고 버리는 걸 촉진할 뿐만 아니라, 분해 과정에서 부산물을 만들어내 그 계의 주민들에게 다시 배분하는 일까지 해낸 것이었다. 그것은 마치 부패해가는 쌀에서 알코올을 산출하는 미생물과 같은, 혹은 부패를 제어하여 양질의 술을 빚어내는 양조의 장인과 같은, 그런 발효의 담당자들이 하는 일과 같았다.

약간 흠집만 나도 물건을 쓰레기통에 던져버리기 일쑤인 소비자들은 청소 아저씨만큼 이 현상을 깨달을 수 있는 지성과 감각을 갖추지는 못했다. 하지만 이들 역시도 마치 다마가와에서 시나가와로 끌려온 그 딱한 가재처럼 자신의 신체를 사용하여 물, 식물, 동물, 공기 등을 흡수하고 신체의 틈새나 구멍, 균열이나 이음새를 통해 기체, 액체, 고체 등을 방출함으로써 부지불식중에 이 장대한 사업에 참가하고 있는 것이다.

이 책의 목적은 공공 주택 거주자들을 끊임없이 매료시켰던 청소 아저씨와 그의 행동을, 지금까지 선행자들이 남겨온 생각과 행동의 역사 속에 위치시키고 보편화하는 일에 다름 아니다.

3 인간계와 자연계의 틈새에서

결국 나의 시선이 이러한 분해 현상이나 청소 아저씨의 재이용 기술로 향하게 되는 것은 음식과 농업의 현대사를 연구하는 가운데 무모할 정도로 큰 물음을 던지면서 내가 지금까지 밟아온 편력 때문이다. 이는 대략 네 가지로 나뉠 수 있다.

국가사회주의 독일 노동자당(나치당)의 독재 체제하에서 "토양-식물-동물-인간의 생물학적 공생"을 부르짖은 농촌계획학자가 왜 동유럽의 인종적·경관적 재구축을 목표로 하는 동부종합계획을 수립하고, 또 화학비료보다 토양 내 부식(腐植, humus)을 중시한다고 말했던가? 다시 말해 자연과 인간의 행복한 관계를 지향하며 노동을 지상의 원리로 삼는 운동체이자 정치 체제가 어찌하여 다른 '인종'에 대해서는 행복한 관계 대신 말살을 선택했던가? 지구와 부드럽고 편안한 관계를 소망하며 행동하는 인간이 있다면, 그는 필연적으로 다른 인간에게도 부드럽고 편안한 존재일 것이다, 라고는 말할 수 없단 말인가?[2]

자연-인간 물질대사의 요체인 주방이라는 공간은 어떤 연유가 있었기에 20세기 들어 여러 과학자들이 분석하고 개선 방안을 제출하여 시스템화를 이룬 것인가?[3]

어떻게 해서 대도시의 저변에서 일하는 노동자들은 버려진 물건을 모아 다시 사용할 수 있는 물건으로 바꾸어갔는가?[4]

왜 20세기 들어서는, 기존에 분뇨를 생산하는 기능을 가졌던 가축 대신 전 세계의 논밭에서 트랙터가 쟁기를 끌게 되었고, 또 논밭은 더 넓은 사각형 꼴로 변모되어갔는가? 그리고 유기질 비료 대신 화학 비료가 세계의 농촌을 석권하고, 농약이 살포되기에 이른 까닭은 무엇인가?[5]

여러 가지 물음을 던졌지만 사실 그 물음들은 다음과 같은 큰 물음으로부터 파생된 것이기도 하다. 사회가 근대화되면서 인간과 자연 사이의 물질 순환적인 관계는 그 **접점**(예컨대 주방이나 토양)에서 어떤 식으로 변화했는가? 좀 더 파고들어 보자면, 그 다원적인 관계가 어떻게 해서 세계 각지의 화학 물질이나 핵 물질에 의한 오염, 더 나아가서는 삼림, 해양, 대기의 오염 등에서 볼 수 있듯이, 이렇게나 급격히 단조로워졌는가? 왜 인간들은 그 방향으로 나아갔고, 게다가 인간끼리의 관계성도 단조롭게 만들어버렸는가? (이는 나치즘의 경우에 두드러지게 드러났을 뿐 현대 사회에서도 진행 중인 경향이다.)

각각의 물음에 대한 나름의 잠정적인 답은 비록 한정된 사고 능력의 범위 내에서나마 지금까지 출간한 저작들을 통해 제시해온 터라 여기서는 굳이 반복하지 않겠다. 하지만 방금 제시한 큰 물음에 대해서는, 그로부터 파생된 각각의 하위 문제들과 씨름하는 동안에는 언어화를 게을리해왔고, 나 자신의 물음을 완전히 대상화하지도 못한 상태였다. 또한 왜 이러한 물음이 나왔는지에 대해, 이러한 문제에 나보다 더 이전에 봉착했던 선행하는 사상가들과 관련지어 숙고해보지 않았다. 심지어는 나와 선행자들을 둘러싼 사건이나 사상의 조류를 열심히 확인해보지도 않았다.

물론 이러한 확인을 따로 하지 않더라도 맞닥뜨린 물음들과 어울리는 가운데 저절로 떠오르는 걸 지켜보겠다는 태도도 나름 담박하고 좋은 것이겠지만, 사유해온 여러 테마들이 여기저기 어질러져 있는 것 또한 사실이다. 그래서 음식과 농업을 둘러싸고 내가 펼쳐온 역사학에 전제로 작용해온 사고방식이 어디서 연원했는지에 초점을 맞춰 나의 독서와 귀동냥의 편력을 더듬어봄으로써 분해론의 배치를 사유해보는 것도 좋겠다고 생각했다.

일반적으로 말해서 역사학자는 철학자나 사상가가 구성해낸 형이상학적 개념을 아무리 기피하려 애써도 그로부터 커다란 영향을 받게 마련이며, 일차 사료에서 이해하게 된 것만을 포착하려고 아무리 애써도 형이상학의 세계로부터 온전히 벗어날 수는 없다. 근래에는 역사학이 점점 더 전문화되면서 사상서나 철학서를 별로 읽지 않는 역사학자도 늘고 있지만, 설령 역사학자 자신이 읽지 않는다 해도 그 영향을 완전히 저지하기는 쉽지 않다. 사료를 발굴하고 정리한 결과로 기존의 역사 서술에는 없었던 이야기를 할 수야 있겠지만, 그 의미와 의의를 독자에게 제대로 전달하는 것은 어느 정도의 이론과 개념을 배우지 않으면 불가능하다.

연구를 시작했을 무렵의 나는, 농약 오염과 토양 악화가 지구를 멸망으로 이끌어 가는 게 아닐까 하는 초조감에 내몰리며 관련 서적을 뒤적였다. 그와 병행하여 히로시마, 나가사키, 비키니 환초에서의 핵무기 폭발, 시라누이해*의 수은 오염, 체르노빌 원전 폭발 등이 초래한 인간과 자연의 파괴를 둘러싼 사상적 원인을 규명하기 위해 좁은 범위

* 不知火海. 규슈 본토와 아마쿠사 제도에 둘러싸인 내해로, 1950년대와 1960년대에 질소 화학 공장에서 유출된 수은 때문에 심하게 오염되었다. 이 때문에 여기서 어업을 하고 이곳의 수산물을 먹던 주민들이 미나마타병에 걸리기도 했다. — 이하 각주는 모두 옮긴이 주이며, 저자의 원주는 미주로 실었다.

에서나마 철학이나 사상 분야의 책, 그리고 관련 문학 서적들도 뒤적여 보았다.

철학자들의 사유 편력을 따라가며 내 연구를 점검하다 보니, 이런 사건들에 대항하는 사상을 형성한다는 게 대단히 어렵다는 걸 실감할 수 있었다. 한나 아렌트가 경고했듯이, 독일의 나치즘과 소련의 스탈린주의라는 두 그림자가 나와 같은 방식으로 사유해보려는 사람들의 배후를 유령처럼 늘 따라다니는 것이다. 체르노빌 사태나 미나마타병, 핵폭탄 등의 압도적 폭력 앞에 섰을 때 종종 우리는 소진되지 않는 생명 현상의 무한한 힘과 육체노동을 하는 사람들의 아름다움을 그와 대비시키고 싶어지는데, 그럴수록 나치의 생명지상주의적 사상에 접근하고 만다는 역설로 향한다.[6] 나치가 "생명 법칙"(Lebensgesetz), 즉 인간은 생명의 순환에 따라야 한다는 원리를 설파한 것은, 인간과 자연의 풍요로운 관계를 국가가 구축해 가겠노라 선언한 1935년 '제국자연보호법'에서 꽃을 피웠으며, 다른 한편 인간은 인종이라는 자연의 섭리에 순종해야 한다는 원리와 하등 모순 없이 연결되었다. 노동을 신성한 것이라 외치며 경제 원리와는 공존할 수 없는 행위라고 주장했던 나치즘과 스탈린주의는, 노동할 수 없거나 노동 능력이 낮다고 간주된 인간을 멸시하고 나아가 말살시키는 방향으로 나아갔다. 게다가 뭔가를 생각하거나 논의하거나 집안의 가구를 만들거나 하는 일들을 모조리 노동에 포함시키고 여가 시간조차 소비나 정치 등에 대한 교육 시간으로 조직화하려 했던 나치즘과 스탈린주의는, 노동과 소비의 왕복 운동이 더욱더 인간의 삶을 뒤덮어버리게 된 현대 사회의 선구자였다 해도 좋을 것이다.[7]

만일 우리가 이런 연유로 나치즘과 스탈린주의를 뿌리친다면, 그러면서도 여전히 생명과 인간 사회의 다원적이고 연쇄적인 상호 작용을 포착하고자 한다면, 대체 어떻게 해야 좋을까? '국민'이나 '일체성' 같은 너무 끈적거리는 측면을 제거하면서도 다른 한편에서는 각 지점들과 접속이 가능한 개념, 말하자면 신체 밖으로 뛰쳐나온 신경회로적인 개념이 필요하다는 점도 느꼈다. 그렇지 않으면 곧장 노동이라는 장엄한 생명 순환 과정을 중시하고 국민의 통일을 도모했던 나치의 덫에 걸리고 만다.

이 덫은 세상의 여론이 '생명'이나 '순환', '자연' 같은 슬로건에 의심 없이 기대어버릴 경우 곧장 사회 전체의 덫으로 바뀌어버린다. '환경'과 '생태'라는 말은 거기에 내포된 위험성을 일단 해독시킨 다음에는 마치 부적처럼 온갖 다양한 토론이나 문서의 결론으로 사용되기 일쑤다. 세상 모든 일에 대해 어딘가 멀리에 서서 시스템이 순조롭게 흘러가고 있음을 확인하는 그런 식의 견해랄까, 구체성이 부족하고 언어로 최대한 설명을 하지 않는다. 신의 섭리처럼 당연한 현상으로서 순환을 파악하는 '고고한 관점'뿐이라면, 그것은 '순환'을 '지속가능성'이라는 유엔 용어나 '기업의 사회적 책임' 같은 용어와 일체화시킴으로써 그 정치경제적 담론 공간에서의 왕좌의 지위를 강고하게 할 뿐이다. 그런 식이 아니라, 대체 어떠한 작용이 순환의 전제가 되고 있는지를 짚지 않으면 안 된다. 원래 순환이나 지속가능성이라 불리는 현상은 그런 반들반들하고 반짝거리는 현상이 아니라, 거칠고 누덕누덕하며 껍질은 벗겨지고 알맹이는 튀어나와 대단히 가혹하고 마구 북적이며 악취가 물씬 풍기는 현상이다. 그로테스크하기 그지없는 것임과 동시에,

미생물이나 곤충 같은 작은 분해자들이 사람은 알지도 못하는 방식으로 고집스레, 그리고 부리나케 해내는 바지런함의 정수 같은 것이기도 하다.

더구나 자연계의 물질 순환은 지금까지 보아온 바와 같이 인간 사회에서도 기능하고 있다. 이삭줍기, 넝마주이, 수리점에서부터 폐품 회수, 소나 말의 사체 처리, 쓰레기 수거에 이르기까지, 어떻게든 소재를 재사용할 수 있도록 충분히 가공하는 존재, 즉 분해자는 사회적으로 금기시되어온 역사적 경위로 인해 지나치게 경시당하고 있다.

생명의 위대함에 헌신한다, 삼라만상의 바다에 몸을 맡긴다, 제행무상의 행위로 자신을 비운다 등등 초월적인 것에 대한 허다한 예찬과는 다른 회로로, 자연계와 인간계를 통합적으로 말할 수는 없는 걸까?

실제로 그러한 분해 현상은 신화나 종교의 세계에서 묘사되어왔다. 주위 사람들에게 우둔하다는 말을 들었지만 부처님의 분부로 청소를 하루도 게을리하지 않고 계속한 결과, 마침내 득도한 주리반특(周利槃特).* 그는 만화가 아카쓰카 후지오의 표현세계에서는 부처님으로부터 받았던 빗자루를 자녀 양육 시에도 사용한 사내,** 그리고 아이들이 자라 부모 슬하를 떠난 뒤에도 심지어 아내와 사별한 뒤에도 여전히 빗자루를 손에서 놓지 못했던 사내, 또는 레레레 아저씨로도 구현되어

* 주리반특의 고사: 그는 매우 아둔한 편이어서 부처님께 출가한 지 3년이 되어서도 게송 하나 외우지 못했다. 거의 자포자기 심정이 되었을 때 부처께서 빗자루를 주며 정사(精舍)를 깨끗이 청소하라고 하였다. 주리반특은 부처님이 가르쳐준 "먼지를 털고 때를 제거하자"라는 말을 외우면서 매일매일 깨끗이 청소를 했다. 그러다가 바로 그런 행위가 수행임을 알게 되고, 그 순간 깨달음을 얻었다.

** 주리반특은 자녀들이 너무 많아서 아이들을 단숨에 이동시키기 위해 빗자루를 사용했다는 일화가 있다.

있는데, 내일도 또 그다음 날도 사는 곳을 쓸어서 깨끗이 하는 반복 행위가 실은 인간의 마음도 쓸어서 깨끗이 하는 일이었다는 식으로 자연계와 정신계를 동일 개념으로 동시에 설명하고 있다. 쓰는 행위란 이 세상에 한동안 필요한 것과 자연히 분해될 것을 분별하는 행위이니 말이다.

또한 '하이누웰레형 신화'*라는 용어에서도 알 수 있듯이 사체에서 작물이 태어나는 신화는 세계 각지에서 볼 수 있는데, 모든 신화가 그렇듯 의외로 묘사가 시원시원하다. 부패 속의 생성을 그리는 경우는 가령 『고사기』(古事記)의 너무나도 유명한 구절에서도 볼 수 있다.

> 먹을 것을 오오게쓰히메 신(大気津比売神)에게 달라고 했다. 이에 오오게쓰히메가 코와 입, 그리고 엉덩이에서 여러 가지 맛있는 음식을 끄집어내어 여러 가지 요리를 만들어 바쳤을 때 하야스사노오(速須佐之男)가 그 모습을 엿보고는, 음식을 더럽힌 후 바치는 것이라 생각하여 즉시 그 오오게쓰히메 신을 죽이고 말았다. 그런데 살해당한 신의 몸에서 생기는 무언가가 있었으니 머리에서는 누에가 생겼고, 두 눈에서는 볍씨가 생겨났으며, 두 귀에서는 조가 생겼고, 코에서는 팥이 생겨났으며, 음부에서는 밀이 생겨났고, 엉덩이에서는 콩이 생겨났다. 그리하여 가미무스히노미오야(神産巣日の御祖)가 이러한 것들을 모아 각기 그것들의 씨앗으로 삼았다.[8]

* 하이누웰레(Hainuwele)는 인도네시아 사체 환생 신화의 주인공 이름. 이 신화를 연구한 옌젠은 이 이름을 따서 사체에서 작물이 발생하는 형식의 신화를 '하이누웰레형 신화'라 명명했다. (이상의 내용은 노성환 『고사기』 민속원, 2009년, 59쪽, 역주 60 참조.)

코와 엉덩이에서 다양한 식재료를 꺼내 요리를 대접한 오오게쓰히메를 추접스럽다 여겨 하야스사노오가 살해하는데, 그 사체의 머리에서 누에가, 두 눈에서 볍씨가, 두 귀에서 조가, 코에서 팥이, 음부에서 밀이, 엉덩이에서 콩이 생겨 거기서 씨앗을 취했다는 식으로 오곡의 기원을 이야기하는 대목이다. 머리를 제외하면 모두 점막이 외부에 노출되어 있는 부위로, 거기에는 점액이 분비되어 습기가 있고 미생물도 서식하기 때문에 감염증의 발생원이 되기도 하고 상처 나기도 쉬워 분해되기 아주 좋은 환경이요, 토양과 같은 장소라는 사실을 결국 나는 주목하게 된다. 위험과 풍요의 틈새에서야말로 오곡이 "생겨나는" 것이다. 『고사기』 같은 텍스트, 즉 신화이면서도 다른 한편으로는 생물학적이고 직접적인 묘사가 펼쳐져 있는 이런 텍스트가 도리어 생명 숭배적인 세계관으로부터 벗어날 힌트를 주는 셈이다.

당연한 얘기지만 하야스사노오가 오오게쓰히메를 소홀히 대하는 태도에서 여실히 나타나고 있는 도식,* 즉 '힘 예찬으로서의 부성 숭배'와 '자연 예찬으로서 모성 숭배'라는 도식은 현재에 이르기까지 뿌리 깊게 존속하면서 여성에 대한 남성의 권력 행사를 무의식적으로 계속 뒷받침하고 있다. 이런 측면이 신화에 담겨 있다는 걸 확실히 짚어두지 않는 것은 지나치게 목가적인 처사다. 이 도식을 해체해가는 것은, 애당초 도식의 고정화와는 정반대되는 상호작용이자 현상인 분해를 사유하려는 이 책에서는 필수 불가결한 과제다.

* 하야스사노오라는 이름에는 '용맹하고 신속하며 사나운 신'이라는 뜻이 담겨 있으며, 한자 이름에 男이 들어 있기도 하다. 한편 오오게쓰히메는 '음식물을 관장하는 여신'이다. (이상의 내용은 『고사기』 47쪽, 역주 160 그리고 59쪽, 역주 59 참조.)

이상과 같은 생각의 편력을 더듬는 가운데 머리에서 떠나지 않게 된 어떤 이미지가 있는데, 그것은 말년의 다윈이 위대한 경작자의 모습으로 그려낸 지렁이였다. 그 이미지를 더 추상화해서 말하자면 생태학에서 분해자라 불리는 존재이며, 구현된 것으로 말하자면 '청소 아저씨'였던 것이다.

4 파손된 것의 이념: 나폴리의 기술

다만 버려진 것 속에서 시작의 맹아를 발견한다는 논의는 이미 케케묵은 소리처럼 들리기도 한다. 최근 포스트휴먼에 관한 논의가 활기를 띠게 되면서, 혹은 동일본 대지진에 의해 모든 구조물의 취약함과 덧없음이 망막에 새겨진 후에는 비교적 자주 듣게 된 표현일지도 모르겠다. "폐물이 되어버린 것의 가능성이라든가, 그러한 것에 대한 미학적 감성을 소중히 여기자"라는 논의에 대해 "또 그 소리냐"고 탄식하는 논자도 있다.[9] 인류학자 메리 더글러스가 『순수와 위험』(1966)에서 "부정(不淨)한 것이 신생(新生) 의식에 사용되는" 사례에 대해 상세하게 연구했다는 것도 잘 알려진 바와 같다. 예컨대 더글러스는 이런 이야기를 하고 있다. "정원사는 뽑아낸 잡초를 땅에 되돌려놓음으로써 풍요로움을 유지해야 한다. 어떤 종교가 이례적인 것이나 꺼려야 할 것을 특별히 다루고 그것이 선한 무언가를 낳을 수 있게 하는 것은, 잡초를 가래로 뒤집고 잔풀을 베어 퇴비를 만들어내는 것과 같은 일이다."[10]

버려진 것에 깃드는 재생 가능성이라는 이야기는 원래 신화시대 이래로 인류사의 주요한 모티브였고, 예술과 하위문화에도 깊숙이 침투해 있다. 혁명의 소란에서 벗어나 파리의 하수도로 들어간 장 발장은 분뇨를 전신에 뒤집어씀으로써 사랑하는 코제트에 대한 독점욕을 해체했다. 고리키는 쓰레기장 같은 '밑바닥'에서 사회로부터 버려진 자들의 조화로운 공존을 그려냈다. 피카소는 쓰레기장에서 주운 자전거 안장과 핸들을 결합하여 「황소」(1942)라는 제목의 작품을 제작했다.[11] 어디서든 찾아볼 수 있는 플롯인 이상, 확실히 새로움은 없을 수도 있다. 안이하게 폐허와 재생을 결부시키는 논의에 나 자신도 질리기 시작했다는 것은 부정하기 어렵다.

그렇지만 이 책의 논의는 여기서 끝이 아니다. 그 이유는 첫째, 이미 말했듯이 폐물이 되어버린 것에서 가능성을 발견하는 논의들 대부분이 어떤 것의 '폐물화'와 그것이 다시 한 번 다른 어떤 것의 일부가 되어가는 그 의학적, 생태적, 사회적 영역, 즉 물질적 부분과 결부된 영역의 검토를 게을리하고 있기 때문이다. 따지고 들자면 신비주의적으로, 멀리서 바라보고 있다는 불만이다. 또한 아렌트처럼 분해의 세계를 노동이나 생명과 분리하지 않은 채 둔다면, 분해에 내포된 비(非)나치즘적인 복수성의 정치라는 가능성을 간과해버리게 된다. 게다가 그것은 안이하게 '아름답다'든가 '재생'이라고 불러서는 안 되는, 전혀 다른 인문학적 시각이 필요한 현상이다.

둘째, 우주 물리학은 고밀도·고에너지의 특이점에서 빅뱅이 시작되었다고 하는데, 이는 물질과 에너지가 어느 한 점에 가득 채워져 있다가 그 점이 폭발하여 파편이 사방팔방 가속적으로 흩어져가는 과정에서 현재의 우주가 구성되었다는 말이다. 기본적으로 무언가의 '시작됨'은 그 자체로 '분해됨'이 아닌가 하는 예감이 있는 것이다.

만든다, 생산한다, 쌓는다, 올린다, 거듭한다, 산출한다 등의 말이 나타내듯이, 기본적으로 우리는 덧셈과 곱셈의 세계를 살고 있다고 여긴다. 경력을 쌓는 것도, 또 교양을 익히는 것도 자신을 '형성'하는 것이라고 굳게 믿는다. 아이를 낳는 것도, 작물을 기르는 것도, 심지어 내가 이 책을 쓰는 것도 죄다 '생산'이라 불리며, 영상을 제작하거나 게임을 프로그래밍하는 사람을 크리에이터라고 부르기도 한다. 나치즘도 스탈린주의도 자본주의는 비판했지만, 생산 자체를 비판하지는 않았다. 모든 나라가 생산량을 분석하고 국내총생산(GDP) 순위에 일희일비하는 것은 그런 숫자가 그 나라의 활성도를 재는 척도라고 철석같이 믿기 때문이다. 나이는 거듭되는 것이고 경험은 쌓이는 것이라 간주된다.

허나 우주가 그러하듯이, 씨앗의 껍질이 터지며 싹이 나듯이, 알이 깨지며 유충이 얼굴을 내밀듯이, 양수가 터지고 나서 자궁에 고이 간직되어 있던 아기가 바깥 세계를 향하여 조금씩 산도(産道)를 밀고 나오듯이, 우리가 세계에서 살아간다는 것도 파열의 과정, 즉 분해의 과정 속을 살아가고 있을 뿐이다. 실제로 그 속에서 뭔가가 만들어지는 것도 분해 과정을 우회하거나 딴 짓을 하다 보니 생겨나는 것, 즉 분해 과정의 부산물에 불과하다. 수정란은 하나의 세포를 차례차례 분열시키면서 성장하고, 갓난아기는 체액도 때도 똥오줌도 땅에 떨어뜨리면서 만인의 축복 속에 육체 붕괴로 향하는 여정에 나선다. 태어났을 때 이미 분할과 붕괴로 향하고 있다. 아니, 제대로 말하자면, 분할되고 붕괴되기 시작하는 것을 일러 태어난다고 하는 게 아닌가. 즉 우리는 덧셈과 곱셈이라기보다는 뺄셈이며 나눗셈인 그런 세계를 살아가는 게 아닌가.

생물학자 후쿠오카 신이치도 생명이 "합성보다 분해하는 쪽을 끊임없이 우선한다"고 말한다. 즉 다른 생물의 단백질을 먹고, 소화하고, 산산조각 냄으로써 그걸 자신을 구성하는 물질과 끊임없이 교체하는 것인데, 합성 이상으로 분해 쪽을 진행시켜 나가지 않으면 엔트로피 법칙을 거스르게 되어 생명을 유지할 수가 없다. 후쿠오카는 이를 '동적 평형'이라 부른다. 후쿠오카가 제창한 '동적 평형'을 나는 인간과 그 이외의 다른 생물들 간에는 물론이고, 심지어 인간과 인간 간의 상호 관계를 그려내는 데 있어서도 유효하다고 본다.[12] 당연한 얘기지만 이러한 생명론은 DNA의 비중을 과도하게 강조하는 현재의 생물학에 대한 비판이기도 하다는 점을 덧붙여두고 싶다.

과거에 존재했던 몇 가지 사유도 내가 이러한 예감을 품게 해주었다. 독일과 일본과 이탈리아, 우연히도 한때 추축국이었던 이 세 나라에 각각의 방식으로 그러한 사유가 존재했던 것이다. 이 책의 전제로서 잠깐 소개하고자 한다.

우선은 독일에 존재했던 사유로부터. 이 논의는 일본에도 일부 알려져 있지만 나중에 언급할 이유로 말미암아 이탈리아어로 번역된, 그것도 요약된 내용에 근거해 부분적으로 언급되고 있을 뿐이며 그 전모는 거의 알려지지 않은 상태이므로 소개를 해두겠다. 프랑크푸르트학파와 깊이 교류했던 철학자 알프레트 존-레텔(Alfred Sohn-Rethel)이 1926년 3월 21일 『프랑크푸르터 차이퉁』지에 발표한 「파손된 것의 이념: 나폴리의 기술에 대하여」라는 짧은 글이다.[13]

과학기술입국인 독일에서 온 철학자 존-레텔은 나폴리에서 사용되는 도구나 기계에 뭔가 이상한 점이 있음을 깨닫는다.

> 나폴리에서는 기술에 관련된 장치들이 원칙적으로 고장 나 있다. 만일 손상되지 않은 신품이 있다고 한다면, 그것은 예외에 불과하며 기이한 우연의 결과다. 나폴리에 체재하다 보면, 모든 것이 이미 고장 난 상태로 만들어져 있다는 인상을 받게 된다. (…) 그러나 고장 났다고 해서 기능하지 않는다는 건 아니다. 도리어 나폴리 사람에게는 뭔가가 고장 남으로써 비로소 기능하기 시작하는 것이다.

이 에세이가 쓰인 1926년이라는 해는 1차 세계대전이 끝나고 이제 막 8년이 지난 시점이었다. 물자가 부족했던 당시 유럽에서는 심플한 소재를 가지고 저비용으로 새로운 건축과 조형예술 표현을 모색하는 움직임이 나타났다. 러시아의 구성주의[14]라든가 독일의 바우하우스 건축운동, 혹은 후자로부터 동시대적 영향을 받은 인도의 타고르가 벌인 민예운동에 이런 경향이 현저하게 나타나고 있었다. 존-레텔이 고장 난 것을 대하는 시선도 이러한 시대 배경과 무관하진 않았을 것이다. 그는 나폴리 사람의 기술에 대한 대응에 독특한 점이 있다고 보는데, 특히 자동차에 대한 대응에서 그 점을 발견한다.

> 나폴리 사람은 자기가 소유한 자동차가 고장 났을 때, 가히 명인과도 같은 탁월한 솜씨로 거리에서 우연히 발견한 작은 나무막대기 같은 의외의 것을 끼워 넣음으로써 다시 구동시킬 수가 있다. 물론 그 차는 머잖아 다시 고장 날 뿐이다. 그도 그럴 것이 완전히 수리를 한다는 것은 나폴리 사람에게 혐오감을 초래하기 때문이다. 나폴리 사람은 오히려 완벽한 자동차 같은 건 애초부터 포기하고 살아가는 것이다.

완벽한 자동차는 어떤 점에서도 나폴리 사람의 관심을 끌지 못한다. 만약 누군가가 나폴리 사람에게 그런 식이라면 모터나 기술적 목적을 가진 도구를 이용하는 게 아니라고 말한다면, 나폴리 사람은 놀라며 그 사람을 쳐다볼 것이다. 심지어 나폴리 사람은 기를 쓰며 이렇게 반론을 펼칠 것이다. 자신들에게 기술의 본질이란 망가진 것의 기능에 있다고 말이다. 실제로 나폴리 사람은 망가진 기계를 다루는 가운데, 모든 기술을 극복하며 군림하고 있다. (…)

이에 반해 소위 자동적으로 기능하는 손상 없는 신품은 나폴리 사람에게는 근본적으로 왠지 꺼림칙하다. 왜냐하면 자기가 아무것도 하지 않았는데도 그것이 확실하게 작동하기 때문이며, 결국은 어떤 식으로, 또 어디를 향해 움직이는지를 단번에 알 수 없기 때문이다.

여기서 중요한 것은 무손상, 무왜곡, 무결함, 완전함에 대한 나폴리 사람의 혐오감이며, 또한 두려움이다. 완벽한 사물은 나폴리 사람에게 이처럼 양극단을 오가는 것이다. 그 어느 쪽이든 자신으로부터 멀다. 망가진 것은 자신에게 가깝다. 망가진 것의 수리를 통해 그 메커니즘을 몸으로 이해하고 나서야 비로소 사물과 깊은 관계를 맺을 수 있다는 것이 나폴리 사람의 철학이다. 존-레텔이 말하듯이 반짝반짝 빛나는 신품은 기본적으로 자신과 관련되어 있지 않기 때문에 "불가해"하다. 이것은 기술 영역의 문제가 아니다. 예컨대 독일의 오스람 전구가 나폴리 교회에 있는 성모화의 후광 대신 사용되는 것처럼 "종교적 힘의 영광과 합류하는" 것이다.

그리고 이 책의 관심에 비추어볼 때 존-레텔의 논의에서 가장 흥미로운 것은 '시작'에 관한 것이다. 완벽한 기계를 다룰 경우, 인간과 기계가 관계하게 되는 '시작'은 태어나지 않는다. "기술은 오히려 인간이 인간 자신에게 적대적이고 폐쇄적인 기계의 자동성(automatism)에 거부권을 발동하는 지점에서 비로소 시작된다."

이 에세이는 이렇듯 나폴리 사람의 망가진 것에 대한 애착을 설명한 끝에 다음과 같은 인상적인 광경으로 맺어진다.

> 기능의 예외적인 힘에 의해 어딘가 잘못 연결된 급수관을 통해 물이 분출하고, 이를 본 거리의 아이들이 환호성을 지를 때 입속으로 그 물이 쏟아져 들어간다. 아이들은 당장 승천이라도 할 듯이 더더욱 환호작약한다. 근처에 있던 사람들이 총출동하여 마땅히 환영할 만한 이 샘의 출현을 기뻐하고 있다. 이런 식으로 해서 이 도시에서는 대단히 복잡하고 목적이 분명히 있었을 여러 기술 도구들이 지극히 단순하게 결합되어 있다. 이것은 결코 꿈에 그리던 장치는 아니다. 그 모든 도구들은 도구 자체의 본래 유용성과는 거리가 먼 구조로 완전히 개조되어 본래의 목적을 수미일관하게 거부하고 있다.

상하수도 인프라가 제대로 기능하지 못하기 때문에, 수돗물이 본래 도달해야 할 곳에 닿지 않고 전혀 엉뚱한 곳에서 샘물처럼 솟구친다. 그것을 가난한 아이들이 향유한다. 목적은 달성되지 않는다. 계획대로 되지 않는다. 짜증의 원인일 법한 이러한 현상들은, 그러나 나폴리 사람이 사물이나 존재를 대할 때의 온건함에서, 혹은 어폐를 무릅쓰고 말하자면 '적당함/어지간함'에서 유래한다.

파손되어 있다는 걸 전제로 사물과 사귀어가는 나폴리 사람의 태도에는, 생산 속에 이미 고장이 포함되어 있다, 아니, 생산에서부터 이미 고장이 시작되고 있다. 자본주의 사회에서든 사회주의 사회에서든 도저히 있을 수 없는 일이다. 하지만 실은 전혀 고장 난 데가 없다는 것이, 또 신품이라는 것이 지나치게 중시되는 사회야말로 인류사 전체로 볼 때 지극히 드문 시대라는 것을 역설적으로 이 에세이는 독자에게 전하고 있다.

5 기능에서 단절된 기관

다음은 나폴리를 품고 있는 이탈리아에 존재했던 사유로부터. 이탈리아 철학자 조르조 아감벤은 『벌거벗음』(2009)의 8장 「영광스러운 몸」에서[15] 지금까지 논의해온 존-레텔의 에세이를 소개한다.

이 장에서는 '영광스러운 몸', 즉 천국에서 부활한 육체에 대한 성직자들의 논의, 특히 토마스 아퀴나스의 논의를 거론한다. 식인종에게 흡수당한 육체의 경우 천국에서는 어느 쪽 육체로 소생할 것인가, 또 머리카락, 손톱, 혈액, 젖, 흑담즙, 땀, 정액, 점액, 오줌 등 천국에는 어울리지 않는다고 간주되는 것들은 어떻게 부활할 것인가 등등, 아퀴나스는 해부에 가까운 수준으로 문제들을 최대한 구체화하고 그에 대해 대단히 진지하게 논의한다.

중요한 것은 생식기관이나 소화기관 등 더 이상 천국에선 필요 없는 기관들이다. 고환, 음경, 질, 자궁, 위, 창자는 어떻게 부활할 것인가. 천국에서는 이미 신이 정한 숫자밖에 사람이 없으므로 생식 기능은 필요 없고, 부활한 육신은 30세 정도의 육체로 처음부터 완벽하기 때문에 더 커지거나 쪼그라들지 않으며, 따라서 성장을 위해 뭔가를 먹을 필요도 없기 때문이다. 아무리 생각해봐도 천국에는 레스토랑이나 부엌 같은 게 없을 성싶다.

하지만 다른 한편 천국, 즉 완전한 자연에는 불필요한 것 따위는 전혀 존재하지 않는다. 여기서 역설이 발생한다. 이 역설을 토마스는 "기관을 그 특유의 생리학적 기능으로부터 단절시키는 것"이 핵심 지점이라고 말함으로써 해결하고자 한다. 아감벤은 토마스의 전략을 이렇게 정리한다. "작업으로부터 단절되어 말하자면 공중에 붕 뜨게 된 기관이나 도구는 바로 이 때문에 어떤 명시적인 기능을 획득하게 되는데, 이는 공중에 붕 뜨게 된 작업에 상응하는 덕을 과시하기" 위해서도 유용하다고 말이다.[16]

자동차에 나무 조각을 꽂아 다시 구동시키고 그래서 곧장 다시 고장이 나지만, 그에 굴하지 않고 또 수리를 하는 나폴리 사람의 이야기가 등장하는 것은 바로 이 맥락이다. 인간의 신체 일부가 사회적으로 기대되는 기능을 수행하지 않거나 또는 온전히 수행하지 못하고 있는 것. 기계가 망가져 있는 것. 항상 수리나 원조를 필요로 하는 상태라는 것. 아감벤은 이러한 상황들을 모두 동일한 사유 평면에 늘어놓고 논한다. 목적에서 일탈한 무위(無爲)가 반드시 불활성을 의미하는 건 아니라는 논리다.

> 육체를 무위의 상태로 인도하는 성적인 희열은 인간을 자연에 결부시키는 굴레를 끊어버린다. 마찬가지로 몸짓 속에서 그 잠재력을 응

> 시하며 과시하는 육체는 두 번째이자 최후에 해당하는 자연을 받아들이는데, 이것이 다름 아닌 잠재력이다. 천상의 영광을 입은 육체는 더 기민하거나 아름답거나 더 빛나거나 영적인, 또 하나의 육체가 아니다. 그것은 무위가 육체를 마법에서 해방시켜 새롭고도 진정한 공통의 사용을 향해 육체를 열어가는, 그러한 육체인 것이다.[17]

손상되지 않은 완벽한 것으로 제대로 기능한다 함은 일견 "아름답게" 보이지만, 그것은 표면상으로만 그러할 뿐이다. 완벽함은 어떤 다른 존재를 필요로 하지 않기 때문에 "공통의 사용*"이 이루어지지 않은 상태 그대로 머문다. 그리고 사회적으로 기대되는 기능을 벗어던지고 도착적(倒着的)으로 사용되어버리는 "희열" 또한 발생하지 않는다. 이렇게 볼 때, 어떤 지향성 아래 구축된 구성체로부터 모든 기능과 부수물을 벗겨나가는 분해 작용은, 아감벤이 말하는 '희열', 그리고 '벌거벗음'의 유희에는 없어서는 안 될 요소다.

이것은 장애인들이 보통 사람들에겐 전혀 문제없어 보이는 완벽하고 스마트한 사회를 향해 맥락 없이 큰 소리를 지른다든가 정체된 찻길 한복판에서 천천히 휠체어를 타고 간다든가 하면서 그 응어리를 풀어가는 걸 '분해'라고 일컬은 이노세 고헤이의 관찰과도 무관하지 않다. 전체를 매끄럽게 굴리기 위해 요구되는 기능으로부터 새어나가는

* 아감벤은 『신체의 사용(*L'uso dei corpi*)』(Vicenza: Neri Pozza Editore, 2014)에서 '사용'이라는 단어가 통상적인 타동사(능동적인 주체가 수동적인 대상에 영향을 미치는 타동사)만이 아니라, 주체가 대상을 사용할 때 동시에 주체가 변화를 겪는 동사, 즉 중동태의 동사일 수도 있다고 말한다. 참고로 『신체의 사용』은 고쿠분 고이치로의 『중동태의 세계』(박성관 옮김, 동아시아, 2019)와 마찬가지로 중동태를 주제로 한 책인데, 국내에는 아직 번역되지 않았다.

행위는 사회적 규제로부터 벗어난, 말하자면 '알몸'의 행위지만, 바로 이 벌거벗음이 스마트한 사회야말로 '공통의 사용'의 희열을 빼앗는 존재임을 깨닫게 해준다는 것이다.

이제 마지막으로 일본에 존재했던 사유로부터. 후지타 쇼조의 「신품 문화: 처음부터 반짝이는 상태로 주어진다」(1981)라는 글이다.[18]

후지타는 1981년의 일본 사회에 대한 분석에서 글을 시작한다.

> 확실히 오늘날 도시의 구조는 새로운 치장을 함으로써 크게 변화하였다. 건물도 자동차도 사람이 입는 옷도 손에 든 물건도 하나같이 신품화되었다. 그러나 그 신품들은 이미 보았듯이 제품으로서 주어져 있는 물건들이다. 주문 제작된 물건들도 본질적 측면에서는 제품이다. 아니, 주문 제작된 고가의 특제품이야말로 더더욱 다량의 이성이 포괄적인 형태로 물품화되어 있다.[19]

신품으로 흘러넘치는 찬란하고 아름다운 사회. 그러나 그것은 결코 아늑한 사회가 아니다. 후지타는 "복잡하게 구성된 신품은 일체의 흔적이 없고 흠도 얼룩도 없다는 점에서 처음부터 매끄러운 것으로 주어진 것이다."라고도 말하는데, 이는 존-레텔이 관찰한 나폴리 사람의 감각과도 깊은 의미에서 상통하는 것이다. 후지타는 신품 문화에 대해 '몽타주'라는 말을 대립시킨다.

> 예를 들어 찬장의 덧문짝 하나가 수선되었을 때조차 '고쳐진 새로움', 즉 갱신이 출현하는 법이지만 여기[신품 문화]에는 그게 없다. 갱신

의 세계에서는 덧문짝 하나만이 주위의 연장적 연속으로부터 단절되고, 연속의 중단으로써 '인용'되며, 그 뽑혀나간 부분에 새로운 삽입이 기계적으로가 아니라 주위와의 관계의 재형성으로 행해질 때 새로이 배열된 조각들은 저마다 변신을 한다. 거기에 출현하는 몽타주 효과는 관계의 갱신이라는 점에서 전적으로 새롭다. 그러한 새로움은 완결된 현재형으로서의 신품 세계에는 없다. 신품 세계에 있는 것이라곤 통째로 교체됨으로써 발생하는 폐기와 구입의 절차뿐이다.[20]

반들반들 반짝이는 '신품 세계'에서는 발생하지 않는 몽타주 효과라는 부산물. 분해의 담당자는 바로 이 변신의 담당자다. 직사각형으로 지어진 콘크리트 쓰레기장을 아이들의 아늑한 아지트로, 골판지 공룡이나 케이크가 탄생하는 작업장으로 바꾸어낸 청소 아저씨는 바로 후지타가 말하는 몽타주 효과의 담당자다.

사물이 손상되고서야 사물과의 깊은 관계를 시작하는 나폴리 사람을 관찰한 알프레트 존-레텔. 육체가 천상의 영광을 입었을 때 생식기관과 소화기관은 갈 곳을 잃어버리지만, 바로 그 기관들의 무위에서 에로스의 근원을 발견한 조르조 아감벤. 부서진 찬장이 수리되었을 때 발생하는 몽타주 효과에서 도리어 '새로움'을 찾아낸 후지타 쇼조. 이 세 사람의 분해 관찰자는 이 책의 출발점이다.

하지만 세 사람의 논의에는 커다란 논점이 빠져 있다. 그것은 첫째, 그럼에도 불구하고 왜 현대 세계가 여전히, 게다가 한층 더 세련된 듯한 신품 세계에 의해 온통 뒤덮여 있느냐는 문제다. 둘째, 그들은 인간계의 수리, 수선, 청소 행위와 유사한 토양 미생물이나 장내 세균 등의 생태학적인 분해 현상을 동시에 논하지 않기 때문에 어떤 주장도 결국에는 인간이 중심에 놓이게 된다. '배설'이나 '체액'에 주목하면서 생리적인 세계와의 접점을 의식하는 아감벤조차 그것을 온전히 전개하지는 못하는 것이다.

바로 이 전개, 즉 인간계와 자연계를 횡단적으로 탐구하는 단서가 되는 것으로서 형태학자들의 자세가 있다. 요시무라 후지오는 『형태학의 복권: 분자생물학을 넘어』(1987)에서 이런 말을 한다. "일반적으로 형태학적인 차원에서의 동등한 가치는 상동(homology)이라 하고, 형태학적 가치는 다르지만 기능적인 차원에서의 동등한 가치는 상사(analogy)라 한다. 상동(相同)과 상사(相似) 개념을 사용함으로써 형태학자는 잡다한 생물의 형태를 비교하고 통일하며, 동류성에 의해 그것을 체계화해온 것이다."[21] 앞서 언급한 후쿠오카 신이치와 마찬가지로 요시무라 후지오의 의도는 유전 정보에 과도하게 비중을 부여하는 생물학 전체에 경종을 울리려는 것인데, 이는 존재들의 잡다한 형태를 통일적으로 묘사하려는 이 책에도 많은 자극을 주었다.

그런 까닭에 다음 장에서는 우선 신품 세계가 얼마나 강인하고 또 얼마나 교묘하게 통치하는가에 대해 형태학적으로 사유해보고자 한다. 이 신품 세계는 직접적인 폭력을 현저히 드러내지는 않는다. 지금 이 시점에도 여전히 전쟁 병기에서 연필에 이르기까지 지구를 부드러운 막처럼 덮고 있으면서 지구 주민들의 감성을 계속 자극하고 지갑이 열리는 장소를 컨트롤함으로써 그 어떤 계층의 인간으로부터도 이익을 계속 빨아들이며 생명을 연장하고 있다.

이런 괴물 같은 존재를, 분해와 재생을 반복하는 것으로서 가장 희화적으로 묘사한 것은 안토니오 네그리와 마이클 하트였다. 우선은 네그리와 하트의 논의를 참조하면서 신품 문화에 잠재해 있는 취약 지점을 탐사하고(1장), 이어서 분해론의 기본 모델로서 나무블록 놀이와 유치원을 이야기한 다음(2장), 카렐 차페크의 작품들(3장), 쓰레기 줍는 사람들의 사회와 역사(4장), 생태학사 속의 '분해자'(5장), 그리고 수리 및 수선 세계의 역동성(6장)을 분해의 관점에서 사유해 가고자 한다.

1장

'제국'의 형태

—네그리와 하트의 '부패' 개념에 대하여

1 숨겨지는 부패

당나라 때의 화가 오청수가 가장 사랑했던 아내의 부패해가는 시체를 그리는 심리를 마사키 박사는 '나'에게 이렇게 들려준다.

> 사망한 미인이 부패해가는 모습을 차례차례 꼼꼼히 그려가는 동안 오청수는 뭐라 말할 수 없는 쾌감을 느끼기 시작한 거야. 그림이 한 단계 한 단계 진전됨에 따라 인물의 모습이 점점 더 세세하고 또렷해지는 그 필치만 보아도 분명하지. 인체라는 최고의 자연미 (…) 색과 형태의, 그 투명하리만치 세련되고 순수한 미적 조화를 표현하고 있는 미인의 벗겨진 몸이 조금씩 밝은 빛을 잃으면서 어두컴컴하고 으스스하게 변화하여 끝내는 천하게 짓물러 터져 순식간에 처참하게 일그러진 모습으로 떨어져 가는, 그러는 동안 모습을 드러내는 색과

형태의 무량무변한 변화와 추이는 거의 형용할 수 없는 경이로운 볼거리였을 게야.[1]

유메노 규사쿠의 장편소설 『도구라 마구라』(1935)*는 독자를 교란시킨다. 오청수, 그의 후예라고 여겨지는 '나', 이 '나'를 감금시키지 않고 병원 부지 내에 해방시켜놓은 상태에서 치료하려 했던 규슈 제국대학 정신의학과 교수인 마사키 게이시 박사, 오청수 같은 쾌감의 소유자를 '미치광이'라 부르는 세상…. 이들 중 대체 누가 진짜 '미치광이'인가. 마지막까지 결론이 나지 않는다. 결론이 나지 않으니 독자는 생각을 하게 된다. 눈앞에서 진행되어가는 나날의 삶의 전제를 의심하기 시작한다. 자기가 이상한 건지, 사회가 이상한 건지 골머리를 싸맨다. 셜록 홈스가 런던의 아편굴이나 부랑자에게서 범죄 사건을 해결할 열쇠를 발견했듯이, 또 프로이트가 무의식 속에서 신경증이 발병하게 되는 논리를 발견했듯이, 밀려나고 감추어지는 것에야말로 뭔가 '경이로운' 사실이 있는 게 아닌가 하는 지적인 떨림을 독자에게 초래하는 것이다.

벗겨진 사체가 부패해가는 변화를 우리는 〈구상도〉(九相圖)를 통해 감상할 수 있다. 야마모토 사토미와 니시야마 미카가 편집한 『구상도 자료 집성: 사체의 미술과 문학』(2009)에 따르면, 구상도의 원류는 불교 경전에 있다고 한다. "출가자는 자기의 모습을 꾸며 아름답고 멋지게 보이고 싶은 욕구와 타인에 대한 성욕 등 깨달음에 방해가 되는 자신 및 타인의 육체에 대한 애착을 제거하지 않으면 안 된다. 육체란 집착

* 유메노 큐사쿠, 이동민 역 『도구라 마구라』 상, 하권, 크롭써클, 2008년.

할 가치가 없는 부정한 것임을 알기 위해 시체가 짓물러 터지고 썩어 가며 뼈만 남게 되는 양상을 아홉 단계로 나누어 관상(觀想)하는" 것인데, 이를 구상관(九相觀)이라 부른다. 이윽고 이 모티프는 그림풀이나 전설을 통해 대중화되고 한시나 와카(和歌) 또는 설화 등 '세속의 텍스트'와도 결합되어 널리 친숙해지기에 이른다.[2] 야마모토 사토미에 따르면 구상도와 그에 관한 설법은 단지 불자들의 '성적인 번뇌의 멸각'을 위해 사용된 것만은 아니며, 귀족 여성의 신앙을 획득하기 위한 교리로서도 주목을 받았다고 한다.[3] 아홉 가지 상은 그림이나 글에 따라 저마다 다를 수 있지만, 예컨대 시가현의 성중래영사(聖衆来迎寺)가 소장하고 있는 「육도회인도부정상도」(六道繪人道不淨相圖)에서는 신사상(新死相), 방장상(肪張相), 농혈상(膿血相), 봉란상(逢亂相), 감식상(瞰食相), 청어상(青瘀相), 백골련상(白骨連相), 골산상(骨散相), 고분상(古墳相)으로 이행해간다. 흰 기모노를 입고 벚꽃이 흩날리는 들판에 방치된 여성의 사체는 검푸르게 변하고 부풀어 오른다. 살갗이 터진 곳에서 고름이 흐르고 머리카락이 빠지고 벌레가 끓는다. 감식상에서는 개나 새 같은 것들이 사체의 살을 물어서 뜯어내고 있다. 그 잔재는 이윽고 백골로 화한다. 구상도는 어느 것이나 대개 이런 과정을 밟게 되는데, 여기에 나타나고 있는 것은 죽음의 고요함이라기보다는 꽃, 풀, 나무, 개, 새, 구더기 등의 생물들이 제멋대로 떠들썩하게 벌이는 활동의 연쇄다. 신품이기만 하면 우러러 보고 낡은 것은 더 사용할 수 있어도 버리고 마는 현대 사회에 대해서도, 구상도와 구상관은 강렬한 카운터펀치를 먹일 수 있는 박력을 갖추고 있다.

안토니오 네그리와 마이클 하트의 『제국』(2000)과 『공통체』(2009)는 이러한 현대 사회의 질서를 바꾸기 위해 쓰인 사상서이자 투쟁을 위한 책이기도 하다. 게다가 본서의 관심에서 보자면 흥미롭게도 네그리와 하트는 유메노 규사쿠나 〈구상도〉와는 전혀 다른 각도를 취하면서도 역시나 부패 현상에 주목하고 있다. 가난한 자를 더 가난하게, 부유한 자를 더 부유하게 만들면서 부를 특정한 방향으로 끊임없이 빨아들이는 세계 질서는, 실은 중심이 없고 영토조차 없으며 다만 네트워크처럼 세계를 뒤덮고 있을 뿐이라는 그들의 논의는 너무나 잘 알려져 있다. 이 견해는 후지타 쇼조의 '신품 세계'를 사유하려는 본서의 입장에서도 유효하다. 왜냐하면 모델 체인지를 되풀이하는 신품은 이미 점포가 없더라도 사람들의 생활 세계 말단에까지 찾아와 끊임없이 갱신되고 있기 때문이다. 인터넷 쇼핑몰의 화면은 엄선된 디자이너들을 동원하여 화려하게 꾸며지고, 사용료까지 빨아들이는 말단 디바이스를 통해 각 가정의 소비 욕구를 마구 북돋고 있다.

단, 네그리와 하트의 진단에서 현재의 세계 질서(그들은 이것을 '장치'라고 부른다)는, 부패(corruption) 현상조차 자신의 체내에 흡수해버린다는 점에서 후지타의 신품 세계 비판만으로는 더 이상 상대할 수 없는 교묘한 질서로 간주된다. 그들의 논의에 따르면 다음과 같이 생각하지 않을 수 없다. 신품 세계 자체가 운치 있는 낡은 풍경이라든가 몽타주 혹은 브리콜라주 같은 것의 효과를 집어삼키고 상품화하고 망가뜨림으로써 구축되는, 그런 식의 순환 작업을 되풀이하고 있다고 말이다. 확실히 디즈니랜드나 유니버설 스튜디오 같은 신품 세계의 성지에 지어진 성곽이나 마을을 보면 낡은 느낌이나 찌들어 거무스름해진 느낌으로 연출되어 있다.

다만 지금까지 먹거리와 농업에 관한 사료를 뒤적여온 나에게는 네그리와 하트의 '부패'에 대한 사유가 너무나 도시적이고 인공적인 것으로 비쳤다. 그리고 이런 인상의 연장선상에서 나의 뇌리에 『도구라 마구라』의 사체 부패 묘사가, 그리고 구상도의 생생한 묘사가 돌연 부활한 것이다. 부패란 실은 더 미적이고 더 역동적인 작용이 아닐까? 오청수는 나를 흔들었다.

물론 네그리와 하트가 사용하는 '부패'라는 말의 원어는 아리스토텔레스의 『생성소멸론』에서 가져온 corruption이라는 단어로, 일본어에서도 '소멸'이라고 번역되는 경우들이 있다. putrefaction이나 decomposition처럼 화학적 현상으로서의 분해 과정을 가리키는 단어들과는 달리, corruption은 도덕적 함의가 강해서 부패의 의미를 과도하게 강조하면 오독될 우려가 있는 것도 사실이다. 그럼에도 불구하고 '부패'라는 번역어로 통일시키는 편이 일본어 독자에게 corruption과 putrefaction의 의미를 모두 의식시킴으로써 네그리와 하트의 논의가 더 넓은 사정권을 갖도록 해줄 것이라고 생각한다.

여기서는 부패에 생화학적인 의미도 담음으로써, 네그리와 하트의 자연과학적인 혹은 생태학적인, 더 나아가 미학적인 잠재성에 대해서까지 사유해보고자 한다.

2 토양 쪽에서 사유하기

부패라는 화학 변화가 특히 역동적으로 전개되는 무대는 해양 세계와 우리 발밑에서 펼쳐지는 토양 세계다. 토양은 지구의 구면을 덮고 있는 얇은 막 같은 것이다. 한데 이 얇은 막이야말로 모든 지상 생물의 생명을 떠받치고 있다. 우선 토양학자의 이야기에 귀를 기울여보자.

> [양분의 공급 및 유지, 수분의 유지와 통기성 등 식물의 생산에 관여하는 '생산자'로서의 기능과는 별도로] 토양이 수행하는 또 하나의 중요한 기능은 (…) '분해자'로서의 기능이다. 숲속에 떨어져 있는 낙엽과 가지는 언젠가 분해되어 그 속에 포함되어 있던 식물 영양은 재순환된다. 동물이나 인간이 만들어내는 배설물도 토양으로 돌아가면 '거름'의 가치를 획득한다. 이런 일들은 모두 분해자로 기능하는 토양의 덕을 톡톡히 본다는 점에서, 토양이 환경의 보전과 정화에서 차지하는 역할은 대단히 크다.
>
> 종래에는 토양의 작용을 오로지 생산자로서의 기능에 의해 평가했기에, 토양이 물질의 재순환(recycle)에 분해자로서 기능하는 바는 거의 평가받지 못했던 경향이 있다.[4]

토양의 부패 기능이 기존에 평가받지 못했다고 고발하는 이 대목은 이 자체만으로도 일독의 가치가 있다. 아울러 확인해두고 싶은 것은 부패라는 현상이 기능론적으로 말하면 분해라는 점이다.

'부'(腐)가 붙는 단어는 농업에서 빼놓을 수 없는 말들이다. 예컨대 부식질(腐植質), 부숙(腐熟), 부엽토(腐葉土)는 과학자의 언어인 동시에 농민들이 평소에 사용하는 일상어이기도 하다. 하나같이 인간이 인간으로서 생명을 유지하기 위해서만이 아니라, 생태계가 안정적인 순환을 계속하기 위해서도 필요한 요소들이다. 우선 '부식질'(humus)은 토양 속에 있는 동식물 잔류물이나 미생물을 제외한 모든 유기물을 가리키는데, 종종 무기물과 결합하여 식물에 무기 이온을 제공하기도 한다. '부숙'은 퇴비 제조 과정에 필요한 화학 반응이다. 낙엽이 퇴적되어 썩은 흙인 '부엽토'는 땅의 온도를 유지하고 배수가 용이해서 채소밭에서는 크게 보탬이 되는 흙의 일종이다.

여기서 한 가지 중요한 것은, 네그리와 하트 역시 『제국』에서 생성(generation)과 부패(corruption)라는 단어에 생물학적인 이미지를 포갠다는 점이다. 하지만 그 포개는 방식이 어정쩡하다는 게 문제다.

생물의 사체나 배설물 등은 절지동물, 균류, 세균류에 의해 분해되어 부식질로 변한다. 기본적으로 부식질은 그대로 뿌리에 흡수되는 일이 없다. 부식질을 비롯한 토양 유기물은 유기 영양 세균에 의해 암모니아성 질소로 무기화되거나(그대로 탈질소화되면 질소로 환원되어 대기 중으로 방출된다), 또는 다른 미생물의 작용으로 부식질 일부가 무기체의 인산 같은 무기물이 됨으로써 식물은 필수 원소인 질소나 인산을 흡수할 수 있게 된다. 이 이외의 경로라면 일부 작은 분자의 유기물을 흡수하는 경로, 아니면 질소 고정 세균이 공기 중의 질소를 암모니아성 질소로 바꾸어 그것을 그대로 흡수하는 경로밖에 없다.

이러한 분해자가 없다면 이 지구의 지배자는 국왕도, 국민도, 미국도, 하물며 네그리와 하트가 말하는 '제국'도 아니고 그냥 쓰레기가 되며, 그리하여 지구의 표피는 금세 쓰레기로 넘쳐날 것이다. 지구상에서는 하나하나의 물질에 질서를 부여하고 생명을 유지하는 작용 쪽이 시한부 예외에 불과하고, 반면 부패, 분해, 붕괴되어가는 것이야말로 실은 본래적인 현상이다. 이는 『헤이케 이야기』*나 『방장기』** 혹은

'열역학 제2법칙'을 굳이 들먹일 필요조차 없는, 지극히 흔한 생활의 지식일 것이다. 낫토, 퇴비 만들기, 매장 등등 수많은 분야에 이 지식이 뿌리내리고 있다. 단지 그것이 잘 보이지 않는 곳에서 일어나는 현상이기 때문에 의식하기는 쉽지 않다.

'생성'에 비해 '부패'는 언제나 그늘 속의 존재다. 〈구상도〉 따위는 가능하면 안 보고 살아가는 편이 좋을 터이다. 그럼에도 불구하고 부패는 현존하는 시공간을 이면에서 받쳐주고 있는 평상적인 현상이며, 도리어 생성 쪽이 예외적인 현상이다. 그래서 나는 네그리와 하트가 여기에 주목하지 않는 게 너무나 애석하게 여겨졌다.

물론 그들은 '부패'를 논의의 핵심 지점에 설정해두었고, 현 상황 분석에 유효한 정치철학적 개념으로 갱신한 것이 사실이다. 문제는 그 개념이 그들에게 어떤 의미로 사용되고 있는가이다. 이와 관련하여 두 가지를 확인해두자.

첫째, '제국'과 그것을 떠받치는 여러 제도는 그러한 부패를 전제로, 아니 오히려 그것을 양분으로 삼아 분해와 생성을 반복하며 명맥을 유지하고 있다고 그들은 썼다. 그러면서 다음과 같은 예를 제시한다. 미국에서는 아버지-어머니-자녀로 구성된 핵가족의 비율이 계속 감소하는 추세인데, 다른 한편 교도소 수감자의 수는 계속 증가해서 교도소 운영에 압박이 가해지고 있는 지경이다. 이는 가족과 감옥이라는 두 가지 제도가 위기에 처해 있다는 증거지만, 그렇다고 해서 가부장제의 힘이 저하되고 있는 것은 아니다. 감옥 제도 역시 마찬가지다. 오

* 오찬욱 역 『헤이케 이야기』 1, 2권, 문학과지성사, 2006년.
** 가모노 초메이, 조기호 역 『방장기』 제이앤씨, 2004년.

히려 감금의 논리 및 기술이 사회의 여러 제도로 확산되어간다.

> 제도는 고장 날수록 더욱 잘 가동되는 법이다. 주체성이 생산되는 장소의 무규정성은 생산된 주체성 형태의 불확정성에 대응하고 있다. 따라서 '제국'의 사회적 제도는 주체성의 생성 및 부패[분해]의 유동적인 과정 속에서 발견될 것이다.[5]

'제국'이라 불리는 세계 질서는 마치 거대한 나폴리 사람과 같은 것이다. 그것은 현재의 지구를 뒤덮고 있는 눈에 보이지 않는 주권자이자 우리의 삶을 관리하는 그물 형태의 힘이다. 보이지 않지만 마치 살아 있는 듯한 이 이상한 존재가 우리의 노동을 규율화하고 착취한다는 것이다. 이 존재는 금융 공황과 제도 몰락 등의 새로운 위기로 인해 부패해 있는 듯 보이지만, 그것은 '제국'의 질병이나 죽음의 조짐이 아니라 그 재생을 촉진하는 계기이며 오히려 그 삶의 본질이라는 것이다. "'제국'의 경제=조성(組成)은 실로 부패를 통해 기능한다."[6]

둘째, 가족, 기업, 국가에 의해 '공통적인 것'이 부패된다고 지적한다. '공통적인 것'이란 the common의 번역어로 '공유되는 것', '모두 힘을 합치는 것'이란 의미다. 공유되는 것은 강, 공기, 흙, 식물, 동물 등 '자연적인 것'과 정동, 협력, 지식 등 '사회적인 것'으로 나눌 수 있다. 그러한 것들을 가족, 기업, 국가가 독점하여 '공통적인 것'의 잠재력과 연결 가능성을 약화시키고 있다고, 즉 부패시키고 있다고 지적한다. 이와 관련하여 가족이나 국가 등 동일성을 중심축으로 구축된 사랑의 형태를 부패한 사랑이라 부른다.[7] 네그리와 하트가 그리는 '사랑', 즉 낯선 사람에게도 가닿는 그런 '사랑'과 비교하면, 이러한 폐쇄적인 동일성의 사랑은 오히려 유해한 것이다.

게다가 부패라는 단어를 사용할 경우, 네그리와 하트는 도덕적인 의미로 사용하기를 거부한다. '부패 선거구'라고 할 때의 부패라는 의미는 거의 없다. 그렇다고 해서 몽테스키외나 에드워드 기번이 고대 로마제국의 쇠망 과정을 분석할 때 사용했던 상투적인 어구처럼 여기는 것도 아니다. 요컨대 부패를 형태학적으로 포착하여 생성과 한 세트로 간주해달라는 것이다.

> 예컨대 아리스토텔레스는 부패[소멸]를, 발생에 있어 상보적인 과정에 해당하는 물체의 생성 변화로 이해하고 있다. 이러한 이해방식에 입각하여 우리는 부패를 탈-생성으로—다시 말해 생성 및 합성과는 반대되는 과정, 변화를 위해 공간을 잠재적으로 해방시키는 변성(變性)의 계기로—사유할 수 있을 것이다. '제국'의 퇴폐, 부패, 탈생성=퇴화를 언급할 때 마음속에 떠오르는 흔한 이미지를 전부 망각해버리지 않으면 안 되는 것이다. 그런 부류의 도덕주의는 여기서는 전혀 해당사항이 없다. 도리어 형태에 관해 엄밀하게 논하는 쪽이 훨씬 더 중요하다. 달리 표현한다면, '제국'은 형태의 유동성에 의해—말하자면 형성과 변형, 생성과 변질이 밀물과 썰물처럼 교체되는 것에 의해—특징지어지는 것이다.[8]

인용문 중 "생성 및 합성과는 반대되는 과정"에서 "합성"은 composition의 번역어다. 반대말은 decomposition, 그러니까 분해(부패)라는 의미를 가진 단어가 되어야 하지만, 『제국』에서는 degeneration(퇴화)이라는 단어밖에 사용되지 않는다. 만일 네그리와 하트의 논의를 끝까지 밀고 나간다고 한다면 decomposition에 대해서도 논의해야 마땅할 것이다.

다시 원래의 이야기로 돌아오자면, 독자들은 여기서 생물이 발산하는 냄새를 맡을 수 있을 것이다. 이 괴물 같은 존재는 자기 신체의 일부를 부패시켜 형태를 바꾸고 또 새로운 에너지를 흡수하면서 계속 살아남는다. 게다가 그것은 근섬유가 과부하에 의해 찢어진 후 복구되는 과정에서 이전보다 더 크게 재생되듯이 계속 팽창해간다. 공황이 자본주의를 끝장내는 게 아니라 자본주의를 재생하고 더욱 강화시켜온 지금까지의 역사를 염두에 두면서, 네그리와 하트는 지구를 뒤덮고 있는 세계 질서를 그린다. 요컨대 이 세계 질서는 부패를 미리 예상하고 있으며, 그래서 부패한 부분을 제대로 이용하는 시스템인 것이다. 그들은 냉철한 관찰자로서 정체를 알 수 없는 생물을 응시하고 그 모습을 그려내는 데 어느 정도 성공하고 있다.

3 '제국'을 그리다

부패라는 개념을 사용하는 건 전략적으로 보아도 효과적이다. 우선, 부패(corruption)라는 단어의 접두사는 '공'(共, cor)이며, ruption은 네그리와 하트도 언급했듯이 라틴어 ruptura, 즉 '파쇄'라는 의미로 연결되기 때문이다. '공멸'이라고도 할 수 있는, 자연발생적이고도 공시적(共時的)인 현상인 부패. 이 단어에 담겨 있는 다양한 이미지들이 이 개념 안에 풀려나 있다.

심지어는 '제국'을 형태학적으로 그려내기 때문에 그에 대항하는 일의 어려움을 알 수 있기도 하다. 대항하는 주체로 상정되는 다중(multitude) 역시 형태학적으로 분석해야 하는 이유도 바로 여기에 있다. 통치자가 예측하기 어려운, 여기저기서 떼로 출몰하는 다중. 이 으스스함을 네그리와 하트는 도스토옙스키의 장편소설 『악령』에서 빌려와 '악령적'(demonic)이라고 표현했다.[9]

이러한 형태학적 묘사 방법을 가장 효과적으로 사용한 텍스트 중 하나가 『자본론』(1867)이다. 마르크스는 『자본론』에서 상품과 자본의 세계를 그리기 위해 생물학적인 단어를 신중하게 사용했다. 우화(羽化), 변신, 형태…. 마치 화폐나 자본이 곤충이라도 되는 양, 그는 상품 세계의 형태 변화를 관찰하고 기록한다. 알, 부화, 유충, 번데기, 우화, 성충. 나아가 순환이나 교환 같은 기능도 동시에 그려냄으로써 상품과 화폐의 세계를 생동감 있게 묘사하고 있다.

예컨대 『자본론』 제4장 제2절은 상품이 도대체 어떤 조건하에서 잉여가치를 낳는 자본으로 전화(轉化)되는지를 탐구하면서 그 속임수가 유통 과정 안에 숨어 있지 않다는 걸 설명하는 대목이다. 이 대목은 노동력의 상품화를 그 속임수의 용의자로 좁혀가는 바로 그 전 단계에 해당된다. 여기서 마르크스는 다음과 같이 쓰고 있다.

> 화폐의 자본으로의 변태(變態)*, 그것은 상품 교환에 내재하는 법칙을 기반으로 비로소 전개될 수 있는 것이며, 따라서 등가물의 교환이 그 출발점이 된다. 아직은 자본가 유충에 불과한 우리의 화폐 소유자는

상품을 그 가치 그대로 사서 그 가치 그대로 팔아야만 한다. 그런데도 그 과정의 최종 단계에서는 최초에 투여한 것보다 많은 가치를 뽑아내야만 한다. 그 유충이 나비가 되어 날개를 펼치는 것은 유통권(流通圈) 속에서 발생하는 일이라고도 할 수 없다.

종래에는 전화(轉化, 이와나미 문고판의 경우) 혹은 변용(變容, 지쿠마쇼보판의 경우)이라고 번역되어온 Verwandlung은 생물학 용어로 말하자면 '변태'이고, 카프카의 소설로 말하자면 '변신'이다. 그러니까 Kapitalistenraupe는 '자본가의 번데기'(이와나미 문고판 및 지쿠마쇼보판)가 아니라 '자본가 유충'이 맞다. 한편 지쿠마쇼보판에서 '탈피'라고 번역해놓은 원어는 Entfaltung인데, 이 단어는 오히려 유충에서 번데기를 거쳐 성충이 되는 과정에서, 마지막에 나비가 접혀 있던 날개를 활짝 펼치는 '우화' 단계를 그리고 있다. 한 가지 덧붙이자면 '유통'(Zirkulation)이라는 단어도 생활사 순환(生活環)이나 물질 순환 같은 생물학 용어를 상기시키는 개념이라는 점을 강조하고 싶다.

이 배경에는 물론 "경제적 사회구성체의 발전을 자연사적 과정으로서"(als einen naturgeschichtlichen Prozeß)(『자본론』 초판 「서장」) 분석하려는 마르크스의 의도가 깔려 있다. 그는 "인간이 주체라고도, 또 자연이 주체라고도 하지 않는다. '편차'(偏差)로서의 놀이를 근저에서 발견한다. 아니, 근저의 부재를 발견하는 것이다."(가라타니 고진)[10] 노동을 자연과 인간의 물

* '변태'는 '형태가 크게 변화한 것'이라는 뜻으로, 서양의 metamorphosis라는 단어에 상응하는 말이다. 이는 오비디우스의 『변신 이야기』나 카프카의 『변신』에서의 '변신'이며, 곤충의 '변태'이기도 하다. '변형'보다 훨씬 더 큰 질적 변화를 함의한다.

질대사라는 점에서 포착한 마르크스가 『자본론』을 '자연사'로서 그리는 필연성은 쉽게 이해할 수 있을 것이다.

그것은 1818년에 태어나 1883년에 사망한 마르크스가, 1809년에 태어나 1882년에 사망한 찰스 다윈의 진화론에 동시대적인 영향을 받았기 때문만은 아니다. 오히려 물질 순환을 화학자의 입장에서 해명한 유스투스 폰 리비히의 영향도, 지금 시점에서 보면, 비록 불충분하긴 하지만 작용하고 있었다고 할 수 있다. 1803년에 태어나 1873년에 사망한 리비히는 식물을 육성시키는 영양소를 특정하기도 하고(이것이 화학비료 생산의 산업화를 촉진하게 된다), 고기의 맛과 관련된 성분을 특정 원소로 환원하기도 했으며(이것은 부용bouillon*의 산업화를 촉진하게 된다), 제자인 앙리 빅토르 르뇨와 함께 염화비닐을 발견하기도 했다(이것이 바탕이 되어 훗날 폴리염화비닐, 소위 비닐이 개발된다). 리비히는 바로 이러한 물질의 시점에 서서, 나아가 물질의 순환을 화학적으로 설명하면서, 토지 및 토지의 자연력은 인류 전체의 재산이라고 말했던 화학자다. '제국'의 주요 엔진인 화학 산업의 과학적 할아버지라 해도 과언이 아닐 것이다. 시이나 시게아키도 『농학의 사상: 마르크스와 리비히』(1976)에서 이렇게 말했다. 자본주의 생산을 인간과 토지 간의 물질대사, 즉 토지 비옥도의 지속이라는 영원한 자연조건을 교란하는 생산양식이라 간주하고, 그것이 토지와 노동자를 모두 파괴함으로써만 사회적 생산과정의 기술과 결합을 발전시킨다고 보는 마르크스의 사고방식에는 리비히의 무기질론이 깔려 있다고 말이다.[11]

* 고기나 뼈를 삶아 우려낸 국물. 세균 배양용 육수로도 사용된다.

그리고 놓치지 말아야 할 것은 『자본론』의 내실과 그것을 전달하는 형식이 연동되어 있다는 점이다. 경제 발전을 자연사로 그린다는 것 자체도 자연사적인 행위다. 달리 말하자면 그것은 자연을 단순한 기계처럼 파악하지 않는 것이다. 기계에게는 다른 생물에 의지하여 사후의 자신을 부패시킴으로써 차세대 생태계의 양분이 된다고 하는 고도의 기능이 원칙적으로 존재하지 않기 때문이다.

이 점에서 네그리와 하트는 마르크스의 계승자다. 그들은 부패 또는 분해라는 개념을 도입하여 마르크스의 서술 형식을 발전시키고 있기 때문이다. 하지만 자연과 인간의 물질 순환, 즉 물질 순환의 원리가 관철되는 공간에 관해서는 마르크스보다 묘사력이 약하다. 어떤 점에서 그럴까? 그들은 이렇게 말하고 있다.

> 확실히 우리의 세계 속에는 변함없이 숲, 귀뚜라미, 천둥과 번개를 동반한 비 같은 것이 존재하고 있으며, 또한 우리는 여전히 우리 자신의 정신 구조가 자연적인 본능과 정념에 의해 자극을 받고 있다고 이해하고 있기는 하다. 하지만 자연의 여러 힘과 현상이 더 이상 외부적인 것으로 받아들여지지는 않게 되었다는 의미에서, 바꿔 말하자면 그것들이 시민적 질서의 인위적 변형 작용과는 독립된 원초적인 모습 그대로 존재하는 것으로는 더 이상 지각되지 않게 되었다는 의미에서, 우리는 이미 자연을 갖고 있지 않은 것이다.[12]

네그리와 하트는 세계화가 우리의 일상생활에까지 관철되고 있는 이 시대에 더 이상 외부는 없다고 말한다. 외부의 전형인 자연도 이미 내부일 뿐이다. 확실히 그러하다. 과학자들은 생명의 비밀을 유전자 코드 해독을 통해 밝히려고 안간힘을 쓰고 있다. 모든 숭고한 자연은 생태관광(ecotourism)의 대상이 되어버리고 '천연수'는 석유보다 비싸게 팔리며 흙은 비닐봉지에 담겨 판매되고 있다.

하지만 그렇다고 한다면, 네그리와 하트는 어디에 있는 것인가? 그들이 '제국'을 굳이 형태학적·자연사적으로 그린 이유는 무엇인가? 의문이 남는다. 거울 없이 자신의 형태를 그릴 수 없듯이, 그린다는 것은 기본적으로 대상의 외부에서 하는 행위다. 우리가 어떤 존재를 관찰하고 분석하며 또 스케치할 수 있는 것은 바로 우리 자신의 생존의 뿌리가 아직 외부에 잔존하고 있기 때문이다. 대상화하지 않으면 그릴 수 없다. 설령 자연이 대부분 '제국'의 힘에 의해 관리되고 있다고 해도 아직 완벽하게 장악되지 않은 외부성이 남아 있기 때문에, 네그리와 하트는 '제국'을 단순한 비유가 아니라 부패와 생성의 드라마틱한 과정을 내포한 괴물 같은 존재로 그릴 수 있었던 게 아닐까? 아니, 설령 내부로부터 '제국'을 그릴 수 있다 해도 부패라는 현상 자체에 더 바싹 다가가지 않고서는 '제국'을 부패와 생성의 역동성 속에서 그린다고 하는 귀중한 시도의 장점이 충분히 발휘될 수 없게 된다.

그리고 네그리와 하트가 펼치는 논의의 또 다른 약점은(이 약점은 강점과 표리 관계에 있는데), 아리스토텔레스의 생성소멸론을 모델로 삼고 있다는 점이다. 아리스토텔레스는 이렇게 말했다. 태양이 "가까이 있음으로써 무언가를 생성케 하는 것이라면, 마찬가지로 태양은 멀어지고 떨어짐으로써 소멸시키는 것이다. 또한 반복해 접근함으로써 생성케 하는 것이라면, 반복해 멀어짐으로써 소멸시키는 것이기도 하다. 왜냐하면 상반되는 것의 경우 그 원인도 반대되기 때문이며, 자연적인 소멸과 생성은 동일한 시간에 진행되기 때문이다."[13] 아리스토텔레스는 분명 생성과 소멸(분해) 간에 분리하기 힘든 연속성이 있음을 간파하고 있었다. 바로 그 때문에 네그리와 하트는 아리스토텔레스를 원용할 수 있었던 것이다. 하지만 이미 보았듯이 토양의 분해 세계의 복잡성과 〈구상도〉의 으스스함을 포착하기 위해서는, 아리스토텔레스가 상정하는 이러한 천문학적인 규칙성과 조화를 더 강력하게 휘젓지 않으면 안 된다. 흙이나 물이나 미생물의 작용은 훨씬 더 아나키하다.

요컨대 '그리는 대상'과 '그리는 방법'을 연동시키는 것, 이것이 우리의 과제다.

4 부패를 사유하다

따라서 우리는 다시 한 번 '부패'로 돌아간다.

이미 말했듯이 네그리와 하트는 '공통적인 것'의 부패를 초래하는 것으로 가족 제도와 민족주의를 들었다. 다른 한편 부패가 가족의 범위를 넘어서 가부장적 문화를 확산시킨다거나, 민족주의적 관리 방식이 가족에 뿌리를 뻗친다든가 하면서 지배를 강화하는 '제국'의 양태에 대해서도 이미 언급한 바 있다. 그러나 '공통적인 것'에는 물, 흙, 식물, 동물 같은 자연도 있다. 이것은 어떻게 설명해야 할까?[14]

예를 들자면 다음과 같이 설명할 수 있지 않을까 싶다. '제국'은 물, 흙, 식물, 동물을 대지로부터 분리하고 사유화·상품화함으로써 '부패'시킨다. 그런 탓에 주위의 자연 환경으로부터 분리된 '공통적인 것'은

물, 흙 등의 힘을 감소시키고 '제국'의 부(富) 또한 감축시킨다. 그렇지만 이는 '제국'의 위기가 아니다. '제국'은 감탄스럽게도 '환경 보호 활동'에 임하기 시작한다. 황무지에 나무를 심거나 야생 동물을 보호하기도 한다. 하지만 '환경 보호'는 환경이 보호된 지역의 판매 시장화를 촉진한다. 그 지역에 사는 사람들이 구매자가 될 수 있도록, 그리고 주가 하락을 막고자 하는 이미지 제고를 위해 그러한 활동들이 광고에 이용된다. '지속 가능한 사회'라는 구호도 자연의 사유화가 그 전제라면, 결국 사유 및 착취를 지속시키는 방패가 될 뿐이다. 이것이 바로 부패라고 설명할 수 있을 것이다.

여기서 네그리와 하트가 펼쳐온 논의의 고리는 닫힌다. 그래서 더 이상 그들의 논의를 이리저리 휘젓다 보면 그 예리함을 무디게 만들어 버릴 수도 있다. 그러나 네그리와 하트의 이론을 흙, 공기, 바다로까지 해방시키기 위해서는 아무래도 발본적인 보수 작업이 필요하다. 자연이라는 '공통적인 것'은 평범한 방법으로는 풀리지 않기 때문이다. 특히 토양이나 해양을, 그리고 거기서 발생하는 섭식을 포착하기 위해서는 여러 가지 수단이 필요해진다. 예컨대 흙은 모든 육상 생물의 무덤이다. 거기서 붕괴되어 생명 과정에 종지부를 찍은 사체라든가 떨어져 나가버린 육체의 일부는, 무수한 미생물이나 곤충, 혹은 절지동물에 의해 마구 먹히고, 소화되고, 배출되고, 분해되어 다른 생물의 양분이 된다. 바다 또한 모든 해양 생물의 무덤이다. 거기서 붕괴되어 생명 과정에 종지부를 찍은 사체나 떨어져 나가버린 육체의 일부는 무수한 해양 생물의 먹이가 된다. 여기에 도덕이나 감상적인 요소가 들어갈 틈은 조금도 없다. 이 부패력이야말로 '제국'에 대항하는 '공통적인 것'의 잠재 능력이다. 인간이 만들어낸 것, 예를 들어 TV나 자동차, 핵발전소 등은 해체되어도 거의 부패하지 않는다. 녹슬 수는 있어도 곰팡이는 피지 않는다. 부패하지 않는다 함은 자연으로 돌아가지 않은 채 쓰레기로 지상에 산더미처럼 쌓인다는 말이다. 흙으로 돌아가는 커피 필터나 생분해성 플라스틱은 상품 세계에서 극히 일부에 지나지 않는다. 그 쓰레기 중에서도 가장 해결하기 어렵고 다음 단계로 끝없이 떠넘겨지는 것이 바로 인체에 해로운 방사선을 발산하는 핵쓰레기라는 사실은 더 이상 설명할 필요도 없을 것이다.

이런 상황에서 토지의 사유(私有)가 어떤 일을 초래하였는지 생각해보자. 예전에는 토지가 농지이거나 삼림에 속하는 땅이어서 그것을 소유한 농민이 같은 지역에 사는 사람들과 함께 지역의 자원을 관리하고, 그러면서 그 부패 과정 가까이에서 보조 역할을 할 수 있었다. 이를 통해 '공통적인 것'은 스스로의 기능을 유지했다. 그렇지만 토지의 사유화는 규제를 빠져나가 농지가 택지, 공장, 발전소로 전용되는 사태를 초래한다. 자갈이나 아스팔트로 뒤덮여버린 토양에서는 부패의 기능이 거의 사라져버린다.

요컨대 '제국'에 의한 '공통적인 것'의 부패가 동시에 자연의 부패 능력을 감축시킨 것이다.

이러한 말의 용법의 혼란은 네그리와 하트의 논의에 표면적인 개념 조작을 가한다고 해서 회피될 수 있는 게 아니다. 이미 그들은 '제국'의 끈질김을 자연의 부패 현상을 의식하면서 그려냈기 때문이다.

부패로 부패에 저항한다. 이 모순을 어떻게 설명할 것인가? 이어지는 문제는 이것이다.

5 분해자로서의 다중

'다중'은 '제국'의 체내에서 상리(相利)공생을 하지만 최종적으로는 '제국'을 폐기시키는 '사자 몸속의 벌레'다. 어디에도 뿌리내리지 않은 채 온갖 군데에 출현했다가 곧바로 이동하고, 또 다른 곳에서 관리되다가 탈출을 되풀이하는 다중은 바로 그러한 존재이기 때문에 '제국'에 맞서는 대항축이 된다고 네그리와 하트는 말한다. 다중은 '제국'의 외부에 있지 않다. '제국'을 내부로부터 사멸시키는 것 이외에는 그들이 승리할 수 있는 길은 없는 것이다.

네그리와 하트가 다중을 연결시켜줄 것으로 기대하는 것이 정보 경제의 발달이다. 자본이 다중의 공동 작업 즉 '공통적인 것'에 의존하여 산출해낸 인터넷 기술을, 혹은 정보 관련 기업의 사유물이 되어버린 정보망을 바로 다중이 탈환한다. 이 전망은, 현재의 저항 운동이 인터넷을 통해 보급되어간 여러 사례에 비추어볼 때, 그다지 현실과 유리된 것은 아니다. 게다가 네그리와 하트는 농업조차도 날마다 시장이나 날씨의 변동 정보를 얻으면서 생명을 관리 조작하는 비물질적 노동이 되고 있다고 지적한다.[15] 대형 트랙터나 농약살포용 드론, 최첨단 유전자 조작 기술에 의해 개발된 종자, 심지어는 엄청난 규모의 화석 연료를 사용해 제조된 화학비료나 농약 등을 고려할 때, 현재의 선구적인 농업이 하이테크 산업이라는 사실은 역시나 부정할 수 없다.

하지만 인터넷 테크놀로지를 떠받치는 인프라에 필요한 광물이나 플라스틱, 그리고 에너지원인 전기를 만들어내는 발전소는 부패하지 않는다. 부패하지 않는 것이 떠받쳐주고 있는 한, 그 기반 위에 서 있는 사회는 지속 가능한 것이 아니다. 네그리와 하트는 너무 이른 단계에서 농업에 대한 관찰을 끝마침으로써 일면적인 파악에 그치고 만다.

'제국'이 자신을 떠받치는 여러 제도의 부패 기능을 능수능란하게 활용하면서 끊임없이 재생된다는 점은 이미 말한 바 있다. 그런데 동시에 '제국'은 자연을 사유화·상품화함으로써, 자연에 서식하는 다양한 생물이 물, 흙, 공기와 맺고 있는 연결성을 단절시키고 이들을 고립시켜 부패 기능을 약화시켜왔다. 그리고 세상은 이 현상을 '환경 문제'라 불러왔다. 부패 기능이 약화되면 먹이 사슬의 기반이 약화되고 이 기반이 약화됨으로써 사슬의 연결이 이완된다. 그리하여 흙이나 바다로부터 주방을 경유하여 인간의 입에 다다르는 음식이 저급화되거나 그 양이 감소되어 기아를 낳는다. 자연은 내부화되어 있다고 네그리와 하트가 아무리 선언해도 '제국'이 쓰레기로 덮인다든가, 먹거리가 들어오지 않는다든가 하면, '제국'은 인류와 함께 죽음을 맞이한다. 여기가 '제국'의 아킬레스건이다. 그러나 이것으로는 아직 승자 없는 싸움에 불과하다.

생명을 생존시킨 채 '제국'을 사멸시키려면 어떻게 해야 좋을까? 그 힌트 역시 부패, 즉 분해에 있다. 그것은 결국 다중이 자연의 부패를 도와 지구 전체의 부패 능력을 서서히 높이는 것으로, '제국'도 분해하여 흙으로 되돌리는 구도다.

그럼 부패를 돕는 것은 어떠한 작업인가? 여기서 한 번만 더 토양학자의 말에 귀를 기울여보자. 규마 가즈타케는 식성을 기준으로 "뿌리 먹는 생물, 잔해 먹는 생물, 시체 먹는 생물, 배설물 먹는 생물, 균 먹는 생물, 포식자, 잡식자"로 분류되는 토양 생물의 작용을 다음과 같이 그려 보인다.

> 일련의 낙엽 분해 과정에 복수의 토양 동물이 관여한다. 떨어진 지 얼마 안 된 낙엽은 단단하고 건조하며, 쥐며느리, 공벌레, 진드기, 지렁이 등의 1차 분해동물에 의해 섭식·분쇄된다. 통상적으로 1차 분해동물에 의해 탄수화물, 지방, 단백질은 소화·흡수되지만, 헤미셀룰로오스[세포벽의 주요 구성성분인 다당류], 셀룰로오스, 리그닌은 거의 소화되지 않은 채 배설된다. 낙엽은 분쇄되면서 그 수분 함량은 증가한다. 1차 분해동물의 배설물과 분쇄된 낙엽은 톡토기, 노래기, 지렁이, 선충 등의 2차 분해동물에 의해 더욱 잘게 분해되어 토양의 단립화(團粒化),* 부식점토 복합체의 형성에 기여한다.[16]

이토록 신중하기 그지없는 작용, 이토록 질서정연한 연대 및 제휴. 죽은 여성의 사체 변화를 아름다움으로 승화시킨 〈구상도〉만큼이나 깊이 음미할 수 있는 문장이다. 이렇게나 역동적이고, 또 불필요한 도덕을 배제하면서도 절대적 권력자도 없는, 스스로의 식욕과 배설욕에 충실한 이 세계에 인간들도 최대한의 경의를 표하며 가담한다. 바로 이 지점에야말로 신품을 계속 만들어내고 또 계속 버리는 '제국'이 자멸하게 되는 열쇠가 숨어 있으리라는 예상하에 이 책은 집필되고 있다.

지금까지 수많은 철학자와 경제학자가 품어온 자본주의의 미래상은 자본주의가 머잖아 와해될 것을 전제로 사유되었기 때문에, 지금

* 개개의 흙 알갱이가 모여 덩어리로 토양을 구성하고 있는 상태. 토양이 부드럽고 물과 공기가 잘 통하며 미생물이 많이 번식하여 식물의 성장에 적합하다.

자본주의를 공격하는 것이 아니라 그것을 고속으로 회전시켜 가속시키고 과열시켜 고장을 내고 마침내 자멸에 이르도록 만든다고 하는 미래상이 되기 십상이었다. 이러한 자멸을 기다리는 일종의 메시아주의는 생산력을 기반으로 한 발전사관에 입각했던 것이다. 네그리와 하트는 자본주의의 새로운 형태인 '제국'을 그리기 위해서는 생산력만으로는 불충분하다고 생각하여 부패 개념을 추가했다. '제국'은 단지 배를 불릴 뿐만 아니라 배설을 하고, 경우에 따라서는 부패한 사지를 잘라버리는 터프한 기술도 구사할 수 있다. 단, 네그리와 하트는 이에 대항하는 다중에게도 결국 생산 및 건설의 주체라는 이미지를 부여하고 말았다. 설령 다중이라는 존재의 특이성을 아무리 높이 평가한다 하더라도, 이것만으로는 아직 '제국'과의 경계가 애매모호하다. 설령 마르크스의 법칙이 관철된다 해도, '제국'의 폭사(爆死)에는 수많은 인간들, 특히 경제와 환경의 변동에 생존 조건이 좌우되기 쉬운 인간들이 휩쓸려 들어갈 뿐이다.

하지만 만의 하나 '제국'을 폭사가 아니라 부패사시킬 수 있다고 한다면, 인간중심적으로 말해서, 그 부패사의 결과에 말려들어가지 않을 수 있다. 그때 다중은 다음 세 가지 작용을 담당하게 될 것이다.

첫째, 토양에 서식하는 생물들이 정확히 그렇게 작용하듯이, 다중은 제멋대로 서로를 해체하고, 분해하고, 수리한다. 가령 기업이 소비자에게 수리 비용을 높게 청구하는 이유는, 매 계절마다 모델 체인지를 되풀이하여 낡은 것을 버리고 신품을 계속 구입하게 하는 시스템이 아니라면, 금융 기관은 대출을 꺼리고 금융 상품의 매매도 정체됨으로써 끊임없는 성장과 확대를 전제로 하는 '제국'이 살아남지 못하기 때문이다. 따라서 지금 있는 내구재를 반영구적으로 사용할 수 있도록 분해와 수리를 과학과 예술의 영역으로까지 끌고 들어가는 것이 우선 필요하다.

둘째, 농업에 종사하는 다중도 토양의 부패 작용을 최대한 활성화한다. 토양 속에 뿌리를 내리는 식물의 힘을 발휘할 수 없도록 화학비료를 과도하게 사용하는 대신, 토양 미생물의 작용이 활발해지고 부식질이 토양 속에서 튼실하게 만들어지는 과정을 돕는다. 예를 들어 낙농가와 벼농사 농가, 콩농사 농가와 보리농사 농가, 혹은 농업, 어업, 임업을 하는 사람들이 연대하여, 본래라면 '값을 매길 수조차 없이 귀중한' 것인 배설물의 배턴 릴레이를 회복시키고 토양의 부패력을 활성화하여, 화학비료와 농약에 의존하는 근대 농업으로부터 '공통적인 것'을 구출함으로써 약 2세기에 걸친 역사를 가진 근대 농업을 발본적으로 개선하고 보수한다.

셋째, 다중이 '먹는 주체'가 되는 것이다. 사람들은 지금도 날마다 뭔가를 먹으며 살아가는 게 아니냐고 반론할 수도 있겠지만, 그러나 그 말은 현 상황에는 적용되지 않는다. 먹는 객체라고야 할 수 있겠으나 먹는 주체라고는 말하기 어렵다. 현재 '먹는' 행위는 생산라인의 꼬리에 달라붙는 덤에 지나지 않는다.[17] 식품에 관련된 산업은 소비자가 생산물을 입에 넣으리라는, 아니 거기까지는 아니더라도 구입을 해주리라는 전망이 서면 일을 완료한다. 게다가 많은 식품이 대부분 먹고 소화하고 배설하기 쉽게 가공되고 있다. 음식의 형태는 액상화되고, 씹는 시간은 단축되며, 턱의 근육은 쇠퇴한다. 시장은 입과 항문의 거리를 단축시킨다. 그러다 보면 '제국'이 폭사하기 전에 인간의 위장이 파열된다. 만약 먹거리의 부패, 분해, 소화, 배설의 과정에 더 많은 시간을 들여 에너지가 투여될 수 있다면, 그때서야 비로소 먹는다는 것이 서서히 회복될 것이다. 물론 그렇다고 해서 곧장 먹는 주체가 된다는 말은 아니다. 먹는다는 것은 분해 과정의 네트워크 중 일부이며, 항상 수동적이기도 하다. 한편으로는 수동성을 떠맡으면서도 다른 한편으로는 대량 생산 및 대량 폐기되는 식품 유통 시스템의 말단 장치가 되지는 않는 그러한 성격의 자율성이 요구된다. 먹는 주체는 모든 것을 스스로 결정하고 행동하는 주체와는 다르다.

그런 까닭에 다중이 먹는 음식은 자연의 부패력을 빌린 음식으로 자연스레 이행할 것이다. 발효란 부패의 일종이며, 어쩌다가 인간에게 유용하게 된 부패 현상을 발효라 부르는 데 불과하다. 발효 식품은 냄새가 강하고 무엇보다도 손이 많이 가는 음식인지라, 근대화 과정을 거치면서 청결과 안전을 최우선시하는 소비자 및 대규모 소매점에게는 기피 대상이 되어 왔다. 글루탐산나트륨 같은 화학조미료와는 달리 발효 식품의 깊은 맛은 단순히 맛을 다원화할 뿐만 아니라 세균을 통해 자연과 인간을 반강제적으로 연결한다. 먹는 주체가 된다는 것은 자신의 혀와 치아와 식도와 위장과 십이지장과 소장과 대장과 그 외 다양한 소화 기관 및 거기서 분비되는 소화 효소, 그리고 특히 대장 속에 사는 무수한 장내 세균을 자신의 내적인 다중으로 활성화하는 일에 다름 아니다. 이러할 때 인간은 자신이 생태계의 일부로 살아갈 뿐만 아니라 미생물에게 한껏 사용되는 '공통적인 것'임을 비로소 자각하기 시작한다. 인간이 생태계의 일부이며 생태계 자체임을 인식하게 되면, 다중은 정보망에 의지하지 않더라도 서로 연결될 수 있다. 수리하고 수선하는 일도, 농약과 화학비료를 절감하는 농업도, 그리고 시간이 드는 요리도 식사도 그 자체가 인간의 다양한 관계를 자연스럽게 연결하는 행위이기 때문이다. 이 연결에 대해서는 뒤에서 더 상세히 이야기할 것이다.

결국 활성화시켜야 할 것은 생산 과정이 아니라 분해 과정이다.

6 역사에서 배우기

생산력이 아니라 부패력을, 구축력이 아니라 분해력을 드높인다. 그것이 '제국'을 와해시킨다.

그러나 「프롤로그」에서 이미 말했듯이 생명 순환에 과도한 가치를 부여하면, 물질대사인 노동을 세상에서 가장 귀중한 것으로 취급했던 나치당 같은 체제가 태어나, 공공 공간의 활동력(가령 토론을 산출하는 등)을 약화시킬 뿐이다.

한나 아렌트는 『인간의 조건』(1958)에서 사물의 '내구성'에 주목함으로써 깜짝 놀랄 만한 논의를 펼쳤다. "만져서 감지할 수 있는 것들 중 가장 내구성이 낮은 것은 생명 과정 자체에 필요한 사물들이다."[18] 먹거리는 만져서 감지할 수 있지만 쉬이 썩는다. 사상은 만져서 감지할 수 없지만 썩지 않는다. 노동을 찬양하고 물질대사 수준을 높이는 것은 테크놀로지가 개입할 여지를 확대하여 역으로 삶을 제어하는 결과를 초래할 것이다. 한편 사상이나 사고, 토론 같은 것은 만져서 감지할 수 없는 것인 만큼 경시되기 쉽다. 하지만 그러한 경시가 인간을 통치하는 테크놀로지인 관료제를, 자연을 통치하는 테크놀로지인 과학 기술과 함께 팽창시킨다. 특히 매스미디어라는 정보 기술이 초래한 공론장의 쇠퇴는 아렌트의 논의를 계승한 하버마스에 의해 거듭 비판받아왔다.

그렇지만 역사는 그러지 않았을 가능성이 존재했다고 가르쳐준다. 예를 들어 나치는 부패(Verderb)에 민감했다. 전쟁을 수행할 수 있는 자급자족형 국가건설의 관점에서 먹거리가 서리나 쥐, 해충에 피해를 입거나 썩어버리는 것을, 무엇보다도 그에 대한 대책을 게을리하는 타락(Verderb)한 국민이 늘어나는 것을 싫어했다. 그것이 1934년 11월에 시작된 '쓸데없는 폐습과의 투쟁'(Kampf dem Verderb), 즉 '부패와의 투쟁'이었다. 이 투쟁의 주체로 나치는 주방에 서는 주부를 설정했다.[19] 역으로 말하면 부패는 나치즘의 생명관리 및 팽창주의에 있어 장애물이 될 수 있었던 것이다.

또는 좀 다른 이야기가 되겠지만, 고토쿠 슈스이*는 지금도 개최되는 '세타가야 폐물장터'의 모습을 지금으로부터 무려 100여 년 전에 다음과 같이 생생하게 묘사하고 있다.

> 매년 12월 15, 16일 양일간, 아직 심야 시간인 오전 3시경부터 6시까지 에바라군에서는 세타가야주쿠에 폐물 및 폐품 장터가 열려 일 년

* 幸德秋水, 1871-1911. 동아시아 사회주의 운동의 선구자로, 1907년에 일본의 조선 식민화에 반대한다는 위험한 글을 공개적으로 발표한 문제적 인물이었다. 『공산당 선언』을 일본어로 번역했고, 프롤레타리아를 노동자로 번역한 것도 고토쿠 슈스이다. 마르크스주의자에 가까웠지만 크로포트킨 등 아나키스트들의 저작을 번역하고 반년간의 미국 생활을 하는 등 여러 계기가 겹치면서 아나키스트로 변모했다. 직접행동론을 주장했던 일본 무정부 공산주의 운동의 지도자였다. 나카에 초민의 제자였으며, 존경했던 안중근 의사가 처형당하고 3개월 후인 1910년 6월 천황 암살을 모의했다는 죄목으로 체포된다(소위 대역사건 혹은 고토쿠 슈스이 사건). 1911년 1월 24일, 비밀 재판에서 사형 판결을 받은 후 1주일 만에 처형당했다. 『나는 사회주의자다』(교양인, 2011)가 우리말로 번역되어 있다.

중 최대의 성황을 이룬다. 도시 사람은 싫어하는 혼잡이건만, 자연의 단조로움에 물린 도시 부근 여러 마을의 사람들이 노소를 막론하고 이 장터의 바람이 불어오면 무병장수를 기원하는 심정에 더하여 백난(百難)을 벗어나고자 3리고 5리고 멀다 않고 이곳에 모여, 더러운 폐물과 잡동사니를 사들이는 걸 더할 나위 없는 즐거움이라 하더라. 허면 이 장터의 경기를 살피면 농가의 구매력이 얼마나 되는지를 시험할 수 있는 것이겠다.[20]

세타가야주쿠의 큰길가에 오뎅, 탁주, 초밥, 과자 등을 파는 음식점이나 진기한 구경거리를 보여주는 작은 가게 등이 늘어서서 대단히 활기찬 모습이다. 탁주도 초밥도 모두 발효 식품이라는 점을 염두에 두고 좀 더 이 폐물 장터를 걸어보자.

폐물로는 버선, 방한용 각반, 셔츠, 장갑, 수건, 겹옷, 홑옷, 앞치마, 속옷, 겉옷, 짧은 겉옷, 부인네들의 목욕용 홑옷, 손수건, 양말, 실밥 등이 있다. 잡화류로는 국자, 벼루, 화로, 찻잔 쟁반, 크고 작은 통이나 대야, 나막신, 눈 올 때 신는 신발, 소쿠리 부류, 동아줄, 어린이 요강, 널빤지, 책상, 괭이, 낫, 손도끼, 도끼, 곡괭이, 쟁기, 주걱, 주전자, 쇠주전자, 나무통, 병, 쌀, 보리, 조, 메밀, 콩류 등 헤아릴 수 없이 많다.

우스꽝스럽고도 가련하게 느껴지는 것은 이 물건들이 곡류를 제외하면 무엇 하나 만족스러운 게 없고, 찢어진 버선도 왼짝은 10푼인데 오른짝은 9푼이며, 구멍 난 양말도 오른짝은 까만색인데 왼짝은 흰색이라는 것이다.[21]

폐물 장터에는 내구성 있는 것, 내구성 없는 것, 먹을 수 있는 것, 먹을 수 없는 것, 오뎅이나 초밥처럼 빨리 먹지 않으면 썩는 것, 주전자나 낫처럼 썩지 않는 것 등 잡다한 것들이 나란히 늘어서 있다. 본래는 패키지로 구매했을 것들이 낱개로 판매되고 있다. 어디선가 주워왔을 법한 물건조차 여기서는 파는 물건이 된다. 참고로 요코야마 겐노스케는 도쿄의 '넝마주이'라는 직업에 대해 이렇게 쓰고 있다.

> 우선 다수 빈민들의 생업 중에서 가장 우리의 주의를 끄는 것은 만넨초, 야마부시초, 간키초, 마쓰바초*에 사는 넝마주이들이다. 폐지에도 종류가 다양하다. 서양종이도 있고 일본종이도 있다. 폐물로 나온 것으로는 유리와 도자기, 망가진 램프, 석탄 조각, 헌 나막신, 낡은 짚신, 낡은 줄, 벼, 때 묻은 들보, 찢어진 버선 한 짝, 비녀의 다리, 찌그러진 깡통 등이 있다. 세상의 기구와 물품에는 천차만별 다양한 종류들이 있으니, 넝마주이의 바구니에 모인 천하의 모든 폐물과 오물은 사물의 운명을 보여준다.[22]

세타가야의 폐물장터는 소비된 상품의 쓰레기장임과 동시에 그 쓰레기의 수리 공장이며, 게다가 도시와 농촌의 경계에 위치한다. 요컨대 촌 사람과 도시 사람이 뒤섞이는 장소다. 어떤 이에게는 한낱 쓰레기에 불과한 것을, 여기서는 파는 물건으로 '변태'(變態)시킨다. 이 밖에도 귀중한 비료가 되는 물고기의 내장을 수집하는 '어장(魚腸) 수거인'

* 당시의 대표적인 빈민굴들이다.

도 저변 사회의 중요한 직업이었다고 한다. "낮에는 하루 종일 빈 간장통을 들고 강변을 돌아다니며 어장을 수거하고, 밤이 되면 왕초의 집으로 돌아가거나 혹은 강변의 헛간 뒤에 쓰러져 잔다."[23]

물고기 내장은 빈 간장통에 들어감으로써 바다에서 육지로 역류한다. 마치 해초류와 청어가 밭의 비료가 되는 것과 같다. 물질이 육지에서 강을 통해 바다로 흘러들어 해양 생물의 영양이 되는 것과는 반대 방향으로 물질이 이동한다. 이런 식으로 물질을 흐르게 하는 분해력은, 프롤레타리아트라고 하기에는 너무나 잡다한 사람들(넝마주이, 어장 수거인, 또 그것을 구입하는 농민이나 빈민들)의 작용, 기본적으로는 사리사욕적이고 자기보존적인 작용이었다. 게다가 이 작용은 각각이 연결되어 있지 않으면 성립되지 않는다. '연대'나 '단결'이라고 하기에는 느슨하고 '네트워크'라고 하기에는 균일하지 않은, 붙어 있는 것도 아니고 또 떨어져 있는 것도 아닌 연계 작업이 이러한 분해 과정을 성립시키고 있다. '연대와 제휴'는 종종 물에 녹은 이온을 통해서도 수행된다. 네그리와 하트의 '다중'이라는 말을 최대한 적극적으로 평가한다고 했을 때 내게 떠오르는 것은 바로 이런 사람들이다. 이런 사람들은 '저변'이나 '하층'이라 명명됨으로써 그들 사이에 이루어지는 작용의 중대성이 잘 보이지 않게 되어왔다. 나는 이들의 영역 혹은 장소야말로 하버마스가 말하는 Öffentlichkeit('공공성'이라 번역되어 왔지만, 어원적으로는 단순히 다양한 존재들에게 열려 있는 상태를 의미한다)가 확보된 '오픈 스페이스' 또는 '열림의 공간'이라 부르고 싶다. '오픈 스페이스'의 번역어인 '공공 공간'이라는 말은 역시나 너무 경직된 울림이 있지 않나 싶다.

당연히 짐작하시겠지만, 통치자들은 이 공간에 공중위생과 치안유지의 시선을 던져왔다(4장에서 이 양상을 확인할 것이다). 감염의 온상이자 범죄자의 소굴로 간주되어 돈과 과학이 투입되어왔다. 그런데 우리가 반드시 자각해야만 하는 문제가 있다. 그것은 이 공간의 담당자를 '분해자'라 부르는 것이 통치의 시선으로부터 얼마나 자유로울까 하는 점이다. 경우에 따라서는 감시의 힘을 보강해주는 측면조차 있기 때문이다. 반대로 이 공간을 이상향처럼 찬양하는 것도 무의미하다. 이곳의 빈곤 상태와 보스가 지배하는 구조를 이상화하는 것이야말로 값싼 임금을 추구하는 '제국'의 양분이다. 청빈의 사상은 지배자의 사상에 불과하다. 게다가 그런 식의 견해가 도리어 이 세계의 작용을 보기 어렵게 만든다.

바로 이런 문제들 때문에, 또 그에 대한 문제의식 위에서, 나는 여러 작용이 복잡하게 착종되는 토양 세계의 형태를 관찰하고 그 생물 세계와 인간 세계의 여러 작용이 연결될 가능성을 상상해보고자 한다. 부패라는 말에서 도덕을 배제하라, 이 현상을 형태학적으로만 논하라, 라고 네그리와 하트가 호소한 것은 더 깊은 차원에서는 이러한 의미를 가질 수 있는 게 아닐까?

오청수만큼 필력이 있거나 또는 토양학자만큼 관찰력이 있다면, 이 열린 공간의 생성을, 그리고 그로부터 발동할지도 모를 '제국'의 부패사를 촉진할 수 있을 것이다. 하지만 꼭 그런 능력이 없다고 해서 거기에 참여할 자격마저 없는 건 아니다. 먹고 소화하고 배설하는 존재로서의, 즉 분해자로서의 자신과 자신 이외의 인간을 인정하는 것, 그것으로 충분하다.

2장

나무블럭의 철학

—프뢰벨의 유치원에 대하여

1 무너뜨리는 장난감

작은 손이 나무블럭 쪽으로 뻗어간다.

지방질로 포동포동한 손가락들은 하나같이 타액으로 번들번들 빛난다. 손으로 주워든 나무블럭은 이리저리 얽혀 있는 손가락과 함께 입으로 옮겨진다. 아이는 소위 '치아 다지기' 행위를 한다. 잇몸과 젖니로 깨물기도 하고 혀로 핥아보기도 하는 것이다. 나무블럭의 딱딱함, 모양, 질감을 입속에서 확인하고 있는 듯하다. 먹기와 인식하기가 아직 분리되어 있지 않은 이 시기에는 나무블럭과 음식의 거리가 그리 멀지 않다.

입에 막 들어온 나무 조각을 아이는 발작적으로 던지거나, 떨어뜨려 보거나, 발로 차거나, 휘저어 보거나 한다. 어른은 흩어진 나무블럭을 모은다. 각 블럭의 특징을 파악하여 무너지지 않도록, 쌓은 블럭의 높이가 높아지면 높아질수록 소리를 내지 않도록 천천히, 가만히 쌓아올려 보인다. 조금 멀리서 바라보거나 두 손을 사용한다든가 해서 전체적인 균형을 유지하면서 아이가 주목할 수 있도록 작은 건축물을 신속하게 만들어 보인다.

그러나 작은 손의 소유자는 어른의 노력을 한순간에 수포로 돌린다. 작은 손과 발, 혹은 손에 쥔 물체를 가지고 건축물을 부수고 느닷없이 웃기 시작한다. 블록으로 지은 건축물이 허물어지고 나무와 나무가 부딪치며 바닥에 떨어진다. 와르르 툭탁. 불규칙한 소리가 울려 퍼진다. 어른스럽지 못하게 혀를 차고 싶은 충동을 간신히 억누르며 어질러진 블록을 정돈하기 시작하는 나 같은 미숙한 어른도 많을 것이다. 그러는 동안 아이는 큰 소리를 지르며 조금이나마 정리된 나무블럭을 두 발로 툭툭 차버린다. 어른이 분통이 터질수록 아이는 또 그만큼 웃는다. 어른이 잠시 틈을 내어 영혼 없이 놀아주는 것으로는 아이의 마음이 동하지 않는다는 점도 나무블럭 놀이를 통해 쉽게 배울 수 있다.

허물고, 쌓고, 또 허문다. 때때로 발로 차고 던진다.

세월이 흘러 마침내 작은 손에서 조금씩 지방질이 떨어지기 시작하면, 바닥이나 신체 일부를 활용하면서 나무블럭을 바꿔 쥐고 쌓아올리는 동작을 하게 된다. 나무블럭을 입에 넣는 횟수도 줄어들고, 나무블럭이 음식이 아니라는 걸 조금씩 이해할 수 있게 되면 나무블럭을 먹을 수 없는 물체로 파악하게 된다. 어느 정도 쌓아올리면 또 허물고, 기쁜 표정을 짓는다. 무너진 나무블럭이 우연히 어떤 모습을 닮기라도 하면, 그 상태를 바탕으로 블럭을 정돈하며 그 무언가를 만들어내려 한다.

허물고, 쌓고, 또 허문다. 때때로 죽 늘어놓기도 한다.

세월이 더 흐르면 아이는 나무블럭으로 자신의 앉은키만큼 큰 건축물을 만들기 시작한다. 불안정한 조합을 즐기면서 제각각의 형태로 쌓아올린다. 친구나 어른과 함께 쌓아올리는 일도 늘어난다. 언젠가는 자기 이외의 누군가에 의해 자기 작품이 허물어지는 사고를 당한다. 아이는 울거나 화내거나 항의하거나 혹은 웃거나 기뻐하거나 한다. 잠시 시간이 지나면 아이는 또 쌓아올린다.

쌓고, 허물고, 또 쌓는다.

나무블럭은 쌓아올릴 때의 고양감과 붕괴되어버릴 때의 덧없음이 긴밀하게 결부되어 이 두 감정을 따로 분리하기 힘든 장난감이다. 접합블럭이나 프라모델과 달리 조각과 조각이 접합되어 있지 않기 때문에 약간의 접촉만으로도 접해 있는 면이 미끄러지거나 무너지기 쉽고, 또 무너져도 곧장 다시 만들기가 쉽기도 하다. 물론 접합블럭도 분해하는 데 그리 오랜 시간이 걸리지 않는 경우가 있다. 하지만 그런 경우에도 어느 정도의 경험은 필요하기 때문에 나무블럭만큼 다루기 쉽거나 무너지기 쉽다는 특성, 즉 단순함은 없다. 접합블럭은 중력을 거슬러 접합할 수 있지만, 나무블럭은 중력을 거슬러 접합할 수가 없다. 그 결점을 상쇄하기라도 하듯, 나무블럭은 소리가 잘 난다는 특징이 있다. 나무블럭의 붕괴는 박자도 멜로디도 산출하지 않지만, 블럭과 블럭이 접촉하는 소리보다 부드럽고 기분 좋은, 세상에 딱 한 번뿐인 소리를 울리며 딱 한 번뿐인 잔해의 모양을 눈앞에 출현시킨다.

일본어의 어감이라는 점에서 보면 나무블럭은 쌓는 장난감이라고 여겨지기 십상이다. 그러나 사실 나무블럭 놀이에는 무너뜨리는 것,

블록을 아무렇게나 놓아두는 것, 여기저기 흩어버리는 것, 우연히 조성된 어떤 흩어진 모양을 보는 것, 거기다가 소리를 내는 것까지 포함되어 있다. 말하자면 적목(積木)*이 아니라 붕목(崩木)이다. 만일 나무블럭이 접착제로 접착시키는 놀이였다면, 나무블럭이 산산이 허물어질 때의 소리는 나올 수가 없다. 지금까지 나의 사소한 관찰 과정에서 느꼈던 바를 몇 가지 적어보았는데, 이는 몇 세기에 걸쳐 무수한 사람들이 목격했을 장면이기도 하다. 또한 나무블럭으로 쌓은 건축물을 무너뜨릴 때 느껴지던, 내 안에 감춰진 파괴 충동을 방출하는 쾌락이나 완성되어 있는 것을 분해하고 싶다는 욕망이 기억에 남아 있는 어른도 나뿐만은 아닐 것이다. 실제로 적잖은 관찰자들이 아이가 나무블럭을 무너뜨리는 데 대해 기록을 해왔다.

예를 들어 의사이자 육아평론가인 마쓰다 미치오는 베스트셀러가 된 『정본 육아백과』(2008, 초판 1967)에서 이렇게 조언한다. '생후 6, 7개월 무렵에 손재주가 붙게 되면 나무블럭을 줘도 좋다', '나무블럭은 큰 것으로 해줘야 손쉽게 잡을 수 있다'. 흥미로운 것은 그다음인데 그는 "쌓아올리는 건 못하지만 블록끼리 부딪쳐본다든가 엄마가 만든 탑을 밀어 쓰러뜨릴 수는 있다"고 설명한다.[1] 그러니까 마쓰다도 아이가 처음 나무블럭을 접할 때 노는 방식이 "쌓는 것"이 아니라 "소리를 내는 것"과 "무너뜨리는 것"임을 일반론 차원에서 인정하고 있는 것이다.

또한 나무블럭을 무너뜨리는 이 유쾌함은 나무블럭 제작사 측에 의

* 지금까지 '나무블럭'이라 번역해온 단어는 바로 이 단어, 즉 '積み木'(적목)이었다. 의미상으로는 '나무블럭 쌓기'지만, 번역상의 고려와 함께 블록의 재질이 나무라는 점을 살리기 위해 거의 대부분 '나무블럭'이라 번역할 것이다.

해서도 이미 제품에 반영되어 있었다. 예를 들어 '키디오'라는 제작사는 자사의 나무블럭 세트 '나무블럭 첫걸음'에 딸려오는 『와르르 쿠궁!』(1991)이라는 그림책에서 바로 이 재미를 표현하고 있다(그림책의 제목부터가 의성어를 중심으로 구성되어 있다).[2] 이 책에 보면 몸통을 스프링처럼 쭉 뻗을 수 있는 꼬마 요정들과 강아지가 혼연일체가 되어 나무블럭을 "높이, 높-이" 쌓아올리는 와중에, 갑자기 공룡이 나타나 "와르르 쿠궁!" 깡그리 무너뜨려버린다. 하지만 요정들과 강아지는 "괜찮아, 괜찮아", "뭐, 와르르 무너지는 거, 재밌어", "우린 쉴 새 없이 쌓을 테니까, 또 무너뜨려 봐"라고 응수한다. 공룡이 다시 한 번 무너뜨리면 이번에는 우연히 바닥에 출현한 뱀 모양의 나무블럭 행렬을 보고 "와, 재밌다! 봐봐! 구불구불 쭉 늘어서 있어"라고 한다. 그러면서 수평 방향으로 나무블럭을 척척 이어가는 것이다. 이렇듯 딱히 특별할 것도 없는 그림책에도 구축, 붕괴, 재생이라는 나무블럭 놀이의 순환 과정이 확실히 그려져 있다.

물론 부모들도 나무블럭이 무너뜨리는 장난감이라는 점을 놓치지는 않았다. 비교적 최근의 사례로는 이토 지사토가 관찰한 아이(A라고 하자) 이야기가 있다.[3] A 어린이는 이토의 외동으로 생후 10개월 때 처음 나무블럭을 접했다. 마쓰다 미치오가 나무블럭 놀이를 시작하는 때라고 했던 시기와 거의 일치한다. A 어린이는 생후 18개월에서 2세 때까지는 쌓고 늘어놓는 행위와 함께 역시나 '무너뜨리는' 것과 '블럭을 맞부딪쳐 소리를 내는' 것을 경험했다고 한다. 아버지한테서 배운 도미노 쓰러뜨리기에 도전하여 나무블럭이 쓰러져가는 모습을 즐기거나 나무블럭을 양손에 들고 장시간 소리를 내보기도 했다고 한다. "나무블럭의 길이와 크기에 따라 소리가 미묘하게 다르다는 걸 발견하는 모습을 볼 수 있었다."

그리고 2세 6개월이 되자 좀 더 복잡한 놀이를 하게 된다. A 어린이는 2세 10개월 24일에, 반구의 오목한 기둥을 눕히고 그 위에 채색된 정육면체(기둥의 절반 크기)를 2열 6단으로 쌓아 'A 어린이의 집'을 지었다. 그런 다음 그 집 앞에 앉아 두 손으로 맨 꼭대기에 있는 정육면체를 하나씩 들고 한 단씩 양쪽을 동시에 집어 올려 무너뜨린다. 뭘 하고 있느냐고 묻자 놀랍게도 A 어린이는 "창문을 여는 중이야"라고 대답했다고 한다. 마지막까지 정육면체를 허물고는 만족해서 한숨을 돌리더니, 2열 4단으로 정육면체를 새로 쌓는 시범을 보인 다음 어머니한테 나무블럭 앞에 앉아 창을 열라고 지시했다. 어머니가 지시에 따라 정육면체를 무너뜨린다.

이토에 따르면 나무블럭 놀이를 하기 직전에 A 어린이의 어머니인 이토 자신이 자택의 미닫이창을 열고 있었다고 한다. A 어린이도 도왔지만 손이 닿지 않는 창문도 있었는데, 그건 어머니가 열었다. 말하자면 나무블럭으로 그 대리 행위를 표현하고자 한 결과가 바로 이 동작이었던 셈이다. A 어린이에게 나무블럭을 무너뜨리는 것은 마치 자택의 창을 열어 외부 공기를 들이듯이, 자신이 존재하는 세계와 다른 세계 사이에 그어져 있는 경계를 헐어버리는 일이었다. 나무블럭을 입에 넣는다거나 붕괴되는 모습과 나무블럭이 부딪치는 소리를 동시에 즐긴다거나 하는 놀이는 적혀 있지 않지만, '나무블럭 쌓기'에 소리를 즐기는 면과 무너뜨리는 면이 있다는 점을 이토가 되풀이해서 말하고 있다는 것은 주목할 만하다.

허물고, 쌓고, 또 허문다.

나무블럭 놀이에 포함되어 있는 분해라는 요소는 지금까지 교육학 연구자에 의해 확인되고 또 언급되기는 했지만, 그럼에도 여전히 '나무블럭 쌓기'라고 하면 역시나 조립하는 것이라는 점에 시선이 쏠리는 경향이 있다. 그 원인을 탐구해가면서 어린이의 나무블럭 부수기 놀이에 단적으로 나타나는 분해라는 현상을 더 넓은 차원에, 즉 자연, 인간, 사회, 역사의 성쇠 속에 자리매김하는 것이 이번 장의 과제다.

2 프뢰벨의 유치원

나무블럭이라는 장난감을 발명한 것은 19세기 초반에 활약한 독일의 교육학자이자 교육실천가인 프리드리히 프뢰벨[4]이다. 물론 물건을 쌓거나 무너뜨리는 놀이는 인류가 지구에 탄생한 이래, 흙을 반죽하거나 동물을 뒤쫓거나 나무 열매를 줍거나 하는 행위 등과 함께 삶의 원형 또는 생존의 훈련이라고도 할 수 있는 흔한 풍경이었음에 틀림없다. 나무꾼이나 소목장이의 자식이 나무 조각을, 어부의 자식이 조개껍질이나 해안의 돌을, 벽돌공의 자식이 벽돌이나 그 파편을 쌓고 또 그걸 무너뜨리는 놀이를 해왔다는 것은 누구라도 쉽사리 상상할 수 있을 것이다.

그럼에도 불구하고 프뢰벨이 나무블럭을 '발명'했다고 할 수 있는 것은, 그것이 철두철미하게 교육 목적을 위해 구상되고 설계되었기 때문이다. 그리고 그 교육의 장소 또한 프뢰벨이 발명한 것이었다. 그것이 바로 아이들의 정원, 일본어로는 '유치원'으로 번역되는 '킨더가르텐'(Kindergarten)이다. 입학 연령에 도달하기 전까지 아이들 교육을 담당하는 유치원의 탄생은, 그것이 훗날 전 세계적으로 퍼져나간다는 점을 감안한다면, 교육사의 혁명적 사건이라 해도 과언이 아닐 것이다.

1782년 4월 21일, 프리드리히 프뢰벨은 현재의 튀링겐 오버바이스바흐에서 프로테스탄트 성직자의 아들로 태어났다.[5] 하지만 태어나자마자 어머니를 여의었고 시집온 새엄마와는 그녀가 이복형제를 낳고부터 관계가 악화된다. 새엄마로부터 집 근처에서 벗어나지 못하도록 연금을 당해 마을 아이들과 놀지도 못한 채, 오로지 정원의 식물이나 동물과 접촉하는 데서 위안을 찾는 유소년기를 보냈다. 이 고독한 생활에서 훗날 프뢰벨의 자연관과 교육관의 근원을 찾고 싶은 유혹에는 일단 저항을 해두고자 한다. 왜냐하면 큰아버지 집으로 옮기고 나서 드디어 '마음의 평안'을 되찾았다고 하는 프뢰벨은 교육자로서의 자신을 발견하기 이전에, 삼림 관료의 견습 생활을 하며 측량을 배우기도 하고 그러는 사이사이 암석 수집을 하기도 하면서 자연과 만나는 경험에 충분한 시간을 보내게 될 것이기 때문이다. 원류를 말하고자 한다면 차라리 여러 갈래였다고 해야 할 것이다.

청년 시절의 프뢰벨은 셸링이나 노발리스의 서적을 즐겨 읽었지만, 학교 교사가 된 후 스위스의 교육자 페스탈로치와 직접 대화한 경험(1805년 8월)을 계기로 교육법 연구에 몰두하게 된다. 페스탈로치를 두 번째 방문(1808년)해 2년간의 심도 있는 연구를 한 뒤, 괴팅겐 대학과 베를린 대학에서 광물학과 철학 연구를 병행하면서 베를린 대학에서는 피히테의 강의를 청강하고, 광물학 연구소에서는 조수로 일하기도 했다. 1813년 3월, 나폴레옹으로부터 독일을 해방시키려는 '의용군단'에 참가하기도 했지만, 그 후 형의 죽음을 맞아 형이 남긴 자식들을 맡아서 교육을 하게 된다. 불가피하게 닥친 사적인 사정이 그를 대학이 아닌 현장으로 향하게 했다. 그리스하임에 '일반 독일 교육소'를 연 것이다. 산업화의 진전에 따라 어머니들이 노동자로 공장에 출근하거나 심지어 아이들까지 노동력으로 이용되기도 했는데, 특히 노동자들의 가족 환경이 크게 변모되기 시작했다. 이때 프뢰벨은 아이들을 떠맡는 게 주된 목적인 기존의 탁아소에서는 어린이의 인격 도야가 저해될 수 있다는 위기의식을 품게 되었고, 가정 교육과 취학 전 교육의 중요성을 통감하였다. 이는 프뢰벨박물관 관장 마르기타 록슈타인의 분석인데 상당히 설득력이 있다.[6]

그 후 우여곡절을 거쳐 1839년 블랑켄부르크에서 마을 어린이들이 놀 수 있는 '놀기도 하고 작업도 하는 어린이집'(Spiel- und Beschäftigungsanstalt)을 설립한다. 이듬해 6월 28일, 프뢰벨은 어린이들의 낙원이라는 의미를 담아 유치원이라고 명명한 이 시설의 설립 행사를 블랑켄부르크에서 거행했다. 그가 여성 유치원 교사 양성과 완구 판매를 결합시킨 유치원을 운영하면서 목표로 삼았던 것은, 취학 전 어린이의 인격을 화단, 밭, 실내에서의 자유로운 놀이를 통해 형성해가는 것이었다. 자금난으로 인해 당초 예정한 만큼 실현되지는 못했지만, 1844년부터는 유치원 이념의 전도 활동을 개시했고, 그 뒤 1848년 3월 혁명이 그의 리버럴한 유아 교육 방법을 밀어주어 상승 기류를 타게 된다. 프뢰벨의 제자들이 유럽 전역에 유치원을 설치하기 시작하면서 서서히 유치원은 사람들 사이에 알려져 간다.

아이들이 자유롭게 노는 것을 교육의 이상으로 삼은 유치원은, 그러나 프로이센 정부에 사회주의적이거나 자유주의적인 경향으로 비치면서 신앙심 없는 아이를 키우는 시설로 백안시된다. 1851년 8월, 이미 혁명을 진압한 프로이센 정부는 '유치원 금지령'을 내렸다. 금지가 풀린 1860년, 프뢰벨은 이미 이 세상에 없었다. 1852년 6월 21일, 니더작센의 마리엔탈에서 실의에 빠진 채 70년의 생애를 마쳤던 것이다.

3 프뢰벨의 나무블럭 철학

유치원과 나무블럭으로 집약되는 프뢰벨의 교육 철학에 대해서는 쇼지 마사코를 필두로 방대한 업적이 이미 일본에 쌓여 있기 때문에 더 심도 있는 이해를 위한 수단은 부족하지 않다. 따라서 여기서는 주제를 좁혀 나무블럭이란 어떤 장난감인지에 대해 프뢰벨이 쓴 글을 읽으면서 생각해보고자 한다.

프뢰벨은 우선 아이들을 있는 그대로 차분히 관찰할 것을 독자들에게 촉구한다.

> 우선 자진해서 거실에서 아이가 노는 곳이나 혹은 아이 방의 놀이책상으로 장소를 옮겨, 거기서 함께 다음과 같은 관찰을 해보자. 즉 아이가 자기 작업을 시작함에 있어 그를 몰아세우는 건 무엇인지, 아니 도리어 아이는 자기 스스로가, 또 자기를 통해서, 무엇에 의해 그리고 어디로 내몰리고자 하는지, 자기 작업을 통해 아이는 무엇을 밖으로 표현하고 싶어 하는지, 그러기 위해 아이는 무엇을 필요로 하는지를 관찰하자. 가능한 한 조용히, 가능한 한 아이들에게 신경 쓰이지 않도

> 록 좌석에 붙어 앉아 가령 이런 것들을 주목해보자. 즉 1세에서 3세까지의 아이가 자신이 다룰 수 있는 완성품인 물체를, 그 형태나 색깔을 관찰한 뒤 그것을 손에 들고 이리저리 움직이거나 그게 얼마나 딱딱한지 시험해보거나 또 어느새 그 물체에서 새로운 특징을 **발견하거나** 아니면 새로운 사용 방식을 **찾아내기** 위해 그 물체를 **분해하려** 하거나 적어도 그 형태를 변화시키려고 하는 모습을 주목하자. 만일 아이가 물체를 분해하는 이 최초의 시도에 성공한다면, 우리는 아이가 그렇게 분해된 부분을 남아 있는 전체에 이어보려 하거나 아니면 그 부분과 원래의 전체를 하나의 새로운 **전체로 정돈해본다든가** 하는 것을 알게 될 것이다.[7]

여기서 말하는 '물체'가 전부 나무블럭이라고 할 순 없겠지만, 프뢰벨의 시선이 장난감을 분해하는 아이의 행동에 확실히 꽂혀 있다는 점은 확인해두고 싶다. 하나의 완성품인 물체를 분해하거나 변형함으로써 세계에는 부분과 전체가 있다는 사실을, 논리로 이해하기 전에 신체로 느낀다. 이 점은 프뢰벨의 나무블럭 철학 중에서도 그 근간에 있는 테마다. 나무블럭은 단지 땅에 건설하는 장난감이 아니다. 처음 탄생할 때부터 이미 분해하는 장난감으로서도 상정되어 있었던 것이다.

프뢰벨은 유치원을 설립하기 전에 소목 장인에게 장난감 여섯 개를 만들게 하고, 그것들을 '주신 것'(Gabe)이라 이름 붙여 미취학 아동교육에 이용하려 했다. 일본에서는 '은물'(恩物), 영어로는 'gift'(선물)로 번역된다. 신이 어린이에게 내려주신 선물이라는 의미를 담았을 것으로 보는 게 보통이지만, 당연히 부모가 자식에게 혹은 자연이 아이들에게

놀잇감 일람표 (첫째부터 여섯째 놀잇감까지)

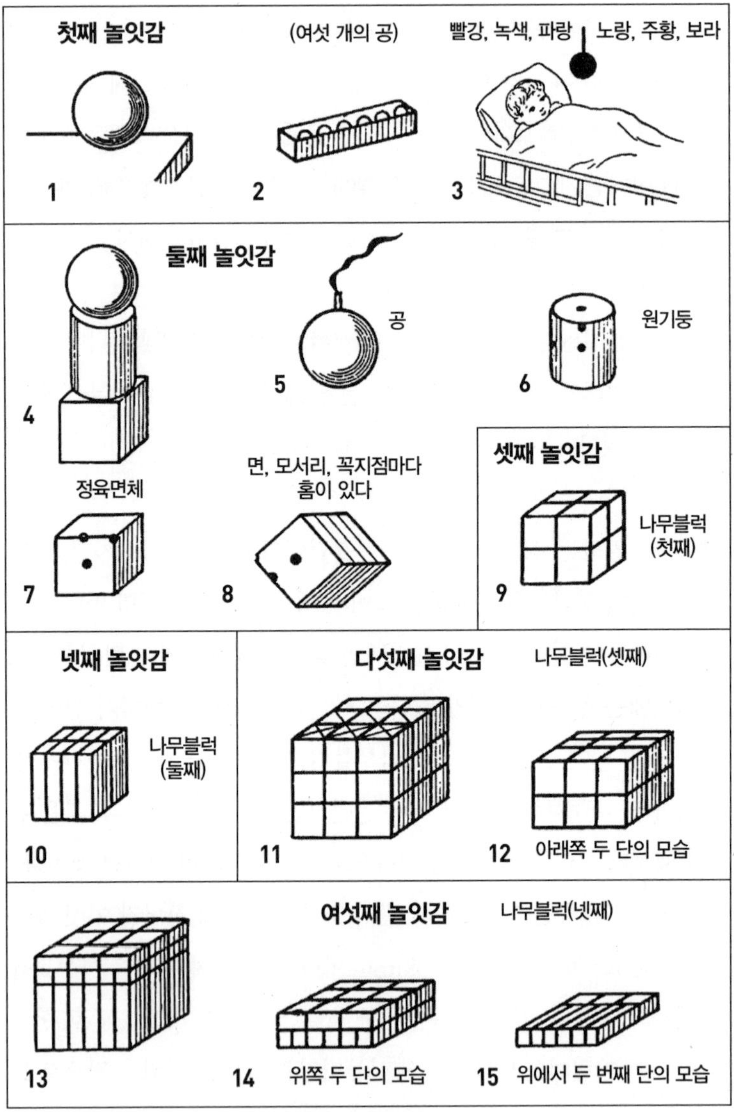

그림 [은물의 종류]

주는 선물이라는 뉘앙스 역시 배제되지는 않는다.[8]

이것은 여섯 종류로 나뉜다(옆쪽의 그림 참조. 이 그림은 쇼지 마사코가 작성한 것인데 '은물'이 아니라 '놀잇감'이라 적혀 있다). 첫 칸에 그려진 세 가지 은물은 양털로 만들어진 여섯 개의 공뿐이다. 둘째 칸의 은물들은 나무로 만들어진 공, 원기둥, 정육면체로 구성되어 있다. 셋째 은물은 나무 정육면체를 8개로 분할한 것인데, 이 8개는 서로 합동 관계에 있는 정육면체다. 넷째 은물은 나무 정육면체를 서로 합동관계에 있는 8개의 직육면체로 분할한 것이다. 다섯째 은물은 나무 정육면체를 3×3×3의 합동 정육면체로 나눈 다음(정확히 루빅큐브처럼 된다), 작은 세 정육면체를 각각 두 개의 합동 삼각기둥으로 나누고, 다른 정육면체 셋을 각각 네 개의 합동 삼각기둥으로 나눈 것이다. 마지막 여섯째 은물은 글로 설명하려면 너무 길어질 테니 그림을 잘 보아주시면 좋겠다. 셋째 은물과 넷째 은물의 정육면체는 한 변의 길이가 6센티미터, 다섯째와 여섯째 은물의 정육면체는 한 변이 7.5센티미터였다.

이 중 셋째 은물에서 여섯째 은물까지는 하나같이 정육면체를 직각의 작은 부분들로 분할한 것이어서, 부분에 의해 구성된 전체라는 프뢰벨의 기본적인 세계관을 그대로 보여주는 장난감이 되어 있다. 매우 심플한 장난감이지만 거기에는 이유가 있었다.

> 지나치게 형태가 잡혀 있고 지나치게 완성되어 있는 놀잇감 (…) 이라면 거기엔 더 이상 내가 할 수 있는 일이 없다. 그 놀잇감을 가지고 스스로 다양한 것을 충분히 만들어낼 수 있는 힘을 실제로는, 그 놀잇감이 도리어 죽여 버리는 것이다. 이와 마찬가지로 만약 우리가 아이들

에게 이미 지나치게 완성되어 있는 것을 준다면, 그로 인해 일반적인 것 속에서 특수한 것을 보라고 하는 요구를 아이는 받지 못하게 되고, 또 그것을 발견할 수단(예컨대 완전히 일반적인 정육면체 형태 및 그 정육면체의 집합 속에서 어떤 가구나 방의 물건을 발견하거나 아니면 동물이나 다른 것을 발견할 수단)도 빼앗기고 만다.[9]

나무블럭은 "지나치게 형태가 잡혀" 있지 않다거나 "지나치게 완성되어" 있지 않다고 말하는 프뢰벨의 사유는, 이미 후지타 쇼조의 신품문화론이나 나폴리 사람에 대한 존-레텔의 논의를 알고 있는 우리에게는 그리 어렵지 않게 이해가 된다. 예컨대 오늘날의 놀이 현장에 비추어볼 때, 비디오게임이나 프라모델은 실로 나무블럭의 반대편에 있는 장난감이라고 할 수 있을 것이다. 모든 것이 제작자에 의해 마치 밥상처럼 다 차려져 있고, 그래서 아이들의 눈앞에 펼쳐지는 이미지가 지나치게 완성되어 있다. 거기에 아이들의 창의력이 발전할 여지는 크지 않다. "아이들이 아무것도 **생각지 않고** 작업하게 만들어선 안 된다. 오히려 자신이 어떤 행동을 할 때 늘 어떤 목적을 마음에 새기게 해야 한다. 적어도 그 목적을 안중에 두지 않을 수 없도록 해야 한다."[10]

어떻게 보면 나무블럭은 "자기 완결적인 것, 게다가 쉽사리 분리되고 다시 원래 상태가 될 수 있는 한 개의 정육면체"일 뿐이다.[11] 하지만 나무블럭은 창조와 분해를 되풀이하는 자연의 섭리와 마찬가지로, 분리와 재생의 반복 속에서 "전체와 부분"을 생생하게 포착할 수가 있다. 세 번째 은물이 그러하듯, 8개로 분할된 작은 정육면체를 다시 어떤 점을 중심점 삼아 서로 모서리를 딱 맞춤으로써, 원래의 큰 정육면체가 지녔던 질서를 회복한다. "생명의 **내면적** 중심점과 관계점과 융합점, 혹은 그들의 생명의 조화와 통일"을 아이들은 나무블럭을 통해 신이 창조한 자연으로서 관찰하고 체감하는 것이다.[12]

그리고 이러한 자연의 섭리는 건축의 원리에도 응용된다. 8개의 직육면체로 분리되는 넷째 은물에 대한 설명을 보면, 부뚜막 모양으로 나무블럭을 조합하는 사례가 나온다. "수프가 준비되었다. 요리가 완성되었다. 엄마와 아이가 부뚜막을 누른다. 부뚜막은 무너진다. 허물어져 원래의 건축 자재 또는 벽돌이 된다. 부뚜막은 같은 크기의 **건축 자재로 이루어져 있는** 것이다."[13] 생명 유지에 토대가 되는 부뚜막이라는 도구의 건설과 분해를 통해 부분과 전체의 조화를 알게 된다.

다섯째 은물은 3종류, 28개 부분으로 나뉘어 있어 꽤나 복잡한 표현이 가능해진다. 그러면 나무블럭 놀이는 '도시 건설'로 향하게 된다.

> 아이들의 세계는 처음에는 집이나 방 안에서, 탁자와 걸상 위에서, 또 작은 침대 속에서 펼쳐지지만, 이제 기억 속에서도 그 물건들의 형상이나 표상 그리고 그에 바탕을 둔 표현들 또한 그와 마찬가지로 확장되어 간다. 집 안팎의 계단, 우물, 교회, 시읍면의 관청들, 주요 건물 등이 있는 한 마을 전체가 출현하고, 이어서 다시 한 번 마을 공동의 빵 굽는 부뚜막이 출현한다. 나아가 시장이 출현하고, 여기서 또 시청이나 수위 본부, 시의 관문, 그리고 이 시의 관문을 통해 바깥으로 나가보면 거기에 다리 같은 것들이 출현한다. 그러면 우리는 다시 한 번 다음과 같은 것을 알게 된다. 이 은물들이 어린이의 내적 및 외적 발달 과정에 얼마나 밀접하게 결부되어 있는지, 또 그 내적 발달 과정을

어떻게 촉진하고 명료하게 하는지, 또 아이는 그것을 수단으로 어떻게 자기를 강화하고, 말하자면 자기 스스로 어떻게 성장하는지를.[14]

후반 쪽은 다소 까다롭지만, 전체적으로 보면 프뢰벨의 나무블럭 사상이 어떤 구조로 이루어져 있는지를 말해주는 내용이다. 한편으로 나무블럭을 쌓아 올리는 과정에서 건축 공간을 확장하고 도시를 개발해가는 일이 다른 한편으로 아이가 자기를 형성하고 식견을 확장해가는 일과 표리일체가 되어 있다. 정확히 독일어 bilden과 영어 build라는 동사에 '건물을 짓다'라는 의미와 함께 '인격을 형성하다'라는 의미가 포함되어 있듯이 말이다. 나무블럭은 흡사 자기의 성장 및 발전의 거울과도 같은 존재라 말해도 좋을 것이다.

그러나 다른 한편 나무블럭 놀이에는 단지 쌓아 올리는 것만이 아니라 무너뜨리는 행위도 애초부터 내장되어 있다는 점은 이미 언급한 바 있다. 자, 그렇다면 나무블럭 놀이 속에서, 인간의 건설과 도시의 건설이 연속 및 융합되어 있다는 점은 무너뜨리기 쉽다는 나무블럭의 성질과 어떻게 관련되는가? 또한 (화단이나 밭에 둘러싸인) 유치원이라는 생물이 꿈틀거리는 교육 공간 속에서, 나무블럭은 과연 어떠한 위치에 있는가?

4 나무블럭의 무한성

프뢰벨은 나무블럭 놀이의 무한성에 대해 이렇게 썼다. "이 놀이에는 또한 두 가지 새로운 현상이 출현한다. 즉 균형(das Gleichgewicht)과 자기 증식적인 운동(die sich fortpflanzende Bewegung)이라는 현상이다."[15] 또한 프뢰벨은 위치의 상호 교환이 자유로운 경우에는 아마도 거의 천 가지 정도의 다른 표현이 가능할 것이라고도 썼다.[16]

이는 넷째 은물, 즉 한 변의 길이가 6센티미터인 정육면체를 모양이 동일한 8개의 직육면체(6×3×1.5센티미터)로 분할한 것에 대한 설명이다. 그런 전제 위에서 프뢰벨은 다음과 같은 놀이 방식을 제안한다. 엄마는 우선 정육면체가 "부뚜막" 같은 것이라는 점을 유아에게 전달한 뒤, 부뚜막에서 수프를 만들어 건네는 동작을 한다. 그리고 부뚜막을 무너뜨려 "벽돌"로 분해한 다음, 그 벽돌을 사용하여 기다란 벽, 높은 벽, 팔걸이가 있고 머리를 괼 수 있는 벤치, 양쪽에서 앉을 수 있는 벤치, 탁자 등등 이야기에 맞추어 다양한 벽과 가구를 차례로 만들어 보인다. 모양이 동일한 8개의 직육면체가 있으면 꽤 많은 종류의 표현이 가능하다. 의자, 책상, 3단짜리 탑, 신전을 표현하는 것도 그리 어려운 일이 아니다. 나무블럭은 확실히 무한한 조합, 무한한 놀이 방식을 유아에게 제공해준다.

단, 프뢰벨은 유치원에서 나무블럭을 더 사들여 수를 증식시켜 가는 건 별로 생각하지 않았는데, 이 점을 간과해서는 안 된다. "자기 증식하다"(sich fortpflanzen)라는 재귀 동사는 본래 식물(Pflanze)이 생식에 의해 스스로 증식해 가는 모습을 의미하는 독일어인데, 이 의미가 변화하여 '널리 퍼지다'라는 의미로도 사용된다. 즉 나무블럭 놀이의 형태 속에 생식이든 번식이든 이미 내장되어 있는 증식의 기능과 형태를 바탕으로 자손을 늘려간다는 이미지를 프뢰벨이 품고 있었다는 점은 주목할 만하다. 실제로 넷째 은물에 대해 말하자면 다 합쳐 여덟 조각에 불과하다. 그것도 최종적으로는 하나의 정육면체로 회수되어 "균형"을 유지할 수 있는 한정된 나무블럭의 개수이기에 도리어 유아의 상상력이 무한히 팽창하는 것이다.

유한 속에서 무한을 보는 것은 쇼지 마사코가 반복해서 언급한 대로 프뢰벨 교육학의 원리다. 그것은 어디서 오는 것일까?

첫째, "현실적인 존재에게 신비로운 모습을, 알려진 존재에게 미지의 존재의 존엄을, 유한한 존재에게 무한한 가상을 부여"하고자 하는 낭만주의를 간과해선 안 된다. 이미 언급한 바와 같이 프뢰벨의 학문적 전개에 있어 셸링과 노발리스는 커다란 역할을 했다.

둘째, 기독교 신앙이다. "프뢰벨은 신의 본성을 주로 무한한 창조적 행위로 보았으며, 신의 생각 하나하나가 이미 그 자체로 작업이요 생산적인 활동이라 보았다. 따라서 신의 자녀인 인간도 이미 아동 때부터 신의 본질인 창조적 행위의 싹을 간직하고 있으며, 그리하여 아동의 활동과 행동 하나하나에는 창조적인 의미가 담겨 있다."[17]

지금까지 프뢰벨 연구는 그의 사상사적, 문화사적 배경에 특히 주목해왔지만, 경제사적 배경에 대해서는 그다지 고려하지 않았던 것 같다. 그러나 프뢰벨이 나무블럭이라는 장난감에서 "자기 증식"과 "균형"이라는 두 요소를 보았다는 점은, 프뢰벨이 활동하며 자신의 사상을 길러갔던 19세기 전반이라는 시대적 배경을 빼고서는 논할 수가 없다. 1806년 8월 신성로마제국이 붕괴되었고 프랑스 황제 나폴레옹은 (그 영토에 있던) '독일'이라 이해되고 있던 지역을 지배하에 넣었다. 프뢰벨이 태어난 곳이자 훗날 유치원 실천의 무대가 되는 튀링겐 지방은 당시 통일된 국가가 아니라 다수의 제후국으로 나뉘어 있었다(약 10년 뒤인 1814년과 15년의 빈 회의를 통해 이 지역으로부터 결국 12인의 제후가 독일 연맹에 가맹하게 된다). 1807년 이래 이 제후들은 라인 연맹에 가입하여 나폴레옹에게 군사 원조를 할 뿐만 아니라 프로이센의 슈타인-하르덴베르크의 개혁에서 비롯된 근대화를 추진한다. 이전까지 영주와 그 가족 및 관리자들로부터 온갖 신체적, 정신적 구속을 당해온 농민들이 농민해방령에 따라 그 굴레에서 해방되고 또한 공유지의 분할도 진행되어 농지가 유동화되고 농업의 자본가적 경영이 진행될 수 있는 토대가 형성되었다. 덧붙여 프로이센 왕국에서 전직 의사였던 알브레히트 다니엘 테어가 근대 농학의 대저 『합리적 농업의 토대』[18]를 간행한 것도 1809년에서 1812년에 걸친 일이었다. 예속 상태로부터의 해방에 의해, 영주로부터의 보호 규정과 토지 소유의 권리를 동시에 상실한 농민들은 도시로 흘러든다. 한마디로 공장 노동자층이 창출된 것이다. 프뢰벨이 그 무렵 보급되어 있던 대중적 탁아소를 비판하고 유치원 설립을 구상했을 시점에서 이미 당시 탁아소는 농촌에서 도시로 흘러들어온 노동자층에게 유용할 것을 요구받았고, 유치원 또한 최종적으로는 교육만이 아니라 그러한 역할도 아울러 수행할 것을 요구받기 시작했다.

나아가 1806년 11월 21일 나폴레옹이 대륙봉쇄령을 발표함으로써 적대국 영국 및 그 식민지와의 상품 거래가 금지되어 경제가 역동적으로 재편되기 시작한다. 영국에 곡물을 수출하던 독일 동부 및 북부의 대농장은 때마침 곡물 가격의 하락으로 큰 타격을 받았고, 경영이 회복 불가능한 처지에 있던 농장들은 경매에 부쳐진다. 한편, 튀링겐 옆의 작센 공국(1806년부터 왕국으로 바뀜)은 목면공업이 급속히 발달하면서 기계방적 공장이 급증한다. 작센의 켐니츠에서는 독일 최초의 기계공업이 발전하고, 튀링겐에 있던 국가들도 작센 왕국과 발맞추어 섬유산업을 성장시킨다. 나무블럭에 우주를 투영하는 프뢰벨식 낭만주의가 꽃을 피운 것은 그러한 배경하에서였다. 애당초 낭만주의 음악의 배후에, 엄지에서 새끼손가락까지 균등한 힘으로 치도록 피아니스트의 손가락 끝을 기계로 강화한다고 하는 지칠 줄 모르는 기계 신앙이 있었다는 점도, 음악학에서는 지적되고 있다.[19]

이상과 같이 진행된 19세기 독일의 근대화는, 특히 프뢰벨이 활약하던 시절에 곡물 가격 하락으로 식비가 내려가고 임금이 낮은 상태에 머물렀다는 점도 더해져서 착실하고도 불가역적으로 진전되어갔다. 프뢰벨이 나무블럭의 무한성에 대해 "자기 증식적"이라 표현했을 때 그 자신이 과연 얼마나 구체적인 수준에서 사유하고 있었는지와는 별개로, 그는 생산과 증식의 시대를, 그 시대 중에서도 이제 막 출발했던 시기를 살았다. 인간과 자연의 작용이 분석되고, 요소들로 분해되고, 그것을 재통합하고, 기계화하였으며, 그와 동시에 기계화된 상품생산 시스템하에서 제품을 복제 및 증식함으로써 궁극적으로는 자본을 축적하고 순환시켜간다. 최소한 프뢰벨 자신도 나무블럭의 배치를 재조합함으로써 무한히 "창조"와 "생산"이 가능하다는 점을 반복해서 언급한다. 프뢰벨은 나무블럭을 사용하여 자기 자신의 건설뿐만 아니라 도시의 건설을 상징적으로 시도했다. 프뢰벨 자신이 나폴레옹으로부터 독일을 수호하기 위해 해방전쟁에 종군하였고 또 계몽주의적 서술을 최대한 교육학으로부터 배제한 것은 사실이지만, 반면 그러면서도 계몽 프로젝트의 지극히 중요한 요소인 "쌓아 올리는 것"을, 나무블럭이라는 거울을 이용해 인간 교육의 요소로 이용했던 점과도 무관하지는 않다. 제각각 흩어져 있는 요소들을 이리저리 주워 축적해감으로써 어엿한 "시민"이 되는 일. 마찬가지 방식으로 무한 증식하는 "경제"를 건설하는 일. 유아가 신의 무한성을 느낄 뿐만 아니라 그것을 사회 및 경제 건설의 무한성으로 이행시키는 일. 나무블럭에서 그러한 작용들까지 읽어내는 것도 실은 가능한 것이다.

예를 들어 미국의 실용주의를 대표하는 철학자이자 교육학자였던 존 듀이는 1900년에 간행된 『학교와 사회』에서 한편으로는 프뢰벨을, 특히 그 제자들의 상징주의를 비판하면서도 다른 한편으로는 (장래의 경제 및 사회 활동에 기여할) 듀이 자신의 '학교'의 이상이 프뢰벨의 '유치원'에 있음을 인정한다. '작은 사회'라 할 수 있는 학교에서 목공이나 요리 등 실천적인 작업을 시도하는 것과 관련해 프뢰벨의 나무블럭이 갖는 효용을 암암리에 인정하면서, '미시시피강'이 자기네 집 옆에서 흐르고 있다는 걸 모른 채 지리 수업에서 강 이름을 주입시키는, 현실과 동떨어진 교육을 비판한다. 이때 듀이는 실제적인 목적에 따라 손발을 움직여가는 나무블럭 놀이를, 이상론이나 우주론 같은 차원으로부터 뜯어내어 구체적인 사회 및 경제 건설의 토대로 기능하도록 하려 했다고도 읽을 수 있다.[20]

프뢰벨 또한 나무블럭의 무한성을 무조건 찬양하지는 않는다. 이미 언급했듯이 프뢰벨은 나무블럭의 성질로서 증식뿐만 아니라 균형도 아울러 보고 있었는데, 이는 프뢰벨이 궁극적으로 질서를 중시한다는 점과 크게 관련이 있다. 나무블럭은 반드시 원래의 정육면체 상태로 되돌린 다음 그것을 놀잇감 상자 안에 잘 놓아두어야 하며, 그리하여 놀 때는 우선 놀잇감 상자에서 정육면체 상태 그대로 꺼내어 놀 수 있도록 하라고 프뢰벨은 반복해서 주의를 촉구한다. 예를 들어 유아들이 여럿이서 셋째 은물(동형의 정육면체 8개)과 넷째 은물(동형의 직육면체 8개)을 가지고 나무블럭 놀이를 할 때 주의해야 할 점을 이렇게 쓰고 있다.

> 재료를 (…) 정돈하지 않은 채 그냥 다른 아이한테 떠맡기는 일만은 결코 해서는 안 된다. 이는 아이가 자신의 놀잇감에 대해 변치 않는 **존경**, 아니 **사랑**을 쏟을 수 있도록, 뿐만 아니라 아이가 **질서의 정신**을 자각하도록 키우기 위해 본질적으로 필요한 일이다. (…) 마찬가지로 필요한 것은 **몇 명의** 아이들이 **동시에** 같은 종류의 유희를 하며 놀 때, 즉 8개의 정육면체나 8개의 직육면체를 갖고 놀 때, 먼저 그 정육면체나 직육면체가 항상 8개씩 자기의 상자에 잘 들어 있어야 하고, 또 놀이를 시작할 때 그 상자에서 그 블럭들을 꺼내야 하며, 놀이가 끝날 때에는 다시 상자에 잘 정리해 두어야 한다는 것이다. 아이들이 그 블럭들을 각각 공동의 상자나 찬장에 넣어두거나 거기서 꺼내는 그런 일은 결코 허용되지 않는 것이다. (…) 그것은 아이가 건전하고 확고하게 발달하기 위해, 자기 주위의 사물을 질서 있게 이해하기 위해, 또한 자신 안에 다양한 개념이나 판단들을 확실하게 형성하기 위해 본질적인 것이다.[21]

다양한 은물들을 큰 나무상자에 넣어 보관하는 것도 가능할 것이다. 그러나 프뢰벨은 질서를 중요시한다. 은물은 어디까지나 그 은물이 들어 있던 작은 놀잇감 상자에 돌려놓아야만 한다. 그것은 아이가 "질서"를 경험할 수 있게 하기 위함이다. 단, 그것은 단순히 질서에의 욕구가 아니라, 무한할 정도로 방대한 혼란으로부터 유아의 상상력과 창의력을 지키기 위한 욕구이다. 나무블럭의 개수는 반드시 유치원생의 수에 맞게 제한된다. 장난감을 더 사서 부족분을 채우는 것은 아이의 상상력을 빈곤하게 만들어버리므로 해선 안 될 일이다. 프뢰벨에게 블록 쌓기에 의한 도시의 증식은 어디까지나 한정된 재료에 의한 것일 수밖에 없다. "생산과 분해"와 함께 "증식과 제어"라는 세계의 기본적인 기능을 나무블럭 놀이에 담았던 프뢰벨이 얼마나 무시무시한 교육자였는지 알 수 있는 대목이다.

5 인간과 식물은 자라는 존재

나무블럭이라는 장난감의 (한없이 뻗어나갈 수 있는) 세계관은 인공물의 세계에 그치지 않는다. 나무블럭이 신의 섭리를 드러내고 있는 이상, 나무블럭은 당연히 신이 창조한 모사경(模寫鏡)이다. 서두에서도 언급했듯이 자기 증식이라는 말에는 식물의 생식과 번식이라는 원뜻이 담겨 있다는 점에 비추어도 이를 입증할 수 있다.

식물에 대한 프뢰벨의 애착은 어린 시절부터 시작되었다. 전기를 보면 종종 이런 에피소드가 나온다. 형인 크리스토프한테서 식물에게도 수술과 암술이 있고 또 양성이 있다는 얘길 듣고서야, 왜 인류가 성 문제에 이토록 시달리는지 번민하던 자신의 마음을 진정시킬 수 있었다는 유명한 장면이다. 쇼지 마사코는 이렇게 쓴다. "어린 그의 마음을 그때까지 괴롭히고 있던 문제가 실은 자연계 전체에 두루 펴져 있는 법칙이라는 점, 아름다운 꽃조차 이 법칙에서 벗어날 수 없다는 점이 그에게 환히 드러났다. 그 이후 그에게는 인간의 생활과 자연의 생활, 마음의 생활과 꽃의 생활은 분리할 수 없는 하나가 되었다." 이는 프뢰벨의 자서전을 거의 그대로 옮긴 것이지만, 자서전 특유의 요소, 즉 집필 당시의 심경이 얼마나 투영되어 있는지는 솔직히 잘 모르겠다. 하지만 적어도 물질적인 식물이 지닌 생식 기관의 모습으로부터 유추하여 인간과 식물을 관통하는 섭리를 포착하고자 했다는 점은 주목해 두고 싶다. 또 1797년 프뢰벨이 열다섯 살 때 튀링거발트(튀링겐의 숲)의 동쪽 끝에 위치한 엘베강의 지류인 잘레 강변의 힐셴베르크에서 삼림관리관의 조수로 들어갔을 때의 경험도 큰 의미가 있다. 관리관이 분주한 탓에 방임 상태에 놓인 그는 비록 관리관으로서의 기능을 습득할 수는 없었지만, 날마다 삼림과 숲을 돌아다니는 한편 관리관의 서재에서 식물학 관련서들을 뒤적였다. 식물에 대한 그의 학식과 경험은 이렇게 단련되어갔다.[22]

1840년 6월 28일, 역시나 튀링겐 숲의 품에 안겨 있는 블랑켄부르크에서 프뢰벨은 구텐베르크의 인쇄기술 발명 400년을 의도적으로 의식하며 선택한 이날, '일반 독일 유치원'을 창설하고 기념제를 개최했다. 당연한 이야기지만, 인쇄기술 역시 분해된 활자들을 하나하나 모아 재구성하는 일종의 분해 및 재생 기술이며, 비록 프뢰벨이 나무블럭과 인쇄기술을 이러한 의미에서 비교하지는 않았을지라도, 단순히 우연의 일치라고만은 할 수 없을 것이다.

'일반 독일 유치원'에서 말하는 '독일'이란 구 신성로마제국의 영토에 속해 있던 '독일'이라는 지역이며, 또한 프뢰벨 자신에게 영향을 끼친 피히테*에 의해 고취된 '독일'이기도 하다. 제각각 따로 존재했던 영방들을 하나의 독일로 통일해 나가는 이미지를 프뢰벨이 나무블럭에 투사하는 일은 거의 없었지만, 한 사람의 인격에서 출발해 가족을 거쳐 세계로 '통합'되는 것을 구상한 프뢰벨에게 '독일'은 당연히 통합의 상징이기도 했을 것이다. 이 문제와는 별도로 '일반 독일 유치원'은 인간만이 아니라 식물이 함께 성장하는 것을 목표로 하고 있었다. 유치원의 원어인 독일어가 킨더가르텐(Kindergarten, 아이들의 정원)인 것은 그 때문이기도 하다. 참고로 일본에서 킨더가르텐을 '유치원'이라고 번역한 것은 정토진종 오타니파의 승려 세키 신조(1843-1880)이다. 세키 신조는 유럽 여행 중에 프뢰벨식 교육에 감화를 받아 도쿄 여자사범학교 안에 일본 최초의 유치원, 즉 현재 오차노미즈 여자대학 부속 유치원 설립에 참여하고 초대 원장이 되었다. 유치원이라는 말의 번역과 유치원 설립은 모두 1876년의 일이다. 프뢰벨 사후 불과 24년 뒤라는 점은 유치원의 동시대적 의의를 생각할 때 특별히 강조되어야 할 것이다.

프뢰벨은 "가족의 일원으로서, 민족의 일원으로서, 또 인류의 일원으로서의 인간, 즉 아이들 속에 활동 충동, 탐구 충동 및 형성 충동을 길러줌으로써 가정생활을 영위할 자질을 기르고 민족이나 인류로서 생활할 수 있는 자질을 도야하는 '하나의 시설(Anstalt)'"을 지향했다. 그것은 동시에 "놀이와 창조적인 자기활동과 자발적인 자기교육에 의해, 인간이 자기를 계발하고 자기를 교육하며 자기를 도야하기 위한

* 피히테(Johann Gottlieb Fichte, 1762-1824)는 독일의 저명한 관념론 철학자로 특히 『독일 국민에게 고함』(황문수 역, 범우, 2019)이라는 저서로 유명하다. 이는 나폴레옹 치하의 베를린에서 행한 강연을 책으로 묶은 것으로, 민족주의의 시작으로 평가되기도 하며 근현대 민족주의에 큰 영향을 끼쳤다.

시설, 따라서 인간의 전면적인 형성을 위한, 또 그 자체로 통일적인 형성을 위한 '하나의 시설'"이기도 했다.[23] 나아가 프뢰벨은 말한다.

> 유치원(Kindergarten)이란 말은 만약 우리가 그 말의 바탕에 깔려 있는 단어에 주목한다면, 스스로 그 방법(Wie)과 수단(Wodurch)을 우리에게 말해준다. "아이들의 정원에서(im Garten der Kinder)"! 따라서 유치원, 유치원의 완전한 이념, 혹은 명료하게 표현된 유치원의 사상은 필연적으로 하나의 정원을 요구하며, 나아가 이 정원 안에 아이들을 위한 작은 정원이 군데군데 있을 것을 요구한다. (…) 왜냐하면 "인류의 일원으로서의 인간", 즉 어린이는 일찍부터 개인으로서 또 개별적인 존재로서와 마찬가지로, 더 큰 전체 생명의 일원으로서도 인정받고 취급되어야 할 뿐만 아니라, 그러한 존재로서 자기 자신을 인식하고, 그것을 행동으로 보여주어야 하기 때문이다.[24]

프뢰벨의 계획서 「유치원에 마련되어야 할 어린이 정원」(Der Garten für die Kinder im Kindergarten)에 보면 한쪽에는 원예 식물, 다른 쪽에는 농작물을 기르고, 이들 사이에 놓이는 형태로 (유치원생들이 저마다 자유로이 식물을 기를 수 있는) 작은 정원을 개별적으로 또는 공유식으로 마련하도록 상정되어 있었다.[25] 프뢰벨은 구체적인 예를 농작물에 대해서만 들고 있는데, 그 예를 들어보자면 스페인클로버, 콩, 자주개자리, 잎양배추, 사보이양배추, 빨간양배추, 흰양배추, 사탕무, 순무, 식용 모란채[26], 감자, 누에콩, 대두, 살갈퀴, 렌즈콩, 완두콩, 기장, 보통 밀, 귀리, 보리, 호밀, 밀, 아마냉이, 십자화, 유채, 마, 아마, 겨자, 해바라기 등이 있다. 곡물류에서부터 사료, 야채, 공예용 작물에 이르기까지, 거의 자급농장이라 해도 좋으리만치 다채롭다. 이와는 별도로 유치원을 둘러싸는 형태로 비교적 넓은 보리밭과 유아 전용의 넓은 밭이 있다. 유치원에 채소밭이나 화단이 설치되는 것은 지금도 드문 일이 아니다.

그러면 이런 농원적 성격을 가진 유치원과 나무블럭의 성질은 어떻게 결부되는 것일까? '일반 독일 유치원'이 창설되기 1년 반 전인 1839년 1월 7일, 프뢰벨은 작센 왕국의 수도 드레스덴에 있는 츠빙거(Zwinger) 궁전에 섰다. 그것도 황후 앞에 서는 것이었다. 그는 생애 최고로 영예로운 무대에서 자신의 교육 이념을 이렇게 호소했다.

> 만일 자연과 인생의 도처에 내적으로 통일된 연관이 존재하고 있다면—그것이 진리임을 저희들은 인정했고, 또는 적어도 진리라고 인정되는 것이라 간주한 것이긴 합니다만—그러면 각각의 것들은 인생에 있어 스스로 전체임과 동시에 전체의 일부일 것입니다. 그것은 부분적 전체(Gliedganzes)일 수밖에 없습니다.[27]

"부분적 전체"는 사전에도 실려 있지 않은, 이해하기 어려운 개념이다. 자신을 부분적 전체로 인정한다는 것은 요컨대 자신을 전체이기도 하고 부분이기도 한 존재로 인정하는 것이다. 즉 이러한 이율배반을 떠맡는 존재 형태를 말한다. 그리고 부분이며 전체인 존재 형태를 이해하기 위해서는 역시 나무블럭이 가장 적합하다는 점은 이미 지금까지의 서술을 통해 명백할 것이다. 프뢰벨은 다른 논문에서 이렇게 말했다.

인간은 그러나 피조물이며, 그러한 존재로서 그는 부분이며 전체이

> 다. 그러므로 인간은 하나의 부분적 전체다. (…)
>
> **생명** 자체, 생명 자신이며, 그런 까닭에 다시 한 번 생명을 부여하는 존재로서의 이 본원적이고 근본적인 인간의 본질은, 인간의 **창조적인 형성 충동** 안에 나타나 있다. 그리고 이 본원적이고 근본적인 본질은 이미 아이에서, 즉 대상을 관찰하고, 흩뜨리고, 다시 하나로 되돌리는 또는 구성하기도 하고 창조하기도 하는 아이의 활동 충동 안에 나타나 있다.[28]

그러니까 유치원은 어린이와 식물을 동시에 기르는 곳이며, 어린이는 식물의 생육을 말하자면 거울로 삼을 뿐만 아니라, 나무블럭에 자신의 형성 충동과 활동 충동을 투영하여 그것을 거울삼아 자란다. 식물 또한 생명의 부분과 전체를 담당하는 존재이기 때문이다. 신, 자연, 인간을 이념적으로 결부 짓기 위해 절대 빼놓을 수 없는 놀잇감, 그것이 바로 나무블럭이었다. "생산과 분해" 그리고 "증식과 제어"라는 성질을 지니고 있는 나무블럭은 식물과 인간이라는 생명 존재를 동시에 표현하고 또한 인간이 한층 더 자기 증식하게 되는 경제 건설 및 도시 건설까지 담고 있는 장난감이었다.

6 노래와 소리

지금까지 나무블럭의 조립과 분해 현상에 대해, 발명자인 프리드리히 프뢰벨의 생애에서 힌트를 얻으며 고찰해왔다. 하지만 나무블럭이라는 장난감에서 길어 올려야 할 요소는 아직도 많이 남아 있다. 나무블럭을 발명한 프뢰벨의 교육 사상과 그에게 영향을 끼친 루소나 페스탈로치의 교육 사상의 차이, 신학의 영향, 프뢰벨에게 나무블럭을 의뢰받아 제작한 소목장이 하인리히 레인이라는 인물, 프뢰벨의 다른 은물들과 놀잇감들과의 관계 등등. 열거하고 보니 이렇게나 많은 과제들 앞을 우리가 무신경하게 그냥 지나쳐 온 듯한 기분마저 든다.

다만 우리가 이 많은 문제들을 다른 기회로 돌리는 건 어쩔 수 없다 해도, 프뢰벨이 손가락 놀이*만이 아니라 나무블럭 놀이에도 "노래"를 곁들였다는 사실만은 이 시점에서 간과할 수 없을 것 같다. 가령 셋째 은물의 노래에는 「위 아래, 아래 위, 위 아래, 아래 위」(Auf und ab und | ab und auf, | auf und ab und | ab und auf)라는 시의 단어 하나하나마다 음계를 붙이도록 프뢰벨은 지시한다. 또한 자기 증식을 제어하는 나무블럭으로서의 넷째 은물에 대해서는 이런 시가 설명문 속에 갑자기 나타난다.

보세요
얼마나 많은 아름다운 것들을
내가 정육면체로 만들어낼 수 있는지
의자, 탁자, 빵 굽는 화덕, 걸상
트렁크, 안락의자, 책장 딸린 독서대
당신의 작은 침대까지
모두 필요한 가구들뿐
아직도 많이 있어요

* 손가락 이름을 맞추거나 손가락으로 수를 세는 놀이.

안락의자와 카운터 테이블도 당신 앞에 있잖아요
아직도 수많은 여러 물건들을
내 정육면체는 끊임없이 새롭게 보여줍니다
내가 정육면체를 좋아하는 건
이렇게나 많은 것들이 담겨 있기 때문입니다
정육면체는 정말로 작은 세상입니다.[29]

또한 프뢰벨은 『어머니의 노래와 애무의 노래』(1844)라는 책을 출간하였는데, 그가 어머니와 아이의 애무나 손놀이를 소재로 쓴 시에는 대부분 로베르트 콜이 곡을 붙였다. 노래가 흘러넘치는 유치원 생활인지라 나무블럭 놀이에 노래가 있다는 게 특별히 놀라운 일은 아닐 수 있다. 하지만 프뢰벨이 야기한 혁신성은 바로 여기에 있다. 왜냐하면 나무블럭을 쌓으면서 노래를 부르는 것은 가히 노래의 원초적 형태라 할 수 있기 때문이다. 노래와 노동은 일찍이 불가분의 관계였다. 모내기 노래, 마부의 노래, 절구 찧기 노래, 나무꾼의 노래 등의 노동요는 원래 노동의 고통을 경감시키는 것 이외에 노동에 리듬을 부여하거나 공동 작업자와 호흡을 맞추는 효과가 있었다. 나무블럭을 비롯한 다양한 놀이에 멜로디가 붙여지는 프뢰벨의 유치원은 바로 리듬 속에서 작업을 활성화하는 효과를 유치원 아이들에게 불러일으킨다.

그러나 프뢰벨의 나무블럭 논고에는 나무블럭을 쌓을 때의 노래는 있어도 나무블럭을 무너뜨릴 때의 소리에 주의를 기울이지는 않는다. 기본적으로 무너뜨릴 때의 소리에 관한 묘사가 없다. 프뢰벨이 교육현장에 있어서는 안 된다고 여긴 "어지러움"이며 "무질서"이기 때문일 수도 있다. 지금까지 이미 말해왔듯이 프뢰벨이 나무블럭의 성질로 분해와 통일을 언급할 때, 비중은 늘 "통일" 쪽에 놓이고 "분해"는 어디까지나 보조적인 역할을 수행할 뿐이었다. 나무블럭은 정리된 다음 정해진 놀잇감통에 넣어지게 되어 있었다. 나무블럭을 공동으로 사용하는 것은 크게 장려되었지만, 그 경우에는 반드시 자신의 것과 남의 것을 분명히 인식하며 사용하고, 마지막에는 자신의 상자에 정리하는 것이 주의사항으로 적혀 있었다.

하지만 나무블럭이 무너지는 소리는 새로운 환생의 소리이기도 하다. 그것은 나무블럭의 분해로 인한 부산물이며 발효의 소리이기도 하다. 나무블럭이 지면에 부딪치는 소리는 반전의 소리이기도 하다. 나무블럭이 무너지기 직전에 숨을 삼키는 공기의 긴장은 새로운 세계의 조짐이며, 그때의 낌새는 무언가가 태어나는 것에 대한 기대다. 이것은 상징적으로 하는 말이 아니다. 어린이를 관찰하는 데 탁월한 능력을 가진 프뢰벨 정도의 사람이라면 쌓인 블록을 무너뜨리는 유아들의 몸짓과, 무너뜨리기 직전 열띤 유아들의 붉어진 얼굴과, 유아들 주변을 감싸는 팽팽한 공기 속에 새로운 창조성이 이미 포함되어 있다는 점에 좀 더 눈길을 보냈어도 좋았으리라. 심지어 나무블럭이라는 장난감은 생산도 증식도 분해의 한 구성 요소에 지나지 않고, 기본적으로는 분해 과정 속 일순간의 반짝임에 불과하다는 점을 전하고 있다고까지 생각된다.

프뢰벨이 나무블럭 놀이로부터 "질서"를 산출하고자 한 의의는 인정하면서도, 여전히 다음과 같은 상상들을 하지 않을 수 없다. 나무블럭을 무엇보다도 우선 '분해하는 장난감'이라 정의할 수 있다면? 부뚜막, 집, 성, 도시 공간 같은 건축물들을 "만들어내는 사물"이기 이전에 "분해되어야 할 사물"로 본다면? 또 건축하는 행위 역시 분해를 향해 이루어지고 있고, 분해되어야 할 사물을 건설하는 것이 우리가 건축이라 부르는 것이라면? 유아 교육이란 유아를 높은 곳으로 데려가는 게 아니라 무질서한 저 깊은 곳에서 유아가 부드럽게 닦여가는 일이라면? 인간의 성장은 통일이 아니라 인간을 부드럽게 풀어가는 일이라고 한다면? 이 세계에서 계속 증식하는 건축물, 생산물이 모두 분해하기 쉬운 존재였다면?

그런 다른 세계를, 있을 수도 있었을 유연한 '세계'를 나무블럭은 고요히 제시하고 있다.* 유치원 정원 가득 무성하게 자라는 존재로 상정되어 있었던 식물들 또한 존재라는 것이 영원히 불변하는 게 아니라 시들어 흙으로 돌아간다는 것을 유치원 아이들에게 오랜 시간에 걸쳐 말없이 가르쳐준다. 인간도 흙처럼 대상을 분해하고 스스로도 분해되어가는 존재라고 자기 인식할 수 있다면? 정신도 '통일'로부터 새어 나오는 무언가가 있고, 그것이 또한 인간의 특징이 되고 나아가 창조성의 원천이 된다고 한다면? 인간 총체를 다른 식으로, 부드럽고 너그럽게 새로 바라보는 것이 유치원이라는 환경 속에서 실로 가능하지 않겠는가?

그러나 프뢰벨은 교육학 논고에서 식물을 언급할 때, 식물이 씨앗에서 출발해 싹을 틔우고 꽃을 피우며 열매를 맺을 때까지만 시선을 향했다. 유아의 마음과 몸[30]에 대해서도 그러했다. 프뢰벨이 사물 혹은

* 이 문장을 중심으로 지금 저자가 펼치고 있는 이야기의 깊은 의미는 본서의 6장에서 섬세하게 전개된다.

존재를 파악하는 방식과 사상을 정확하게 번역해 소개한 쇼지 마사코도 이렇게 논하고 있다.

> 그의 말에 따르면 식물이든 인간이든 일반적으로 발육하는 존재들은 이미 발육 조건을 자기 속에 갖추고 있다. 바꿔 말하자면 온전한 인간으로 완성되는 일은 아이가 처음 출현했을 때 이미 그 아이 속에 결정적으로 들어 있다. 그것은 마치 완성된 꽃이나 나무로 된다는 것이 이미 꽃이나 나무가 처음 싹 틀 때 그 속에 감추어져 있는 것과 같다.[31]

그러나 생산과 창조가 가져오는 질서가 아니라 분해가 가져오는 질서가 상정되어도 좋지 않았을까? 자라나게 될 조건은 이미 씨앗 속에 또 아기 속에 있다고 하는 프뢰벨의 교육 및 자연 철학은 개별성과 다양성을 키우고자 하는 교육학 이념에서 보자면 당연히 빼놓을 수 없는 주장이었으리라. 하지만 식물의 미래상은 모두 씨앗에 채워져 있는 게 아니다. 인간의 성질도 아기 속에, 현대적인 언어로 표현하자면 유전자의 염기서열 속에 모두 담겨 있는 게 아니다. 식물은 흙과 공기와 태양이 없으면 자라지 않는다. 어두운 흙 속에 서식하는 수많은 생물들이 제멋대로 있으면서도 서로 연대하는 작용이 있고서야 비로소 식물에게 생육의 기회가 주어진다는 것은 당시의 프뢰벨이 이해하기 어려웠을 수도 있지만, 한때 농학자가 되려 했던 프뢰벨 정도의 자연과학 지식이 있다면 적어도 토양의 역할이나 햇빛이 비추는 상황이 식물의 생육에 영향을 미친다는 것은 알고 있었을 것이다. 완성된 존재라는 게 기본적으로 있는 것일까? 완성이라는 게 그토록 필요 불가결한 것인가? 상처, 균열, 찢어진 틈, 기능부전 등을 배제하는 완성이란 무엇인가? 완성을 전제로 하는 교육으로부터 혹시라도 벗어날 수 있다면 거기에는 어떤 교육학이, 어떤 교육의 장[정원 또는 뜰]이 있을 수 있을까? 완전한 작물의 생육이 목표인 농학에서 혹시라도 벗어난다고 하면 거기에는 어떠한 농학이 있을 수 있을까? 미완성을 전제로, 생산만이 아니라 분해를 교육 및 농업의 중요한 목표로 삼는 세계는 과연 어떤 세계일까?

이 문제는 소년과 소녀에게 이미 완성된 '남자다움'과 '여자다움'이 깃들어 있고, 나무블럭 놀이도 역시 그렇게 되어 간다는 프뢰벨의 남녀 역할분담 발상에서도 볼 수 있다. 쇼지 마사코도 이렇게 말했다. "소년은 일찍부터 사물을 지배하고 통제 및 제어해가는 사명을 예감하고, 소녀는 자연과 생명을 기르는 사명을 일찌감치 예감한다. 그래서 동일한 방식으로 결합된 구와 정육면체라도 소녀에게는 그것이 인형이나 아이가 되지만, 소년에게는 지팡이가 되거나 말이 되거나 죽마가 된다."[32] 유아 교육의 주역이 철저하게 어머니뿐인 것도, 어머니 이외의 다른 인간의 역할을 이야기하는 대목이 너무 적은 것도 당연히 현대의 독자라면 마음에 걸릴 것이다. 물론 프뢰벨이 활동했던 시대 상황을 제쳐 놓고 그를 비판하는 것에는 신중해야 할 것이다. 따라서 둘째 은물을 무너뜨리는 것이 초래하는 우연성은 '여자다움'이나 '남자다움'의 범주에 들어가지 않는 무언가를 말 그대로 창조하는 계기를 산출하지 않을까라는 의문을 제시하는 정도로 그치고자 한다.

참고로 "작곡"은 영어로 composition이라고 하는 한편, 생태학 용어에서 지렁이나 균류 등에 의한 동식물 사체의 "분해"는 decomposition

이라 부른다는 것은 시사적일 수 있겠다. 조립되는 음악과 분해되는 소리에 양쪽 귀를 기울이는 것이 나무블럭의 가능성을 탐구하는 데 중요하지 않을까?

7 먹는 분해자들

하지만 실천에서 우주론까지, 칸트와 셸링, 피히테와 페스탈로치의 독서에 몰두하면서도 그것을 어디까지나 스스로의 머리로 철저히 사유하여 하나의 지침, 체계, 그리고 도구나 장소까지 완성해낸 프리드리히 프뢰벨이라는 인물의 활동 방식은 하나의 실천 철학이라 해도 좋으리라. 그리고 그런 철학은 물론 칸트나 헤겔과 같은 체계성과 논리성을 갖출 수는 없었기 때문에 미완의 것이었다고는 해도, 혹은 신비적인 서술로 치닫고 마는 면모가 종종 있었다고는 해도, 나무블럭과 유치원을 발명함으로써 무게중심을 낮게 유지할 수 있었다. 그래서 안이한 상징주의나 낭만주의를 철두철미하게 배제한 듀이조차 '학교'의 선구자로 프뢰벨이 발명한 "유치원"을 격찬한 것이었다. 현대 사회를 살아가는 우리 대부분이 유치원과 학교를 통해 자란다는 점에서도, 우리가 프뢰벨을 주시하는 것은 적어도 우리 자신의 유래를 주시하는 것이기도 하다.

프뢰벨의 철학에 나무블럭이 허물어지는 소리를 들려줄 때 무슨 일이 일어날까, 라는 물음은 따라서 프뢰벨 자신의 과제가 아니라 우리 시대의 과제라 할 수 있다. 다행히도 그가 쓴 「맛의 노래」라는 시와 그에 대한 해설은 프뢰벨 자신을 뛰어넘을 계기를 잉태하고 있다.

우리 아가, 입을 벌려 보렴
좋은 걸 가르쳐 줄게
몰랑한 자두를 물어 보렴
혀를 쓰는 거야
이번엔 사과를 깨물어 보렴
사과도 먹자꾸나
어머나! 입을 오므렸구나
종이에 불이 붙은 듯
시큼해 시큼해 엄청 시큼하구나
달콤한 게 훨씬 좋지요?
하지만 그 쓴 아몬드 열매도
아이는 좋아합니다
입에 자극은 많이 되겠지만
쓴 것도 약이 되는 겁니다
어린이는 때때로 쓴 것을 먹습니다
쓴 것도 세상을 달콤하게 만듭니다
하지만 잘 우리지 않은 것은 떫은맛이 강해
먹으면 병이 납니다
그래서 어린이는 잘 우려지지 않은 건
아무것도 먹지 않습니다

"어머니, 당신의 아이에게 다채로운 감각, 특히 미각의 개발보다 더 중요한 일이 있겠습니까?"[33]라고 어머니를 설득하는 프뢰벨이었기에,

그에게 "먹는 일"과 "먹지 않는 일" 또한 교육에는 빠뜨릴 수 없는 요소였다. 게다가 프뢰벨은 나무블럭을 입에 넣고 그걸 분해해보려 하는 유아의 동작도 제대로 관찰하고 있었다. "적어도 아이들이라면, 가령 어떤 것을 작은 조각이 될 때까지 깨물어 바수는 것은 아직 불가능해도, 뭐든지 입으로 가져가서 조금이라도 깨물어 부숴보려 합니다. 물론 아이의 뜻대로 되지는 않습니다만, 그렇다고 해도 이 현상에 어떤 원인이 있을 수 있고, 또 실제로 있다는 것이 결코 부정되지는 않습니다. 어쨌든 우리는 모두 어린이의 분리적인 정신을 알고 있으며, (만약 그 정신에 충분히 주목하며 보육하지 않는다면) 그것은 파괴적인 정신이 되고 만다는 것을 잘 알고 있는 것입니다."[34]

유아가 뭐든지 입에 넣고 깨물어 부수고자 하는 행위에서 프뢰벨은 유아의 파괴성과 창의성 양쪽을 모두 포착하고 있었던 것이다. 즉 인간도 뭔가를 먹고 배출하는 분해의 담당자인 것이다. 이렇게 볼 때 프뢰벨이 자급 작물에 의한 급식에 대해, 나아가 그것을 직접 키워 먹는 일의 교육적 효과에 대해 논하지 않은 것은 애석하지만, 현재 세계 각지의 유치원이나 초등학교에서 그것이 실천되고 있다는 것은 다들 아시는 바와 같다.

깨물고, 뱉고, 또 깨문다.

나무블럭이 허물어질 때, 그것이 바닥이나 근처에 있는 나무블럭들과 충돌하여 더 이상 분해되지 않을 정도의 단단함으로 인해 다시 튀어나가 바닥에 다른 문양을 그릴 때, 나무블럭의 조각 하나하나는 이어서 짓고자 하는 건축물의 구성 요소로 동시에 변신하고 있다. 그것이 분해라는 일련의 과정이며 파괴성과 창의성을 함께 그리고 동시에 겸비한 현상이다. 이것이 자연에서부터 사회에 이르는 세계의 근본적인 현상이라는 것을 "순환"이라는 개념 아래에서는 충분히 파악할 수 없었던 게 아닐까? 세균과 균사로 가득 찬 순환론에 있어 분해론은 본래 중심적인 위치를 차지했고 또 지금까지도 논의되어온 게 사실이지만, 순환론 자체가 너무 청결하게 그려지게 되고, 화폐와 자본의 순환이라는 의미가 "순환"에 배어들었으며, 그리하여 분해의 의미가 부품으로의 분해로부터 재구성으로 향하는 생산 공정의 의미에 과도하게 사로잡히는 사이에 본래의 분해론은 힘이 완전히 약화되어버렸다. 물론 분해를 담당하는 존재들은 역사와 자연의 어둑한 곳, 햇빛이 닿지 않는 장소에서 살아가고 있어 인간의 의식에 떠오르기 어렵다. 게다가 그 "순환"이 유엔, 국가, 환경 단체 등에 의해 닳도록 사용된 현재, "분해"에 대한 탐구는 절박한 과제라고 나는 생각한다.

무너지고, 소리가 울리고, 다시 뛴다.

폐허에서 희망이 태어난다는 식의 안이한 낭만주의도 아니고, 위기야말로 희망이 깃드는 곳이라고 하는 한탕주의 도박 같은 아이러니도 아니며, 하물며 적을 "분쇄"하고 완전히 바숴버리는 영웅주의도 아니다. 물론 무상한 섭리에 모든 걸 맡겨서도 안 될 일이다. 무너지고, 소리가 울리고, 바닥에서 튀어 오르는 나무블럭을, 그리고 그 재생의 형태와 부산물로서의 울림을, 여기서는 일단 "분해의 철학"의 기본형으로 삼고 싶다.

3장

인류의 임계

—차페크의 미래소설에 대하여

1 '분해 세계'와 '분해에 저항하는 세계'

오랫동안 인류 곁에서 떠나지 않은 생각 중 하나는 늙지도 않고 죽지도 않으며 다시 젊어지고 싶다는 소망이었다. 자기 육체의 내구성이 생각보다 짧다는 걸 깨닫고 불손하게도 영원한 생명을 가진 신처럼 영원히, 혹은 평균 이상으로 오랫동안 탄력 있고 생기로운 육체를 유지하려고 발버둥친, 분수를 모르는 인물은 이루 다 셀 수가 없다. 이는 동서고금에 불사에 대한 신화, 전설, 역사가 남아 있는 정도에 그치지 않는다. 언제까지나 젊은 육체로 있고 싶다는 애절한 소원은 예나 지금이나, 동양이나 서양이나 할 것 없이 극히 평범한 인간적인 감정으로 온존되어 있다. 세계 각지에 있는 회춘의 샘에서부터 연금술사들이 만들어내는 수상한 신비의 약물, 괴테의 『파우스트』, 파라오에서 레닌[1], 마오쩌둥에 이르는 미라의 무리를 거쳐 제약 회사나 식품 업체, 화장품 업체들이 끊임없이 선전해대는 '안티 에이징'에 이르기까지, 목록을 하나하나 열거하다 보면 불로, 불사, 회춘이라는 진료 기록은 틀림없이 인류의 진찰실을 삼켜버릴 것이다.

흥미로운 것은 불로불사에 홀린 인간들 거의 대부분이 주위 인간들을 자신의 망상에 끌어들이고 결국 자신의 수명마저 깎아 먹는다는 점이다. 이 흐름이 불로불사 전설의 하나의 패턴이 되었다. 그들의 전설은 영웅전설이라기보다는 그런 불손한 일은 시도해봤자 하등 좋을 것이 없고 오히려 해악이기까지 하다는 교훈으로서 통속적인 도덕으로 기능하는 경우가 많다.

잘 알려져 있듯이 중국은 불로불사의 신선전설이 가득한 나라이다.[2] 진시황은 천하를 통일한 뒤, 신선이 산다는 동방의 봉래산에 서복(徐福)이나 노생(盧生) 같은 이들을 보내 불로불사의 영약을 찾아오게 했다. 서복은 일본의 와카산(和歌山)의 신궁(神宮) 혹은 한국의 제주도에 닿았다고 전해지는데, 신궁시(新宮市, 일본 발음으로는 신구시이며, 현재 와카야마현에 있다)에는 그의 무덤이 존재하며, 제주도 남부에 있는 어느 도시에는 서복이 왔다가 돌아간 포구라는 의미에서 서귀포(徐帰浦)라는 이름이 붙었다고 알려져 있다. 한나라 무제도 봉래산과 불로불사의 연금술에 홀려버렸다. 당나라 황제 스무 명 중 여섯은 도교나 그 원류가 되는 신선사상에서 유래하는 단약이라는 불로불사의 약을 먹고 중독사했다고 『구당서』(舊唐書)와 『신당서』(新唐書)에 모두 기록되어 있다.

바다의 여신 테티스는 아들 아킬레우스를 불사신으로 만들기 위해 황천의 강에 몸을 담근다. 강에 잠기지 않았던 발뒤꿈치만이 파리스 왕자의 화살에 뚫려 죽는다는 유명한 이야기도 불로불사를 선사하는 황천의 강이라는 전제가 있었기 때문에 가능했다. 인도 신화에서는 불로불사의 음료인 암리타를 둘러싸고 신들과 마족(魔族)이 다툰다. 가구야히메는 달나라로 승천하기 전에 자신을 사랑한 노인과 천황에게 불로불사의 약을 건네지만, 노인은 그에 따르지 않고 천황은 "만나지도 못하고 흘러넘치는 눈물에 떠 있는 이 내 몸에 불사의 약이 무슨 소용인가!"라고 탄식하며 산 중에서도 하늘에 가장 가까운 후지(富士, 不死)* 의 산에서 그 약을 태워버린다.[3]

노**와 나가우타***의 상연 목록인 「기쿠지도」(「마쿠라지도」라고도 불린다)****에 보면, 위나라의 문제(文帝)가 파견한 칙사가 무려 700년 전부터 살고 있는 어떤 동자(童子)와 만나게 되는데, 그 아이는 주나라의 목왕으로부터 하사받은 경문 두 구절이 적힌 베개를 갖고 있다. 그 동자에게서 경문 두 구절이 적힌 국화잎의 이슬을 마시면 불로불사한다는 이야기를 듣는다고 하는, 진귀하고 상쾌한 불로불사 전설이다. 한편, 대단히 상쾌하다고는 할 수 없는 사례로는 16세기 말부터 17세기 초엽에 걸쳐 살았던 헝가리 왕국의 귀족 바토리 에르제베트를 가장 먼저 들어야 할 것이다. 바토리는 다시 젊어지기 위해 어린 딸을 학살하고 그 피를 채운 욕조에 들어갔다고 하는데, 젊은 여성의 피를 빨아들임으로써 불사의 신체를 유지했다고 하는 유명한 흡혈귀 전설의 원천 중

* 후지산(富士山)의 '후지'는 불사(不死)와 일본어 발음이 같다. 한편 일본의 옛 이야기 소설 『다케토리 이야기』에는 천황이 이 산에 갈 때 군사들을 많이 데리고 가, 군사(士)가 많이(富) 있는 산이라서 후지산이라는 이름이 붙었다고 되어 있다.

** 能. 일본의 전통 예능인 노가쿠(能楽)의 한 분야.

*** 長唄. 에도 시대에 유행한 긴 속요(俗謠).

**** 菊慈童. 노(能)의 곡명. '기쿠'(菊慈)는 국화, '마쿠라'(枕慈)는 '베개'라는 뜻이다.

하나가 바로 이 바토리 이야기다. 피에 의한 회춘이라고 하면, 북유럽 신화의 영웅 지크프리트가 악한 용 파프니르를 칼로 치고 그 튀어나오는 피에 몸을 적셔 불사신이 된다는 이야기가 유명하다(사람들은 바그너의 오페라 등을 통해 이 이야기를 잘 알고 있을 것이다).

물론 인간의 피를 뒤집어쓰려면 그만큼의 권력과 흉포함이 요구된다. 이런 속성을 갖고 있지 않은 대부분의 평범한 사람들에게는 가장 평범한 액체인 물이야말로 장수의 약이다. 마오리족의 전설에 따르면 뉴질랜드에 있는 밀퍼드 사운드의 큰 폭포는 신이 마법의 돌도끼로 만들어낸 것으로, 여기서 물보라를 맞으면 회춘한다고 한다. 한때 장수 분야에서 세계 제일이었던, 그래서 장수 지역으로 유명한 히로시마시 누쿠시나에는 물을 마시면 장수한다는 우물이 있고, 시마네현 구(舊) 요코타초의 사카네지구에는 능구렁이가 마시고 장수했다는 연명수가 나온다. 장수 음식도 많다. 예를 들자면 오키나와섬이나 야에야마제도에서 먹을 수 있는 미나리과의 다년초 '장수초'는 풀 한 포기를 먹으면 수명이 하루 연장된다고들 한다.

그러나 일본 열도로 좁혀 보면, 야오비구니의 전설만큼 유명한 불로불사의 전설은 없을 것이다. 인어 고기를 (또는 아홉 구멍이 있는 조개를) 먹은 젊은 여성이 그때 이후 결코 늙지 않은 채 800년이나 살았고, 전국을 돌아다니며 참죽나무, 삼나무, 개오동나무 등을 심었다는 전설이다. 야나기타 구니오의 『산도민담집』(山島民譚集, 1964)에 따르면 그녀의 출신지는 일반적으로 와카사라고 알려져 있지만 호키 또는 이즈모라는 설도 있다고 한다. 비구니가 심은 온갖 나무들과 그녀의 무덤 등 그녀가 거쳐간 흔적과 전승은 오키, 노토, 구마노, 하코네, 무사시, 시모

쓰케, 아이즈 등 전국 각지에 남겨져 있다.[4] 800년이나 살다간 여성이 나무를 심으며 밟았을 수도 있는 열도를, 이 열도의 거주자들은 살아온 것이었다.

지금까지 이야기한 불로불사의 신화와 전설은 세계 각지에 전해지고 있는 것들 중 극히 일부에 지나지 않는다. 늙는 것이 두렵고 죽음은 마지못해 승인하는 이런 극히 자연스러운 감정은, 영원한 생명에 대한 동경이 고대 이래로 사람들의 마음을 사로잡아왔다는 증거의 하나라 할 수 있을 것이다. 이 내 몸이 호모 사피엔스의 평균적인 수명 이상으로 계속 살 거라는 환각은 인류의 치유 불가능한 병인 것이다.

하지만 이 같은 병에 걸리는 것은, 인간의 생명 활동의 구조를 어느 정도 아는 입장에서 보면 피할 수 없는 병이라고까지 할 수 있다. 아니, 오히려 생명을 유지해가기 위해서는 필요한 병이라고도 할 수 있지 않을까. 인간은 다른 생명체와 마찬가지로 노화하고 부패해갈 운명이다. 그걸 알면서도 인간은 누구나 그 운명을 보류하고 날마다 저항을 계속해가는 작은 영웅이고자 한다. 먹고 마시며 체내에 영양을 흡수하고 또 그것을 배출하기를 반복하며 이를 닦고 몸을 씻고 병균이나 더러운 것을 씻어내 체내의 물질을 교체하는, 어찌 보면 대단히 번거로운 행위를 반복함으로써 생명을 계속 유지하려고 한다. 모든 것을 부패와 풍화로 이끌어가는 세계를 '분해 세계'라 부른다면, 이 분해 세계는 아무런 가책 없이 모든 곳에서 모든 것을 분해로 향하게 만들지만, 바로 그 세계 안에서 생명체를 구축하고 유지해가는, 말하자면 '분해에 저항하는 세계'를 만들어내는 인간의 항쟁은 생명의 기본적인 모습이라고도 할 수 있으리라. 머잖아 맞이할 자기의 해체를 암암리에 받아들이고 그러면서도 '분해에 저항하는 세계'를 유지하고 보호하며 그 찰나와 같은 안정 상태 속에서 다음 세대의 생명을 산출해가는 것이 자연스러운 생명의 일이라고 한다면, 불로불사 전설은 생명의 일에 충실한 인간의 극히 평범한 욕망을 반영하고 있다.

2『마크로풀로스 사건』

그러나 20세기, 특히 1,600만 명의 사망자를 낳은 제1차 세계대전 이후의 불로불사 욕망은 예부터 전해져온 불로불사 전설과는 조금 다른 양상을 보이고 있는 듯하다. 인간이, 특히 채 스물도 되지 않은 청년들이 이렇게 전쟁터에서 찢어지고, 부서지고, 썩어 풍화되어간 전쟁은 유사 이래 존재하지 않았다. 전장에서 멀리 떨어진 곳에 사는 어린이들, 여성들, 노인들이 비쩍 말라 굶어 죽어간 전쟁도 전대미문의 사태였다. 그 참상을 담은 사진과 글은 고속윤전기와 해저케이블을 통해 순식간에 전 세계로 퍼져 나갔다. 한편, 그 살상 능력의 바탕이 된 화학과 생물학과 공학의 발달로 인해 흙으로 돌아가기 힘든 것들이 주변에 넘치기 시작한다. 목재, 양모, 아마, 쪽, 짚, 흙 등이 만들어내는 '분해 세계' 속에 콘크리트, 플라스틱, 화학 섬유, 화학 염료, 화학 비료, 제초제, 화학 세제, 사용 후 핵연료 등이 밀고 들어왔다. 인간의 생명보다 몇 배 이상의 내구성을 지닌 방대한 제작물들에 둘러싸여 지내는 일상생활에 인간들도 점점 익숙해졌다. 인간 자신도 예외가 아니다. 의학이 진보함에 따라 생겨난 지 얼마 안 된, 그래서 어떤 기관으로도 될 수 있는 줄기세포를 입수하면, 인간 신체의 노화를 상당한 정도까지 늦추는 일도 가까운 장래에 가능해지고 있다. 수십 년 정도 수명을 늘려주는 값비싼 약을 자신의 팔에 주사할지 말지가 개개인의 인생관과 지갑에 맡겨지게 되는 시대도 그리 멀지 않은 듯하다.

세계대전 이후 기존의 생사관이 전복되고 재구축되었는데, 이것은 실로 자연관, 동물관, 인간관, 세계관의 붕괴와 재생이기도 하다. 이 거대한 문제에 정면으로 달려든 문필가들은 많지 않은데, 내가 보기에는 체코의 작가이자 저널리스트인 카렐 차페크(1890-1938)가 그 소수의 사례 중 한 사람이다.[5] 왜냐하면 제1차 세계대전 이후 짧은 인생을 살며 방대한 작품을 계속 발표한 차페크는, 담담한 일상 속의 균열을 통해 엿보이는 이면의 세계를 꼼꼼히 묘사함으로써 인간과 세계의 임계(臨界) 쪽으로 우리의 눈을 돌리게 해주었기 때문이다. 게다가 로봇이나 핵발전소*처럼 차페크가 공상 과학 소설 속에서 창조해낸 미지의 것들이 20세기 후반에 실제로 구현되었고 지금도 여전히 우리의 삶을 근저에서 규정하며 자연관과 인간관을 크게 바꿔 왔기 때문이다. 나아가 1890년생인 차페크는 1879년생인 이오시프 스탈린, 1889년생인 아돌

* 원서에는 '원자력 발전'이라 되어 있고, 우리 사회에서도 일반적으로 '원자력 발전', '원자력 발전소', '원전'이라는 용어를 많이 쓴다. 하지만 이 발전 방식은 원자의 힘이 아니라, 원자 속에 있는 원자핵을 파열시켜 그 폭발의 힘을 이용하는 것이다. 핵폭탄을 터뜨릴 때의 핵파열[핵분열; nuclear fission]과 동일한 메커니즘인 것이다(이 메커니즘은 본서의 3장 9절에서 카렐 차페크의 소설 『크라카티트』의 주인공이 잘 설명해준다).
핵발전 대신 원자력 발전이라는 용어를 쓰려고 하는 데에는 핵폭탄이라는 이미지를 연상시키지 않으려는 의도가 암암리에 담겨 있다. 이런 문제의식에서 본 번역서에서는 특정한 경우를 제외하면 '핵발전(소)'과 '핵파열'이라는 용어를 사용한다. 영어권에서도 원자력 발전소를 'nuclear power plant'(NPP)나 'nuclear power station'이라고 부른다. 한편 우리나라에서는 예전에 핵폭탄과 원자폭탄이라는 말이 혼용되었지만, 요즘에는 핵폭탄이라는 말이 좀 더 많이 쓰이는 경향이 있다. 영어권에서는 'atomic bomb'과 'nuclear bomb'이라는 용어가 함께 사용되고 있다.

프 히틀러, 1904년생인 로버트 오펜하이머와 동시대인으로서 죽음과 붕괴, 그리고 그로부터의 재생이라는 테마는 1938년에 사망할 때까지 끝내 그의 머리에서 떠나지 않았다는 점도 이러한 시대와 무관하지는 않을 것이다.

차페크가 서른두 살 때 쓴 희곡 「마크로풀로스 사건」(Věc Makropulos, 1922)은 불로불사 전설에 대부분 따라붙는 애처로움을 충분히 계승하면서도 20세기의 현대인이기에 더욱 품기 쉬운, 자신의 내구성에 대한 번민도 그려져 있는 희극이다.[6] 주인공은 야오비구니라든가 기쿠지도 만큼의 장수까지는 아니지만, 그래도 300년 동안이나 살아온 1585년생의 에밀리아 마르티다.

1600년경 프라하성에 거처하던 신성로마제국의 황제 루돌프 2세는 히에로니무스 마크로풀로스(Hieronymus Makropulos)에게 불로불사의 비약을 만들도록 명한다. 그 비약이 독이 아니라는 걸 증명하기 위해 그는 16세의 딸 엘리나(뒷날의 에밀리아)에게 마시게 한다. 그녀는 고열 상태로 혼수상태에 빠지지만 일주일쯤 뒤에 회복이 된다. 그러나 분노한 황제는 아버지를 사기꾼이라 여기며 감옥에 가둔다. 불로불사를 증명한다는 건 황제의 권력을 가지고도 불가능한 일이기 때문이다. 신변의 위험을 감지한 딸 엘리나는 비약의 처방전을 가지고 (아마도 헝가리 혹은 터키인 듯 보이는) 국외로 탈출한다. 그녀는 그 후 러시아 가수 예카테리나 뮈쉬킨, 빈의 궁정 오페라 가수 엘리안 마크 그레고르, 독일에서는 엘리자 묄러, 스페인에서는 집시 무희인 에우헤니아 몬테스, 그리고 현재의 에밀리아 마르티 등 E. M이라는 머리글자는 그대로 살려두면서 이름과 주소를 바꾼 채 살아왔다. 그러다 비약이 지닌 300년의 효과가 사라지려 하는 시점이 왔고, 이제 에밀리아 마르티(Emilia Marti)는 자신이 엘리안 마크 그레고르였을 때 내연의 남편이었던 요제프 페르난트 프루스에게 건네주었던 비약의 처방전을 되찾아야겠다고 생각했다. 때마침 에밀리아의 아들의 피를 이어받은 그레고르와 에밀리아의 피를 이어받지 않은 프루스 사이에서 요제프의 유산을 둘러싸고 다투는 100년에 걸친 재판이 종결되려 하고 있었다. 에밀리아는 이 정보를 신문에서 발견하고 자기 아들의 후예 그레고르의 변호사인 콜레나티 박사의 법률사무소로 찾아간다. 엘리안[에밀리아]은 무대 담당자도 소름이 돋고 청소부도 흐르는 눈물이 멈추지 않는 아름다운 노래를 부르는 미모의 소유자였다. 또 극장의 관객들이 50번이나 커튼콜을 요구하고 신문으로부터는 매회 극찬을 받는 가수였다. 유산 상속의 당사자, 가족, 변호사 사이에서 벌어지는 일들이 연극의 주요 내용인데, 엘리안을 애타게 연모하기도 하고 그러다가 농락당하기도 하며 그녀의 진실을 알고 경악하기도 한 사내들이 최후에 엘리안을 즉석 법정에 소환하여 심문을 한다. 차페크의 이 작품과 제목이 같은 레오시 야나체크의 오페라 〈마크로풀로스 사건〉은 차페크의 이 희곡을 오페라화한 것이다.

단, 이제부터 내가 거론하려는 대목은 야나체크가 각색을 하면서 삭제한 장면, 즉 심문 후 벌어지는 논의 장면이다. 에밀리아는 우여곡절 끝에 마크로풀로스의 비약을 되찾았지만, 일종의 자백제 같은 소량의 독을 변호사에 의해 마시게 된 그녀는 자신의 이름이 '엘리나 풀로스'라고 쥐어짜내듯 털어놓은 뒤 쓰러진다. 야나체크가 삭제한 것은 엘리안이 옆방에서 간호를 받는 사이에, 마침내 그녀의 역사를 믿기로 한

사내들이 그 비약을 어떻게 처리할지 논의를 벌이는 장면이다.[7]

3 더 이상 신의 미숙아가 아니라

이 희곡에서 마크로풀로스의 비약에 가장 매료당하는 사람은, 콜레나티 변호사의 법률사무소에서 일하는 법무사로 프랑스 혁명의 역사를 연구하는 게 취미인 비테크다. 서두에서의 비테크는 유산을 둘러싸고 100년 동안이나 계속된 재판이 마침내 종결되는 날이 온 것을 아쉬워하는 사람이다. 그렇듯 역사 속에서 위대한 정신을 느끼는 그는 역사를 알려는 욕망에 목말라 있다. 게다가 마라와 당통의 연설을 암송할 정도로 그들과 그들의 계몽 정신을 숭배하고 있다. 마라와 당통을 실제로 만나기도 했던 엘리안은 당통이 "입 안에 충치가 가득했다"든가 마라는 "손에 심하게 땀이 나는 사람"이었다고 말하면서 "위대한 인물 따위 본래 존재하지 않는 거야"라고 비테크를 냉담하게 대하는 데서 알 수 있듯이, 비테크는 이 극의 구도 속에서 '불멸의 육체'를 가진 엘리안과 대극을 이루는 '불멸의 정신'을 믿는 역할을 맡고 있다. 당연한 얘기지만 이 대립은 체험을 기술하는 인류학과 사료를 분석하는 역사학의 방법론적 대립과도 유사한 면이 있다. 그런 비테크가 최후의 논의 장면에서 비약 처방전을 취급하는 방식에 대해 누구보다 빨리 이런 제안을 낸다. "모든 사람에게 주는 것이 옳지 않겠습니까?" 그러면서 다음과 같이 그 이유를 제시한다.

우리에겐 기뻐할 틈도 없습니다. 또한 사색할 시간도 없습니다. 게다가 무엇을 하기에도 시간이 없는 것입니다. 무엇을 한다고 해봤자 빵 한 조각을 위해 악착같이 달려드는 것 말고는! 그리고 인간은 아무것도 모르고, 아무것도 인식하지 못하며, 아무것도 완성하지 못합니다. 이 덜 떨어진 부스러기 같으니라고! 인간은 왜 살아가는 걸까요? 그런 인생에 과연 살 가치가 있는 걸까요?

우리는 동물처럼 죽어갑니다. 사후의 생, 영혼의 불멸에 대한 신앙은 인생이 짧은 데 대한 격한 불만의 표명 이외에 무엇일까요? 이런 짧은 생명은 동물이라면 충분할지 몰라도 인류에게는 절대로, 절대로 부족합니다. 그냥 승복할 수만은 없습니다. 너무 불공평합니다. 이토록 짧은 세월밖에 못 산다는 건 심히 불공평합니다. 인간은 거북이나 까마귀보다는 많든 적든 나은 존재일 것입니다. 인간에게는 살아갈 시간이 더 필요합니다. 60년이라고요? 그런 건 노예의 멍에입니다. 그런 인생일 뿐이라면 인간은 결함투성이인 채 동물과 다름없는 무지몽매로 끝나고 말 겁니다.

인류 모두에게 300년의 생명을 주소서! 그리되면 인간 창조 이래 최대의 사건이 될 거예요. 그것은 인간 해방이 될 것입니다. 그것은 새롭고도 결정적인 인간 창조가 될 것입니다! 오, 인간을 300년 동안 살게 할 수 있다니! 50년은 어린이가 되고, 학생이 됩니다. 그리고 50년은 세계를 인식하고, 존재하는 모든 것을 봅니다. 100년은 온갖 존재들에게 이롭도록 일을 합니다. 이어지는 100년간은 모든 인간이 인식에 도달하고, 현명한 지혜 속에 살아가고, 지배하고, 가르치고, 모범을 전합니다! 만약 300년 동안이나 계속된다고 하면 인간의 일생은 상당히 의미 있는 것이 될 것입니다! 전쟁도 사라질 테죠. 재화 축적에 광분하는 일도 없어지겠죠. 공포도 이기심도 사라집니다. 누구나 현인이 되고, 권위가 될 겁니다. (두 주먹을 꽉 쥔다) 최고로 완벽해져서 더 이상 신의 미숙아가 아니라 진정한 아들이 될 것입니다. 인간에게 생명을 주소서! 충실한 인간의 인생을 살아가기 위한 생명을!

이상과 같은 근거하에 제안된 비테크의 민주주의적 해결 방안 이외에는 다음과 같은 것들이 있었다. 1회 복용에 수명을 10년 연장시켜주는 약품을 제조하여 그것을 판매하고자 하는 자본주의적 해결 방안, 에밀리아의 내연 남편이었던 요제프 페르난트의 피를 이어받은 자만 복용할 수 있게 하자는 민법적 해결 방안, 그리고 선별된 귀족만 복용하여 장수 귀족계급을 확립하고 그 계급이 "벌레 같은 평범한 자들"을 지배하게 하자는 새로운 신분 제도의 창출 방안. 하지만 결국 모든 방안들이 죄다 부정되고 마지막에는 작중 인물 중 가장 젊은, 비테크의 딸이자 햇병아리 가수인 크리스티나가 처방전을 벽난로에 던져버리고 그 타다 남은 것에서 역한 냄새가 풍겨 나오는 대목에서 막이 내린다. 마지막에 나온 장수 귀족계급 창설안은 프루스에 의해 제시된 것인데, 훗날 피에 근거한 나치의 귀족 창출 계획을 알고 있는 우리 후대인들은 전율을 느끼지 않을 수 없다. 그러나 차페크는 그 방안보다 비테크의 민주주의적 해결 방안 쪽에 많은 분량을 할애했다는 점에서도 알 수 있듯이, 비테크에게 꽤나 애착을 품고 있지 않나 하는 인상을 준다.

또한 비테크의 논의에는 차페크의 다른 작품에 반복 출현하는 동일한 유형의 문제들이 거의 모두 포함되어 있다. 그것은 인간과 동물의 경계는 어디에 있는가, 인간은 얼마나 노동과 생활에서 벗어나 정신적 자유를 획득할 수 있는가, 성숙과 미성숙의 차이는 어디에 있는가, 전쟁은 어떻게 해서 없어지는가, 인간과 세계에 있어 끝이란 무엇인가, 이렇게 다섯 가지다. 인간과 동물 사이에 있는 문턱은 의외로 낮으며 경우에 따라서는 교체되기도 한다는 것은 『곤충 극장』(1921, 형 요세프와의 공저)*과 『도롱뇽과의 전쟁』(1936)**의 테마다. 한편 노동을 버리고 더 큰 자유를 광적으로 찾아 헤매는 인간은 『로봇: 로섬의 유니버설 로봇』(1920)***과 『압솔루트노 공장』(1922)****, 『도롱뇽과의 전쟁』의 주인공들이 공유하는 특징이다. 그리고 인간의 영원한 미숙함에 대해서는 교양소설적인 전개를 작품의 플롯으로 삼지 않는 차페크의 소설 거의 대부분의 근저에 흐르는 모티프이다. 전쟁 또한 대표작들 중 상당수가 최종적으로 다다르는 클라이맥스다. 『곤충 극장』 『압솔루트노 공장(절대 제조 공장)』 『도롱뇽과의 전쟁』 외에, 절대 평화주의자가 등장하는 『하얀 질병』(1937)이 특히 전쟁을 중심 테마로 다루고 있다. 개인뿐 아니라 인류 전체의 '종말'도 『압솔루트노 공장』 『하얀 질병』 『도롱뇽과의 전쟁』을 비롯한 주요 작품들의 중요한 공통 테마가 되어 있다.

그렇다면 비테크는 여기서 무엇을 말하려고 했던 걸까?

그것은 결국 한 인간의 정신은 육체의 굴레로부터 해방되기만 하면 영원히 진보를 성취해간다는 것, 그 진보에 의해 인간의 정신이 고양

* *Ze života hmyzu*. 카렐 차페크, 김선형 역 『곤충 극장』 열린책들, 2013년.

** *Válka s mloky*. 카렐 차페크, 김선형 역 『도롱뇽과의 전쟁』 열린책들, 2010년.

*** *R.U.R. Rossum's Universal Robots*. 카렐 차페크, 김희숙 역 『로봇: 로숨의 유니버설 로봇』 모비딕, 2015년.

**** *Továrna na Absolutno*. 카렐 차페크, 김규진 역 『압솔루트노 공장』 행복한책읽기, 2018년.

되어 전쟁마저 없어진다는 것이다. "빵 한 조각을 위해 악착같이 달려드는" 데서 해방된 인간은 더 정신적인 일에 차분히 애쓸 수 있으므로 인간은 더 성숙할 거라고 비테크는 믿는다. 육체는 분해로 향하지만 정신은 건설로 향한다. 육체의 분해만 저지할 수 있다면 정신은 한없이 성숙되어간다. 이 신념은 이야기에 복선으로 깔려 있었던 것, 즉 비테크의 역사가다운 면모와 계몽주의자다운 면모에 의해 뒷받침되고 있다. 비테크에게 역사를 안다는 것은 그로부터 인간 한 세대의 생명을 초월한 뭔가 '위대한 것'을 발견하는 일이며, 계몽의 길을 걷는다는 것은 시대를 초월하는 보편적이고 위대한 것을 지향하며 줄기차게 계속 노력하는 것이다. 요컨대 인간 총체의 진보를 믿는 비테크라는 인물은, 인류사 속에 봉래산의 신선이나 야오비구니 또는 기쿠지도가 등장해온 이유에 대한 극히 명쾌한 해답인 셈이다.

하지만 비테크의 주장은 300년 동안 살며 '지루함'에 시달린 에밀리아에 의해 일축당한다. "예술이라는 건요, 인간이 그것을 완벽히 해낼 수 없는 한에서 의미가 있는 거예요." "인간을 더 높은 존재로 만들 수 있을까요? 어떤 것이든 변한다는 것은 불가능합니다." 에밀리아의 경험론이 비테크의 관념론을 분쇄해버리는 대목이라고 볼 수 있지 않을까. 그리고 불로불사 논쟁은 최종적으로 마치 에밀리아와 비테크 사이를 중개하듯이, 생명은 아이에게 전해져가는 것이니 그것이야말로 영원한 생명이 아니냐는 프루스의 의견으로 결말이 난다.

차페크가 『마크로풀로스 사건』을 통해 제시한 이러한 생사관은 우리에게 많은 것을 시사해준다. 즉 육체의 노예이기에 정신은 의미를 갖는 것이니 영원한 진보 같은 건 있을 수 없다. 생명은 배턴처럼 다음 세대, 또 다음 세대로 건네지는 공유물이기에 한 세대의 개체가 독점할 수 있는 사적 소유물이 아니다.

단, 에밀리아와 비테크 사이에 발생하는 균열은 한 세대에서 다음 세대로 생명을 이어가는 생식의 신비로 메워질 수 있는 그런 얄팍한 게 아니다. 비테크가 말한 대로, 불로불사의 소원은 민주주의적인 시대이자 미래의 진보가 기대되는 시대에는 다양한 계층에 감염되어 증폭될 뿐이기 때문이다. 그래서 또 한 가지, 이 균열을 메우는 것으로 반드시 등장하지 않을 수 없는 것은 역시 프리드리히 프뢰벨이다. 프뢰벨이 발명한 나무블럭은 세계의 섭리를 반영하는 것임과 동시에 유아의 성장을 비추는 거울이었다. 나무블럭에 반영되는 성장의 비전이 제시하듯이 인간의 정신은 직선적으로 진보를 이루어나가는 게 아니다. 나무블럭이 그러하듯 정신은 중력, 경계면의 잘 미끄러지는 성질, 안정되기 힘든 특성 등에 지배당하며 무너졌다가 또 쌓아 올리는 일의 반복일 뿐이다. 그러나 반복적으로 구축되는 형태의 차이 속에서 모종의 우연적인 "변화"와 "변태"를 발견할 수 있는 것이다.

육체가 자연을 향해 분해를 이룩해가는 과정이기에 작은 "변화"를 민감하게 포착하고 그 변화에 공명하는 감각과 정신이 성장하는 것 아닌가. 빵 한 조각을 위해 악착같이 달려드는 것으로부터 분리된 "현명한 지혜" 따위는 20세기 이후 더 이상 있을 수 없는 것 아닌가. 비테크와 에밀리아가 주고받는 대화는 그런 물음을 유발한다.

4 메치니코프의 요구르트

앞서 말했듯이 동서고금의 다양한 시대와 장소에 뿌리박고 있는 불로불사 전설은 카렐 차페크의 『마크로풀로스 사건』(1922)에 의해 20세기로 이월되었다. 300년 동안 산 주인공은 세계에 군림하기는커녕 육체의 불멸을 더는 견딜 수 없게 되었고, 권태로 인해 괴로워하던 나머지 자신과 비교하면 단기간에 죽어 흙으로 돌아가는 인간 쪽을 부러워했다.

20세기 이후 지구의 거주자들은 플라스틱과 콘크리트에서 배출되는 유독가스, 그리고 유독가스와 거의 동일한 성분의 농약[8], 나아가 핵연료에 이르기까지 대량의 불로불사 물질에 둘러싸여 살기 시작했다. 과학 기술의 진보에 힘입어 쉽게 파괴되지 않는 안정된 것을 더욱 욕구하게 되었다. 현대 세계의 기점이자[9] "뼈 제분기"(Knochenmühle)라고도 불린 제1차 세계대전에서, 태어나 아직 스무 해도 안 된 젊은 병사들이 목도, 손도, 다리도, 마음도 갈가리 찢겨 부패되어간 그런 참사의 반동이기라도 하듯이 말이다. 대량생산된 무기로 인간이 철저히 파괴당한 세계대전은 인간이 얼마나 부서지기 쉬운지, 해체되기 쉬운지를 더없이 잔혹한 형태로 밝혀주었다. 전후 4년이 지나 세상에 나온 『마크로풀로스 사건』은 세계대전의 비극을 없었던 것으로 치고, 대전 이전의 시대를 유토피아화한 작품이 아니었다. 대전의 비인간적인 비극을 이미 변경할 수 없는 사실로 확정하고, 그 비극 후에도 인류가 존속한다고 할 때 과연 어떻게 삶을 이어가야 할지를 그리고자 했다. 차페크는 불로불사에 대한 인간의 동경을 유례없이 적확하고도 열정적으로 설명해놓고는 내치듯이 시니컬한 태도를 취했다. 이 태도는 차페크를 연구하는 연구자들뿐 아니라 본인도 인정하는 '상대주의' 따위가 아니다. 차페크가 이 작품에서 최초로 불로불사에 맞서는 대항 전설을 표현했다는 것, 즉 시간과 함께 늙고 죽어서 부패해가는 인간 쪽이 불로불사의 신선보다 자유로울 뿐 아니라 신선들보다 더 현명해질 수 있다고 하는 그런 대항 전설을 그려냈다는 것에는 어떤 의의가 있는 것일까? 우리는 이 물음에 대해 차페크 본인의 말에 현혹됨 없이 더 숙고해야 할 것이다. 특히 차페크처럼 열에 들뜬 상태로 세계를 그린 작가라면, 설령 자신의 작품이라 해도 반드시 가장 잘 알고 있었다고는 할 수 없다.

그런데 차페크는 『마크로풀로스 사건』의 「서언」에서 이 희곡의 테마에 달려들게 된 하나의 계기가 일리야 일리히 메치니코프의 '자가중독'설이었다고 말한다. 노화란 대장에 사는 부패균이 발산하는 독소에 의해 조직이 쇠약해지는 것이다. 그렇게 주창한 메치니코프는 예전의 러시아 제국(현재는 우크라이나 하르키우)에서 태어나 파리의 파스퇴르 연구소에서 활약한 세균학자다.[10] 불가리아에서 장수하는 사람이 많은 이유로 발효 식품인 요구르트를 먹는 습관에 착안한 그는, 유산균 섭취에 의해 장내 환경을 개선하고 장수를 달성하기 위해 요구르트를 권장한 인물로 일본에서도 알려져 있다. 차페크가 어디까지 메치니코프를 이해했는지, 또 메치니코프의 이론이 어떤 식으로 작품에 영향을 끼쳤는지에 대해서는 정확히 알 수 없다. 단, 한 가지만은 분명히 말할 수 있다. 그것은 분해 세계와 분해에 저항하는 세계 간의 균형 감각이 뛰어났고 그 갈등 속에서만 삶을 영위할 수 있다고 보았던 차페크에게, 20세기적인 세계, 과도하게 "분해에 저항하는 세계", 즉 노화가 과학적으로 설명될 수 있고 따라서 노화를 막는 방법도 과학적으로 사유될 수 있다고 하는 "분해에 저항하는 세계"가 확대되리라는 예감은 위기감마저 품게 만들었으리라는 점이다. 불로장생의 약은 이제 더 이상 목숨을 앗아갈 수도 있는 위험한 "비약"이 아니다. 요구르트 같은 저렴하고 친근한 발효식품이 비약이 되는 상황이라면, 역으로 유한한 개체의 신비가 경시될 우려마저 없지 않다. 20세기부터 현재에 이르기까지 불로불사 전설은 요구르트 정도가 아니라 아예 장수를 가능케 해준다고 선전되는 방대한 식품과 약품에 의해 강화되어 왔는데, 차페크는 노화를 과도하게 두려워하는 그런 인간들이 사는 시대, 머잖아 찾아올 수도 있는 그 섬뜩한 시대에 맞서, 『마크로풀로스 사건』이라는 새로운 전설을 미리 대치시키고 있었던 게 아닌가, 라고 나에게는 느껴지는 것이다.

5 인류는 언제까지 지속할까

차페크의 작품들을 보며 왠지 두려워지는 지점은 **인간**의 내구성만이 아니라 **인류**의 내구성까지도 문제로 삼았다는 것이다. 이 점은 특히 차페크의 과학 소설에서 찾아볼 수 있다. 자주 지적되는 바와 같이 차페크는 『로봇: R.U.R.』 『압솔루트노 공장』 『크라카티트』(1924)* 『도롱뇽과의 전쟁』 『하얀 질병』 등의 작품을 통해 작가 인생의 상당 부분을

* *Krakatit*. 카렐 차페크, 김규진 역 『크라카티트』 행복한책읽기, 2020년.

인류의 종말 또는 그 종말의 전조를 그리며 보냈다. 달리 표현하자면 그는 이 지구상에서 인류는 어떤 식으로 소멸될 수 있는가 하는 인류사의 임계를 계속 사고 실험했던 작가였다. 스스로에게 그러한 질문을 던진다는 것, 그것은 제1차 세계대전으로 와해되어버린 오스트리아-헝가리 이중 군주국의 거주자에게는 결코 이상한 질문이 아니었을 것이다. 제1차 세계대전이라는 파국적인 사건을, 식량이 압도적으로 부족한 프라하(한때는 히셰로 이주하기도 했다)에서 여위고 병약한 상태로 어려움을 겪으며 체코슬로바키아의 독립까지 맞게 된 체험은,[11] 비록 전쟁터에 나선 적은 없었다 해도 작품에 큰 영향을 끼쳤으리라는 점은 상상하기 어렵지 않다.[12] 전차와 독가스, 비행기, 경제 봉쇄, 화약의 파괴력, 특히 자연과 인간을 가리지 않고 산산조각 내버리는 포탄의 폭발력은 차페크의 적잖은 작품들의 근저에서 울려 퍼지고 있다.

예컨대 핵무기를 연상시키는 거대한 폭발 기술을 개발한 화학자를 서로 차지하려고 국가와 비밀결사가 쟁탈전을 벌이는 『크라카티트』, 인간과 인간이 극한까지 서로 죽이는 세계로 치닫는 『압솔루트노 공장』, 도롱뇽이 생존 공간을 마련하려고 지구의 해안을 폭파하고 인간과 도롱뇽이 서로를 살해하는 『도롱뇽과의 전쟁』, 인간과 로봇이 서로 죽인 끝에 결국 지구에 로봇과 인간 한 명만이 남게 되는 『로봇』, 질병에 의해 사람들이 잇따라 부패해 죽어가는 세계를 그린 『하얀 질병』 등, 이 모든 작품들은 하나같이 인류가 어이없이 멸망해가는 방식을 담담한 문장으로 시뮬레이션하고 있다.

차페크를 일본에 소개한 선배들은 종종 차페크의 작품에 보이는 그의 '인간애'를 입을 모아 찬양한다. 지노 에이치의 차페크론 『주머니

속의 차페크』는 1975년에 발표되었다고는 느껴지지 않을 만큼의 신선도를 보여주지만, 지노는 미국의 차페크 연구자 윌리엄 하킨스(William Edward Harkins)가 차페크의 모티프로 "완전한 파괴", "포위", "불명확성"을 꼽은 것에 동의할 수 없다며 "아프도록 느껴지는 인간에 대한 사랑이야말로 많은 사람들을 차페크의 작품으로 끊임없이 끌어들이는 매력일 것"이라고 말했다.[13] 그리고 이지마 이타루는 40년에 걸쳐 출판된 『카렐 차페크』에서 이렇게 썼다. "카렐 차페크의 일련의 작품을 "반(反)유토피아를 해피 엔딩으로 그린 것"이라고 보는 비평도 있지만, 저자의 정신의 근저에 있었던 것으로 보이는 소박한 인간애 또는 종교적 정념에서 보자면 구원을 위한 당연한 귀결일 것이다."[14] 하나같이 차페크 본인의 말을 인용하며 차페크의 인간애를 뒷받침하려 하고 있다. 가령 이지마 이타루는 "나는 인간인 까닭에 인간을 사랑하는, 어리석은 자들의 동료다"라는 차페크의 경구를 인용하고 있다.

물론 차페크의 과학 소설 작품들에는 『하얀 질병』을 제외하면 모두 재생의 계기가 내포되어 있고, 거기에 차페크의 인간에 대한 사랑 같은 것이 깊게 반영되어 있다는 점은 부정할 수 없다. 지구상에 인류가 한 명밖에 남지 않게 된 『로봇』의 결말에서조차 로봇 연인 간에 싹튼 인간스러운 모습에서 한 줄기 빛을 발견한다. 차페크의 걸작이라고도 일컬어지는 장편소설 『호르두발』(1933)* 도, 슬로바키아의 농촌에서 일어난 사건, 즉 아내가 자신의 정부(情夫)와 함께 남편을 살해한 사건을 다루고 있지만, 작품 전체에 걸쳐 인간 본래의 열에 들뜬 듯한 말

* *Hordubal.* 카렐 차페크, 권재일 역 『호르두발』 지식을만드는지식, 2013년.

과 행동에 대한 작가 자신의 심상치 않은 애착이 짙게 배어 있다. 그럼에도 나는 차페크의 과학 소설을 읽는 가운데 이 '인간애'라는 것이, 더 나아가 '인간'이라는 존재가 핵심에 있다는 확신을 가질 수가 없었다. 오히려 차페크는 자신의 의도에 의한 것이든, 자신의 의도와는 관계없는 것이든 간에, 인간적인 것이 붕괴한 뒤에 태어나고 있는 새로운 무언가를 포착하려 했던 게 아닌가 하고 느껴졌다. 그 무언가는 휴머니즘을 돌파한 뒤가 아니면 포착될 수 없는, 이상하고도 들어본 적도 없는 세계가 아닌가. 그리고 그것은 『마크로풀로스 사건』에서 차페크가 생생하게 묘사했던, "죽을 수 없는" 인간이 아니고는 짐작조차 할 수 없는 "죽을 수 있는" 인간의 부서짐과 썩어감, 혹은 늙어감이 아닌가. 그래서 차페크의 작품을 포스트모던이라 평하는 연구도 있는 것이지만,[15] 더 정확히 말하자면 포스트휴머니즘적인 것이 아닌가. 이 방면의 문제들에 대해 차페크의 작품에 입각하여 좀 더 생각해보자.

6 인류의 임계로: 로봇의 반란

차페크의 작품에서는 모던 사회, 즉 근대 자본주의 사회가 붕괴한 뒤 거기에 질질 끌려가듯이 휴머니즘의 임계가 그려지는 경우가 많다. 희곡 『로봇』과 장편소설 『압솔루트노 공장』, 그리고 『도롱뇽과의 전쟁』이 대표적인 사례다. 별로 지적되는 일은 없지만, 하나같이 생산수단에 대한 과잉 투자로 인해 초래되는 생산물의 과잉 생산을 다루고 있다. 당연하게도 그 도달점은 생산물의 가격 폭락, 즉 경제 공황이고, 노동자 대량 해고이며, 노동자가 인간적으로 살아갈 수 있는 조건의 상실이다. 여기서는 우선 『로봇』을 살펴보기로 하자.

『로봇』이라고도 번역되는 희곡 『R.U.R.』은 카렐 차페크의 글에 형 요세프 차페크가 삽화를 담당한 공동 작품이다. '로섬스 유니버설 로보츠'(Rossum's Universal Robots)라는 독점 기업이 회사의 사무에서부터 열대 플랜테이션의 노동력에 이르기까지, 약간 변경을 가하기만 하면 무슨 일이든 담당할 수 있는 인조인간을 개발해 막대한 이익을 벌어들인 뒤의 이야기다. 인조인간은 로봇(robot)이라 불리는데, 자주 지적된 바와 같이 차페크 이전에 로봇이라는 말은 없었다. 로봇은 형 요세프가 고안한 말이라고 동생인 카렐 차페크가 주장했다. 어원은 체코어 robota(부역)[16]인데, 독일어-체코어 사전을 찾아봐도 Fronarbeit 또는 Frondienst, 즉 부역 또는 강제 노동이라 번역되어 있다. 실제로 차페크가 이 점을 고려했는지와는 별도로, 근대적인 계약 노동이 아니라 신분제 사회의 영주가 보유하고 있던 경제 외적 강제력을 이용하여 노동을 시킨다고 하는 뉘앙스가 담겨 있다는 점은 확인해둘 필요가 있을 것이다. 요컨대 고도 자본주의 사회가 도래하고 법적인 절차에 입각한 계약 관계에 의해 고용주가 노동자를 고용해 이윤을 창출해가는 시대에, 이 R.U.R.이라는 기업은 더 많은 이윤을 창출하기 위해 더 저렴한 노동력 제공자인 로봇이라는 형태로 부역 노동을 부활시킨 셈이다.

주의해야 할 것은, 여기서의 로봇이 종종 연상되는 기계장치 로봇이 아니라는 점이다. 에너지 탱크도 없고, 모터도 없고, 기어도 없다. 공장을 시찰하러 방문한 대통령의 딸로, 20만 명의 회원을 보유한 '인권 연맹'의 대표자 중 하나로 보이는 헬레나는 도민 사장으로부터 로봇 제조 과정에 대해 다음과 같은 이야기를 듣는다.

도민: 점심시간이군요. 로봇들은 언제 일을 멈춰야 할지 모릅니다. 2시가 되면 당신께 반죽통을 보여드리죠.

헬레나: 반죽통이라뇨?

도민: (냉담하게) 분말을 섞는 큰 통들이지요. 한 번에 천 대의 로봇을 만들 수 있을 만큼의 재료를 넣어 잘 치댑니다. 그 외에 간, 뇌 등등을 만드는 통들이 나옵니다. 그러고 나서 뼈를 만드는 공장을 보시게 될 겁니다. 그다음에는 방적 공장도 보여드리지요.

헬레나: 방적 공장이라고요?

도민: 신경조직을 만드는 방적 공장이 있지요. 혈관을 만드는 방적 공장. 한 번에 몇 킬로미터의 소화관을 만들어내는 방적 공장입니다. 그러고 나서 그 부품들을, 말하자면 자동차를 조립하듯이 조립하는 조립 공장이 있습니다.[17]

그러니까 R.U.R.(로섬스 유니버설 로보츠)에서 만들어지는 로봇은 기계가 아니라 피가 통하고 있는 살아 있는 육체인 것이다. 뇌도 갖고 있고 간도 갖고 있다. 회사 이름 맨 앞에 나오는 로봇의 발명자 로섬은 애초부터 현재의 재생 의학에서 이용되고 있는 만능 세포[18]처럼 어떤 조직으로도 분화될 수 있는 원형질(protoplazma)을 개발했고, 이 원형질을 가지고 이 기업은 각각의 조직이나 기관을 만들고 있는 것이다. 혈관이나 내장이 비닐이나 수지, 플라스틱 같은 걸로 만들어지는 게 아닌 것이다. 고장 난 경우는 분쇄기에 넣어지지만, 그때 분쇄기에서는 틀림없이 (비록 차페크가 이렇게 쓰진 않았지만) 금속음이 아니라 인간이 으깨어지는 것과 같은 종류의 소리와 냄새가 났을 것이다. 『도롱뇽과의 전쟁』에서 부상을 당해 노동력으로는 쓸모가 없어진 도롱뇽이 인간에게 폐기당할 때 처참한 악취가 발생하듯이 말이다. 다만 로봇은 영혼도 생식 기능도 없고 미각도 없다. 필요한 최저한의 기능밖에 주어지지 않는, 말하자면 불완전한 인간인 것이다.

휴머니즘을 상징하는 '인권 연맹'의 헬레나는 인간 마음대로 사용되고 있는 로봇에게 인간적인 감정이 있는 게 아닐까 의심하다가 로봇에게 동정을 느끼게 되고 그래서 로봇을 인간적으로 취급해달라고 도민에게 요구한다. 그러나 인간을 노동의 속박으로부터 해방시켜 인류사적 위업을 성취한 도민은 웃으며 상대를 안 해준다. 로봇이라는 건 자기가 죽는 데 대해 공포를 느끼지 않으니까, 라고 거리낌 없이 말한다. 「서막」은 그 후 로봇 제조 과정에 대해 이야기를 하고 회사의 임원을 소개하는 가운데, 도민이 한눈에 반한 헬레나에게 구혼을 하며 억지로 몰아붙이지만, 헬레나가 "절대로 안 돼, 해리하고는"이라고 거절하는 장면에서 막을 내린다. 스스로 해방자라 자처하는 도민, 하지만 여기서 그는 로봇과 여성에 대해 어떤 경계도 두지 않는 압제자로 그려져 있다.

이렇게 서막이 끝나고 1막이 시작되면 갑자기 두 사람은 이미 결혼하여 100년째를 맞이하고 있다. 그러나 회사의 분위기는 어둡다. 헬레나를 제외한 모든 사람들은 로봇들이 노예 상태에서 벗어나기 위해 인간을 절멸시킬 혁명을 호소했고, 그 결과 이미 전 세계를 지배하고 있다는 사실을 알고 있기 때문이다. 헬레나는 신문 기사나 기업 임원들의 태도로부터 그 상황을 알게 된다. 2막에서는 로봇들이 혁명을 일으키게 된 계기 중 하나가 인도주의자 헬레나라는 것이 본인의 입에 의해 밝혀진다. 로봇과 인간이 서로를 더 이해할 수 있도록 로봇을 변화시켜달라는 헬레나의 성화에 못 이겨, 개발자 중 한 명인 갈 박사가 로봇을 인간보다 뛰어난 존재로 바꾼 것이었다. 그러나 때는 이미 늦었다. 공장 도서관에서 일하고 있는 개량형 로봇, 즉 라디우스를 지도자로 하여 전 세계 유일의 로봇 생산 장소인 도민의 공장을 향한 공격이 개시된다. 도민과 동료들은 각오를 다지며 무기를 쥐지만 차례차례 목숨을 잃는다.

마침내 라디우스는 이렇게 외친다. "만국의 로봇이여! 인간의 권력은 땅에 떨어졌다. 공장을 점령함으로써 우리는 모든 것의 지배자가 되었다. 인류의 시대는 끝났다. 새로운 세계가 온 것이다! 로봇의 국가!" 그리고 마지막으로 이렇게 구호를 외친다. "인간은 없다. 로봇이여, 일터로! 행진!"[19] 여기가 『R.U.R.』이 그리는 인류의 임종, 바로 그것이다.

7 로봇과 인류의 혼교

그러나 로봇과의 최종 전쟁이 시작되기 이전에 이미 인류는 로봇을 대량 생산함으로써 두 가지 중대한 위기에 빠져 있었다.

첫째, 경제적 위기다. 「서막」 단계에서 이미 도민은 유지비용도 저렴한 로봇이 전 세계의 상품을 계속 생산함으로써 물건에 "가격이 없어진다"고 헬레나에게 설명한다. 브레이크가 듣지 않는 생산 시스템에 대한 과잉 투자로 농작물 가격이 폭락하고 농민의 구매력이 격감하며, 그것이 하나의 발단이 되어 월스트리트의 주가가 대폭락하고, 결국 전 세계로 공황이 파급되기까지는 [이 작품이 출간된 뒤에도] 9년 정도는 더 기다려야 했지만, 여기에는 생산 시스템의 과도한 생산력에 의해 가격이 폭락하는 자본주의의 위기가 이미 그려져 있다.

둘째, 로봇에 모든 것을 맡기고 있는 사이에, 웬일인지 인간들이 자녀를 낳지 않게 되었다. 즉 시장에 공급할 노동자뿐 아니라 차세대 인류도 재생산할 수 없게 된 것이다. 도민의 회사에서 유일한 문명 비판자이자 로봇 전쟁 후 유일하게 살아남는 인간인 건축 주임 알퀴비스트는 "왜 여자들한테 아기가 생기지 않게 된 거야?"라는 헬레나의 질문에 이렇게 대답했다.

> 전 세계가, 모든 대륙이, 전 인류가, 모든 것들이 죄다 미쳐버린 짐승들의 광란의 파티가 된 거야! 더 이상 음식에 손을 대려고조차 하질 않아. 입에 곧장 실컷 넣어주니 자리에서 일어날 필요도 없는 거지. 후후, 도민의 로봇이 뭐든지 다 해주니까! 그리고 우리 인간, 창조의 절정인 우리, 우리는 노동 때문에 늙을 일도 없고, 아이들 기르느라 늙을 일도 없으며, 가난 때문에 늙는 일도 없어.[20]

알퀴비스트는 최후까지 벽돌 쌓는 작업을 로봇에게 양도하지 않은 완고한 자였다. 그에 따르면 인간은 고통을 수반하는 노동만이 아니라 요리라는 인간의 기본적인 행위마저도 모두 로봇에게 맡겨버린 까닭에 노화의 속도가 느려져 인간 자체가 로봇화된 것이었다. 사실 「서막」에서 이미 헬레나가 로봇을 인간으로, 회사 임원들을 로봇으로 착각할 정도로 로봇과 인간은 서로 닮았다. 여기에는 『마크로풀로스 사건』과 같은 유형의 문제가 숨겨져 있다. 그것은 육체의 유한성으로부터 이탈한 인간이 외부의 무한성에 의존함으로써, 과연 어디까지 정신을 발달시킬 수 있느냐는 물음이다. 『R.U.R.』의 답은 단순하고도 명쾌하다—육체에서 유리된 정신은 퇴락할 수밖에 없다. 첫째로 든 경제적 위기가 두 번째로 든 인류 멸망의 직접적인 계기가 되었다는 것은 알퀴비스트가 말하는 그대로다.

언제라도 부품을 갈거나 아예 교체해버릴 수 있는 생산수단과 그 수단이 지닌 에너지의 무한한 자기증식에 스스로를 과도하게 맡겨버림으로써 인류 자신이 거기에 휩쓸려 들어가 짓부숴져 간다.[21] 그리고 인류사는 임계에 도달한다. 그런 상황에서는 헬레나의 '인권 연맹'이 체현하고 있는 인도주의라는 것이 전혀 쓸모가 없다고 차페크는 진단했다.

그리고 인류 시대의 종언 후 로봇들도 (이미 공장을 파괴해버린 까닭에) 로봇을 재생산할 수 없다는 문제에 봉착한다. 로봇에겐 생식기가 없고 수명도 20년, 아무리 길어봤자 30년에 불과하다. 로봇은 인간으로서 유일한 생존자인 알퀴비스트에게 로봇 생산을 부활시키라고 요구하지만, 생산은 더 이상 불가능하다. 그러나 알퀴비스트는 [플리무스와 헬레나라는 이름의 두] 로봇이 상대방인 이성 로봇의 인체 해부를 저지하기 위해 자신의 몸을 바치려고 하는 장면에서 영혼이 싹트는 것을 목격하고, 비로소 사랑이 태어났음을 기뻐한다. 로봇이 자기증식을 할 수 있느냐 없느냐는 묻지 않은 채, 생식으로부터 분리된 사랑의 형태를 보여주는 것이 역시나 차페크답다. 알퀴비스트가 바로 인류 붕괴 후 로봇 창생신화의 신처럼 두 대의 로봇을 따뜻하게 지켜보는 대목에서 이 희곡은 막을 내린다.

생산도 소비도 아닌, 분해를 중심에 놓고 문제를 사유해온 본서의 입장에서 『R.U.R.』이 시사적인 것은 인간과 로봇의 형태적, 성능적 차이가 점점 좁아지기 시작한다는 점이다. 인간이 로봇화되고 로봇이 인간화되는 소외를 너무나도 무정하게 그린다. 그 자체에 대해 차페크는 탄식하는 일조차 없다. 헬레나의 응답을 기다리지도 않고 지껄여대는 도민에 대해서든, 헬레나가 어떤 반응을 보일지 관심도 없이 잇따라 인사를 해대는 임원들에 대해서든, 차페크는 의식적으로 로봇을 만드는 인간을 로봇처럼 그린다. 역으로, '원형질'에서 분화되어 나온 조직으로 구성된 로봇들은 인간과 마찬가지로 날것 그대로의 생물이며, 사랑이 싹트는 마지막 장면도 차페크는 지금까지 등장한 어느 인간보다 더 인간적으로 그린다. 금속으로 둘러싸인 기계적이고도 무기질적인 로봇 세계가 아니라 흙으로 돌아가는 로봇의 세계를, 로봇을 낳은 부모인 차페크가 그렸다는 점은 여러 번 강조해도 지나치지 않다. 이 포스트휴머니즘적인, 인조인간과 자연인간의 혼교(混交) 상태는 인간 존재를 불후의 것으로, 인간애를 불변의 것으로 포착하는 흔한 휴머니즘과는 차원을 달리한다. 인간의 세계와 로봇의 세계 중 어느 쪽이 행복하냐 따위의 물음은 애당초 상정되어 있지 않다. 한없이 로봇을 닮아온 인간이 한없이 인간을 닮아온 로봇에게 지구 지배자의 지위를 넘겨준다. 그 임계점에 떠오르는, 날것 그대로의 생물을 모두 포함하는 휴머니즘을 차페크는 포착하고자 한다.

분해되기 쉽다는 게 반드시 약하다는 것과 동의어는 아닌 것이다.

8 노동 해방에 의한 인류의 멸망: 『도롱뇽과의 전쟁』

개체로서의 인간은 반드시 소멸한다. 단적으로 말하면 죽음에 이른다.

인류로서의 인간은 지금까지 멸종된 적이 없다. 아이를 낳아 세대교체를 하며 자손을 늘려 왔다. 그러나 인류가 하나의 유(類)로서 불로불사할 수 있는 약을 갖고 있는 건 아니다. 거대한 운석의 도래, 지구상의 곡물을 죄다 먹어치우며 망가뜨려 놓는 곤충, 인류 대다수를 죽음에 이르게 하는 환경 파괴, 생태계의 균형을 완전히 바꾸어버리는 기후 변동 등 인류와 이 인류가 거주할 수 있는 유일무이한 별인 지구가 함께 망해가는 꼴을 상상하는 일에 인류 자신이 인색했던 적은 없다. 굳이 덧붙일 필요까지도 없겠지만 그중에서도 가장 상상하기 쉬운 인류 멸망의 시나리오는, 쿠바 미사일 위기가 사라진 지금도 여전히 러시아와 미국을 필두로 지구상에 자리 잡고 있는 15,000발의 소위 핵폭탄, 원자핵 에너지를 이용한 그 핵폭탄이 폭발해버리는 사태다. 설령 전쟁이 발발하지 않더라도 지상에 존재하는 것만으로 이미 잠재적인 위험이다. 단순한 부주의로 사고가 발생하여 핵탄두 폭발 직전의 상태에 빠졌지만 우연에 의해 폭발을 면한 사례(예컨대 1980년 9월 18일의 다마스쿠스 사건) 혹은 미국의 핵무기 취급 부서의 사람들 사이에 마약이 만연했던 사례 등을 에릭 슐로서가 『핵이 폭주한다』(2018)에서 꼼꼼한 청취 조사를 통해 밝혔던 것은 핵무기 반대파뿐 아니라 찬성파에게도 더 알려져야 할 사실일 것이다.[22]

그 폭탄이 1945년 7월 16일 뉴멕시코주의 트리니티 실험장에서 폭발하고 같은 해 8월 6일 히로시마, 9일에 나가사키에 잇따라 투하되었을 때 차페크는 더 이상 이 세상 존재는 아니었다. 앞서 언급한 대로 이 사건들이 일어나기 수십 년 전부터 이 체코 작가가 인류의 내구성에 대해 진지하게 검토해 왔으니 경이롭다고 하지 않을 수 없다. 만능세포 같은 '원형질'을 사용해 대량 생산된 노동 로봇과 그 로봇들의 고용주여야 할 인간 사이에 벌어진 최후의 전쟁에 의해 인류가 멸망하는 과정을 그린 희곡 『R.U.R.』과 마찬가지로, 장편소설 『도롱뇽과의 전쟁』 또한 인류가 종언을 맞이하는 방식을 테마로 삼았다. 게다가 인간이 육체노동을 외부에 위탁하여 외부의 기능을 향상시킨 결과, 그 외부가 힘을 축적해 인류에게 전쟁을 도발한다는 이야기의 흐름은 『R.U.R.』과도 크게 다르지 않다. 불로불사의 약을 다룬 『마크로풀로스 사건』을 봐도, 또 로봇 회사의 비극을 다룬 『R.U.R.』을 봐도 어떤 이유에선지 차페크는 노동에서 분리된 인류가 인간이라는 유(類)로서 종언을 맞이한다는 어두운 비전에 계속 홀려 있었다. 『마크로풀로스 사건』에서 차페크는, 노동과 생활에 쫓겨 정신 발달이 불충분했던 인류가 발전할 수 있도록 불로불사의 약을 잘 사용하고 싶다고 주장하는 비테크의 시도가 죄다 불행에 빠지는 이야기를 그린다. 그 이유에 대해 이번에는 『도롱뇽과의 전쟁』을 소재로 생각해보자.

네덜란드의 원양상선 칸동 반둥호의 선장 J. 반 토흐는 세계 산업계의 선두를 달리는 체코의 사업가 G. H. 본디에게 어떤 이야기를 꺼낸다. 두 사람은 구면으로, 소년 시절에 곧장 싸우곤 했던 사이다. 반 토흐가 꺼낸 이야기인즉슨, 인도네시아의 적도 바로 밑에 있는 섬 수마트라 서쪽 바다에 서식하는 도롱뇽에 대한 것이다. 반 토흐는 현지 주민들에게 "바다 괴물"이라 불리며 두려움의 대상이었던 도롱뇽에게 칼을 주고 대신 진주를 받는, 말하자면 물물 교환에 성공했다. 순종적인 데다 가성비 최고인 도롱뇽에 매료된 반 토흐는 사업 아이디어를 떠올린다. "저 도마뱀들을 사육해보면 어떨까? 그래, 길들여가지고 훈련을 시키는 거야. 그러면 녀석들이 내게 진주조개들을 채취해다 줄 테니까."[23] 반쯤 농담처럼 듣고 있던 본디는 자기도 모르는 사이에 선장의 이야기에 끌려 들어간다. 그도 그럴 것이 "도구를 사용할 수 있는 동물이라니, 그런 건 없으니까."[24] 반 토흐 말마따나 도롱뇽을 사용하는 편이 인간을 고용하는 것보다 훨씬 저렴하니 이건 거의 거저먹는 장사다. 이것이 계기가 되어 본디는 도롱뇽을 이용하는 독점 기업을 설립하여 더욱 막대한 부를 쌓는다.

다만 반 토흐와 본디(그리고 그 회사의 주주들)는 도롱뇽에 대한 태도가 다르다. 선장인 반 토흐는 이상스러우리만치 도롱뇽들에게 애정을 쏟고 있어 심지어 도롱뇽을 함부로 다룬 선원을 때린 적도 있었다. "그 영감은 자기 선원보다 그 짐승들을 더 챙겼지. 글쎄 놈들에게 말까지 가르치고 있더라니까."[25] 반 토흐의 배에 승선한 적이 있는 선원은 이렇게 말했다. 도롱뇽을 운반해서 일을 시키고 말을 가르치는 반 토흐가 오싹하게 느껴져 이 선원은 알코올 중독에 빠질 정도였다. 반면 본디와 주주들은 도롱뇽을 단순히 노동력으로 여기는 경향이 있었다. 반 토흐가 사망한 뒤, '태평양 수출 주식회사'의 임시 주주 총회에서 경영 이사는 도롱뇽을 이용한 진주 채취 사업이 순조롭지 않다는 소식을 전한다. "작년도의 진주 채취 상황은 꽤나 호황이었던 1925년도에 비해서도 거의 스무 배나 증가했고, 그 때문에 진주 가격은 무려 65퍼센트

수준까지 급락했습니다."[26] 진주가 너무 많이 채취되니까 가격이 폭락한 것이다. 생산수단과 노동력이 고도로 조직된 상황에서 구매자가 별로 없는 경우 과잉 생산이 발생한다. 이는 『R.U.R.』에서 로봇의 발달이 초래하는 과잉 생산과도, 또 현대 사회의 과잉 생산과도 구조적으로는 크게 다르지 않다. 도롱뇽은 노동력으로서 아주 뛰어나다. 화학 약품에는 취약하지만 3주 이상 먹지 않고 견딜 수 있고, 수족이 잘려나가도 재생 가능하다. 도롱뇽만큼 상처에 강한 생물은 없다. "운반 중 사망률은 10퍼센트 안팎이다"[27]라는 대목도 예전의 노예무역을 상기시킨다. 중세의 영주나 근현대의 사업가들이 노예에게서도 발견하지 못한 '맛[이익]'을 도롱뇽은 갖고 있다고도 할 수 있다. 내구성도 높고 얼마든지 대체 가능하며 죽음에 대한 께름칙함도 적다. 이런 고기능 노동력이 생산 과잉을 초래하리라는 것은 쉽게 상상할 수 있을 것이다.

그렇게 되면 생산 경비를 절감할 수밖에 없다. '태평양 수출 주식회사'의 주주 총회에서 주주 D. W. 브라이트 대령은 이렇게 말한다. "고(故) 반 토흐 선장처럼 최고 품질의 나이프나 기구를 도롱뇽들에게 줄 필요가 없었고, 그토록 값비싼 사료를 쓸 필요도 없었습니다. 도롱뇽 유지비를 상당히 절감하면 당사의 사업 수익을 향상시킬 수 있었을 겁니다(좌중 요란한 박수갈채)."[28] 본디는 사료비를 언급한다. "회사가 소유한 도롱뇽의 수는 현재 약 600만 마리다. 도롱뇽 한 쌍이 1년에 새끼 백 마리를 낳는다고 치면 내년에 우리는 3억 마리의 도롱뇽을 거느리게 되고, 10년 후에는 이 숫자가 실로 천문학적인 숫자로 불어날 것이다. 지금도 각지의 도롱뇽 사육장에선 천연 사료 부족으로 부득이하게 코프라[코코넛 열매의 핵의 배젖을 건조시킨 것], 감자, 옥수수 등을 사료에 쓸 수밖에 없는 상황인데, 이 어마어마한 수의 도롱뇽을 떠안았을 경우 회사가 어떻게 할지가 문제다."[29] "도롱뇽을 위해 값싼 특허 사료를 생산하는 화학-식품 카르텔"[30]도 이미 등장했다고 되어 있다.

도롱뇽은 소나 돼지와 달리 사람이 먹을 수 없으며 피부도 쓸 데가 없다. 그러니 계속 개체 수가 늘어날 뿐이다. 더 이상 인간은 도롱뇽의 증가도, 능력의 향상도 제어할 수 없다. 게다가 도롱뇽이 인간과 점점 비슷해지게 되면서, 인간은 도롱뇽을 어떻게 취급해야 할지 고민하기 시작한다. 인간이 존재론적 위기에 빠졌다고 해도 틀린 말은 아닐 것이다. 도롱뇽에게 음악, 요리, 예의범절뿐 아니라 라틴어도 가르쳐 키케로처럼 웅변적으로 연설할 수 있도록 해주어 도롱뇽을 노예 상태에서 해방시켜 주려 했으며, 마침내는 마르세유에 도롱뇽 대학을 설립하기에 이른 여성 교육자가 등장한다. 안 돼 안 돼, 도롱뇽은 노동만 제대로 할 수 있으면 되니까 인문과학 따위는 가르칠 필요가 없고 그저 기술 실습과 체육이면 족해, 라는 반대 의견도 튀어나온다. 도롱뇽의 노동 의무를 제한하고 봄철 교미기에 유급 휴가를 주는 법안을 국회에 제출한 프랑스의 좌익 정당, 안 돼 안 돼, 도롱뇽은 자본가를 위해 거의 공짜나 다름없는 임금을 받고 일하며 노동자 계급의 생활수준을 위협하고 있는 이상, 근로 대중의 적으로서 추방하라고 요구하는 프랑스의 극좌 정당도 있다.

독일 신문에서는 육체적으로도 정신적으로도 왜소화되어 가고 있는 지중해나 열대 지방의 도롱뇽과 달리, 피부가 하얗고 직립을 하며 머리가 갸름하고 고귀한 북방 도롱뇽인 발트해의 도롱뇽을 "왕 도롱뇽" 등이라 부르며, 이 고급 종족이 살 수 있는 "새로운 긴 해안선", 즉 식민지가 필요하다고 떠들어댄다. 또한 쾨니히스베르크의 철학자 볼프 마이네르트는 『인류의 몰락』을 집필하여 "인류의 비극은 최후의 막을 내리고 있다"고 선언한다.[31] 마이네르트는 말한다. "도롱뇽의 세계가 인간의 세계보다 행복하리라는 점은 의심할 여지가 없다." "도롱뇽과 도롱뇽 사이에는 언어, 견해, 신앙은 물론 생활상의 요구도 차이가 없을 것이다. 문화적인 차이는 물론이고 계급적 차이도 없다. 다만 분업이 존재할 뿐이리라. 주인도 없고 노예도 없을 것이다. 모든 도롱뇽이 신이고 통치자이고 고용주고 정신적 지도자다." "자, 이들의 세계에 우리가 자리를 양보하자. 황혼녘의 인류에게는, 너무 늦지 않도록 비극적인 아름다움 속에서 스스로의 종말을 앞당기는 것 외에 할 수 있는 일은 하나도 없다."

인류는 아름답게 지구상에 흩어져 도롱뇽에게 세계의 주도권을 양보하도록 하자, 라고 말하는 (칸트와 같은 곳에 살았던 철학자) 마이네르트는 『R.U.R.』과 마찬가지로 혹은 오스발트 슈펭글러의 『서구의 몰락』(1918, 1922)의 명백한 패러디로서 인류의 "몰락"을 그려 보인다. 도롱뇽은 탁월한 언어 능력을 가지고 스스로 생존 환경을 개척하며 "세계 인구의 7배에서 20배 사이"의 개체 수를 보유하게 된다. 그들은 공장, 석유 광구, 해초 농장, 장어 양식장, 수력을 비롯한 자연 동력원 이용 시설도 있고, 변호사도 거느리고 있어 인간과 협상도 할 수 있게 된다. 그리고 마침내 도롱뇽은 인류에게 자신의 생명 공간을 주장한다. 지금 이대로는 너무 비좁아 폭탄을 써서 해안선을 만들려 하니 땅을 자기들한테 판매하라고 요구하는 것이다. 영국 정부를 비롯한 인류는 동물을 협상 상대로 인정하지 않는다는 입장하에 도롱뇽과의 교섭을 거부하는 한편, 바닷물을 오염시키고 도롱뇽 군대의 보급로를 차단하며 도롱뇽에게 공격을 개시한다. 도롱뇽은 그 보복으로 템스강에 전함을 띄워놓고 런던 시가지에 포탄을 퍼붓고 독가스로 공기를 오염시키며 어뢰로 배를 부숴버린다.

오래전 반 토흐를 본디에게 들여보냈던 본디의 문지기 포본드라는 이제 퇴직하고 연금을 받고 있었다. 하지만 이러한 도롱뇽과의 전쟁 뉴스를 보고 후회하기 시작한다. 아, 반 토흐를 들여보내지 말았어야 했어, 반 토흐한테 팁이라도 받을 수 있으려나 싶어 들여보냈던 게 (결국 받지도 못했지만) 전적으로 실수였어, 라며 주저앉는다. 단, 그가 사는 체코슬로바키아는 내륙이라서 도롱뇽의 공격에 노출되지는 않았다. 평화로운 노후를 보내던 포본드라는 하지만 아들과 낚시하러 나간 강에서 검은 그림자를 보고 몸의 떨림이 멈추지 않게 된다. "도롱뇽이야. 이미 여기까지 온 거야. 집으로 돌아가자."

『도롱뇽과의 전쟁』에는 자연과학 및 인문사회과학 분야의 학술 논문, 신문 기사 스크랩, 회상록, 삐라 등이 실려 있는데, 사실 이 모든 것은 차페크가 실제 자료인 것처럼 그럴싸한 문체로 창작한 것들이다. 그는 이것들을 잘 조합하여 독자들의 상상력이 운신할 여지를 충분히 부여하면서 입체적으로 도롱뇽의 실태를 보여줄 수 있도록 구성했던 것이다. 이 구성 체제는 대단히 매력적이어서 이 문제만 다루어도 엄청난 분량이 되어버릴 것이다. 게다가 이 작품의 국제 정치적 배경에 제1차 세계대전 시기의 해상봉쇄 기억, 굶주림의 기억, 파시즘의 대두, 나치에 의한 재군비가 있었다는 점을 간과해선 안 된다. 체코슬로바키아의 신문 기자로 반파시즘론의 진영을 선도한 차페크가 독일 신문의 인종주의적인 논조를 통해 나치를 비판하고 있다는 점은 굳이 말할 필요도 없을 것이다. 대국의 오만과 소국의 콤플렉스를 유머러스하게 그리는 필치는 체코슬로바키아의 앞날을 염려하는 차페크에게 극히 자연스러웠다고 하지 않을 수 없다.

이처럼 여러 가지 측면에서 수도 없이 논의되어 온 『도롱뇽과의 전쟁』을 굳이 이 책에서 거론한 것은 역시 도롱뇽이 그 슬픈 로봇들과 동형의 문제를 내포하고 있었기 때문이다. 로봇은 자손을 남길 수 없는 반면 도롱뇽은 자손을 늘릴 수 있다는 중대한 차이는 물론 간과할 수 없지만, 도롱뇽에게 노예의 역사를 포개면서 노예의 현대적인 전개 양상을 그려내고 게다가 노예가 주인을 정복한다는 이야기 흐름은 『R.U.R.』과 거의 다르지 않은 것 또한 사실이다. 도롱뇽은 주인인 인간에게 이용당하면서 비로소 세계를 알게 되고 그럼으로써 세계를 구축한 것이기 때문에, 본래적으로는 인간에게 종속되어 있는 존재에 불과하다. 즉 노예인 것이다. 하지만 도롱뇽은 인간이 살 수 없는 바다가 주요 서식처인지라 노예처럼 오두막에 매어 두는 것은 불가능하다. 인간이 영속적으로 관여할 수 없는 생활공간에서 도롱뇽은 독자적인 학습을 하고 진화를 성취한다. 하지만 이것만으로는 노예가 주인을 정복할 수 없다. 정복할 수 있었던 이유는 도롱뇽의 심상치 않은 재생산 능력, 더 간단히 말하면 생명력, 본서의 맥락에서 말하자면 분해력이다. 도롱뇽 한 쌍은 1년에 100마리나 되는 아이를 낳는다. 상처를 입어도 곧 치유된다. 수족이 끊어져도 재생된다. 물론 수명은 있다. 운송 중에는 부패하기도 한다. 로봇은 만능 세포에 의해 만들어진 살아 있는 생명체였지만, 도롱뇽도 당연히 살아 있는 생명체다. 『도롱뇽과의 전쟁』

에는 도롱뇽이 썩어 냄새를 풍기는 장면이 수도 없이 나온다. 욕조에서 길렀더니 도중에 썩기 시작하는 장면, 해상 운송 중에 탱크에서 부패하는 냄새가 풍기기 때문에 물을 갈아주는 장면 등 하나같이 과밀 생존 환경 속에서 분해 과정이 가속되어 부패해가는 도롱뇽을 다루고 있다. 하지만 이 지점이야말로 도롱뇽의 강점이다. 주인이라는 인간을 훨씬 웃도는 분해력, 생명력, 증식력, 튼튼함, 신선한 노동력이 끊임없이 재생산되는 능력과 속도. 이것이 철학자로 하여금 도롱뇽한테 "자리를 양보하자"고 인류에게 호소하게 한 것이다. 하지만 이런 철학자는 예외다. 『도롱뇽과의 전쟁』의 인류는 철두철미하게 계몽주의자 비테크처럼 영구불멸의 정신 쪽에 계속 위치해 있다. 사물로부터 분리되어 노동 과정, 즉 자연과 인간 간의 물질 순환으로부터 분리되어 있는 사이에 인류의 노예였던 도롱뇽에게 멸망당한다. 마치 로봇에게 계속 의지했던 인류가 증식하는 힘과 요리하는 능력을 잃고 로봇에게 멸망당했듯이.

빈번한 노동에 의해 세계와 끊임없이 교차할 뿐 아니라 인간보다 더 빈번히 체내의 물질과 체외의 물질을 바지런히 교환하며 에너지를 얻고, 스스로의 '형태'를 만들어내고 또 분해하며 재생해감으로써 결국 인류의 생존 기반인 육지를 침식해간다. 본래 인간에 종속된 존재였지만 인간보다 더 강인한 생명력을 획득한 도롱뇽은, 인류가 더 이상 도롱뇽 없이는 살아갈 수 없다는 엄연한 사실을 역이용하여 분해력이 약화된 인류를 뛰어넘어 나아간다.

9 너무 부서진다고 하는 문제:
『압솔루트노 공장』과 『크라카티트』

『마크로풀로스의 비밀』은 분해되기로 확정되어 있는 존재이기에 도리어 빛나는 유한한 인간의 불완전성과 예술성을 그려내고, 『R.U.R.』은 노동이라고 하는 자연과의 물질교환 과정을 로봇에게 맡긴 인류의 붕괴를 그렸으며, 『도롱뇽과의 전쟁』은 생과 사, 생성과 부패의 회전이 빠르게 이루어지고, 외상에도 강하고, 지능도 인류에 필적하는 도롱뇽에 의해 주인이었던 인류가 거꾸로 절멸되는 비극을 그렸다. 어느 작품을 보아도 영원불멸에 혼을 빼앗겨 온 인류를 싸늘하게 그리는 시도로서, 본서의 문제의식에 비추어 말해보자면, 기한이 만료되면 썩어버리는 살아 있는 존재를 쓰레기통에 던져버리는 게 아니라 사랑스럽게 그리려는 시도였다.

차페크의 장편소설 『압솔루트노 공장(절대 제조 공장)』과 『크라카티트』도 인류의 붕괴 가능성을 그렸다는 의미에서 방금 언급된 대표작들과 테마는 크게 어긋나지 않지만, 이 두 작품의 특징은 독가스, 포탄, 수류탄, 탱크, 비행선, 비행기 등 제1차 세계대전에서 폭주한 미증유의 파괴력을 지닌 무기들을 배경으로 핵폭탄을 연상시키는 과학 기술을 그렸다는 점을 들 수 있겠다.

G. H. 본디는 석탄의 고갈, 석탄 가격의 폭등 등 산업계에 어두운 뉴스를 신문에서 읽고 있었다. 10년 후에는 도롱뇽으로 돈을 버는 (『도롱뇽과의 전쟁』의) 그 본디와 동일 인물이다. 그는 어두운 기사투성이인 지면을 보다가 이상한 광고를 발견한다. 「발명, 수익성 대단히 높음, 어

떤 공장에도 안성맞춤, 개인 사정으로 즉시 매각—문의처 부제부노프 1651, 엔지니어 R. 마렉」

아, 괜히 이런 사기성 광고 보느라 5분이나 허비했네, 하는 후회의 마음도 들지만, 다른 한편 본디는 R. 마렉이라는 이름이 자꾸만 마음에 걸린다. 공과대학 시절의 친구 루돌프, 즉 루더가 아닌가! 아, 가련하게도 이제 막장인가 보네, 하며 동정심이 솟는다. 갑자기 만나러 가고 싶어진 본디는 몇 번의 망설임 끝에 루더 마렉의 초라하기 그지없을 공장을 향해 차를 달렸다.

예상외로 크고 번듯한 공장에서 본디를 마중 나온 마렉은 뜬금없이 "자네, 올 거 같더라고" 하며, 본디에게 발명품 "카르부라토르"(Karburátor)를 설명하기 시작한다. "넌 상상도 못했을 거야, 얼마나 엄청난 에너지가 원자 속에 들어 있는지! 보일러에 석탄 50킬로그램만 넣으면 증기선으로 세계일주를 할 수 있고, 프라하 전체에 조명을 설치할 수도 있으며, 프라하의 루스톤카 기계공장[당시의 대공장] 전체를 가동시킬 수도 있고 아무튼 원하는 대로 다 할 수 있지. 호두만한 석탄 덩어리 하나면 가족 전체의 난방과 요리를 하는 데 충분할 거야."[32] 석탄을 연소시키는 기존의 방식으로는 물질의 미미한 부분에서만 에너지를 끄집어낼 수 있다. 그러나 카르부라토르는 "원자를 분해해 전자로 만듦으로써" 물질을 완전히 분해해버리니까 끄집어낼 수 있는 에너지가 수십만 배로 폭증하는 것이라고 마렉은 설명한다. 나중에 『도롱뇽과의 전쟁』에서 발휘되는 본디의 사업가 정신, 즉 기업의 수지를 개선하기 위해서라면 어떤 일에도 도전한다는 무분별한 사업가 정신은 이 장면에서도 역시나 점점 부풀어 오르기 시작한다. 어쨌든 간에 석탄이라는 건 언젠가는 고갈될 수도 있는 거니까.

터질 듯한 호기심을 안고 지하실에서 작동하는 카르부라토르를 견학하러 간 본디에게 돌연 이상한 감각이 엄습한다. "마치 무한한 공간을 떠다니기라도 하는 듯해. 아! 이제는 마치 내 무게조차 느껴지지 않은 채 허공을 날고 있는 듯해." "뭔가 경이로운, 밝은 행복감에 싸여 무릎 꿇고 소리치거나 노래하고 싶어져, 한없이 많은 천사들이 날개짓하는 소리가 들리는 듯한 기분이야."[33] 아마도 카르부라토르라는 에너지 장치는 근처에 있는 사람을 황홀하리만치 신비로운 느낌을 갖게 만드는 것이리라.

잠수부 같은 차림의 마렉은 본디의 팔을 잡고 거기서 데리고 올라온다. 헬멧을 벗고 이마의 땀을 닦은 본디에게 마렉은 이렇게 설명한다. "어떤 물질 안에도 신이 존재해. 물질 속에 모종의 방식으로 갇혀 있지. 그리고 그 물질을 완전히 파괴하면 신이 또렷한 모습으로 튀어나오는 거야. 신이 느닷없이 해방된 것처럼 말이야. 마치 석탄에서 석탄가스가 증발하듯이 물질 속에서 증발해. 원자 하나를 연소시키면 지하실을 가득 채우는 **절대**가 단숨에 얻어져. **절대**가 순식간에 퍼지는 데에는 놀라지 않을 수 없을 거야."[34] "상상해보게, 한 조각 물질을 완전히, 일견 남김없이 소멸시켜버리는 것을. 그러나 어떤 물질도 실제로는 '물질+**절대**'니까, 단지 물질만 소멸시켰을 뿐, 결코 소멸시킬 수 없는 물질 이외의 부분은 남았어. 즉 순수한, 해방된, 활성화된 **절대**야."[35]

우라늄 등 원자핵 에너지의 분열과 해방을 이용하는 핵발전소 및 핵폭탄과 마찬가지로, 아마 카르부라토르도 미량의 물질에서 방대한 에너지를 끌어낼 수 있는 것 같다. 다만 핵발전소 및 핵폭탄이 방사성 물질이라는 (사람과 가축에게 유해한) 부산물을 만들어내는 반면, 카르부라토르는 물질 분해의 부산물로 "절대", 즉 "신"이라고 바꿔 말해도 좋을 존재를 방출하여 그것을 현전케 하는 것이다. 이 탁월한 설정만 가지고도 『압솔루트노 공장('절대'를 제조하는 공장)』을 정독하고 검토할 가치는 있을 것이다.

자본가 본디는 마렉의 충고("우리는 현실의 신을 계산에 넣는 것에 익숙하지 않아")를 제대로 듣지 않은 채 이 카르부라토르 공장을 매입하여 대량생산 체제를 구축했다.

세계는 곧 과잉 생산 상황으로 바뀐다. 인간들이 노동을 하지 않아도 카르부라토르는 방대한 양의 생산물을 쉼 없이 산출한다. 인간은 노동에서 해방된다. 그리고 해방된 인간은 행복감에 취해 자선 활동에 힘쓴다. 축적을 그만두고 흔쾌히 기부한다. 은행원은 금고를 활짝 열고, 너무 행복한 나머지 눈물을 흘리면서 가난한 사람들에게 분배한다. 노동이 사라지고, 가격도 사라지고, 재산을 축적하는 일도 없어진다. 있는 것은 기쁨, 황홀, 신. 차페크는 명시적으로 적지 않았지만, '절대'에 의해 자본주의는 붕괴하고 새로운 종교의 시대가 도래한 것이다.

이 행복한 세계는 하지만 마렉이 걱정한 대로 순식간에 암전(Fade Out)을 맞는다. 과잉 생산에 의해 계속 쏟아지는 제품들은 곧 가치가 없어진다. 회사는 도산하고 노동자는 길거리로 추방된다. 그리고 (비록 차페크의 작품에 직접 나오진 않지만) 필시 실업자들은 병사가 된다. '절대'를 둘러싸고 각 종파 간 종교전쟁이 시작된다. 저마다 절대가 자신들의 신이라고 주장하기 시작한 것이다. 가히 제2차 세계대전이라고 부를 법한 이 전쟁은 도중에, 알프스 산중에 있었던 까닭에 절대의 영향을 받지 않은 22세의 병사 토니 보비네가 황제가 되어 세계 각지의 카르부라토르를 정벌하는 원정에 나섰다가 여자들이 지배하는 메콩강 상류에 있던 나라에서 행방불명이 된다고 하는, 일견 나폴레옹 같기도 하고 또 알렉산더 대왕을 연상시키기도 하는 삽화가 끼어드는 등 우여곡절을 거치면서 방대한 인간들을 죽음으로 내몰아 거리란 거리는 죄다 폐허로 만들고, 마침내 1953년 가을에 종지부를 찍는다. 저자는 어디까지나 "상상"이라고 단서를 단 다음, 극도로 지쳐버린 병사에게 다음 한마디를 하게 한다. "제기랄, 친구들, 이제 이런 짓은 그만두자고."

이제 『압솔루트노 공장』에서 『크라카티트』로 넘어가보자. 이 작품의 주인공 프로코프가 발명하는 화약 크라카티트도 막대한 폭발력을 지닌 물질이다. "원자가 원자를 찔러 꿰뚫고, 베타선 울타리를 돌파하여 (…) 그 결과, 원자핵이 파괴되는 겁니다. 이것이 알파 붕괴입니다." "밖에서 오글보글 울리는 소리가 들립니까? 저건 식물이 성장하는 소리입니다. 폭발 그 자체가 아닙니까! 어떤 식물의 씨앗도 폭약이 가득 채워진 캡슐이에요."[36] 원자핵 파괴에 의한 폭발. 『압솔루트노 공장』처럼 방사성 물질이나 '절대' 같은 부산물은 안 나오지만 『크라카티트』 또한 인류의 몰락을 그린다. 바로 이 크라카티트라는 화약을 둘러싸고 프로코프의 모험 연애담이 시작되는 것이다.

비전(非戰)주의자인 프로코프는 크라카티트를 노리는 사내들의 유혹을 뿌리치며 냉담하게 "당신들의 전쟁에 손을 빌려주는 건 절대로 싫어"라고 거절한다.[37] "전쟁에 대한 내 생각만은 말해봅시다. 나는 전쟁에 나간 적이 있습니다. (…) 그리고 독가스도 체험했습니다. 인간이라는 존재가 무엇을 할 수 있는지도 알고 있습니다."[38]

차페크의 작품에 익숙한 독자라면 프로코프의 평화주의에, 『도롱뇽과의 전쟁』 1년 뒤에 발표된 그의 희곡 『하얀 질병』(1937)[39]의 의사 갈렌의 강렬한 인상을 오버랩시키지 않을 수 없으리라. 여기서 잠시 『하얀 질병』 이야기를 해보자. 이 작품은 쉰 살이 되면 몸에 흰 반점이 생겨 그것이 전신에 퍼져 피부와 근육이 썩어가는 병이 세계적으로 유행하는 팬데믹을 그린 희곡이다. 비전(非戰)주의자인 의사 갈렌은 이 병의 특효약을 발명했지만 그 치료는 가난한 사람에게만 해준다고 하는 방침으로 일관한다. 심지어 국가의 지배자인 원수(元帥)의 왼팔 크뤼크 남작에게도, 전쟁을 그만두지 않는다는 이유로 약물을 건네지 않는다, 원수의 요청에도 불구하고 말이다. 결국 크뤼크 남작은 자살한다. 갈렌은 이 특효약을 무기로 세계의 지속 기간을 연장할 비책을 구사한다. 그의 나라는 이미 대규모 전쟁에 돌입한 상황이다. 세계를 전쟁으로 멸망시키지 않기 위해 그는 이 특효약을 이용하려는 것이다. 전쟁을 시작하고자 하는 원수는 군중에게 연설을 한 뒤 자신의 몸에 나타난 흰 반점을 발견한다. 원수를 지지하는 크뤼크 남작의 아들은 갈렌에게 전화를 건다. 이에 갈렌은 전화기를 통해 전쟁을 지금 당장 그만두겠다고 선언한다면 이 약을 제공하겠다는 조건을 원수에게 들이민다. 원수는 거절하지만 딸에게 설득당해 결국 갈렌을 전화로 부른다. 갈렌은 특효약을 넣은 가방을 손으로 받들고 원수의 집으로 향하지만, 이미 전쟁의 열광에 휩싸인 군중들에 의해 포위당한다. "원수 만세!"라고 외치는 걸 거부한 갈렌은 군중에게 맞아 죽고, 세계 유일의 특효약이 들어 있는 병도 박살난다. "원수, 원수!"라고 외치면서 군중은 갈렌의 시신을 두고 가버린다. 이러한 종말관도 차페크의 주요 작품들에 흐르는 것과 기본적으로 같은 종류의 것이리라. 『하얀 질병』 이야기는 여기까지 하고, 다시 원래 하던 『크라카티트』로 돌아가자.

『크라카티트』에서 프로코프는 연구 중에 입은 부상으로 몽롱해져 있는 중에 자기를 간병해주는 과학자 토메시에게 크라카티트의 비밀을 누설해버린다. 바로 이 점에서 이 작품은 방금 언급한 『하얀 질병』과는 다른 길로 나아간다. 프로코프가 크라카티트 제조를 꾀하는 나라의 공주와의 격렬한 연애에 생명을 불태우고 있는 사이에, 토메시는 크라카티트를 제조하는 나라에 고용되어 마침내 크라카티트를 만든다. 그런데 세계 정복을 꾀하는 데몬이라는 사내가 원격발화 장치로 크라카티트를 폭발시키고 이로 인해 토메시의 공장이 여섯 차례의 폭발에 의해 파괴되어간다. 그 광경을 토메시의 친구 프로코프는 그저 바라볼 수밖에 없었다. 대략 이런 이야기다.

'분해'를 핵심에 놓는 이론을 구상함에 있어 크라카티트는 카르부라토르와 마찬가지로 커다란 시사점을 던져준다. 프로코프는 크라카티트에 대해 다음과 같이 설명한다.

> 물질은 공기와 물에 의해 파괴됩니다. 분해되고, 발효하고, 부패하고, 타고, 산화되고, 붕괴합니다. 그러나 결코 (…) 제 말 듣고 계신 거죠? 결코, 그럴 때 물질에 포함되어 있는 것 전부를 방출해버리는 것은 아닙니다. 설령 윤회의 모든 과정을 죄다 거쳤다 해도, 흙덩이의 미세한 입자들이 식물이나 동물의 살로 변신했다 해도, 뉴턴의 뇌세포 중 하나가 되어 그와 함께 죽음으로 다시 붕괴했다 해도 모든 걸 방출하지는 않을 겁니다. 그러나 그것이 분해되고 산산이 흩어지도록 마구 강

> 제한다면 어떻게 될까 (…) 천 분의 일 초 사이에 폭발하도록요. 이번에야말로 비로소 최대한의 전력을 다 쏟아 부을 것입니다. 그 안의 입자들은 고요히 잠들어 있을 수도 없을 것입니다. 입자들은 구속되고 처넣어져 어둠 속에서 서로 밀치락달치락하며 자신이 나설 차례를 기다리고 있는 것입니다. 전부를 방출하는 것, 그것은 그 입자의 권리입니다. 저 또한 전부를 방출하지 않으면 안 됩니다. 저는 일거에 (…) 인간 통째로 (…) 방사(放射)할 기회도 없이 오로지 풍화되어가야만 하는 겁니까? 불결한 발효에 의한 (…) 분해를 기다리지 않으면 안 된다고요? 오히려 유일한 최고의 순간에 (…) 어떻게든 (…) 왜냐하면 전부를 방출하는 것이 좋을 것이라고 저는 믿기 때문입니다. 설령 그것이 선이든 악이든 말입니다.[40]

더 이상 부서져서는 안 되는 상황에서 파괴가 더 진행되었을 때, 세계는 그 에너지에 의해 뒤틀린다. 생태학적 분해란 알맞은 수준까지 분해되고, 다음은 미(未)분화 상태로 이웃의 분해자들이나 바람, 태양의 힘에 내맡겨져 가는 것이다. 그럼에도 불구하고 인간은 자신의 힘으로 그다음 단계까지 분해를 밀어붙이려고 했다. 이것이 카르부라토르이고, 크라카티트이며, 핵폭탄의 개발로 이어졌다. 『압솔루트노 공장』과 『크라카티트』라는 두 장편소설은 공히 물질의 과도한 파괴에서 얻어진 에너지와 그 폭주를 그린 작품이다.

그리고 『R.U.R.』도 『도롱뇽 전쟁』도 분해의 과정을 무시하고 생산 수단의 발전 및 경제 성장에 과도하게 몸을 맡겨버림으로써 과잉 생산으로 인해 공황에 빠지는, 요컨대 생산 수단이 과잉 발달함으로써 인류가 역으로 멸종당해가는 과정을 혹은 전쟁에 의해 인간끼리 서로를 철저하게 파멸시키는 과정을 그렸다.

인간은 누구나 "하얀 질병"을 앓고 있다. 다만 햇수가 조금 늘어날 가능성이 있을 뿐. 인간은 죽으면 개체로 분해되어 흙으로 돌아간다. 그러나 다음 세대가 있는 한, 유한한 인간은 다음 세대가 살 장소를 파괴하지 않고 그대로 남겨두어야만 한다. 이 당연한 일이 핵폭탄 개발 및 투하에 의해 당연하지 않게 된 것이 1945년 여름이었던 것인데, 이미 차페크는 10년이나 앞서 (그 이전의 참사였던) 제1차 세계대전이라는 사실을 시료 삼아 머릿속에서 실험을 진행했던 것이다.

너무 부숴서는 안 돼. 너무 고갈시켜선 안 돼. 너무 만들고 지어서는 안 돼.

유치원이나 어린이집 놀이방에 흩어지는 나무블럭처럼, 혹은 흙 위에 누운 낙엽과 메뚜기의 시체처럼 존재는 부서지되 곧 다시 세울 수 있을 정도인 한에서 부서져야 한다. 너무 부서지면 그렇게 분해된 부분을 가지고는 새로운 전체를 다시 짤 수가 없다. 너무 부서지면 회복이 불가능하다. 나무블럭이 아이들을 사로잡는 것은 무너져 내린 하나하나의 나무블럭이 그 이상으로는 분해되지 않기 때문이다.

10 로봇의 후예들

모든 것들이 과도하게 포획, 채취되고 과도하게 생산되며 과도하게 소비되기 때문에 복구될 짬도 없이 전부가 돌이킬 수 없을 정도로 부서져 간다. 과도하게 에너지를 방출시키기 위해 더 이상은 불가능할 정도로까지 물질을 잘게 부수고, 그리하여 세계를 파멸로 이끌어가는 폭발력을 인류가 손에 넣는다. 차페크가 펼쳐 보이는 그런 잔혹한 이야기의 바다에 몸을 담그고 표류를 해오던 우리는, 너무 부숴서는 안 돼, 라는 다소 맥아리가 없는 말에 잠시 이르렀다. 너무 부수지 않기 위해서는 무엇보다도 우선 너무 만들고 지어서는 안 된다. 과도한 자원 발굴과 과도한 생산에 의해 초래된 과잉 생산물의 홍수가 지렁이나 톡토기, 버섯, 땅속 및 물속 미생물들이 분해할 수 있는 능력을 상회함으로써 분해 곤란한 쓰레기가 대량으로 발생하고, 그 쓰레기를 태워 없애기 위해 지구 표면을 덮고 있는 흙이나 바위를 부수며 석유나 가스를 땅속에서 채취해 올려야만 한다. 이미 정책 과제가 되어 있기도 한 '순환'은, 그러나 분해 과정의 세계에 전부 일임한다는 의미는 아니다.

물론 과도하게 생산되고 소비되고 파괴되는 사회를 '순환' 사회라 부르는 것도 가능하긴 하다. 하지만 이 순환 과정 속에서 순환하는 것은 물질이 아니라 화폐다. 이 순환에서는 '신작'이 잇따라 등장하고 생활은 신품으로 넘쳐나며 '모델 체인지'도 잇따라 지갑에서 화폐를 빨아들인다. 방대한 양의 신품들이 상처 하나 없는 채로 한 번 쓰고 버려진다. 그 사이에 노동자도 자연과 물질 대사를 계속하고는 있지만 화폐의 순환력에는 역시나 지고 만다. 과잉은 이 '한 번 쓰고 버림'의 가속적 순환에 의해 태어나고 있다. 이러한 사회에서는 인간도 덩달아 사용하고 버려진다. 유통 기한이 인간에게 적용된다.

물론 차페크의 시대에도 반드시 일꾼들이 대체 불가능한 '개인'으로 취급되었던 건 아니다. 차페크에 의해 로봇이 발명되고 도롱뇽이 발견되며 그의 미래 소설이 많은 독자들의 마음을 사로잡았던 것은, 로봇이나 도롱뇽이라면 쓰고 버려도 윤리에 어긋나는 건 아니라는 사실이 그에 대해 위화감을 느끼든 미래의 희망을 발견하든 어쨌든 시대의 공기 흐름을 잘 포착하고 있었기 때문이다. 끊임없이 쓰고 버려진 로봇들이 자의식에 눈 뜨지 않았더라면 '로섬스 유니버설 로보츠'라는 기업이 공격당하는 일은 없었을 것이다. 라디우스와 동료들은 물건처럼 사용되는 데 혐오감을 느끼면서 다른 존재가 아니라 자기 자신을 위해 살고 자손을 남기는 일에 집착을 보였다. 부지런하고 비전투적이며 매혹적인 춤을 추는 도롱뇽들도 계속 증식을 했기 때문에 삶의 터전으로서 해안을 요구하고 그것이 거부당하자 탈취하기 위해 무장을 선택했다. 일회용으로 폐기될 운명의 존재에게 의식이 싹터 살고 싶다고 진심으로 생각했을 때, '과잉'에 의존하던 사회는 이제 공격에 노출되는 것이다.

그러나 금세기 들어 라디우스나 도롱뇽의 후예들은 그들과는 약간 다른 길을 택하기 시작했다. 2005년 영국에서 가즈오 이시구로가 『나를 보내지 마』를 통해 캐시 H나 토미 D를 세상에 내보내고,[41] 2009년에는 미국에서 파올로 바치갈루피가 『태엽 감는 소녀』에서 에미코로 하여금 방콕의 거리를 달리게 했다.[42] 캐시도, 토미도, 에미코도 다른 사람의 세포에서 배양되어 태어났다. 그들은 아이를 낳을 능력이 없는, 따라서 증식이 불가능하도록 미리 설계된 존재로, 인간에게 봉사하기 위해 생산된 복제 인간이다. 그럼에도 세 명 모두 자신의 운명으로부터 탈출을 꿈꾸며 사소한, 그러나 절망적인 행동을 벌인다.

영국에서 탄생한 캐시와 토미는 치명적인 병에 걸린 누군가를 위해 장기를 계속 제공하는, 그럼으로써 마지막까지 자신의 역할을 다하는 복제 인간이며, 일본에서 탄생한 에미코도 인간에게 봉사한다는 유일한 용도를 위해 래브라도의 유전자를 삽입해 개발된 비서 겸 성노예였다. 그러나 비교적 인간적인 기숙학교 헤일셤에서 자란 캐시와 토미는 청년이 된 후, 교육 시설에서 소년소녀의 그림을 수집해온 수수께끼의 여성에게 [둘이] 서로 사랑하고 있다는 걸 증명하면 장기를 제공하기로 되어 있는 시점을 연장받을 수 있다는 소문을 듣는다. 두 사람은 마침내 그 여성이 있는 곳을 찾아간다. 놀랍게도 그 여성은, 복제 인간의 인간적 교육을 목표로 함께 일해온 [헤일셤의 교장이었던] 연로한 에밀리 선생과 함께 살고 있었다. 에밀리 선생은 잔혹한 고백을 한다. 학생들의 그림을 모았던 것은 실은 복제 인간에게도 보통 사람과 같은 마음이 있는지를 탐구하기 위한 것이었다. 이렇게 전부 소문에 불과했다는 것이 밝혀진 후 돌아오는 길에 들른 목장에서 토미는 말똥을 뒤집어쓴 채 이 소설에 등장하는 그 어떤 인간보다 더 인간답게 절규한다. 에미코도 오천만 엔 정도로 팔려온 태국에서 자신 속에 전투용 복제 인간의 능력이 있다는 걸 발견하고 그 능력을 사용하여 노예 상태로부터의 탈출을 꾀한다.

캐시도, 토미도, 에미코도 차페크의 『R.U.R.』에 나왔던 라디우스처럼 대량 생산된 로봇의 하나에 불과하다. 인류는 로봇이나 도롱뇽처럼 많이 사용되어 낡게 된 그들을 폐기하여 계속 태우거나 묻어버려왔다. 그러나 세 사람 모두, 그런 인간을 지구의 주인 자리에서 끌어내릴 혁명을 일으키려 하지 않는다. 차페크에서 가즈오 이시구로와 파올로 바치갈루피에 이르기까지 약 80년이 지나는 사이에 인류의 대량 생산, 대량 소비, 대량 폐기의 기술은 더욱더 진보했고, 사용 후 버려지는 존재들은 더욱더 많은 생기를 빼앗겨 왔다. 반란을 일으키는 근미래를 그려보기 위해서는 저 로봇과 도롱뇽만큼의 생명력은 남아 있어야 할 텐데, 그러지 못한 상태로 이미 접어들었는지도 모른다.

게다가 인류의 왕좌는 요지부동인 것처럼 보이기까지 한다. 가혹한 육체노동을 타인에게 맡기고 장기를 이식받아 수명을 연장하려 하듯이 인류는 아직 불로장생의 꿈을 계속 꾸고 있다. 자신은 언제까지나 신품이기를 바라고 있다. 하지만 사용 후 버려지는 현장은 아무도 보려 하지 않고 알고 싶어 하지도 않는다. 마치 장기를 네 차례나 적출당해 "사명 종료"된 토미에 대해서 그렇듯이, 또 배로 운반 중에 숨이 끊어져 썩은 내를 풍기는 도롱뇽처럼, 분쇄기에 넣어지는 불량품 생체로봇처럼, 혹은 사고 후 핵발전소나 우라늄 광산에서 계속 피폭당하는 노동자처럼, 무덤 아래 토양에서 부패되어가는 사체처럼 아무도 관심을 갖지 않는다. "장기 기증 계획이 사실은 어떤 메커니즘 아래에 작동하고 있는지 따위, 세상은 떠올리고 싶어 하지 않습니다." 헤일셤에서 장기 제공을 위한 존재인 학생들에게 인간적인 교육을 펼쳐온 에밀리 선생의 말은 그대로, 유형무형의 생물들에 의해 사체가 분해되어가는 현장 자체에도 적용될 것이다.

그렇다면 우리가 지금까지 서술해온 '인류'란 대체 무엇을 가리키는 것일까. 적출된 장기로 장수할 수 있을 정도의 특권을 가진 인류? 분해 과정을 모른 채 왕좌에 계속 앉아 있을 만큼 무지몽매한 인류? 화폐의 순환에 목숨을 바치면서 물질 순환으로부터는 분리되어 있을 수 있는, 그럴 수 있을 만큼 용감한 인류? 노동자를 쓸모없어진 가정용품처럼 버릴 수 있을 만큼의 결단력을 가진 인류?

이 인류란 『마크로풀로스 사건』에서 불로불사의 비약을 인류 발전을 위해 쓰자고 호소했던 비크테가 이상으로 삼았던 "신의 참된 자녀", "완벽한 인간"과 같은 종류일 것이다. 계속 향상하려 애쓰는, 더 이상은 동물이기를 그친 새로운 단계의 인류다. 이 인류는 분해 과정을 담당하는 동물을, 아니 그뿐 아니라 별종의 인류를 외부에 살게 둠으로써, 떠올리기조차 싫지만 그래도 자신들이 살아가기 위해서는 아예 손절해버릴 수는 없는 분해 과정을 운영하도록 해왔다. 인류의 내구성을 그린 차페크의 소설은 한결같이 그 정도밖에 안 되는 인간이라면 멸망할 수밖에 없다고 냉철하게, 의외로 깨끗이 단언하고 있다.

11 아마추어 원예가의 생태학

그럼 어떻게 해야 좋은 것일까?

신의 진정한 자녀들이 지배하는 것과는 다른 세계를 발견하기 위해서는 어떤 다른 길이 있을 수 있을까? 성공적이었는지 여부와는 별개로, 차페크는 자신의 작품 속에서 적어도 길의 방향을 나타내고 있다고 나는 생각한다.

첫째, 그것은 누군가에게 조작되는 게 아니라, 더 나아가 말하면 시장에 따라 그저 흘러가는 게 아니라, 자기의 욕망에 충실해지는 것이다. 『압솔루트노 공장』에서 거의 무한한 에너지를 방출하는 카르부라토르의 부산물 '절대'의 영향에서 벗어난 거의 유일한 예외는 농민이었다. "자, 누구의 손으로 **'절대'**의 미친 듯한 공산주의적 실험이 정지된 것인가? 미덕의 패닉 속에서 누가 정신을 상실하지 않았던 것인가? 누가 풍요의 파국적인 홍수에 대항하여 생명과 재산까지 포함해 우리를 파멸로부터 지켜주었는가? / 그 사람이 누군지, 알고 있어? / 바로 체코의 백성, 농민* / 우리를 길러주는 사람!"[43] 농민들만이 '절대'의 영향을 받고서 황홀감에 빠져버린다거나 만인에게 재산을 나누어 줘버린다거나 하지 않았던 것이다.

> 만일 자신의 곡물, 암소와 송아지, 닭과 거위, 감자를 전부 나눠줘 버렸다면 어떻게 되었을까? 2주 후에는 마을에 기근이 들고, 농촌은 전부 흡수되고, 착취당하고, 비축도 없고, 결국 자기 자신도 기근에 빠지고 말았을 것이다. 하지만 우리 쾌활한 농민들 덕분에 그런 사태는 일어나지 않고 지나갔다. 이에 대한 설명은 사후적으로 다양하다. 우리 농촌의 기적적인 본능에 의해서, 또는 우리 농촌의 충실하고 순수하며 깊이 땅에 뿌리박은 전통에 의해서, 최종적으로는 다음과 같은 의견, 즉 영세한 농촌 경제에는 공업 분야에서처럼 카르부라토르의 대량 사용에까지는 이르지 않았던 까닭에 농촌에서는 **'절대'**가 맹위를 떨치는 일이 적었기 때문이다, 같은 설명이 있었다. 어떻게든 설명은 가능하겠지만, 결국 중요한 사실은 경제적, 교역적 구조와 모든 시장의 전면적 붕괴에 즈음하여 **농민들은 아무것도 나눠주지 않았다**는 점이다.[44]

시장을 폐지하고 증여 및 분배만으로 성립하는 '절대' 지배하의 '공

* 일본에서 '百姓'(백성)이라고 하면 농업만이 아니라 어업, 상업 등을 하던 사람들을 모두 가리키지만, 에도 시대 이후 불분명한 이유로 백성=농민이라는 도식이 널리 퍼져나갔다. 참고로 현재의 일본어 사전에도 대체로 '백성'은 '농민'이라고 풀이되어 있다. 좀 더 자세한 사항에 대해서는 저자 주를 참조.

산주의적 실험' 속에서 농민은 거의 영향을 받지 않았다. 이것은 단순히 농민이 완고하기 때문은 아니다. 토지나 물건에 대한 농민의 집착이 전혀 흔들리지 않았기 때문이다. 제1차 세계대전이 한창이던 러시아나 세계대전 후 헝가리의 공산주의 혁명 속에서 토지가 몰수되어 국유화됨으로써 농민들 대부분은 커다란 불만을 품을 수밖에 없었다. 쟁기질을 하고 비료를 뿌리고 이래저래 보살피는 농토라는 것은 이미 단순한 재산이 아니다. 자기 자신의 생명 과정과 분리되기 어렵게 결부되어 있다. 그토록 소중한 농토가 국가의 소유물로 바뀌어버리는 데 대한 위화감이 공산주의 혁명에 대한 농민의 증오를 불러 일으켰다. 쓰고 버려지는 것이 당연한 전제인 자본주의와 마찬가지로, 분배와 공유가 전제인 공산주의도 역시 사람과 토지의 거리가 너무 멀어 토지에의 감각이 희박해진다. 『압솔루트노 공장』의 비극은 자본주의 경제든 공산주의 경제든 "풍요의 파국적인 홍수"에 그저 흘러갈 뿐이라면 인간은 자신을 간과하고 만다는 것이다.

"난 말이야 강 속의 두 사람을 자주 생각해. 어딘가에 있는 강인데, 물살이 매우 빠른 거야. 그 물 속에 두 사람이 있어. 서로 상대방에게 매달리고 있어. 필사적으로 매달리고 있지만, 결국 물살이 너무 강해서 역부족이야. 마지막에는 서로 잡았던 손을 놓고 각자 흘러가게 돼. 우리가 바로 그런 것 같아."[45] 이야기의 마지막 대목에서 토미가 캐시에게 한 이 말은 "버려져야 할 운명의 존재"의 경우, 그들에게 가해지는 압력이 얼마나 강한지를 확연히 전하고 있다.

둘째, 인류가 분해 과정을 담당하는 분해자로**도** 되는 것이다. 인류는 몸을 씻고, 세균과 싸우고, 부패를 방지하고, 안티에이징 크림을 바르는 등 분해 세계에 맞서며 살고 있다. 그러나 다른 한편 피부에서 싱그러움이 사라지고, 세포는 쇠약해지며, 머리카락과 치아가 하나하나 빠지는 데서 알 수 있듯이 분해 세계의 규칙을 거스르는 것은 불가능하다. '분해 세계' 속에서 '분해에 저항하는 세계'를 살아가는 인류는 그러나, 에밀리 선생이라면 "세상은 떠올리고 싶어 하지 않습니다"라고 말하는 그런 '분해 세계'를 생각하지 못하도록 해서, 매일매일의 성장과 진보를 즐기고 있다.

그런데 이미 말한 바 있듯이 차페크는 그런 인류에 만족하지 않는다. 아니 만족스러워 하지 않는 수준을 뛰어넘어 완전히 새로운 인류의 모습을 그는 제시한다. 『R.U.R.』과 『도롱뇽과의 전쟁』의 정확히 중간 지점에 해당하는 1929년에, 『원예가의 열두 달』(*Zahradníkův rok*)* 이라는 에세이집을 형 요세프의 삽화를 추가하여 출간했는데, 너무나 유머가 넘쳐흘러 웃음을 그칠 수 없는 이 한 권의 책 속에서 놀라운 사상을 나는 발견한다.

잘 알려진 바와 같이 차페크는 원예를 각별히 사랑했다. 차페크 형제의 옛집에는 꽤 넓은 정원이 있었고 거기서 초목을 기르며 즐거워했다고 한다. 카렐의 별장도 원예에 최적이어서 많은 식물들에 둘러싸여 있었으며, 거기서 비 오는 날에 원예 작업을 하는 바람에 폐렴에 걸려 젊은 나이에 사망했다는 일화를 보아도 차페크에게 원예란 단순한 취미 수준을 뛰어넘었음에 틀림없는 것 같다.

옮긴이 이지마 이타루의 해설에 따르면 제목의 zahradníkův에는 소

* 카렐 차페크, 요제프 차페크(그림), 배경린 역 『정원가의 열두 달』 펜연필독약, 2019년.

위 직업 원예가(zahradník)와는 달리 아마추어 원예가라는 뉘앙스가 있다고 한다. 정원사가 아니라 아마추어 원예가라는 자기 규정 및 자기 응시가 이 에세이에 가득한 유머의 원점이다.

> 만일 원예가라는 인종이 태초의 천지창조 시점부터 자연선택에 의해 태어나 지금까지 살아왔다면, 틀림없이 무척추동물의 일종으로 진화했을 것이 아닌가. 도대체 뭣에 쓰려고 원예가는 등짝을 갖고 있는 건가! 이따금 구부린 허리를 곧게 펴면서 "하이고, 등짝이야!" 하며 투덜대는, 오로지 그때를 위해서만 등은 존재하는 듯하다.
>
> 다리로 말할 것 같으면 별의별 방식으로 다 구부릴 수가 있다. 쭈그려 앉을 때도 있고 무릎을 꿇을 때도 있다. 어찌어찌하여 양 다리를 몸 아래로 밀어 넣고 심지어는 목에 착! 붙이기까지 한다.
>
> 손가락은 흙에 구멍을 뚫는 데 알맞은 작은 막대기고, 손바닥은 부식질이 많이 든 흑토를 가를 때 안성맞춤이며, 그런가 하면 머리는 파이프를 매다는 데 쓸모가 있다.
>
> 단, 등뼈만은 완고한 물건이다. 원예가가 적당히 굽혀보려 해도 헛수고다. 뜰에 있는 지렁이도 등뼈는 없다.
>
> 아마추어 원예가는 보통 엉덩이가 위에 있는 자세로 끝이다. 다리와 팔은 옆으로 벌려져 있고 머리는 양 무릎 사이 어딘가에 있는 모습이 꼭 풀을 뜯는 암말 같다.[46]

분명히 원예가는 척추동물이지 지렁이 같은 무척추동물은 아니다. 원예가는 흙 속에서 거주할 수 없는 반면, 지렁이는 흙에서 나오면 살아갈 수가 없다. 원예가에게는 해야 할 말이 있지만 지렁이에게는 없다. 그렇지만 지렁이와 원예가 사이에 커다란 간극이 있다고 할 수 있을까, 라고 차페크는 묻는다. 머리보다 엉덩이가 위에 있고 양 무릎 사이에 머리가 있으며 등골을 뽑아버리고만 싶은 방해물로 느끼는 원예가는 '절대'의 영향을 모면한 농민들과 마찬가지로 흙에 매달리는 존재다. 다만 직업으로 농사를 짓는 농민들에게 요통이나 관절통은 직업병 같은 것이어서 잡초와 격투를 벌여온 일본 농촌에서는 허리 굽은 노인들이 지금도 적지 않다. 웃을 수만은 없는 이 현실은, 그러나 아마추어이기에 유머로 변환할 수 있고 또 약간 거리를 두고 바라볼 수도 있다.

그렇게 약간만 떨어져서 바라보는 시선은 흙에 산다는 게 어떤 것인지를 이런 식으로 표현한다. "베이컨처럼 기름진, 깃털처럼 가벼운, 케이크처럼 여린 흙. 밝은색, 검은색, 마른 흙, 신선하고 생기로운 흙 등 다양한 흙이 있고 그 모든 것에 저마다 다른 기품 있는 아름다움이 있다."[47]

차페크에게 흙은 타르트처럼 달다. "좋은 요리가 그러하듯 좋은 흙이라는 것은 너무 진해도, 너무 무거워서도, 너무 차가워서도, 너무 습기가 많아도, 너무 건조해도, 너무 끈적여도, 너무 딱딱해도, 너무 물러도, 너무 날것 느낌이 나도 안 된다. 검은 빵 같고, 진저브레드 같으며, 타르트 같고, 딱딱하게 구운 빵 같아야 한다."[48]

한 걸음 더 나아가 보자면, 차페크에게 흙은 기품과 교양을 겸비한 신사 숙녀이기도 하다. "바로 이런 흙이 맛있고, 먹을 수 있고, 교양 있고, 기품 있는 흙, 깊숙이 촉촉하고 물과 공기가 숨 쉬듯 잘 통하는 부드러운 흙, 요컨대 '좋은 흙'인 것이다."[49]

아니 그 정도를 넘어서 차페크에게는 흙을 개량하는 퇴비 역시도 하늘에까지 닿는 향유다. "퇴비는 얼어붙을 듯한 추운 날씨에 수레에 실려 와, 번제[제물로 바치는 동물을 제단에서 태우는 고대 유대교의 의식]를 올릴 때처럼 후끈후끈 김을 피워 올릴 때가 가장 아름답다. 이윽고 그 김이 천국에까지 올라가면, 전지전능하신 그분이 천상의 그곳에서 맡으시고 이렇게 말씀하신다. / 아! 이것은 참으로 훌륭한 **거름** 냄새로다!"[50] 참고로 퇴비는 가축의 배설물에 짚 등의 유기물을 넣은 다음 그것을 **발효**시켜 만든다는 걸 확인해두자.

흙에 대한 차페크의 사랑은 평범한 상식을 훌쩍 뛰어넘는다. 흙에 손가락을 집어넣고 이리저리 움직이면서 흙의 맛, 기품, 교양, 아름다움, 향기까지 포착한다. 그 형태와 시야는 마침내 인간을 초월한다. 세상에는 "흙에 넣어도 되는 것과 그럴 수 없는 것" 이 두 종류밖에 없다는 깨달음의 경지에 도달할 뿐 아니라, 11월의 장에서는 이렇게까지 말한다.

> 더 잘 인식하기 위해서는 다리가 위를 향하도록 뒤집어 보자. 자연 속을 들여다보기 위해 자연의 다리가 위로 향하도록 뒤집어 보자. 뿌리가 위로 향하도록 뒤집어 보자.[51]

거꾸로 뒤집어 본 세계, 흙은 하늘처럼 광활하고 상쾌하며 평안한 공간이다. 여기에는 "위대한 봄의 프로그램이 그려져 있다. 쉴 틈이 어디 있단 말인가! 자, 여기에 설계도가 있다. 이 지점을 파고 토관을 놓아 토대를 마련해야 한다. 그러니 혹독한 추위로 흙이 얼어 딱딱해지기 전에 더 저쪽까지 파 나가도록 하자."[52] 11월은 지상에 나와 있는 줄기와 가지와 잎의 입장에서는 휴식의 계절로 보이지만, 흰 뿌리가 땅속에서 뻗어 나간다는 의미에서는 '봄'이라고 한다. 실제로 대부분의 식물들은 가을이 되면 뿌리가 늘어나진 않기 때문에, 차페크의 견해(가을이 되면 뿌리가 뻗어나간다)가 핵심을 정확히 짚었다고는 할 수 없다. 그러나 가을이 되었다고 해서 뿌리가 활동을 중지하는 것 또한 아니다. 식물학자 고시오 가이헤이 선생에게 배운 바에 따르면, 지하의 온도는 지표보다 변화가 적어 겨울에도 비교적 따뜻하다. 또한 뿌리털은 단세포로서 수명은 약 1주일이며, 오래된 뿌리골무와 함께 미생물의 먹이가 된다. 즉 뿌리는 겨울 동안에도 신진대사를 반복하며 자신의 일부를 부패, 노화시킴으로써 토양을 활성화시킨다는 것이다. 흙 속에서 일을 멈추는 게 아니다. 요컨대 그것은 지상 세계보다 더 많이 봄 준비를 갖추고 있다고 해도 좋을 것이다.

그리고 거꾸로 뒤집어 본 흙 속의 세계는 인간 자체라고, 실로 **마음의 본바탕**(心根)이라고 할 것이다.

> 여러분, 이것이야말로 진정한 봄인 것이다. 지금 준비가 갖춰지지 않은 것은 봄이 되어도 갖추어지지 않는다. 미래는 우리 앞에 있는 게 아니다. 이미 여기에 싹의 형태로 존재하고 있는 것이니 말이다. 미래는 이미 우리들과 하나가 되어 있다. 지금 우리와 함께이지 않은 것이라면 미래가 와도 존재하지 않으리라. 우리에겐 싹이 보이지 않지만 그것은 싹이 땅속에 있기 때문이다. 우리에게 미래가 보이지 않는 건

미래가 우리 속에 있기 때문이다.[53]

한껏 농을 섞어 원예가를 묘사하다가 갑자기 정색을 하며 방금처럼 인간론을 전개해버리는 것, 그야말로 차페크답다. 흙이라는 분해 세계를 이렇게까지 철학적으로 그려낸 문필가는 거의 없을 터이다. 그리고 흙이라는 비가시 세계가 인간의 미래를 싹틔우는 인간 자체의 내부다, 라는 식으로 토양 세계에서 인간 세계로 논리를 비약시켜 나간다.

"이 아래쪽, 이 대지 아래야말로 참된 일이 벌어지는 곳이다"라고 원예가 차페크는 울퉁불퉁한 손가락으로 가리킨다. 요컨대 그것은 지상과는 다른 시간에 놓여 미래가 태어나고 있는 곳이고, 인간이 잊어버린 "형태"가 소생하는 장소이며, 인간이 될 수 있는 한 보고 싶어 하지 않는 분해 세계이다. 척추를 장애물로 느낄 만큼 흙의 세계에 매료된 원예가들의 몸짓은 왠지 이리저리 구불구불 춤추고 있는 듯하다. 땀 흘려 일하는 근면한 농민이라는 농본주의적 농민상과는 대극적인 위치에 있는 것이다. 이런 그들의 몸짓은 차페크가 그려 온 것처럼 종언으로 향해 가는 인류의 길로부터 그만 내려오는 몸짓과 닮지 않았나 싶다.

12 차페크의 임계에서 도약을

흙에 대한 이러한 원예가들의 감각을 평생 잃지 않았던 차페크에게 대도시란 역시 어려운 문제였던 것 같다. 가장 상징적인 도시가 바로 런던이다. 『영국 소식』(*Anglické listy*, 1924)에서 차페크는 웸블리 대영박람회에서 본 전시품에 대해 혐오감을 숨기지 않는다. "그 대부분이 빙글빙글 돌고, 쉭쉭 소리를 내고, 오일이 주입된 슬라이드 거품으로 물건을 부수고, 강철턱을 덜컹덜컹 울리고, 기름땀을 흘리고, 황동색 빛을 발하고 있다. / 이것은 금속 시대의 신화다. 현대 문명이 달성한 저 예사롭지 않은 완전성은 기계적인 것이다. 기계 장치는 근사하고 완전무결하다. 그러나 그들에게 봉사하는 또는 그들에게 봉사받는 인생은 조금도 근사하지 않고 찬란하지도 않다. 기계보다 완전하지도 않고 기계보다 아름답지도 않다."[54]

따라서 차페크가 '플라잉 스코츠맨호'라는 150톤짜리 기관차가 전시된 박람회에서 조국을 상기하는 일도 이상할 게 없으리라. "나는 저 고국에서 백리향 냄새에 둘러싸여 울퉁불퉁한 땅바닥에 앉아 눈을 감을 것이다. 내 몸속에는 농민의 피가 흐르고 있어 저런 거대한 기계 앞에 서니 조금 불안스러워졌기 때문이다. 인간적 완전성을 낳을 수 없는 이 물질적 완전성, 이 무겁고 매수(買收) 불가능한 생명을 지닌 빛나는 기계는 나를 완전히 의기소침하게 만든다. / '플라잉 스코츠맨호'여! 오늘 나에게 성냥을 강매한 저 눈먼 거지를 네 옆에 놓는다면 어떻게 보일까? 그 남자는 앞이 안 보이는데다가 전신에 옴투성이였다. 그것은 매우 열악하고 고장 난 기계였다. 그야말로 단순한 인간일 뿐이었다."[55] 백리향은 한자로 이부키사향초(伊吹麝香草)라고 쓰는 데서 알 수 있듯이, 일본에서는 이부키산(伊吹山)에 많이 서식하는 관목이다. 바위 많은 땅에 자주색의 애처로운 꽃을 피우고 향기를 풍기는 이 식물은 당연하게도 황동색의 빛과 기름 냄새로 뒤범벅된 기계와는 극단적인 대비를 이룬다.

단, 여기서 주목해야 할 대비는 그것만이 아니다. 기계는 완전하고 인간은 불완전하다는 도식이다. 차페크에게 온몸에 옴투성이인 눈먼 사내는 인간의 예외가 아니라 인간의 상징인 것처럼 그려져 있다. 여기에 표출되는 인간의 불완전성이야말로 인간의 존재 근거였다. 불완전한 부분을 기피하는 인간들이 그 부분을 지워버려 완성을 추구한 결과 초래되는 비극을 소설 속에서 줄기차게 그려왔다. 그러나 기계에게는 인간이 불완전하다는 점을 부끄럽게 만드는 그런 위압감이 있다. "농민의 피"가 흐른다고 스스로를 표현하는 저널리스트에게 이것이 얼마나 참기 힘든 일인지 쉽게 상상이 간다.

도시에 대한 증오는 런던의 템스강 좌안에 펼쳐진 이스트 엔드에서 고조된다. 빈민들이 다수 살고 있는 슬럼가를 차페크는 이렇게 묘사한다. "런던의 태반을 차지하는 이 구역에 이토록 많은 사람들이, 수백만 명이나 되는 사람들이 너무나도 잘게 구획된, 형태도 모두 똑같은, 기쁨을 잃어버린 동네들마다 거주하면서, 마치 한없이 거대한 썩은 고기에 꾀어드는 구더기처럼, 런던의 지도를 좀먹고 있는 것이다!"[56] "하지만 인간은 이런 곳에서도 생활할 수 있다. 즉 생활하고, 자고, 역한 음식을 먹고, 아이를 낳을 수가 있는 것이다. / 아마도 더 박식한 사람이라면 더욱 아름다운 장소로 안내할 수 있을 것이다. 거기서는 쓰레기조차 낭만적이고 비참함도 그림이 될 것이다. 그러나 나는 엄청난 숫자의 골목들 속에서 길을 잃어버려 출구를 알지 못한다. 도대체 이 수많은 검은 거리들이 어디로 통하는지, 확실히 알 도리가 있는 것일까."[57]

제1차 세계대전 후 런던의 빈민가에 대하여 과연 이 묘사가 얼마나 그 상황을 대표하는 것인지는 잘 모르겠다. 게다가 차페크가 평소 빈자들을 경멸하는 사람에게 심히 가혹했다는 점을 고려할 때, 빈민가 사람들에 대해 "자신과는 다르다고" 하는 감각이 너무 노골적으로 드러나는 것 같다. 물론 차페크는 역시 차페크인 만큼 쓰레기조차도 낭만적인 것으로 변하는 아름다운 장소가 이스트 엔드에 숨겨져 있는 것 아니냐, 라는 반전의 가능성을 아이러니와 함께 풍긴다. 그러나 "구더기"라고까지 거리낌 없이 형용했던 빈민들이 어떤 행위를 하는지에 대한 관찰은 의외로 평범하다고 하지 않을 수 없다. 또한 도시를 증오하는 표현들도 20세기의 농본주의자들과 크게 다르지는 않다. 원예가가 자신의 드문 자기 조소 능력을 발휘해 슬럼이라는 세계를 살아가는 사람들 쪽으로 시선을 던졌을 때, 슬럼 세계에 웸블리의 '분해에 저항하는 세계'와는 다른 세계가 투영될 가능성은 없었던가? 경우에 따라서는 쓰레기를 재활용하고 재구성하여 "낭만적"으로 취급하는 일조차 가능했던 것은 아닐까? 다시 말해서 빈민들이 슬럼에서 살아가는 모습을 "생명력에 넘친다"고 말하며 긍정하는 것과는 다른, 형태학적 관찰의 방법을 우리는 차페크로부터 계승해온 것 아닌가.

더 나아가 과도하게 부숨으로써 발생하는 '절대'라는 부산물을 그토록 매력적으로 그렸음에도 불구하고, 차페크는 퇴비에게 보냈던 시선을 가지고 로봇이나 도롱뇽, 또는 하얀 질병에 걸려 죽어가는 인간들 등 소위 분해의 **부산물**들을 그리지 않은 채 마흔여덟 살로 삶을 마쳤다. 아직 인생이 끝나지 않은 우리에게는 발효 과정을 '절대'와 비교하며 검토할 시간이 남겨져 있다.

부패하기 어렵고 부서지지 않는 세계에서는 살아가기 힘들다는 점을, 그리고 부패하기 쉽고 부서지기 쉬운 세계가 얼마나 떠들썩한 것인지를 차페크는 믿을 수 없을 만큼 강인한 구상력과 사고력에 의해 남김없이 그려냈다. 하지만 우리는 이스트 엔드에서 슬슬 차페크에게 이별을 고하고, 또 다른 길 안내자를 찾아야 할 것이다.

4장

넝마주이의 마리아

—법과 일상의 틈새에서

1 넝마주이, 어떤 분해자

쇠 부스러기, 실보무라지, 종이쪼가리, 철 조각, 천 지스러기, 가죽 부스러기, 방적 쓰레기, 목재 부스러기, 톱밥, 대패 쓰레기, 고무 쓰레기, 유리 쓰레기, 도자기 쓰레기 등 지구의 표면에는 파괴되거나 해체된 뒤 버려진 쓰레기가 많이들 굴러다닌다. 가령 피혁 제품과 그것을 가공하는 과정만 봐도 털손질 쓰레기, 껍질 쓰레기, 가죽 쓰레기, 재단 쓰레기 등등이 끝도 없이 배출되어 '쓰레기 분류학'이 언제 등장하나 기다려질 정도다.

쓰레기라는 단어는 사물뿐 아니라 사람을 깎아 내릴 때도 사용된다. 하지만 쓰레기 자체의 가치는 실은 무한하다. 쓰레기는 버려진 것인 한에서 시장에서는 무가치하고, 경우에 따라서는 마이너스의 가치밖에 없다. 무 또는 마이너스에서 유를 만들어낸다는 것은 아무리 대규모 공장 시설이라 해도 실현하기 극히 곤란한 일이다. 지금은 대부분의 쓰레기가 말 그대로 쓰레기로 취급되고 버려지지만, 잘 사용하면 쓰레기는 가치 있는 무언가로 변신한다. 그 변신은 노동력이 자본가의 이윤으로 탈바꿈하는 변신이나, 자연력이 토지 가격으로 탈바꿈하는 변신 이상으로 세상에 끊임없이 산출되어 나오는 잉여 가치의 원천이었다고까지 말할 수 있을 것이다.

이나무라 미쓰오의 『쓰레기와 일본인: 위생, 근검, 재활용으로 보는 근대사』(2015)는 풍부한 내용이 담겨 있는 저작인데, 이에 따르면 일본은 개항과 함께 목면 지스러기들을 해외로 수출했다.[1] 1861년에는 요코하마항에서 8천 달러에 상당하는 지스러기가 수출되었다고 한다. 과연 해외에서는 그걸 어디다 사용했던 걸까? 이나무라 미쓰오에 따르면 그것들은 서양에서 종이를 제조할 때의 원료였다고 한다. 종이 사용량이 증가하는 가운데 점차 펄프가 사용되게 되었지만, 유럽에서는 아직도 지스러기가 중요한 원료였다는 걸 알 수 있다.

당연한 얘기지만 지스러기나 찌꺼기들은 무역품으로서만이 아니라 일상생활 속에서 자연스럽게 사용되고 있었다. 일본 최초로 대규모 제빙 사업을 벌인 나카가와 가헤에는 채취한 얼음을 빙실에 보관했는데, 이 빙실은 삼중벽으로 되어 있었고 판과 판 사이에는 목재 부스러기를 채웠다.[2] 목재 부스러기는 틈새에 공기가 담기는 까닭에 외부의 열이 내부로 전달되기 어렵게 만드는 단열재 역할을 수행했던 것이다. 폐지 회수업자가 수거해가는 헌 신문지나 헌 잡지는 다시 녹이면 재생 종이의 원료가 되고, 쇠 부스러기들도 고온에서 녹이면 다시 철 생산의 원료로 이용할 수 있다. 아이치현의 선진 농업 지대에서는 메이지 시기부터 평소보다 일찍 야채를 출하하는 촉성 재배가 이루어지고 있었는데, 이를 위해 필요한 열은 사실 말똥이나 겨, 지푸라기를 발효시켜 공급했다. 그러니까 쓰레기로 버려지는 것들은 미생물의 분해력을 빌리기만 하면 열을 산출해내는 원천으로 변신하는 것이다. 덧붙여 말하자면, 아이치현 농사 시험장의 기술자가 나중에 기존 쓰레기 대신 방적 쓰레기를 사용하자고 제창한 것은 특히 세기 전환기 무렵부터 아이치에는 다수의 방적 공장이 세워졌기 때문이다.

생명 활동을 마치고 폐기된 생물의 유체에 의해 혹은 생명활동 자체인 배설에 의해 산출된 것들은 인간 사회에 의해 찌꺼기나, 똥, 티끌, 먼지 나부랭이 등으로 불린다. 그것들을 꿀꺽 삼키고 소화기관에서 무수한 미생물들의 힘을 빌려 잘게 분해함으로써 더 작은 다른 생물들이 섭취하기 쉽게 만든다든가, 나아가 아직 남아 있는 양분을 흡수 및 분해하여 식물이 흡수할 수 있는 양분으로 변화시킬 수 있는 귀중한 생물군을 생태학에서는 '분해자'라 부르는데, 다소 무미건조한 이 단어를 이 책의 핵심이 되는 개념으로 계속 사용하는 것은, 그 단어에 분석 개념의 역할까지 감당할 수 있는 냉철함이 있다고 보기 때문이다. 분해자들이 일을 하는 것은 토양 환경을 양호하게 하기 위해서도, 바다를 아름답게 하기 위해서도, 지구의 환경을 수호하기 위해서도 아니다. 다른 생명이 살아갈 수 있도록 분해자들이 자신을 희생하여 분해를 수행하는 것도 아니라는 점을 이 무정한 개념은 표현하고 있다. 자기들이 폐기물을 분해하는 것은 생태계의 지속적인 운영을 위해서가 아니라, 스스로가 살아가기 위해 폐기물을 분해하는 것일 뿐이라고 하는 분해자의 이러한 형태는 개인주의적인 것이자 관료주의적인 것이라고도 할 수 있다. 여기에 정서가 가세할 여지는 없다.

그렇다고 하면 분해 작용은 인간 사회에도 여실히 작동하고 있다고 하지 않을 수 없다. 빈병 회수, 폐지 회수, 철 조각 회수를 담당하는 회사는 물론이고, 유통 기한 직전의 음식을 저렴하게 또는 무료로 빈곤자들에게 나눠주는 단체도, 가축의 분뇨를 토양에 돌려주는 농업 종사자도, 낡은 가구나 가전제품, 책 등을 파는 재활용품 판매업도, 도자기, 족자, 그림 등을 파는 고물상도 모두 분해를 담당하는 사람이며, 인간인 이상 예외 없이 생물이므로 분해자라고 불러도 잘못된 말은 아니다.

심지어는 현대의 쓰레기 수거 종사자들 또한 이 장대한 작용의 담당자다. 후지이 세이치로의 『쓰레기 수거라는 노동』(2018)은 9개월에 걸쳐 신주쿠구의 쓰레기 수거에 종사한 행정학자가 기록한 독특한 학술서다. 여름은 덥고 겨울은 추워서 힘든 직업이다. 쓰레기봉투에는 주사바늘이나 난로의 연료통 등이 들어 있어 위험하기도 하다. 쓰레기를 배출하는 시민들은 멋대로 쓰레기를 배출하면서 쓰레기 수거를 하는 사람들에게 경멸의 말을 던진다거나, 사업의 위탁화가 진행되는 과정에서 업무 간 연계가 어려워지는 등 어두운 구석들도 적나라하게 그려져 있다. 다른 한편, 쓰레기 수거 노동이 대단히 높은 수준의 숙련된 기술을 요한다는 점에 대해서나, 쓰레기 분리수거에 관한 계몽 활동 혹은 쓰레기를 쓰레기차에 구분해서 넣는다는 점, 심지어는 지진 후 쏟아져 나오는 엄청난 양의 쓰레기 수거 등이 도시 미화 및 쓰레기 재활용에 어떻게 기여하는지에 대해 구체적으로 묘사하고 있다.[3]

석유를 부어가며 소각로에서 태우거나 바다에 매립해 버리기 전에 재사용을 할 수 있도록 다시 한 번 인간 사회로 돌려보낸다. 이러한 행위 중 적잖은 일들이 멸시와 차별의 대상이 되어 왔지만, 수거에서 해체, 그리고 재이용으로 이어지는 작업군들은 무 또는 마이너스에서 유를 만들어낼 뿐 아니라 인간의 존재 양식에 깊이 관여하는 드물고도 장대한 행위다(분해자가 인간 사회 속에서 맛보아야 했던 고통에 정확히 반비례한다고나 할까). 왜냐하면 물건을 수거하고 모으는 행위는 인류 역사의 개벽 이래 상당한 시간 동안 그때까지 지구 생물들이 품고 있던 깊은 비의(秘義)를 계승하기라도 하듯 몰두해온 행위였기 때문이다. 수렵채집에서 농경으로 이행하고, 그 결과 도시가 탄생한 곳이라 할지라도 주워 모으는 행위는 사라지지 않는다. 도시를 청소하며 쓰레기가 다시 가치 있는 것으로 돌아가도록 거든다. 쓰레기 줍는 사람들이 없다면 도시 거주자들은 쓰레기에 눌려 찌부러져 압박사나 질식사를 당할 수밖에 없다. 쓰레기가 발산하는 가스 속에서 쓰레기더미에 파묻혀 죽어간다. 이것은 생물의 유체나 배설물들을 분해하여 부식질을 산출해내는 곤충이나 미생물의 작용이 없다면, 지구상 생물들이 유체나 배설물의 퇴적 속에서 멸종되어 가리라는 것과 정확히 동일한 사태다.

작가 시오미 센이치로는 에타두령(穢多頭) 아사쿠사단자에몬*이나 히닌두령(非人頭) 구루마 젠시치** 등 근세에서 근대에 걸쳐 살았던 에타 혹은 히닌들을 제재로 문학 작품을 써 왔다. 그의 탁월한 묘사로부

* 단자에몬(弾左衛門)은 에도 시대의 피차별민이었던 에타 혹은 히닌 신분의 두령(頭領)으로 에타두령이라고도 한다. 에도 막부로부터 일정 지역의 피차별민을 통할하는 권한과 함께, 전국의 피차별민에게 호령을 내릴 권한도 부여받았다. '에타두령'은 막부 측의 호칭으로, 그 스스로는 대대로 장리두령(長吏頭) 야노단자에몬(矢野弾左衛門)이라 칭했다. 또 아사쿠사(浅草)를 본거지로 삼았기 때문에 '아사쿠사단자에몬'이라고도 불렸다.

** 車善七. 에도 시대 에도아사쿠사의 히닌두령들이 대대로 세습한 이름.

터 우리는 바로 이 '거동'이나 '작용'을 배울 수 있다. 예컨대 그의 『에도의 빈민』(2014)[4]에는 이렇게 기록되어 있다. 막부도 각각의 번(藩)도 소와 말의 피혁은 필수였다. 한데 막부의 3대 쇼군인 도쿠가와 이에미쓰의 시대에 해외로부터의 수입 루트가 끊겼기 때문에 국내에서 피혁을 조달할 수밖에 없게 되었다. 동북 지방의 농민들은 스스로 피혁 생산에 종사하고 있었다고 하지만, 농민 자신이 더러움(穢) 의식*에 사로잡혀 있는 지역에서는 그러기가 어려웠다. 그래서 거죽 벗기는 일은 신분 제도의 외부에 놓인 에타(穢多)**에게 의존했다. "소와 말이 죽었을 때, 종래에는 백성들이 후하게 매장한다든가 했지만, 앞으로는 전량 제출하여 낭비 없이 피혁을 만들어내게 한다. 더러움 의식에 사로잡힌 농민이 직접 해체하지 않는다면, 에타 신분에게 의뢰한다." "모든 토지에 '말 버리는 곳'과 '소 버리는 곳'을 만든다. 이것이 후에 '초장'(草場)이라든가 '직장'(職場) 혹은 '단골장'(旦那場)이라 불리는 땅이다. 2평 남짓한 크기에 대나무로 사각형 틀을 만들고 거기에 질박한 마두관음***을 두었다. 농민은 죽은 소와 말을 거기로 운반하도록 엄명을 내렸다." 그 장소를 관리하는 에타를 '장주'(場主)라 불렀고, 장주가 관장하는 가운데 해체 작업이 진행된다.

* 깨끗지 못한 것으로 부정하게 여김.

** 중세 및 근세의 천민 신분 중 하나. 메이지 시대 이전인 에도 시대에는 히닌(非人)이라 불린 사람들과 함께 사농공상의 밑에 놓여 거주지도 제한받는 등 부당한 차별을 받았다. 주로 피혁업에 종사하였고 범죄자의 체포나 죄인 처형 등에도 동원되었다. 메이지 4년(1871) 태정관포고로 법적으로는 평민이 되었지만, 여전히 '신평민'(新平民)이라 불렸다.

*** 馬頭観音. 얼굴이 셋, 팔이 여덟이며 머리 위에 마두(馬頭)를 이고 있는 관음.

> 거죽 이외의 내장, 발톱, 꼬리는 현장을 관장하는 장주에게 제공된다. 발톱은 비녀나 빗이 되고 꼬리는 붓끝에 필요했다. 작은 마을이라면 조장 자신이 장주를 맡았을 것이다. 후대로 내려오면 해체 작업을 히닌에게 맡기게 되는데, 한 마리를 통째로 갈기갈기 분해한 뒤에는 여자아이들까지도 모두 김이 피어오르는 고기 냄비를 에워쌌다.[5]

육식도 더러운 행위로 되어 있었는데, 그런 까닭에 신분제 사회의 법 밖에서 살았을 에타와 히닌들*의 건강 상태가 신분제 사회의 법 안에서 살았던 농민보다 좋은 경우도 자주 있었다고 한다. 또한 예컨대 에도의 히닌들은 "변소나 쓰레기통을 관리하면서 동네에 부랑자가 들어오는 걸 저지하거나 쫓아내기도 했으며, 도로 청소도 하고 부정한 것들(작은 동물의 사체)을 깨끗하게 처리했다." 그 대신 한 달에 세 차례씩 반상회에서 '정식 모금'이라는 이름하에 쌀과 돈을 받았다.

도시만이 아니었다. "농촌에도 소수의 히닌들이 있었다. 시골에서는 비렁뱅이질을 해선 안 되는지라 주민 생활의 한구석에 녹아들어 살았다. 주민들의 공동 채취장이었던 마을 산이나 논밭의 파수꾼 역할을 인수하여 갓 수확한 쌀이 도둑맞지 않도록 감시의 눈을 번득였다. 마을의 시궁창도 청소했다."[6] 이외에도 감옥 사망자, 노상 사망자, 사형당한 사망자 등을 깨끗이 처리하는 일도 했다.

생산을 불허당한 히닌들 입장에서는 이런 '청소' 과정에서 들어오는 것들도 하나의 벌이가 된다. 예를 들어 에도의 히닌들이 했던 일 중 하

* 중세 및 근세의 천민 신분 중 하나. 생산적 노동에 종사하는 것은 금지되어 있었고 주로 감옥이나 처형장에서 잡역에 종사했다.

나로 폐지 줍기가 있었다. 종이 쓰레기를 주워 모아 (지금은 매립되어버린) 신(新)요시와라의 산야보리(山谷堀)라는 수로에서 씻은 다음, 폐지 도매상에 갖고 가서 팔았다. 폐지 도매상은 그걸로 종이를 다시 떠서 변소에서 사용하는 화장지로 만든다. 당시 아사쿠사 종이라고 불렸다. 참고로 산야보리에 있던 다리의 하나로 지세교(紙洗橋)라는 다리가 있었는데, 과거 분세이(文政, 1818-30) 연간에는 아사쿠사 다하라초 일대에 있었던 제지소(紙漉屋, 종이 뜨는 곳)가 이곳으로 옮겨와 있었다. 이곳의 기술자들은 일하는 틈틈이 근처에 있던 유곽의 처마를 넘보았지만 대부분은 안으로 들어가지 못한 채 돌아왔다. 종이를 물속에 담가 두는 과정을 "식힌다"* 고 하는데, 언젠가부터 (유곽 근처에서 어정거리는 제지 기술자들처럼) 살 마음도 없으면서 가게 앞에서 어정거리는 걸 '식힌다'고 말하게 되었다고 한다.

어쨌거나 넝마주이들의 의도와는 관계없이 결과적으로 거리에서 쓰레기가 줄고 깨끗하게 되었던 것인데(따라서 신분제를 간과한 채 에도 시대가 생태적이었다고 말하는 건 너무 단순한 논의이지만), 그러기 위해서는 쓰레기를 가치 있는 것으로 변환하는 재생 장치가 존재할 필요가 있었다.

2 메이지의 '넝마주이'

도쿠가와 막부와 함께 300년 동안 이어진 신분 사회가 법적으로는 붕괴하고 메이지 세상이 찾아와 원칙적으로는 사민평등이 되었지만,

* 冷かす. 살 생각도 없이 값만 물어보면서 공짜 구경을 하는 걸 뜻한다. 그래서 '놀린다, 희롱한다'는 뜻도 있다. 이 경우에는 素見す('보기만 한다'는 의미의 동사)라고 쓰기도 한다.

그럼에도 넝마주이는 사라지지 않았다. 일본 경제가 커다란 성장을 이루어가는 19세기 말부터 20세기 초에도 넝마주이는 존재했다. 한 가지 예를 들어보자. 1895년 청일전쟁에서 승리를 거둔 일본은 2억 량의 배상금을 분할 방식으로 취할 수 있게 되었고, 1897년에는 면사 수출액이 수입액을 초과했으며, 1898년에는 도요타 사키치가 동력 직기의 특허를 취득했고, '미쓰비시 합자 미쓰비시 조선소'가 일본 최초의 대형 증기선 히타치마루(6,172톤)를 완성하지만, 이런 화려한 일본 경제의 이벤트를 떠받치고 있던 것은 저변의 사회였다. 그 당시 활약했던 요코야마 겐노스케의 대표적인 르포르타주 『일본의 하층 사회』(1899)의 한 절 「넝마주이」는 이미 1장에서 소개한 바와 같다.

「넝마주이」 절에서 요코야마는 넝마주이들이 주웠던 종이에는 서양 종이 쓰레기와 일본 종이 쓰레기가 있었다고 썼는데 서양의 헌 종이란 양지(洋紙), 일본의 헌 종이란 화지(和紙)를 말하며, 양지는 목재 펄프를 사용해 기계로 제조한 종이, 화지는 식물 섬유를 반죽하여 뜬 종이다. 1875년 7월에 조업을 개시한 초지(抄紙) 회사는 1893년에 '왕자제지'(王子製紙)로 개칭하고, 1880년에는 제지소연합회가 설립되었는데 이것도 나중에 '일본제지'로 개칭한다. 양지보다 화지 쪽이 가격이 비싸지만 그만큼 튼튼하고 오래 간다. "양지는 백 년, 화지는 천 년"이라는 말도 있다. 또한 넝마주이의 '통'은 빨간 두건 아저씨가 팔에 걸고 다니는 경우도 없진 않았지만 등에 짊어지는 경우가 많았다. 이 스타일은 패전 후에도 변하지 않는다.

이들의 수입은 얼마 정도였을까? 매입장, 즉 쓰레기를 매입하는 장소의 주인 이야기에 따르면 이렇다.

> 일본 폐지는 1관당 17전을 쳐주고, 누더기 같은 건 10전, 서양 헌 종이의 경우라면 훌쩍 내려가 1관에 7전, 장작과 숯의 파편들은 매입장에 갖고 가질 않고 자기 자신이 쓴다. 도자기 쓰레기 같은 건 10관당 2전. 그러나 넝마주이가 하루 일해 봤자 2관에 이르는 경우는 드물고, 대개 1관 500 내외, 이를 돈으로 치면 일본 헌 종이와 다른 쓰레기까지 합해서 14, 15전 내외, 이것이 넝마주이의 하루 수입이라 보면 될 것이다.[7]

요코야마에 따르면 당시 일일 고용되는 인부들 중 도로 보수, 제방 축조 및 수선 등의 토목공사 분야에서 1인당 임금은 32, 33전, 도쿄부의 공장에서 일하면 30전 내외였다고 한다. 한편 『주간 아사히』가 편집한 『가격으로 보는 메이지, 다이쇼, 쇼와 풍속사 상하』(1987)에 따르면, 당시 순경들의 초임 월급 8엔을 일당으로 환산하면 26전(1886년), 국가 공무원 상급자들의 초임 월급 50엔을 일당으로 환산하면 1엔 66전(1894년), 도쿄부 지사의 월급 333엔을 일당으로 환산하면 27엔 75전(1891년)이다.

그렇다고 하면 도쿄부 지사의 월급을 일당으로 단순 계산할 경우, 넝마주이 1일 수입의 185배가 된다. 게다가 넝마주이나 일일 고용 인부들은 매일 일하는 것도 아니고 또 간간이 휴식을 갖지 않으면 몸이 견디지 못한다는 점을 고려해야만 한다. 막상 일이 닥치면 팔아먹을 만한 자산도 거의 없다. 그렇긴 하지만 이 정도의 소득 차이는 현대 세계에도 엄연히 존재하고 있으니, 먼 과거의 불행한 시대라고만 치부해 버릴 수는 없다.

그건 그렇다 치고, 어쨌거나 넝마주이는 사회 속에서도 가장 저변에 놓이는 직업의 일종이다. 참고로 말하자면, 메이지 초기의 대본교(大本教) 창시자 데구치 나오*는 당시 쇠퇴 중이던 면직물 산지 교토와 아야베에서 넝마팔이, 폐지팔이를 하고 있었다. 버려진 걸 줍는 게 아니라 각 가정을 돌며 헌 것들을 싸게 사들이는 일이었는데, 도시에서는 이런 일을 하는 사람들을 '매출인'이라 불렀다. 그렇게 사들인 것들을 '동네 고물상'한테 팔아 생계를 꾸리고 있었던 사람들이다. 이들이 '양아치 고물상'에게 파는 '넝마주이'와 명확히 구별되게 되는 시점은 "메이지 말기부터 다이쇼 초기"라고 추정되지만 정확한 시기는 불분명하다고 한다.[8] 어쨌거나 양쪽 모두 "자금도 기술도 없는 영세민의 직업"[9]인 점에서는 다를 바 없다. 극빈에다 문맹이었던 데구치 나오가 신들림, 즉 신의 자동필기로서 "신의 계시"를 표현하고 그것이 대본교의 성전으로 되어가는 것인데, 쓰레기의 영역과 신의 영역이 실은 친근성이 있다는 점에 대해서는 뒤에서 새로 논하겠다.

자, 그렇다면 방금 언급된 넝마주이들은 어떤 작업을 하고 있었던 것일까?

> 그러나 넝마주이 사회에서 가장 중시되는 것은 때이다. 그들이라고 게을러 때를 놓치는 일이 있을쏜가. 만의 하나 그런 날에는 하루 종일 아무리 애를 써도 아무 보람 없이 녹초가 된 다리를 질질 끌고 돌아올 수밖에 없다. 때란 주우러 나가는 시간을 말한다. 즉 오전 3시 반 내지

* 出口なお. 참고로 여성이며, 본장의 제목인 '넝마주이의 마리아'와도 관련이 있다.

4시, 추운 밤 방바닥에서 일어나는 괴로움을 참고 견디며 한길로 나와 얼음이 맺혀 딱딱하게 땅에 붙어 있는 것들을 간신히 주우면서, 혹여나 옆 사람한테 뒤질세라 근심하며 황황히 앞길을 서두른다. 그다음 때는 오전 6시경 또는 10시경. 6시에 나오는 것은 가게 청소 시간을 노리는 사람이고, 10시경에 나오는 것은 요시와라, 스사키에 들어가는 정해진 시각. 오후 6시 반경은 저녁 청소 시간을 노리고 나오는 자다. 한편 넝마주이가 가장 행복하고 유쾌함을 느끼는 건 1년에 세 차례 있다. 입춘 전날, 삼복 때 토왕(土旺) 말리는 날, 12월의 대청소 때다. 이날은 때만 맞으면 30전, 40전의 쓰레기를 얻는 것도 그리 어렵지 않다.[10]

토왕 말리는 날이란 여름의 토왕 날*에, 의류나 서적을 그늘에서 말리는 연중행사다. 즉 대대적으로 청소가 이루어지는 날로, 의류나 서적 중 필요 없는 것들이 거리로 나온다. 여기서 전형적으로 알 수 있듯이 타이밍을 놓치면 넝마주이는 아무리 발품을 팔아도 쓸 만한 물건을 얻을 수가 없다. "빈민들 중 가장 수입이 적은 자는 넝마주이런가?"라고 요코야마 겐노스케는 말하지만, 그것은 이러한 불안정성에서도 유래하는 것이리라. 다만 달리 보자면 타이밍과 장소를 선택하는 요령이 생길 경우 수입에 차이를 낼 수 있는 직업이라는 점도 요코야마의 관찰을 통해 알 수 있다.

또한 요코야마의 저서가 나오고 6년 후 사이토 가네지로가 쓴 기사

* 토왕(土旺). 입하·입추·입동·입춘 전의 18일간. 그중에서도 특히, 여름 토왕인 삼복 무렵을 가리키는 경우가 많다.

「시타야구 만넨초 빈민굴의 상태」(『직언』(直言), 1905년 7월)에도 넝마주이가 등장한다.[11] 저자 사이토 가네지로는 금빗(金櫛) 직인이었는데, 사회주의 운동에 투신했고 최후에는 핫초보리(八丁堀)의 다세대 판잣집에서 사망한 인물이다. 시타야구 만넨초는 요쓰야사메가하시, 시바신모초와 나란히, 당시 도쿄의 삼대 빈민굴 중 하나다. "폐지 줍기, 이 일은 시타야의 빈민굴에서 가장 다수를 차지하고 있다. 한 빈민이 말하기를, 폐지 줍기라는 일이 있다는 게 이 근처 사람들에겐 상당히 도움이 됩니다, 노인 등이 이 일로 인해 얼마간 죽음을 면하고 있는지도 모르지요." 말 그대로 생명선이었던 쓰레기 수거 일의 핵심에 대해 사이토는 다음과 같이 말하고 있다.

> 하루 종일 등에는 통을 지고 손에는 집게를 들고, 하루 종일 돈 좀 벌어보겠다고 샅샅이 뒤지며 돌아다녀도 소득이라고는 2관, 3관뿐, 대나무 껍질 같은 건 열흘이고 보름이고 모아도 1관이 채 되지 못하며 깨진 유리도 마찬가지, 헌 들보[훈도시]나 수건은 거의 없습니다. 그런 고로 그들의 수입은 하루 7, 8전에 불과하며, 그걸로 사람 한 명의 목숨을 지탱해야 하니 인간의 시세도 이쯤 되면 실로 저렴한 자라 할 것입니다.
>
> 다음은 유리 팔이, 이쪽의 수입은 폐지 줍기보다 한 자리 낮습니다. 하긴 뭐 이 유리 팔이에도 두 종류가 있어 한쪽은 상당한 수입을 올립니다. 50, 60전에서 1엔 정도의 자본을 가지고, 소형 혹은 중형 리어카를 끌며 "램프나 뚜껑 망가진 거 삽니다" 등을 외치며 다닙니다. 대부분은 아이를 업은 부인들로 날씨가 좋으면 20전 정도의 수입이 있

습니다. 반면 다른 한쪽은 60, 70세 정도의 노부인들이 찢어진 통을 들고 5, 6전의 밑천으로 역시나 "램프나 뚜껑 망가진 거 삽니다"라고 외치며 다니는데, 하루 소득은 겨우 4, 5전. 그중에서 집세와 이불 관련 비용 2전 5리를 공제하고, 남은 2전 혹은 2전 5리로 이슬 같은 목숨을 이어가고 있는 것입니다.[12]

마지막쯤에 등장한 '뚜껑'이란 말은 등피(燈皮)를 말하는데, 램프나 가스등 같은 걸 덮는, 유리로 만든 물건이다. 통을 짊어지고 또는 소형 리어카를 덜컹덜컹 끌면서 집게를 들고 거리를 돌아다니는 넝마주이는 버려진 '들보'나 '수건'을 거리에서 일소하고, 그것을 새로운 물건으로 변환하는 귀중한 공공적 임무를 수행한다. 하지만 같은 넝마주이라도 생활에는 상당한 차이가 있다는 것이 이 르포르타주의 중요한 지적이다. 앞서 보았던 요코야마의 조사에서는 넝마주이의 하루 평균 수입이 14, 15전이라고 되어 있었지만, 이 르포를 보면 그 절반 이하인 계층도 있었다는 사실을 알 수 있다.

넝마주이라는 직업의 특징은 이뿐만이 아니다. "수입이 적은 탓인지, 아니면 생활이 범죄에 가까운 탓인지는 알 수 없지만, 넝마주이들에게 도둑 근성이 없는 경우는 드물고, 그 대부분은 날치기 부류다."[13] 확인해두고 싶은 것은 넝마주이란 법과 일상의 틈새에 위치하는 영역에서의 일이며, 그런 까닭에 에도 시대에는 신분 외의 인간들이 종사하고 있었다는 점이다. 또한 쓰레기란 상품 세계에서 이탈했을 뿐 아니라 소유권 제도 네트워크에서도 누락된 존재로, 길거리에서 굴러다닌다거나 쓰레기통으로 들어온다거나 하는 물건이라는 점이다. 달리 말하자면, 길거리에 굴러다니는 쓰레기는 생산자 입장에서는 말할 것도 없고 소유자들로부터도 자유로워진 공짜 물건이다. 하지만 쓰레기인지 유실물인지 판단하는 게 어려울 때도 있다. 그렇기 때문에 쓰레기를 줍는 것은 쓰레기를 훔쳐가는 것과 종이 한 장 차이다. 넝마주이가 종종 경찰 신세를 지기 쉬운 것도 그 때문이다. 그래서 넝마주이란 역으로 말하자면 상품 세계에서 하강해온 것을 다시 상품 세계로 되돌리기까지의 사이 공간, 즉 소유권 제도의 공백 지대를 치고 들어가는 일이라고도 할 수 있다.

요코야마 겐노스케와 사이토 가네지로는 오로지 빈곤 문제로서만 넝마주이를 소개하고 있다. 그 시각에 잘못된 것은 없다. 하지만 소유권 제도의 공백 지대가 소유권 제도에 입각한 상품경제 사회를 떠받치고 있는 이상, 요코야마와 사이토의 묘사를 분해자 현상의 묘사로 고쳐 읽을 수도 있을 것이다.

3 쓰레기 세계의 치안과 위생

나카가와 기요시가 편집한 앤솔로지 『메이지 도쿄 하층생활지』(1994)[14]에 수록되어 있는 저자 미상의 「도쿄의 빈민」이라는 글은 1896년 10월부터 『시사신보』(時事新報)에 발표된 것이다. 여기에는 1896년 5월 30일에 '행로병자', 즉 병들어 도로에 쓰러져 있다가 시타야 경찰서에서 보호를 받았고 후에 양육원으로 보내진 16세의 폐지 줍기 소년에 대한 이런 인터뷰가 게재되어 있다.

질문: "닷새고 엿새고 계속 비가 내려 일을 할 수 없으면 어떻게 하나?"

대답: "어쩔 수 없으니 걸식을 나갑니다."

질문: "[폐지] 도매상에는 너 같은 자가 많이 있는가?"

대답: "제가 있는 도매상에는 제 또래의 아이들 네 명과 20세 정도의 사람이 네 명 있습니다."

질문: "그 나이 많은 사람들도 역시 넝마주이를 하는가?"

대답: "넝마주이만은 아닙니다."(라며 쓴웃음을 짓는다)

질문: "무엇을 하는가?"

대답: "음, 도둑입니다."(라고 속삭이듯 작게 말한다)

질문: "어떤 물건을 주로 훔치는가?"

대답: "버선이나 속옷 같은 거, 때로는 별에 말리고 있는 것들도 훔칩니다."

질문: "그것을 어떻게 하나?"

대답: "도매상에 파는 겁니다."

질문: "도둑질하는 사람은 하루 얼마 버는가?"

대답: "무엇을 하든지 25전이나 30전 정도입니다."

질문: "나이를 먹게 되면 모두 도둑질을 하는가?"

대답: "대개는 그렇습니다."[15]

경시청 근무 후 『도쿄 일일신문』 기자 등을 거쳐 1922년에 도쿄시 사회국에서 방대한 빈곤조사를 하면서 유소년 보호와 빈곤 대책에 종사한 구사마 야소오. 그의 『불량아』(1931)에 보면 "양아치* 생활로 수입을 얻으면서[넝마주이 일을 하면서] 빈집털이나 날치기를 하는 자가 있으니, 부랑과 죄악은 분리할 수 없는 관계에 있다."[16] 고 하거나 "양아치와 범죄가 분리되기 힘든 관계에 있는 경우가 적지 않다"고 지적하기도 한다.

소유권이 없으면 상품의 매매는 탄생하지 않는다. 지구상 모든 것에 소유권이 없다면 금전에 의해 물건을 구매하려는 물욕도, 많은 금전을 손에 넣으려는 금전욕도 생겨나지 않는다. 소유권을 법에 의해 수호하는 것이야말로 자본주의 세계를 살아가는 국가의 근본 방침이다. 그런 자본주의 세계 속에 있기는 하되(법의 세계) 소유권이 애매한 쓰레기의 세계, 즉 바로 옆에 "도둑"의 영역이 접해 있는 세계(일상의 세계), 이 두 세계의 틈새에서 일하는 존재가 바로 넝마주이다. 그런 까닭에 넝마주이에 대해서는 다양한 법적, 제도적 그물망이 던져졌고 포착, 감시, 제어가 시도되었다. 그 권력을 발현하는 것은 무엇보다도 우선 경찰이었다.

경찰 권력은 절도, 사상, 위생이라는 세 가지 측면에서 쓰레기의 세계에 치안 상태를 조성하고자 한다. 여기서는 특히 도쿄의 사례를 살펴보자. 잘 알려진 대로 경찰은 내무부 관할하에 있고 도쿄에도 당연히 다른 도, 부, 현의 경찰과 같은 지방 기관으로 경시청이라 불리는 것이 있다. 한데 도쿄의 경시청은 수도 기능의 위생 관리 및 치안 유지라는 특별한 임무가 있기 때문에 그 수장인 경시총감의 월급은 내무부

* バタヤ. '양아치'란 말은 처음에는 폐물 수거를 하면서 다리 밑 같은 곳에서 함께 살아가던 가난한 사람들을 일컫는 말이었다. 한데 이들의 주거지에 빈집털이나 날치기 등을 하는 사람들이 섞여들거나 혹은 이들 중에서도 그런 사람들이 늘어나면서 언제부턴가 오늘날의 양아치에 해당하는 뜻이 가미되었다.

관리 중에서도 특별대우에 해당했다. 1935년 당시 경시청에는 총무관방, 경무부, 특별고등경찰부, 형사부, 보안부, 위생부, 소방부라는 부서가 있었는데,[17] 쓰레기업자에 관한 것은 위생부와 보안부로서 쓰레기업자의 권익을 둘러싸고 대립하기도 했다. 자, 이제부터 경시청이 도쿄의 쓰레기업자들과 관련하여 어떻게 치안을 유지하려 했는지 알아보자.

1876년 6월 23일, 경시청은 '중고 의류 및 중고 금속류 취급업체 규칙'을 발령한다. 헌옷, 폐지, 헌책, 구리나 철 조각 등을 취급하는 고물상에 대한 관리감독 규칙이다. 이 규칙에 따르면 폐물 매출인은 태정관령(太政官令)에 의한 "관리감독의 감찰(鑑札, 영업 허가 증표)을 소지하는 일반 행상인으로서 규제를 받으며 동시에 헌 옷, 헌 가재도구를 취급하는 고물상으로서의 고물 감찰도 소지한다고 하는" "2장의 감찰 증표" 즉 2중 규제를 받았다. "폐물 수집인의 대바구니, 폐물 매출인이 짐수레에 다는 대바구니의 자세한 규격에 이르기까지 엄격하게 규제받았다"고 한다.[18] 근대국가의 탄생과 함께 그 나라의 치안을 맡게 된 경찰은 폐물 수거인이나 매출인이 도둑질을 하지 않도록 혹은 절도 범죄의 온상이 되지 않도록 하는 차원에서, 즉 '방범 대책'으로서 쓰레기 세계를 대하며 감시의 눈을 번득이고 있었다.

또한 경시청은 1907년 6월 30일을 기한으로 시타야 및 아사쿠사 방면의 폐물업자들에게 땅값도 낮고 도시 중심부와의 교통편도 좋은 닛포리, 센주모토주쿠, 센주우시다 등 각 방면으로 이동할 것을 명령했다. 여기에는 청일 전쟁과 러일 전쟁을 거쳐 군수산업이 활성화되어 농촌에서 도시로 인구가 밀려듦에 따라, 슬럼가 "주변의 지주와 상인들"이 슬럼가를 "위생적으로나 방화 및 방범적으로도 제거해야 한다"고 진정을 시도한 것이 크게 작용했던 듯하다.[19] 경찰 측으로서도 방범, 방화 대책을 위해서라도 슬럼가를 중심부에서 몰아낼 필요가 있었기 때문에 경찰과 상인들과 지주들이 한 덩어리로 뭉치게 된 것이다. 관동대지진 후에는 시내 슬럼가가 괴멸된 상태여서 닛포리, 미카와시마, 센주 등에 폐물 업체들이 한층 더 집중됨으로써 주거 환경은 계속 악화되어가고 있었다.

1914년 8월 경시청은 '폐물 영업 관리감독 규칙'을 발령한다. '도쿄도 자원회수사업 협동조합'(약칭 '동자협'東資協)의 『동자협 20년사』에 의하면, 그 규칙은 주로 세 가지 내용이었다고 한다. 첫 번째는 지역 제한이다. 주택 지역과 상업 지역에서는 폐물 영업을 불허하고, 공장 지역과 미지정 지역(당시의 닛포리, 미카와시마, 센주 지구 등)에서만 영업을 허가한다. 둘째, 거리 제한이다. 전차 궤도 등에 접하는 장소들이나 신사, 절, 관공서, 학교 등으로부터 20칸(미터로 환산하면 약 36미터) 이내의 지역은 불허된다. 셋째는 설비 제한. 바닥은 콘크리트로 깔고, 출입구에는 쥐의 침입을 방지하는 판재를 달아야 하며, 창에도 쥐 침입 방지용 철망을 치도록 의무화된다. 마지막으로 소독하지 않은 제품의 판매 금지이다. 이것이 가장 심한 규칙이었다. 실로 "폐물 영업자의 목숨 줄을 틀어쥐고 있는 것"이라 할 수 있다. 이 배경에는 막부 말기부터 메이지 중기까지 콜레라, 이질, 장티푸스, 천연두 등이 도시에서 유행하고 1899년, 1902년, 1907년, 1914년에 페스트가 유행했다는 사실이 깔려 있다. 도시, 그중에서도 특히 슬럼가의 방역 체제를 정비하는 것은 행정의 중요한 역할이었다. 폐물을 수집하는 곳을 건장(建場)이라고 하는데, 건장

업자는 도쿄 시중이나 군(郡)에 건설된 성남소독소, 성북소독소, 오오누키소독소 등의 소속 점포로서 편의적으로 영업 허가를 부여받는 쪽으로 나아간다. 또 『동자협 20년사』에는 당시 폐물업계를 기억하는 노인 인터뷰가 실려 있다. 그 인터뷰에 따르면 경시청에 의해 "전염병 예방을 목적으로, 금후 폐지상에서 취급하는 폐지들은 어느 것이든 한 번은 시외로 갖고 나가 소독을 하지 않으면 매매는 용납될 수 없다"라는 금지령까지 나왔다고 한다. 나아가 경시청은 1917년 6월, 폐지 도매상의 시내 영업 금지라는 강경 조치에 나선다. 이에 대항하여 1920년에는 닛포리 지구의 폐물업자들이 중심이 되어 관동소독소를 설립했다. 또 대지진 사태 후에는 닛포리 지구의 관동폐물상조합이 탄생한 뒤로, 업체 쪽에서 위생 사업에 적극적으로 관여해 들어오는 움직임도 볼 수 있었다. 요컨대 쓰레기 세계의 '소독'이라는 권력의 발동이다.

1927년 금융 위기가 휘몰아치고 또 지진에 의한 대참사 후 제국도시부흥원의 방재 계획에 입각한 근대도시 건설 과정에서, 정부는 닛포리와 미카와시마의 폐물관리업자들에게 아라카와 방수로 이북으로 퇴거할 것을 명령했다. 전후 아라카와 방수로 북측의 습지대에 폐품수집업자들이 집중되는 것도 이러한 전전(戰前) 도시계획의 영향이다. 물론 도시 계획의 배경에는 위생, 미화, 방범 등 종전까지와 마찬가지로 치안 유지의 의미도 있었다.

1933년 8월, 경시청은 1914년에 발령된 '폐물 영업 관리감독 규칙'을 개정했는데, 이를 통해 경시청의 감시가 더 엄격해졌다. 전차가 다니는 부근이나 넓은 도로, 학교, 병원, 식품 시장, 공중목욕탕 등의 근처에 작업장을 설치하지 말 것, 건물 내부의 바닥은 콘크리트나 석재로 깔 것, 저장고 창고의 출입구에는 쥐 침입 방지 판재를 달 것 등의 규정이 가해졌다. 소독소도 경찰관의 감시를 받으면서 현장 검사, 장부와 현품의 일치 등도 엄하게 체크받았다. 『동자협 20년사』에 따르면 "형사나 경찰관 등은 건장을 방문할 때 늘 '선물'을 요구했다. 요컨대 '부정한 물건, 절도한 물건'의 제출 및 정보(밀고) 제공을 요구했던 것이다."[20] 또 『동자협 20년사』에 반복해서 언급된 바와 같이 무정부주의자와 사회주의자들은 경찰의 손아귀에서 벗어나기 위해 빈민가로 숨어들어 넝마주이가 되는 일도 있었다.[21] 이 점도 중요하다. 즉 정부에 저항하는 사상과 운동의 단속이라는 점에서도 고물상과 매출인, 넝마주이들이 있는 장소에 경찰이 출입하는 것은 의미 있는 일이었던 것이다. 그리고 '폐물 영업 관리감독 규칙'의 개정에 맞춰 '도쿄 고물폐물 도매 상업조합'이 경시청 위생부와 보안부, 즉 '위생 및 방범'이라는 양측의 지도하에 발족한다. 단, 이 조합에는 매출인들만 들어가고 수거자들은 들어가지 않았다. 앞서 말했듯이 쓰레기를 구입하는 매수인들(마을 건장)과 쓰레기를 수거해 모으는 사람들(폐물 건장)은 다른 사람들이어서 전자는 후자에 대해 '우월감'을 품는 경향이 있었고, 전자가 후자를 차별하는 일도 적지 않았다고 한다. 당시 도쿄에는 8천 명의 매출인들과 5천 명의 넝마주이가 있었다고 알려져 있다.

전쟁으로 인해 쓰레기 세계는 별안간 각광을 받는다. 상공부 지시로 '폐품 회수 간담회'가 결성되어 폐물 매출인들도 산업보국대에 편입, 1939년에는 '철 제품 공출(供出) 운동'의 회수공작대원으로 작업에 종사하게 되었다. 결국 버려진 쓰레기는 누구든 주의를 기울이는 물건이 되어 거리에서는 점차 쓰레기가 없어져 간다. 노동력 부족이 발생하면서 쓰레기 수거자들도 공장에 흡수되어 간다. 전쟁은 쓰레기의 세계를 세상에 노출시키고, 보편화하고, 폐물업을 일반 생활세계 속에 녹아들게 함으로써 본래의 폐물업 또한 통제 경제의 일원이 되어가는 것이다. 『동자협 20년사』는 이렇게 갈무리한다.

> 우리는 전전의 역사 속에서 관헌들이 가혹한 단속을 수도 없이 가했던 실례를 보았다. 경시청령에 의한 도심으로부터의 강제 퇴거, 수시로 들이닥친 창고 검사, 매출인들과 수집인들의 짐수레에 대한 시도 때도 없는 점검, 공공 건축물과의 거리 제한 등 그 실태는 이루 다 거론할 수가 없을 정도였다. 전전에 있어 국가 권력의 개입은 전후의 그것과는 비교도 되지 않을 정도로 가혹한 것이었다. 우리는 이 역사 속에 똑똑히 기록되어 있는 '굴욕'과 '박해'의 상흔으로부터 눈을 돌릴 수가 없으며 눈을 돌려서도 안 된다. 부당한 행정의 개입, 규제, 구속에 대해서는 이후로도 단호하게 싸워야만 한다.[22]

공습으로 불탄 데다가 업자들마저 소개(疏開) 정책 등으로 뿔뿔이 흩어지게 된 전쟁 후의 수도 도쿄에서는 한동안 폐물업자들이 통합되는 일은 없었다. 하지만 물품이 부족한 상태로 부흥이 본격화되기 시작하자 다시 한 번 쓰레기 세계가 활기를 띠기 시작한다. 건축 러시는 유리 쓰레기에 파격적인 금액을 달아주었고, 전후 민중들의 왕성한 독서 욕구는 종이 쓰레기의 값을 상승시켰다. 도쿄도 청소국, 폐품 회수를 하는 학교, 그리고 무엇보다도 토지를 불법 점거한 업자 등 다양한 존재 및 세력과의 마찰 및 조정 속에서 전후 출범한 '도쿄도 자원회수 상업

조합'(동자협)은 자신들의 존재 의의를 계속 탐색한다. 특히 도내 여기저기의 임시 가건물들에 45,000명의 생활자들이 살고 있었는데, 그들은 "금속류의 가치가 잇따라 치솟으면서 부서진 창고나 황폐해진 공장 등에서 금속류 도난 사고가 속출하는 이유가 되어", "범죄의 온상인 듯 보였다."[23] 전쟁 중에 이미 고물상 단속은 경찰에서 도쿄도로 이관되었지만, 범죄가 쓰레기 세계 부근에서 다수 발생하다 보니 '동자협'은 혹여 경찰 권력이 전전과 같은 방식으로 개입하지 않을까 두려운 마음에, 미리 불법 점거자들과 뚜렷이 선을 긋기 위해 운동을 계속 벌이게 된다.

또한 '동자협'의 활동 중 특기할 만한 것은 개정형법 준비초안 제367조 폐지 운동이다. 1963년에 법제심의회가 형법 속에 "영업 관련하여 과실에 의해 사정을 알지 못한 채 절도품이나 기타 재산에 대한 죄에 의해 획득한 물건을 보관하거나, 유상으로 취득하거나 또는 그 처분을 주선한 자는 30만 엔 이하의 벌금에 처한다"라는 '과실범' 조항을 포함시키려고 한 데 맞서, 그것을 저지하고자 운동을 결성한 것이다. 아무래도 소유권이 애매한 물건을 다루지 않을 수 없는 폐물업자에게는 이 367조가 "우리의 직업을 모욕하고, 영업을 불가능 상태로 몰아넣고, 생활을 위협하고, 기본적 인권을 무시"한 것으로 보였다.[24] 결국 이 운동이 성공으로 끝나긴 했지만, 원리상으로는 경찰 권력의 감시로부터 자유로워야 했을 전후에도 쓰레기 세계는 여전히 법과 치안의 자기장 속에서 존재하고 있음을 보여주는 사례이다.

4 양아치와 룸펜 프롤레타리아트

양아치 죽이는 데 칼까지 필요하랴, 비 열흘이면 족하지.

한때 화제를 모았던 출처 불명의 이 잔혹한 말은 양아치들이 사는 방식 및 죽는 방식과 깊이 상통하고 있었다. 그리고 언제부턴가 쓰레기를 주워 모으는 '넝마주이'는 '양아치'*라 불리고 있었다. 자, '동자협'의 역사 속에서 보자면 오히려 경쟁 상대이며, 심지어는 배제의 대상으로까지 묘사되어 온 양아치란 어떠한 존재였는가? 쓰레기를 사 모으는 게 아니라 주워 모으는 양아치에 대해서는 포괄적인 연구서 『양아치 사회 연구』(1973)에 상세히 적혀 있다. 도쿄에 살았던 두 고교 교사(호시노 아키라와 노나카 이누이)가 쓴 『양아치 사회 연구』는 참으로 빼어난 책인데, 그것은 단순히 거기에 통계 자료가 풍부하게 사용되었기 때문만은 아니다. 양아치의 실태를 밝히고 말겠다는 집념에 가득 차 있으면서도 그 필치는 냉정하고도 분석적이라는 점이, 사회에서 분해자들이 행하는 작용을 포착하려는 본서의 이 4장에 의미가 있기 때문이다.

먼저 양아치라는 단어의 어원**에 대해 호시노와 노나카는 『동자협 20년사』를 참고하면서 몇 가지 설을 소개한다.[25]

* '바타야'(バタヤ)라는 단어는 양아치, 폐품 수집업자 등의 뜻인데, 본 번역서에서는 대부분 '양아치'로 번역한다.

** 한국 사회에서 '양아치'라는 말의 유래와 의미를 다룬 흥미로운 글이 있다. 장석만, 「양아치론」(https://mrelinhuman.tistory.com/21). 본서의 문제의식과도 상통하는 측면이 있다.

첫째, '뚜껑을 닫는 소리' 설. 모토키초 세키바라 초등학교의 향토지지(地誌)에 따르면 "가정에서 내놓은 쓰레기통들을 마구 휘저은 다음 나무 뚜껑을 덮을 때 콰당!* 하고 소리를 냈던 데서" 유래했다.

둘째, '도로변 사람' 설. 방금 언급한 향토지지에 따르면 "한때 폐물 매출인들은 물건을 사들인다는 점에서 시중 상가라 불렸던 반면, 수집인들은 도로변의 물건들을 주우니까 도로변에서 일하는 사람으로 불리던 것이 변해서 변사람(端者, 바타모노)**, 변집(端屋, 바타야)으로 불리기에 이르렀다."

셋째, '생선 내장' 설. "메이지 중엽 니폰바시의 어물 경매시장 일대를 세력권으로 삼았던 고용 알선업자가, 시타야 만넨초를 세력권으로 하는 직계 부하에게 어물 경매시장의 생선 내장 처분권을 주었다. 모은 생선의 내장을 농토의 비료로 판매하게 했던 것이다. 그런데 생선 수집에 종사하던 당시 만넨초 주변의 빈민들이 더 나아가 넝마, 폐지 등의 수집도 겸하게 되고, 결국에는 후자(폐물류의 수집)가 본업이 되었다. 이들을 생선 내장 수거인, 내장집(하타야)으로 부르던 것이 후에 바타야라는 명칭으로 바뀌었다고 한다."

넷째, '천변(川邊)'*** 설. 폐지를 떠서 다시 종이로 만드는 종이업자가 아사쿠사의 이마토바시라는 다리 부근에 있었다는 사실이 이 설을

* '양아치'라고 번역한 단어는 'ばた屋'이며, 일본어에서 '콰당'의 의성어는 'ばたん'이다. 우리말로 소리를 표현하자면 전자는 '바타야' 혹은 '빠따야', 후자는 '바탕' 혹은 "빠탕"이다. 우리말에서 문을 세게 닫을 때의 소리인 '콰당', '쾅'에 해당되는 일본어다.

** 端은 우리말에서 '단'이라고 읽지만, 도로변(道端)이라고 번역한 것과 상관하여 '변사람'이라 번역한다. 이 '단'의 일본어 발음이 '바타'이다.

*** 여기서의 변(邊)도 일본어로 '바타'다.

지지한다. 에도 시대에 출판사업의 활성화에 따라 폐지를 떠서 종이를 만드는 종이 재생업도 발달한다. "이것 참, 넝마주이 양털에 둘러싸여"(さあことだ屑屋羊にとりまかれ)*라는 센류(川柳, 일본의 정형시)도 이 무렵 작품이다.

어느 설을 취해도 '바타야'의 '야'는 '집'(屋)** 이외의 다른 것일 수는 없다. 모든 설이 다 매력이 있고 또한 어떤 설도 넝마주이들의 움직임까지 잘 담아내고 있다. 그렇다면 바타야, 즉 양아치란 도대체 누구인가? 호시노와 노나카는 바타야=양아치를 이렇게 정의하고 있다.

> 양아치란 버려진 것들을 주워 그걸 판매함으로써 보수를 얻는 직업 또는 그에 종사하는 사람들이라고 생각해보았다. 즉 쓰레기통이나 길가에서 폐지든 빈병이든 어쨌든 버려져 있는 것들을 갖고 간다는 점에 특징이 있다. 그에 반해 같은 폐품을 주워 모으는 경우라도 큰 소리로 "고물!"이라고 외치면서 가가호호 방문하여 현금을 치르고 사들이는 사람[매출인]은 양아치라 하지 않는다. 또 마찬가지로 아직 폐기하지 않은 물건을 보는 눈이 없다고 해서 잽싸게 들고 가버리는 그런 자도 포함되지 않는다. 다음으로 양아치는 짐수레나 바구니 등 주울 때 필요한 도구를 상시 차용 또는 소유하고 있고 또 사용을 한다. 이 점에서 일일 고용자나 공사장 막노동꾼처럼 노동력만을 팔고, 도구는 일하는 현장에서 받는 사람들과는 다르다. 나아가 양아치들

* 예술 작품의 한 구절로 정확히 이해하지 못하고 번역하게 되어 원문을 병기한다.
** 이때의 집은 '술집', '빵집'의 용례에서처럼 그 일을 하는 사람, 그 업종을 가리킨다.

은 대부분 폐물 수집소(매입처)에 부속된 다세대 연립거주시설에 살고 있다. 폐물 수집소 주인의 지시에 따르는 생활이지만, 잘 곳 없는 부랑자들과는 다르다. 물론 역이나 공원 벤치가 보금자리인 경우도 있지만 대부분은 정주자인 것이다.

다만 양아치는 노동일 및 노동시간이 반드시 명확하지는 않다. 그날 일을 나갈지 안 나갈지는 본인 의지에 달려 있다. 이 점이 임금을 받는 노동자와 다르며, 종종 룸펜성(性)이라 지적받는 것도 이 지점과 관련된다.[26]

양아치는 일정한 주소가 있고 직업으로 쓰레기 수집에 종사하는, 그러니까 일하는 사람들인 것이다. 분류상으로 보자면 재생자원 회수업자, 즉 상업 종사자이다. 올바로 말하자면 야외 폐물영업자라 보아야 할 것이다. 그리고 발생 상황의 차원에서 보자면 잠재적 실업 인구의 성격을 가지며 산업 예비군으로서의 요소를 지닌, 그런 점에서 사회 전체와 관계가 있는 존재이다.

또한 넝마주이들이 모은 쓰레기를 사들이는 폐물 수집소와 수집상의 경영자들도 양아치라 불린다. 이것도 제대로 말하자면 제지 원료상 혹은 폐물 도매상이나 동철(銅鉄) 도매상일 것이다.

요컨대 양아치란 이러한 수집소와 넝마주이로 구성된다. 또 수집상의 수집소와 그와 연결되어 있는 다세대 연립 거주시설의 건물들도 일괄하여 양아치라 부른다. 나아가 이러한 양아치들이 몇 단위 혹은 십여 단위, 때로는 몇십 단위나 모이는 경우가 있는데, 이는 양아치 부락이나 양아치 거리 등으로 불려왔다.[27]

호시노와 노나카에 따른 정의에는 세 가지 포인트가 있다.

첫째, 양아치는 쓰레기를 사거나 훔치는 게 아니라 수거한다는 점. 지금까지 말해 왔듯이 양아치가 하는 일은 절도죄의 근방에 존재하지만, 그렇다고 해서 절도죄를 범하는 것은 아니다. 양아치는 범죄자가 아니라 '상인'이라는 것이다.

둘째, 양아치는 줍는 사람과 그들의 거주지만이 아니라 수집소 및 그 수집소의 경영자도 의미한다는 점. 즉 인간과 공간을 동시에 표현할 수 있는 개념인 것이다. 아까 말했듯이 양아치를 뜻하는 바타야의 '야'(屋)에는 집을 뜻하는 '옥'(屋)이라는 한자가 할당되기 때문일 것이다.

셋째, 양아치는 노동 수단, 즉 쓰레기 바구니나 리어카를 소유한다는 점. 자신만의 노동 수단을 갖고 있다는 점만을 보자면 공장 노동자보다 자유롭다고까지 할 수 있다.

호시노와 노나카의 논의 중 특히 세 번째에서 의식되고 있는 것은, 아니 의식이라기보다도 저절로 표출하고 있는 것은 마르크스다. 여기서 마르크스와 그 지지자들이 계속 사용해온 '룸펜 프롤레타리아트'라고 하는 단어를 상기하면, 호시노와 노나카가 '룸펜성'이라는 단어를 사용한 의미와 그 논의는 윤곽이 더 또렷해질 것이다. 룸펜(Lumpen)이란 독일어 남성명사로 넝마[누더기]나 쓰레기를 의미한다. 마르크스는 계급의식이 없고 노동 의욕도 없이 곧장 반동화하는 룸펜 프롤레타리아트를 '쓰레기'라 칭하면서 노동자 계급과는 확실히 구별되는 신뢰할 수 없는 인간들이라고 보았다. 마르크스는 1852년의 『루이 보나파르트의 브뤼메르 18일』 초판에서 루이 보나파르트*를 지지하는 룸펜 프롤레타리아트에 대해 이렇게 썼다.

> 생계 수단도 모호하고 귀족 출신이지만 내력 역시 모호한, 그러면서 머리가 이상한 허랑방탕꾼(Roués)들 외에도, 또한 영락하여 모험 생활을 하고 있는 부르주아의 자제들 외에도, 정처 없는 떠돌이, 퇴역한 군인 퇴물, 전과자, 유배지에서 탈출한 자, 사기꾼, 사람을 호리는 자, 부랑자(lazzarone), 소매치기, 마술사, 요술쟁이, 노름꾼, 뚜쟁이, 포주, 짐꾼, 일일고용 인부, 손풍금쟁이, **넝마주이**, 칼갈이, 땜쟁이, 비렁뱅이, 요컨대 프랑스 사람들이 라 보엠이라 부르는 온갖 불명확하고 혼란스런, 우왕좌왕하는 군중(강조는 인용자).[28]

이 중 '라 보엠'(La bohème)은 보헤미안, 즉 유랑민이다. '넝마주이'라고 한 것은 룸펜잠러(Lumpensammler)로서 직역하면 '쓰레기 모으는 자'가 될 것이다.[29] 게다가 마르크스는 이 뒤에서 "모든 계급들의 이 폐물, 쓰레기, 찌꺼기"(in diesem Auswurf, Abfall, Abhub)라는 독일어 표현을 통해 루이 보나파르트가 "의지하는" 계급을 운율까지 맞춰가며 헐뜯고 있다. 각각 auswerfen, abfallen, abheben라는 독일어 동사의 명사형으로, (어떤 것으로부터 불필요한 것을) 내던져버린다, 떨궈버린다, 제거한다는 의미이다. 쓰레기란 '유용'한 무언가로부터 분리되고, 떨궈지고, 제거된 것이라는 점, 요컨대 어떤 본체가 있는데 그로부터 떨어지거나 벗겨지거나 분리되어버린, 혹은 내던져지거나 버려진 그런 것이라는 점을 마르크스가 언어유희로 사용한 독일어 단어군은 가르쳐준다. 게다가 룸

* 잘 알려지지 않은 사실이지만, 루이 보나파르트는 생시몽주의자였다. 그와 룸펜 프롤레타리아트의 관계를 생각할 때 이 점을 고려할 필요가 있다. 그리고 생시몽은 사회주의자로서 엥겔스에게 '공상적 사회주의자'라 비난받았던 인물이다.

펜잠러(Lumpensammler) 중 잠러, 즉 떨궈진, 제거된 것들을 모으는 사람(Sammler) 또한 사회의 본체에서 떨어지거나 벗겨지거나 분리되거나 던져지거나 버려진 그런 존재라고 하는 당시 지배적이었던 일반 통념을, 룸펜 프롤레타리아트에 대한 마르크스의 경멸적인 말들은 가르쳐준다. 룸펜 프롤레타리아트라는 말이 꼭 그런 것처럼, 물건이 그 물건을 취급하는 사람들의 명칭이 되고 있는 것이다.

룸펜 프롤레타리아트에 대한 마르크스의 이러한 이미지에 호시노와 노나카는 은밀히 대립하고 있다. 혁명의 주체이기 이전에 일을 하는 사람이며 게다가 노동 수단을 소유하고 있다는 점에서 양아치는 '룸펜 프롤레타리아트'라고 막 불러도 될 만큼 아무 쓸모없는 존재가 아니다. 범죄자도 아니다. 그러니까 사회에서 제거되어 바닥에 떨어진 쓰레기 따위가 아니라 사회의 훌륭한 일원이라고 한다. 요컨대 호시노와 노나카는 양아치를 '상업' 형태의 하나로 부르며 어떻게든 그 경제학적인 역할을 표현하려 한다. 호시노와 노나카의 책을 읽으면 그들의 시도가 어찌나 성실한지 독자들은 가슴이 뭉클해질 것이다. 다만 분해의 철학은 그것만으로는 만족하지 않는다. 본체에서 떨어져 나가 제거된 것은 가령 생선장수에 의해 생선에서 분리되어버린 (미생물들이 엄청 좋아하는) 내장처럼, 소의 소화기관으로부터 떨어진 (미생물이 듬뿍 담겨 있는) 분뇨처럼, 식물에서 분리된 단세포 뿌리털처럼 극미한 생명과 그들이 서식하는 집을 활성화하고 영양으로 가득 채운다. 책을 제작하는 과정에서 직인들이 쓰레기통에 던져버린 종이 지스러기, 다 읽은 신문 뭉치, 역할을 마치고 산처럼 쌓여버린 골판지 등은 (마치 생선 내장이나 분뇨, 뿌리털 같은 게 토양 세상에 작용하는 것과 마찬가지로) 쓰레기 세계를 통과한 후에는 문자를 실어 나르는 종이가 되어 인간의 지식을 일구고, 질 낮은 재생종이로서 배설 환경이 가지런해지는 데 기여한다. 양아치는 '생산'활동에 종사하지 않는다. 하지만 그들은 '분해'활동을 영위하고 있다. 줍는다는 작용은 인류의 근원적인 작용이라고 할 만한 것이다. 경제사 속에서는 실로 상업 종사자이지만, 지구 역사 속에서는 분명히 분해자다. 인간과 그 인간들의 서식처인 지구가 폐기물에 매몰당하지 않기 위해 필수 불가결한 존재이다. 이미 그 자체가 버려진 것들인, 그런 존재들의 가치를 역전시키는 역할을 계속 수행하는 상황에 몸을 내어놓는 일이다. 그 작용을 진정한 의미에서 '비옥하게 한다'고 말하는 것이다. 비옥하게 하는 그 힘이 너무나 엄청나서, 가치의 현상 유지를 담당하는 행정이나 경찰은 쓰레기 세계에 감시의 눈을 번득이면서 끊임없이 '소독'을 했다고도 할 수 있다.

양아치들은 그 존재 자체가 혁명가들에게도 가시화되기 어렵고 잠복적이다. 상황을 완전히 역전시키는 넝마주이의 힘은 마르크스와 그 지지자들이 상상하는 혁명의 담당자로부터 빠져나가버린 덕분에, 아직 세계의 가치의 역전에 활용될 수 있는 가능성으로 남아 있다. 그런 의미에서 분해의 철학은 마르크스와 자본주의가 공통으로 '누락시킨 것'에 감사하지 않을 수 없다. 세계의 가치의 진정한 역전은 세계를 분쇄하는 데 있는 게 아니라, 세계를 비옥하게 하는 일에 존재한다.

5 폴란드에서 개미촌으로

1930년 4월 24일 폴란드의 프란체스코회 수도사들을 태운 '일본 우편선'의 중일(中日) 연락선 나가사키마루호(5500톤, 2노트)가 나가사키 항에 닻을 내렸다.[30] 다섯 명의 프란체스코 수도사들은 2월 26일 바르샤바 근교의 니에포칼라노프 수도원을 출발하여 도중에 바티칸에 들러 교황 피우스 11세를 접견하고 일본에서의 선교 허가를 얻은 다음 마르세유에서 출항했다. 니에포칼라노프(Niepokalanej)란 '원죄 없는 성모 마리아의 기사단'이라는 의미다. "성모 마리아의 마음을 내 마음 삼아 날마다 행동하고 성모 마리아의 기사로서 수련한다"는 것을 스스로에게 부과하는 수도원이었다.[31] 니에포칼라노프 수도사들이 가난한 식사에 만족하고 누더기 같은 옷을 몸에 걸친 채 걸식과 노동에 힘쓰는 그 지행합일의 모습은 많은 신자들과 지지자들을 이 수도원에 데려왔다.

포트사이드, 지부티, 콜롬보, 싱가포르, 사이공, 홍콩을 거쳐 상하이에 머무는 동안 두 명의 수도사는 내리고 남은 세 명이 일본에 도착했다. 도합 약 7주간의 항해였다. 일본에는 당시 이미 93,000명의 가톨릭 신자가 있었지만, 300년 전에는 기독교도의 잔혹한 박해로 바티칸을 뒤흔들었던 나라였다. 규슈섬과 그 주변의 섬들은 기독교 탄압의 무대이며, 잠복 기독교인들이 비밀리에 세대를 이어가며 신앙을 지키고 있던 장소이기도 했다. 이 점을 폴란드에서 온 프란체스코 수도사들은 알고 있었고, 나가사키가 자신의 순교의 땅이 될 수 있다는 각오를 이미 한 상태였다.

그 중심인물은 막시밀리아노 콜베(Maximilian Kolbe)라는 신부로 본명은 라이문드 콜베였다. 1894년생으로 로마의 그레고리안 대학을 졸업한 콜베는 철학과 신학 두 분야에서 모두 박사 학위를 가진 수재였지만 역시나 일본어는 거의 읽지 못하고 일본의 문화나 관습에도 무지했다. 그럼에도 불구하고 그는 두 명의 수도사와 함께 무모한 계획에 도전한다. 그것은 일본어로 가톨릭 잡지 『성모의 기사』를 출판하는 것이었다. 그리고 실제로, 나가사키 교구장이었던 하야사카 규노스케가 제시한 조건, 즉 나가사키 공교신학교에서 신학 및 철학을 가르치는 조건을 받아들이는 대가로 잡지 발간 허가를 얻어냈다.

콜베는 수도사와 함께 "비가 새는 초라한 집에서 생활하고 노천에서 변변치 못한 요리를"[32] 하면서 어느 쪽이 위고 어느 쪽이 아래인지도 모르는 일본어 활자들을 집어가며 국판으로 본문 16페이지의 『성모의 기사』를 1만 부 발간했다. 모든 한자에는 일일이 일본어 발음을 병기했다. 나가사키 상륙 이후 겨우 1개월 뒤인 5월 24일, 콜베는 니에포칼라노프 수도원에 "오늘 일본어로 된 『성모의 기사』 제1호를 보낸다. 인쇄소도 갖추었다. 원죄 없으신 성모 마리아께 영광 있으라. 막시밀리아노"라는 전보를 칠 수 있었던 것이다.

나가사키에서 콜베는 교육 활동과 선교 활동에 열중하다가 1936년 여름 폴란드에 귀국하고, 거기서 니에포칼라노프 수도원 원장에 임명되어 파시즘에 의한 반종교 운동과 대결하는 역할을 하게 된다. 그러나 나치는 1939년 9월 1일 폴란드를 침공했고 9월 19일에는 독일의 오토바이 부대가 니에포칼라노프에 당도했다. 콜베는 무장한 독일 병사에게 연행되어 "수도원이 폴란드군을 돕지 못하도록 막는 예방 조치"로서 구류당했다. 그 후 바르샤바에서 500킬로미터 떨어진 암티츠(현재 폴란드의 겐비체)의 군용 텐트에 수용되었다가 1939년 12월 7일 저녁에 수용소에서 석방되었다.

석방 후 콜베는 『성모의 기사』의 간행 허가를 바르샤바의 '국민교육 선전국'으로부터 받아 12만 부를 인쇄했다. 거기서 "진짜 싸움은 마음 내면에서의 싸움입니다. 점령군도, 억누를 수 없는 다양한 정념들도, 절멸 수용소도 그 무엇도 상관없습니다"라고 써서 나치에 대한 폴란드의 저항을 정신적으로 지지했다. 결국 1941년 2월 17일 폴란드 '지식인'의 한 사람으로서 나치의 비밀경찰 게슈타포에게 체포당했다. 나치는 폴란드 민중의 저항이 교회와 연결되어 있다는 걸 알고 교회에 대한 공격을 개시한다. 콜베는 바로 그 공격의 표적이 되었던 것이다. 바르샤바의 파비아크에 연행되어 거기서 있다가 5월 28일 아우슈비츠로 이송된다.

1941년 7월 어느 날, 한 수용자가 농장에서 노동이 한창 진행 중일 때 탈주했다. 친위대는 연대 책임을 물어 수용자 중 10명을 무작위로 골라내어 굶기는 형벌에 처하기로 했다. 그중 한 사람인 프란치세크 가이오프니체크가 걸렸을 때, 그는 "아, 내 아내와 아이들아!"라고 외친 것으로 알려져 있다. 그때, 콜베는 한 걸음 앞으로 나와서 자신은 가톨릭 사제인데 저 사람 대신 죽고 싶다, 나는 이제 젊지는 않지만 저 사람에겐 아내와 자녀들이 있다, 라고 말했다고 한다. 친위대원은 콜베의 바람을 들어주어 가이오프니체크를 원래의 대열로 돌려보내고 콜베를 기아 형벌실로 데려갔다. 물론 이 지하 제18호방은 시간이 걸리는 것뿐이지 그 자체가 사형 집행실이었다. 여기에 갇힌 자는 음식을 받지 못하고 공복 상태에서 죽어가는 것이다. 콜베는 성가를 부르며 다른 갇힌 자들을 위로했다고 한다. 2주 후 목숨이 붙어 있던 자는 네 명, 그중 의식을 잃지 않았던 것은 콜베뿐이었다. 8월 14일, 친위대의 명령을 받은 한 죄수는 콜베가 내민 팔의 정맥에 페놀을 주사했다. 향년 47세였다. 콜베가 다른 사람 대신 죽은 이 이야기는 1982년 폴란드 출신의 교황 요한 바오로 2세에 의해 시성받은 것을 계기로 매우 유명해졌다.

콜베가 떠난 나가사키에는 새로 사무엘 로젠바이거(Sammuel Rosenbaiger)가 찾아 왔다. 또 그 시점에는 이미 콜베를 흠모하며 찾아온 미에치스라오 미로흐나(Mieczysław Mirochna)도 있었다. 남겨진 신부와 수도사는 신학교를 세우고, 『성모의 기사』를 발행하고, 또 성모의 기사 수도원을 건설하기도 하는 등 포교 활동에 힘쓰고 있었다. 수도사 중 한 사람이었던 1898년생 제노 제브로프스키(이하 제노, Zenon Żebrowski)는 뛰어난 목공 기술과 떠듬거리는 일본어로나마 벌인 교섭력에 의해 힘겨운 활동을 지원하고 있었다. 훗날 일본 각지에서 '제노 신부'라 불리며 사랑과 존경을 받게 되는 그는, 실은 교육을 받지 못했기 때문에 한 번도 신부였던 적이 없다. 제노는 제1차 세계대전 당시 러시아령이었던 폴란드에서 동경하던 군인이 되어 독일군과 싸우다 쓰라림을 맛보았던 인물이었다. 그 후 방랑벽도 가세하여 이런저런 장사에 손을 대던 와중에 콜베와 만나게 되었던 것이다. 콜베의 말에 감동한 그는 수도사가 되어 콜베를 섬겼다. 나가사키에도 '순교'할 생각으로 찾아온 것이었다. 그러나 나치의 폴란드 침공에 의해 제노는 독일의 동맹국이었던 일본에 적대국 사람이 된다. 가톨릭교도는 '스파이' 혐의를 받는 일도 있었다. 나가사키현의 특별고등경찰이 수도원에 찾아와 해산을 명령했다. 그러나 제노는 미로흐나와 함께 경찰에 『성모의 기사』를 발행하지 않는 대신 수도원에 남아 있게 해달라고 간청했다. 결국 두 사람은 잔류를 허가받는다. 손재주가 뛰어난 제노는 경찰의 구두를 수선하거나 또는 우유와 신선한 야채를 건넨다든가 하면서 당국으로부터도 신뢰받고 있었기 때문에 위험한 인물로 여겨지지 않았던 듯하다.

제노는 나가사키시에 핵폭탄이 투하되었을 때도 나가사키 시내에 있었다. 산그늘에 있었기 때문에 목숨은 건졌다. 제노는 길바닥에서 헤매는 아이들을 구제하기 위해 곧장 보호에 나섰다. 부랑아들을 모아 고아원을 만들고 거기서 살게 해주는 활동을 계속 벌인다. 그 과정에서 저작 『나가사키의 종(鐘)』(1949)이 베스트셀러가 되면서 일약 유명해진 의사 나가이 다카시와도 만나게 된다. 나가이는 방사선 치료 의사였는데 그 역시 가톨릭 신자였다. 피폭으로 몸 상태가 안 좋았지만 그걸 숨기면서 피폭자들을 돕는 활동을 하던 중이었다. 제노는 그런 나가이를 문병하러 간 것이었다.

나가이 다카시는 1951년 5월 1일에 백혈병에 의한 심장 마비로 나가사키 대학에서 사망했지만, 그 후에도 제노는 활동을 접지 않았다. 나가사키뿐 아니라 오구라, 도쿄, 홋카이도 등에서도 부랑아나 빈곤자들의 보호와 원조에 힘썼다. 그 과정에서 제노는 다이토구 아사쿠사 쇼덴초 632번지 스미다가와의 천변에 있던 양아치 부락을 방문하게 되고, 거기서 희망을 발견하게 된다. 쓰레기와 넝마뿐 아니라, 경쟁사회에서 떨려나와 도망쳐온 인간들이 모이는 이 부락은 '개미촌'이라 불리고 있었다. 양아치들이 공동노동과 공동생활을 하는 곳으로 '불법점거'된 장소였다. '개미촌'을 제노에게 소개한 것은 도쿄도 민정국 보호과에 근무하고 있던 나카이 야스유키였다.[33] 나카이는 직무상 우에노라든가 아사쿠사의 양아치 부락을 도는 일이 많았는데, 우연히 제노가 민정국장을 방문했던 차에 나카이와 이야기를 나누게 되었고 그러다가 두 사람이 의기투합하게 되었다. 사실 그때 제노는 아스피린이나 영양제를 진주해 있던 미군으로부터 받고 있었는데, 그것을 배급하고 싶어서 민정국에 상담하러 왔던 참이었다. 나카이가 왜 제노와 이야기가 될 수 있었느냐 하면, 그것은 나카이가 만주국 하얼빈의 시청에 근무했던 사람이기 때문이다. 1950년 11월, 나카이는 이미 흉허물 없는 사이였던 제노에게 개미촌을 안내했다.

'개미촌'에, 농업경제학자로서 훗날 다카사키 경제대학의 학장이 되는 기타하라 긴시의 딸 기타하라 사토코를 데려온 것도 제노였다. 기타하라 사토코의 가족은 도쿄 아사쿠사에 있던 사토코 언니의 시집에 가족 전체가 의지하며 살고 있었는데, 시집이 운영하던 신발가게에서 1950년 11월 중순 스무 살의 사토코는 제노와 우연히 만나게 되었다. 그때 그녀는 기독교의 가르침에 따라 행동하기 위해 가난한 사람들을 돕는 일에 가교 역할을 하기로 했던 것이다.[34] 기타하라 사토코는 이미 메르세스 수도원에서 세례를 받은 상태였지만, '산타클로스' 같은 제노의 풍모와 서툰 일본어에 점점 끌려간다. 제노는 "당신, 세례 받-았-습니까?" "가련한 인간들을 위해 기도 잔뜩 부-탁-합니다"라고 말하며 성모 마리아가 그려진 엽서를 건네고 떠났다. 재회했을 때에는 "저, 아가씨, 오늘은 가련한 룸펜들이 있는 곳, 많이 걷습니다. 당신, 함께 오지 않겠습니까?"라고 말하며 기타하라 사토코를 개미촌으로 데려간 것이다.

제노는 '개미촌' 모델을 전국에 확산시키기 위해 동분서주한다. 이시토비 진의 『바람의 사자(使者) 제노 신부』(1982)에 따르면 홋카이도의 세타나군 기타히야마초, 도쿄도의 스미다구, 소부센(総武線) 가드 밑 '녹색친교회', 우에노 공원 내 '푸른모임', 아사쿠사 히가시혼간지 지구, 고토구 시오가사키초, 미나토구 시바의 '간판 네거리', 니가타의 도카마치 및 후타바마치, 오사카 스이타의 '녹색시', 고베니시노미야의 무코가와, 고베 나가타의 슬럼가, 기타큐슈 고쿠라의 아사노 매립지구, 후쿠오카시 나가하마 지구, 사세보역 후면 지구, 나가사키 다케노쿠보 '개미촌', 나가사키 시로야마 '개미촌' 등 다수의 빈궁민이 사는 수많은 부락들의 곤궁함을 구하기 위해 "경찰, 시청, 국철, 병원, 미군기지" 등과 교섭을 했다고 한다.[35]

6 만주에서 개미촌으로

이번에는 요시다 게이코 이야기다. 그녀의 아버지는 나카이 야스유키와 마찬가지로 만주국의 공무원이었다.[36] 1945년 8월 9일 나가사키에 핵폭탄이 투하된 날 소련군이 만주국을 공격해왔다. 아버지는 영장을 받고 만주국에 남았다. 요시다 게이코는 어머니, 오빠, 동생과 함께 넷이서 도피를 하여 간신히 일본에 도착했고, 히로시마현 오노미치시의 할머니 집에 기식하게 되었다. 이듬해 몹시 수척해진 아버지가 오노미치로 돌아왔다. 아버지는 오노미치에서 의류를 판매하거나 브로마이드 가게, 마른식료품 가게 혹은 조청집 등을 하면서 연명하고 있었다. 그러나 아무리 일해도 삶이 만족스럽지 않자 가족 전체가 도쿄로 이주하게 되었다. 네리마(練馬)에서 작은 집을 하나 발견하고 '만두가게'를 하기 시작했다. 게이코도 자전거로 배달을 다녔다. 비 오는 날에는 자전거에서 쓰러져 만두를 진흙 속에 처박는 일도 있었다고 한다. 일이 궤도에 오르기 시작한 시점에서 갑자기 집주인이 집을 비워 달라고 해서 가족은 유일한 재산인 자전거를 끌며 집을 찾아다닌다. 우에노역 근처의 숙소에 하룻밤 묵었더니 돈이 거의 다 떨어져 우에노의 묘지 근처에 있는 싸구려 여인숙에 들어가 다다미도 이불도 없는 곳에서 사흘 동안 잤다. 게이코의 초등학교 시절 작문에 따르면 "개집 같은 작은 곳"이었다고 한다.

사흘째 되던 날 아버지는 싸구려 여인숙에 묵고 있는 한 사람으로부터 스미다 공원 쪽으로 가면 잘 곳이 있을 수 있다는 말을 들었다. 가족은 혼간지(本願寺)에서 아사쿠사 공원 일대를 걸으며 살 만한 곳이 어디 없나 찾아보았다. 그러나 어디에도 살 곳은 없고 겨우 도착한 곳이 고토토이바시라는 다리 옆이었다. 그때 게이코의 어머니가 (게이코가 쓴 작문에 따르면) 이렇게 외쳤다. "여보, 저기 부락 안에 기저귀를 말리고 있네요." "분명 저기엔 가족 단위의 사람들이 잔뜩 살고 있을 거예요. 기저귀를 말리고 있는 동네라면 당연히 우리도 살 수 있는 곳이겠죠."

완전히 의기소침해 있던 게이코의 아버지는 나가볼까 말까 망설이고 있었는데, 어머니가 혼자 그 동네로 들어가 보았다. 그것이 '개미촌'이었다. 개미촌의 회장인 오자와 모토무는 이 가족의 처지를 듣고는 곧 방을 마련했다. "그날 밤 우리는 며칠 만에 팔다리 뻗고 잘 수 있다며 크게 기뻐했습니다." 다음 날 아버지는 양아치 일을 시작한다. 게이코는 "그런 아이들과 함께 지내는 것은 처음이어서 뭔가 꺼림칙한 기분이 들었습니다"라고 회고했다. 하지만 그 아이들을 가르치고 있던 기타하라 사토코가 게이코에게 말을 건 다음부터 게이코는 점차 마음을 열어 간다.

아버지와 오빠는 교대로 수레를 끌고 이런저런 줄들을 주우며 걸었다. 어머니는 집에 있으면서 그 줄들을 묶어 생활을 도왔다. 게이코는 말한다.

> 아빠도 엄마도 처음에는 하루라도 빨리 양아치 생활에서 손을 씻어야 한다는 식의 이야기를 했더랬죠. 요즘 들어서야 비로소, 쥐꼬리만 한 돈을 가지고 독립하기보다는 이렇게 수백 명이 공동생활을 하는 것이 얼마나 마음 든든한지 모르겠다며 입을 모으게 되었습니다. 지금 엄마는 스스로 지원해서 개미촌의 변소를 청소하고 목욕물 데우는 일을 하고 있습니다. 아빠는 개미촌 덕분에 우리 가족이 살게 되었으니, 언젠가는 개미촌 비슷한 지부를 만들어 몇몇 사람들을 우리들의 힘으로 구해주는 것이 다른 무엇보다도 보은이 아니겠냐고 이야기합니다.
>
> 우리 가족은 기타하라 선생님의 인도하심으로 바로 얼마 전 모두 세례를 받았습니다. 아버지의 세례명은 이시도르, 엄마는 안나, 오빠는 가브리엘, 동생은 미카엘, 그리고 저는 세실리아입니다.[37]

기타하라 사토코는 요시다 게이코에 대해 "언니처럼 구는 게이코 양"[38]이라고 말한다. 물론 요시다 게이코가 하는 말이 상당히 어른스러운 건 사실이다.

> 개미촌에는 저와 같은 처지의 사람들이 매일 같이 들어옵니다. 개미촌에 온 덕분에 가난하면서도 안심하고 학교에도 다닐 수 있고, 마을

안에 공동욕실도 있고, 모두 이용할 수 있는 공동 공부 장소도, 식당도, 오락장도 있고 아플 때에는 돈 한 푼 걱정 없이 병원에 다닐 수도 있다고 해서 모두 매우 기뻐하고 있습니다. 그런데도 가까운 시일 내에 '개미촌'을 깡그리 태워버려 추방한다거나, '개미촌'의 장사를 못하게 한다는 소문이 자주 귀에 들어와 그때마다 아빠도 엄마도 밤늦도록 그 소문 때문에 한숨을 쉬고 있습니다. 우리는 지금보다 더 멋진 집에 살겠다느니 더 호화스러운 생활을 하고 싶다느니 하는 생각은 하지 않습니다. 지금 이대로 괜찮으니까, 정말로 사이좋은 사람들끼리 하나가 되어 매일 사이좋게 기도하면서 즐거운 노동을 계속하고 싶다고, 아빠와 엄마도 말하고 있습니다.[39]

또 개미촌에 사는 아이들 중 미야사카 겐이치는 모두로부터 '겐짱'이라 불리는 리더 격인 소년이다. 나가노현에서 기계공으로 일하던 아버지 밑에서 어머니, 동생과 함께 살고 있었지만, 어머니가 죽고 전쟁이 끝난 후에 셋이서 도쿄로 나왔다. 전후 호황의 물결을 타고 큰돈을 벌게 된 아버지는 화려하게 놀았지만, 병이 나 몸을 망치고 장사에도 실패하여 우에노 간에이지(寛永寺)의 춘성원의 외방(外房)에서 살고 있었다. 모아둔 돈도 다 떨어져 '바보 같은 상태'로 있던 차에, 개미촌에 살면서 사무 처리를 맡고 있던 극작가 마쓰이 도루의 주선으로 개미촌에 따라오게 되었다고 한다. 아버지는 일하기를 싫어하고 아이를 엄하게 징계하는 사람이었다.[40]

작가 마쓰이 도루도 저서 『궁핍 추방: 개미촌의 경제학』(1956)에서 개미촌에 흘러들어오는 요시다 게이코와 "같은 처지의 사람"의 사례

를 몇 가지 들고 있다.[41]

T의 아버지는 전쟁 전에 어머니를 두고 만주로 건너갔다. T의 아버지는 만주에서 두 번째 부인이 생기고 말아 T의 어머니와 이혼하게 되었고, T는 만주로 건너간다. 패전 후 T는 아버지와 함께 내지로 올라왔지만 T는 생모가 그리워 가출을 감행한다. 그러나 T의 어머니는 이미 재혼하고 몇 명의 자녀들이 있었다. T는 누구의 애정도 얻을 수 없게 된다. T의 아버지는 T에게 학비를 보내지만, T는 그걸 낭비하고 학교도 바꾸고 그러다 보니 어느새 양아치가 되었다.

G는 부유한 농가집 막내였지만, G의 아버지가 애인과의 사이에서 낳은 자식이었다. 그것을 고교 수험 직전에 알게 되자 학교에 가기 싫어지고 결국 화북(華北)으로 건너간다. 거기서 성공을 거두어 결혼도 하고 아이도 생겼지만 전쟁으로 빈털터리가 되어 귀국한다. 고향에 돌아오니 가족들은 흔쾌히 맞아주었지만 G는 아무래도 이복형제들과 사이가 좋아지지 않아, 집을 나와 처자를 데리고 도쿄로 상경한다. 손 댄 일은 모두 실패하고 결국 닿은 곳이 바로 개미촌이었다.

U는 홋카이도 출신의 목수였다. 결혼하고 아이도 셋 있었는데 직장을 계속 갈아치우는 습성이 있어 규슈나 센다이의 친구들 이야기를 덥석덥석 받아들이면서 여기저기 돌아다녔다. 그러나 좋은 일이 얻어걸리는 일은 없었다. 도쿄로 돌아왔을 때 아내가 유산을 하게 되고 그 후 개미촌에 도착했다. 하지만 잠시 후, 또 개미촌을 뛰쳐나가자 아내도 정나미가 떨어져버려 아이를 데리고 어디론가 사라져 버렸다.

A는 대학을 나와 큰 무역 회사에 들어갔다. 그 후 독립해서 브로커가 된다. 처음에는 순조롭게 돈이 벌렸지만, 본궤도에 올라가는 동안

에 큰 적자를 내고 그 후 일이 죄다 잘 풀리지 않아 죄를 저지르고 감옥에 간다. 결국 개미촌에 와서 양아치가 된다.

제노에게 이끌려 개미촌에 오게 된 사토코도 처음에는 제노의 권유로 혼간지의 '룸펜 부락'을 가가호호 방문하여 이야기를 청취한다. 또한 우에노 지하도에 사는 사람들이 쓴 다음과 같은 수기를 제노에게 부탁해 보게 되었다고 한다.[42] "내가 모르는 사이에 부모 형제가 사라졌는데 지금은 어디에 있는 건지, 나는 외톨이로 쓸쓸하게 살고 있습니다. 행복 따위 한 번도 찾아온 적 없었습니다. 행복은 과연 찾아올까요?" "종전 후 내지에 돌아왔습니다. 불행하게도 집은 완전히 불타서 없어지고, 부모 형제를 잃은 나는 반쯤 머리가 이상해져 버렸습니다. 퇴직 후 우에노에 왔습니다. 찬바람 부는 밤, 역전에서 옥외 섹스*를 한 적도 있습니다. 매일 우왕좌왕하다보면 나쁜 생각밖에 들지 않는 거 같아 책 판매를 시작했습니다. 세상이 점점 불경기가 되었습니다. 나는 병에 걸렸습니다. 병이 나아갈 무렵 돈도 떨어졌습니다." "3월 9일 심야의 공습으로 집이 다 불타버리는 통에 우리 가족은 뿔뿔이 흩어졌습니다. 부모님 주소도 모릅니다. 방공호에 열흘쯤 있었습니다. 그 후 이타바시의 임시 식당에서 일했습니다. 그리고 부랑아가 되었습니다." "쇼와 23년(1948년) 6월, 시베리아에서 돌아온 지 3년, 제가 살던 후카가와의 집은 전쟁으로 인해 아버지, 어머니, 형제가 죽고 이제 의지할 곳도 없습니다. 시내 여기저기를 전전하는 집 없는 슬픔. 25년 8월부터 지하도에서 사람들이 말하는 옥외 섹스를 하는 신세가 되었

* 青カン(青姦). 말 그대로 '옥외 섹스'라는 뜻과 함께 이런 방식의 매춘을 의미하기도 한다.

습니다."

이처럼 가족과 떨어지거나 사업에 실패한 사람, 방랑벽이 빌미가 되거나 공습으로 가족을 잃은 사람들이 빈민가나 우에노 지하도에 모이고, 그중 일부 사람들이 개미촌을 찾아온 것이다. 그런 사람들에게 개미촌은 질투의 대상이기도 했겠지만, 다른 한편 분명한 희망이기도 했다. 예를 하나 들어보자.

스미다 공원에 수북이 쌓여버린 잔토(殘土), 즉 전쟁으로 불탄 자리에 흙이 쌓인 그곳에 허술한 판잣집이 몇십 채 늘어서 있었는데, 제노는 바로 여기로 기타하라 사토코를 데려 왔다. 기타하라는 충격을 받지만, 그 후 혼자서 그 판잣집들 중 "가장 알아먹을 수 있는 이야기를 한다"고들 하는 가족의 초라한 집을 방문한다. "촛불에 비쳐 보이는 집 안에는 인텔리스러운 마흔 전후의 남편과 젊고 아름다운 부인, 그리고 세 명의 귀여운 아이들이 한창 저녁 식사 중이었습니다." 이들이 사는 집은 기타하라네 집을 증축할 때 남겨진 목재를 사용해 지어진 것으로, 우연히도 기타하라 사토코를 기억하고 있었다. 이 가족에 관한 이야기를 기타하라는 이렇게 적고 있다.

> 그 부부는 원래 훌륭한 회사에 근무하고 있었는데, 막돼먹은 집주인으로부터 살던 집에서 쫓겨났고, 그것이 원인이 되어 일자리까지 잃게 되었습니다. 그 결과, 자식들 포함 다섯 명이서 여인숙을 전전하는 사이에 갖고 있던 돈은 거의 없어져 버렸습니다. 눈앞이 캄캄해진 부부는 다 같이 죽는 수밖에 없겠다고 결심하고, 마지막 추억으로 하루만이나마 아이들을 즐겁게 해주고 싶어졌습니다. 다섯 식구가 스

미다가와의 보트에 올라탔습니다. 세 아이는 하루뿐인 생명이라고는 생각지도 못한 채 너무나도 신이나 맘껏 까불고 떠들어댔습니다. 그 순진하고 사랑스러운 얼굴을 바라보고 있는 사이에 도저히 죽이지 못할 심정이 되어버린 부인의 눈에 문득 비친 것이, 바로 '개미촌'을 비롯해 스미다 공원을 따라 늘어서 있는 룸펜 부락의 판잣집들이었습니다. "여보, 저기 좀 보세요. 저렇게라도 훌륭하게 삶을 이어가는 사람들이 있잖아요? 우리도 죽을 각오로 해보면 어떻게든 다시 괜찮아질 수 있을 거 같아요." 부인은 남편에게 매달린 끝에 가족 동반 자살을 단념하게 되었습니다.[43]

이 글에서 알 수 있듯이 개미촌은 사회에서 떨궈져 나온 자들의 육체와 정신의 마지막 보루였다. 개미촌 회장인 오자와 모토무 자신도, 만주국에서 무려 건설 사업을 벌이며 자금성의 개수(改修) 사업에도 참여하던 인물이었지만, 전후에 도쿄로 돌아와 스미다 공원에 거주하며 유리와 종이 등을 주우며 생활을 하게 되었다. 전쟁으로 인한 가족의 이산, 방랑, 낭비, 가장의 비명횡사 등 일본의 모순을 응축한 듯한, 남들에게 말하기 곤란한 갖가지 사연을 안고 찾아온 개미촌이 양아치, 즉 쓰레기 세계의 부락이었다는 것은 흥미로운 점이다. 게다가 쓰레기 세계는 단순히 그런 인간들의 목숨을 이어준 것만이 아니다. 가족으로부터 떨어진 인간을 구원해준 것만도 아니다. 맹위를 떨치던 파시즘과 전쟁으로부터 헤어 나온 사람들, 기독교라는 세계 종교, 그리고 나치와 소련에게 심히 시달리던 폴란드라는 나라, 심지어는 만주국이라는 이상과 피투성이가 된 국가, 이 모든 존재들이 표류 끝에 도착하게 된 일본 열도의 표착 지점이기도 했다. 개미촌에는 현대사가 풀어놓아 버린 수많은 악몽들이 (마치 강 속의 웅덩이에서처럼) 응축되어 계속 괴어 있었고, 또 그것이 개미촌에서 서서히 그러나 뭔가 다른 것으로 치환되고 있었다.

제노는 이 개미촌에서 쓰레기로부터 건져낸 나무로 십자가를 만들어 바로 그 개미촌에 세운 교회에 내걸었다. 이 십자가야말로 그러한 변화의 가장 알기 쉬운 사례일 것이다.

7 '개미촌'이라는 무대에서

1929년 8월 22일, 기타하라 사토코는 농업경제학자인 기타하라 긴시의 3녀로서 도쿄부 도요타마군 스기나미마치에서 태어났다. 그녀는 언니 둘과 오빠 하나가 있었고 나중에 여동생이 태어난다. 하지만 언니 중 한 명인 에쓰코는 어린 시절에 애를 봐주던 사람 등에서 떨어진 게 원인이 되어 척추 카리에스로 요절하고 말았다. 그렇긴 하지만 부상 이후에도 사망 전까지 사이좋게 놀았던 시간이 있었던 만큼 어린 사토코는 에쓰코가 읽어주었던 그림책을 한동안 사망한 에쓰코 앞에서 읽어주었다고 한다. 또 대학생이었던 오빠 데쓰히코도 군수 공장에서의 노동으로부터 해방된 후 병이 들었고 "국정을 근심하며 낙담한 나머지" 죽고 말았다.[44] 물론 기타하라 사토코에게도 전쟁 체험은 죽음과 이웃해 있었다. 공습경보가 울려 퍼지는 가운데 몇 번이나 방공호로 뛰어들었다. 나카지마 비행기 공장의 선반 여공으로 동원되었던 그녀는 항공모함에서 날아온 비행기가 총탄 세례를 퍼부었을 때, 선반기

밑에 숨어 간발의 차로 죽음을 모면한 적도 있었다.

전후 기타하라 사토코 일가는 부모와 세 자매(언니 가즈코, 사토코 자신, 여동생 하쓰코) 이렇게 다섯 명이었다. 기타하라 사토코는 오우인(櫻蔭)여자고등학교를 졸업한 후 1946년 4월부터 쇼와여자약학전문학교(쇼와약과대학의 전신)에 입학했다. 언니와 오빠를 잃은 상실감에 맞닥뜨리면서도 고등 시절부터 대학 때까지 피아노의 세계에 빠져들거나 영화관에도 다니고 또 아버지의 '동도(東都) 단기대학' 설치 계획을 돕는 등 나름대로 충실한 청춘을 보내고 있었다.

아버지 기타하라 긴시에 따르면 딸 사토코는 전문학교 시절 친하게 지내던 요코하마의 친구와 야마시타 공원에 산책하러 가는 일이 많았는데, "그 조용한 환경 속에서 검은색 차림의 신부님이나 백색 차림의 수녀님 등의 모습이 보이거나 하면, 견딜 수 없는 동경심을 나타내곤 했다"고 한다.[45] 사토코 자신은 이렇게 말했다. "생각해보면 저는 어린 시절부터 뭔가 분명히 알 수는 없었지만, 정결한 것에 대해 막연한 동경심을 강하게 품고 있었습니다. 그런 제가 맨 처음 동경의 대상으로 여겼던 것은, 저의 조상이 신사에서 신관을 맡아보았기 때문일지도 모르겠습니다만, 옷에 주홍색 하카마를 단 무녀였습니다." "전시 중에 학도병으로 동원되어 공장에 다니게 되고부터는 여학생들 사이에서도 여러 가지 외설스러운 사고가 일어났습니다만, 제 머릿속에서는 아무래도 그 정결한 무녀님의 모습이 결코 사라지지 않았습니다."[46] 기타하라 집안은 "다자이후(太宰府)의 말사(末社)인 스가와라 텐만구(天滿宮)를 지키도록 인연으로 정해져 있는 신관"[47] 계열인지라, 신도(神道)는 기타하라 사토코에게 친근한 존재였던 것이다.

1949년 3월 쇼와여자약학전문학교를 졸업한 후 기타하라 사토코는, 여동생 하쓰코가 가톨릭 미션 스쿨인 광염여자학원 초등과에 입학하고 나서 동생 시중드는 일이 많아졌고, 그래서 이 학원을 경영하고 있는 메르세스 수도원에 출입하다 보니 무녀님들에게 끌렸던 것 이상으로 수녀님들에게 끌리게 되어 결국 신앙의 길에 들어서게 되었다. 같은 해 10월 30일에 세례를 받을 때 세례명 '엘리자베트'를 받았고 다다음 해에 견진성사를 받으면서는 '마리아'라는 이름을 얻었다. '개미촌의 마리아'라는 호칭은 여기서 유래한 것이다.

기타하라 사토코는 훗날 이렇게 말한다. "나는 세례를 받은 그날부터 뭔가 세상에 공헌하고 싶다, 그러고 싶은 게 아니라 그렇게 해야만 한다, 그것이 신자로서의 또 사회인으로서의 의무라는 것을 확실히 느끼게 되었습니다. / 저는 신자 한 사람 한 사람이 그런 일을 하기 위해 존재하는 메르세스 수도원의 산타마리아회에 입회를 허락받고 요코하마의 베이비 홈을 위문하러 간다든가 교리용 그림연극에 쓸 그림 작업을 돕기도 했습니다만, 왠지 아직은 제가 진짜로 해야 할 일을 충분히 하고 있지 않다는 그런 느낌이 들었습니다."[48]

그런 허한 마음을 메워준 것이 폴란드에서 온 수도사 제노였다. 이미 언급했지만 기타하라 사토코는 제노에게 이끌려 개미촌에 왔던 것이다. "제노 신부님을 뵙고 개미촌을 방문했던 그날 밤, 처음으로 한평생 걸려도 다 못 다할 만큼 커다란, 게다가 이것을 안 이상 하루도 버려둘 수 없는 대단히 중요한 일이 눈앞에 가로놓여 있다는 걸 발견했습니다." 기타하라 사토코까지도 수도사인 제노를 "제노 신부님"이라고 부른다는 점은 자못 흥미로운데, 개미촌과의 만남이 얼마나 그녀에게 운명적이었는지가 이 대목에서도 뚜렷이 드러난다.

언니 가즈코가 아사쿠사의 신발 도매상에 시집을 왔기 때문에 그녀의 집에 얹혀살던 기타하라 사토코는 거기서 제노와 재회하게 된다. 개미촌 아이들을 위해 크리스마스 파티를 열 건데 와서 도와주지 않겠냐고 제노는 그녀에게 의뢰한다. 예전에 개미촌에 놀러 왔을 적에 기타하라 사토코는 아이들의 인기인이 되어 아이들이 떨어지려 하지 않았었는데, 그런 그녀의 자질을 살릴 수 없을까 생각했던 것이다. 제노 곁에는 개미촌에 사는 희곡작가 마쓰이 도루도 서 있었다. "꼭 해보시면 좋겠습니다만." 그 의뢰에 대해 "제가 할 수 있는 일이라면 거들게 해주십시오"라고 답했는데, 당시 사토코에게는 제노와 마쓰이의 의뢰가 "천주님의 명령처럼" 느껴졌다고 한다.[49] 이를 계기로 기타하라 사토코는 개미촌에 살며 아이들과 함께 넝마주이를 하고, 아이들에게 찬미가를 가르치며 공부를 봐주었다. 그리고 넝마주이로 모은 돈으로 하코네 여행을 가고, 마지막에는 폐결핵으로 사망했다. 그녀는 짧은 인생을 말 그대로 연소시킨 것이다.

그런데 한 가지 좀 걸리는 것이 있다. 개미촌은 너무 배우들이 다 갖추어져 있는 게 아닌가 하는 의구심이 드는 것이다.

양아치가 되고 끝내 결핵으로 죽어가는 대학교수의 딸 '기타하라 사토코', 떠듬거리는 일본어로 이야기하는 자애심 넘치는 수도사 '제노 신부', 제노와 기타하라 사토코가 경애해 마지않는 '콜베 신부', 격정적인 풍자가인 극작가 '마쓰이 도루', 그늘진 이력의 소유자로 개미촌을 이끄는 '오자와 모토무 회장', 프랑스에서 개미촌으로 와 함께 바구니를 메고 다닌 양아치 신부 '로베르 바라드', 아버지로부터 체벌을 받아가면서 필사적으로 일하는 리더 격인 소년 '미야사카 겐이치', 만주로부터 방랑을 거친 끝에 가족 전체가 개미촌에 온 총명한 소녀 '요시다 게이코', 개미촌을 태워버리려 하는 '도교도 직원' 등 연극과 영화로도 제작된 '개미촌의 마리아'는 (작품화되기 이전에) 이미 현실 그 자체가 연극적이었다.[50] 그 '연극'이 지나칠 정도로 완성되어 있는 게 아닌가 하는 느낌도 부정하기 어렵다.

하지만 그것은 당연하게도, 전쟁 전에는 가부키 각본을 썼던 마쓰이 도루와 제노 제브로프스키에 의한 전략이었다. '개미촌'을 불법 점거지에서 지상의 낙원으로 바꾸기 위해 미디어를 최대한 이용하고자 했던 것이다. 마쓰이도 제노도 의식적으로 신문 기자를 부르고, 사진을 찍게 하고, 기사로 쓰게 했다. 하나 예를 들자면 아직 기타하라 사토코가 방문하기 전의 일이지만, 마쓰이는 신문 기자의 인터뷰에 대해 즉흥적으로 "제노 신부가 개미촌에 교회를 세우기 위해 지금 상담하러 오고 있다"고 말했고, 그것이 기사화됨으로써 실제로 개미촌의 교회가 건설되었다. 제노는 그 착상에 편승하여 도 당국에 신청을 했지만, 물론 인정을 받지는 못했다. 그러나 제노가 끈질기게 교섭을 한 끝에, 결국 어린이박람회가 종료되는 이듬해 5월 이후라면 좋겠다는 각서를 당국으로부터 받아 그것을 근거로 교회 건설을 인정하게 만들었던 것이다. 제노의 산타클로스 같은 풍모와 대학교수 따님이 '양아치'라는 세트가 기사화되기에 용이하다는 점을 마쓰이도 제노도 의식하고 있었다.

실은 그런 마쓰이 도루에 대해 기타하라 사토코는 불만을 터뜨린 적이 있다. "저를 '개미촌의 마리아님'이라는 좁은 우리 안에 가둬 놓고는 조금도 인간 취급을 해주지 않으시네요, 라고 항의성 말씀을 드렸습니다."

그러자 마쓰이는 이렇게 말했다고 한다. "기타하라 사토코 선생도 자신이 개미촌이라는 무대에 서 있다는 점, 개미촌의 마리아님이라는 역할로 분장한 여배우에 지나지 않는다는 점을 자각하고 계시지 않습니까?" "여배우라고요!"라고 놀라 반문하는 기타하라에게 마쓰이는 이렇게 답한다.

> 조금도 놀라실 일은 없을 텐데요. 당신이 진정한 가톨릭 신자라면 이 세상의 일들은 모두 천주님이 인류를 인도하기 위해 연출해놓으신 연극이고, 인간은 그 줄거리대로 연기하는 배우에 불과하다고 믿고 계실 터인데요. 그러니까 개미촌이라는 연극의 막이 올라 진행되는 동안은 당당히 마리아님의 역할로 온전히 변모하는 것이 너무나도 중요합니다.[51]

결국 기타하라 사토코도 갈등 끝에 '개미촌의 마리아' 역을 떠맡고 죽어가기에 이른다. 여기서 부정할 수 없는 사실은, '선생님'이라는 경칭이 붙는 연상의 남자가 직함 없는 연하의 여성에 대해 행사하는 권력 관계에 의해, '연기하게 한다'는 구조가 어떤 것인지 노골적으로 드러난다는 점이다. 대본을 쓰는 것은 "천주님"이 아니라 마쓰이 도루이기 때문이다. 마쓰이는 개미촌을 미디어에 소개하고 책으로 출판했다. 그리고 그것은 성공한다. 만약 기타하라 사토코의 대본에 의한 '개미촌의 마리아'를 기타하라 본인이 연기할 수 있었더라면, 개미촌은 또 다른 방식으로 전개되었을 수도 있다.

불법 점거지였던 개미촌을 허물겠다는 도쿄도의 시도는 결국 좌절하고 대신 1960년 6월 4일 고토구 후카가와 8호 매립지로 개미촌을 이전했다. 도쿄도는 부지 대금으로 2500만 엔을 즉시 내라고 강요했지만, 결국 마쓰이 등의 교섭에 의해 5년 분할로 1500만 엔에 구입하기로 되었다. 부지 면적은 약 5천 평, 이 설계를 담당한 것은 '개미촌 건설 설계그룹'의 이시다 마사오였다. 마쓰이에 따르면, 이시다는 '신 개미촌' 구상을 구체화하기 위해 1년 전부터 개미촌에서 양아치들과 침식을 함께하면서 자신의 폐물 바구니를 짊어지고 쓰레기통을 뒤적이는 생활을 체험했다고 한다. 이시다의 설계대로 폐물 수레 대신 트럭과 컨베이어 벨트를 이용한 장치가 사용되고 식당, 공중목욕탕, 오락실, 어린이공원, 보육실, 도서관, 병실 등도 설치되었다.[52] 그 후 고도 경제성장을 거쳐 폐품 회수도 행정이 담당하게 되면서 서서히 개미촌 거주자들도 줄어듦으로써 현재는 개미촌 교회를 이어받은 '시오미 교회'가 있고(교회에 몇몇 설명 판넬들이 장식되어 있다), 정원에는 기타하라 사토코의 동상이 있다.

양아치 집락촌인 개미촌, 여기에는 앞 절에서 말했듯이, 전쟁과 경제적 경쟁 과정에서 사회로부터 떨어져 나간 다양한 인간들이 모여 넝마와 쓰레기를 줍고, 때로는 서로 고함을 지르기도 하고, 또 때로는 서로 돕기도 하면서 공동생활을 영위하고 있었다. 상류 계급에서 흘러온 '개미촌의 마리아'와 폴란드에서 흘러온 '제노 신부'는, 비록 세상이 양아치를 보는 눈을 근본에서부터 바꾸었다고까지는 할 수 없을지 몰라도, 쓰레기 세계의 가치관이 역전되는 데 일정한 효과를 초래했다. 그것은 기독교라는 '신성'의 힘과 무엇보다도 그 '극장화'가 큰 역할을 한 것으로 생각된다.

8 부끄러움과 유쾌함

하지만 지금까지 이야기한 극장화 측면에만 주목해버리면, 양아치의 가치관 역전은 어중간하게 끝나버린다. 이미 말한 바 있지만 쓰레기의 세계는 시장 밖에 있으면서 시장이 쓰레기로 뒤덮이지 않도록 하는 그런 조정 밸브의 역할을 뜻밖에 수행해왔다. 소유와 절도의 틈새에 있는 '쓰레기의 세계'는 그런 까닭에 위생과 치안의 관점에서 경찰의 감시하에 놓였던 것이지만, 실은 단순히 '천주님이 인류를 인도하기 위해 연출해놓으신 연극'으로서만 보아서는 다 길어 올릴 수 없는 즐거움과 쾌락을 잉태하는 세계였음을 기타하라 사토코와 그 아이들은 암암리에 보여주고 있는 것이다. 즉 '천주님과 마리아님의 생각하심'이라는 기타하라 사토코의 행동 원리 저 깊숙이에 극히 소박한 '놀이'의 즐거움과 자기 자신의 쾌락의 세계가 있었다는 것을, 나는 기타하라 사토코 본인의 글을 읽을 때마다 반드시 생각하게 된다. 그리고 각각 제멋대로인 행위라고도 할 수 있을 자기 쾌락의 집합체가 어쩐 일인지 전체적으로는 생태계 및 인간 사회의 유지로 향한다는 점이 분해의 세계를 관통하는 원리인 것이다.

또한 이 '놀이'라는 요소에 대해서는 가지 다이스케도 쓴 바 있다. 그는 전쟁 중에 동남아시아 및 중국 대륙에서 종군하고 전후에는 범죄를 저질러 복역하게 된다. 형기를 마치고 출소한 뒤에도 방랑을 하던 끝에 양아치가 되어 '동부 양아치[폐물업] 노동자 조합'을 결성했다. 가지 다이스케의 반생을 기록한 『양아치 이야기』(1957)도 참조하면서 넝마주이의 유쾌함에 대해 두 가지 정도 말해보고 싶다.

첫째, 기타하라 사토코도 가지 다이스케도 양아치로 '떨어져버린' 것이 아니고 양아치'인' 것도 아니다. 양아치'로 되기'를 받아들인 것이다. 한쪽은 '대학교수의 따님'이고 다른 한쪽은 '전과자'로 두 사람의 경력은 전혀 다르지만, 통과 의례의 과정은 비슷하다. 두 사람의 글을 읽다 보면 '양아치가 된다'고 하는 것은 인간으로서 추락하는 것이나 후퇴하는 것이 아니라, 인간의 새로운 단계로 나아가는 일이라는 느낌을 받게 된다.

통과 의례에서 가장 어려운 것은 '부끄러움'을 버리는 것이다. 우선 기타하라 사토코가 '양아치가 되는' 과정을 따라가 보자. 기타하라 사토코는 "전부터 폐물을 다시 살려내고 또 세상을 위해 사용한다고 하는 이 양아치의 작업에 대단히 귀한 무언가가 있다고 느꼈다"고 한다. 개미촌에는 아이들의 책상과 의자 등이 부족했기 때문에 그 자금을 모으기 위해 "나도 모든 사람과 하나가 되어 넝마주이가 되겠다고 결심했다."[53]

통과 의례는 우선 결심에서 비롯된다. 하지만 양아치의 세계는 달콤하지 않다. "한 번도 양아치를 해본 적 없는 분들은 이해하실 수 없을 겁니다. 아무리 심장이 강하다고 자부하는 사람도 막상 길가의 물건들을 주울 때가 되면 맨 처음에는 도저히 손이 나가질 않는 겁니다. / 솔직히 자백하자면 첫째 날은 양아치 수레는커녕 리어카를 끌 용기조차 없었기 때문에 헌 밧줄 한 줌을 주워 가지고는 그걸 일일이 소매 밑에 숨겨서 집까지 돌아왔습니다. 그것도 줍기 전에 무심코 심호흡을 하고 전후좌우를 둘러보며 아무도 보지 않을 것 같은 때를 노려 서둘러 줍는 그런 식이었습니다." 기타하라 사토코는 자신의 '부끄러움'이나 '용기 없음'을 솔직히 말한다. 하지만 마침내 그것을 극복하는 순간이 찾아온다.

> 그런데 틀림없이 두 번째 아니면 세 번째였던 것으로 기억하는데요, 한 아름이나 되는 버려진 줄 뭉치를 주웠습니다. 소매 밑에 감추기에는 너무 커서 양팔로 힘껏 끌어안고 끙끙거리며 걷기 시작한 순간, 가게를 하시는 이웃 한 분과 그만 얼굴을 마주치고 말았습니다. 나는 창피해서 귀뿌리까지 빨개졌습니다. 그리고 무슨 마음이었는지 모르겠습니다만, 무심코 입에서 "마리아님!"하고 외쳤습니다.
>
> 한데 그때, 지금까지의 부끄러움은 찰나에 사라지고, 누가 어떤 눈으로 보고 있든 조금도 신경이 쓰이지 않게 되었습니다.[54]

양아치가 될 수 있었던 것은 그녀의 주관에 따르면 성모 마리아 덕분이었지만, 객관적으로 보면 그뿐만은 아니다. 아이들의 천진난만한 모습이 그녀의 마음을 바꾸어갔다는 점 또한 분명한 것이다. "아이들은 먹을 만한 것을 발견하면 한 명도 빠짐없이 큰 소리를 지르며 그걸 향해 돌진합니다. 지나가던 사람들은 너무 어이가 없어 멈춰 서거나 돌아보기도 합니다만, 사실은 저도 완전히 아무렇지도 않게 되었습니다. 헌 줄들이 비어져 나온 쓰레기통이 눈에 띄면 싱긋빙긋 웃으면서 뚜껑을 열게 되었습니다."[55]

수줍음이 사라지고 쓰레기통 뚜껑을 열 수 있게 된다. 이 과정을 가지 다이스케 또한 통과하게 된다.

가지 다이스케는 일주일 동안 변변히 먹을 것도 없이 그저 죽을 장소를 찾고 있었다. 우에노를 지나 오카치마치를 통과해 아키하바라 근처까지 왔을 때, 눈앞에서 부랑자들이 모닥불을 피우고 있었다. 가지 다이스케는 "모닥불 쪽으로 빨려들어 간다." 모닥불에 손을 쬐면서 "일을 하려 해도 거처가 없으면 아무도 써주려 하질 않아요"라고 한탄하는 가지 다이스케에게 부랑자 한 사람은 "우리들처럼 양아치를 하면 되지 않겠어?"라고 권한다. "그게 뭐 그다지 권장할 만한 돈벌이는 아니지. 개가 짖어댈 정도니까"라며 미나모토 씨라 불리는 사내가 다음과 같이 양아치가 하는 일을 설명한다.

> 아무것도 걱정할 건 없어. 나한테 다 맡겨두라고. 일단 말이야, 이만큼 태평한 생활이 또 있을까 싶어. 일하고 싶으면 일을 하면 되고 자고 싶으면 하루쯤 그냥 자도 괜찮아. 누구도 불평을 할 수가 없어. 정말로 자유로워. 괜히 어설프게 멋진 양복 좀 입었다가 아이고 세금에다가 그게 선거라느니 뭐니, 돈도 안 나오는 일에 쫓기면서 정치가 어떻다, 핵폭탄이 어떻다 등등 쓰잘데기 없는 일에 골치 썩이는 것보다 뭐 약간은 비참해도 이 세계 쪽이 얼마나 심신이 편한지 몰라. 당신도 결심하지 그래. 일이란 모름지기 막상 해보면 걱정했던 것보다 쉬운 법이지. 해보면 어지간히 즐거워질 게야. 하하하.[56]

가지 다이스케는 그 즉시 미나모토 씨의 제자로 들어간다. 동아줄로

맬 끈을 만들어 그걸 어깨에 건 가지 다이스케는 쓰레기통 뚜껑을 집으려고 할 때 "너무 창피하고 주눅이 들어서 미나모토 씨의 바구니가 가득 찰 때까지 내 것은 3분의 1도 채 되지 않았다." 미나모토 씨는 위로해준다. "내게도 그랬던 기억이 있지. 처음에는 부끄러워서 좀체 손이 나가질 않는 법이야."[57]

가지 다이스케는 "그럭저럭 세 시간 정도 아키하바라에서 니혼바시, 간다의 골목을 돌고 다시 가드로 돌아오자 녹초가 되어버렸다." "바구니 속 물건들을 일단 땅바닥에 모두 털어놓고, 종이나 양철을 잽싸게 선별해낸다." 가지 다이스케는 미나모토 씨와 폐물 수집소로 향한다. "이 쓰레기집을 수집소라고 하는데, 거의 조선인들이 경영하는 곳답게 그들 특유의 마늘 냄새가 자욱했다." 수집소 주인이 "미나모토 씨, 빨리도 오셨네"라며 말을 걸어오자, 미나모토 씨는 "아, 오늘 아침은 이 친구랑 함께여서, 일단 빨리 한 바퀴 돌고 오느라고" 하며 가지 다이스케를 소개한다. "형씨, 앞으로 여기로 가지고 오쇼. 비싸게 쳐 주니까."[58]

배설물과 땀 냄새로 가득 찬 미나모토 씨 등과 공동생활을 하면서 가지 다이스케는 이상한 편안함을 느끼기 시작한다. 그러나 어느 날, '경찰의 곤봉'에 내몰린다. 부랑자 사냥이었다. 이후 은인인 미나모토 씨와는 만날 수 없게 되었지만, 그 후에도 가지 다이스케는 미나모토 씨한테서 배운 노하우를 살려 양아치 일을 계속한다. 그리고 익숙해지면서 양아치 일의 즐거움을 발견해가는 것이다.

다음 날 아침, 우리는 청과물 시장에서 바나나 바구니를 주워 와 바로 일을 개시했다. 나는 미나모토 씨에게 배운 대로 니혼바시의 대형 도매상가를 도는데, 이곳은 양아치 최고의 돈벌이 장소다. 단 것에 꼬이는 개미들처럼 여기를 목표로 모여드는 양아치의 수는 필시 2,000명을 넘지 않을까 싶다. 한 동네 가는 동안 몇 명의 동료들과 꼭 얼굴이 마주치니 질릴 지경이다. 얼굴은 서로 웃고 있지만 속으로는 적대시한다.

그래도 어지간한 코스 한 바퀴 돌고 나면 바구니는 가득 차게 된다. 좋아서 양아치 일을 하고 있는 사람은 아무도 없을 테지만, 이 생활에 익숙해지면 쓰레기통을 여기저기 뒤적이면서 기대감을 품게 된다. 무엇이 나올지 궁금해하며 보물찾기를 할 때처럼 '반짝이' 하나라도 얻어걸리면 마치 귀신의 목이라도 쥔 듯이 자연스레 웃음이 복받쳐 온다. 그럴 때면 나도 이제 어엿한 양아치가 다 되었구나 싶다.[59]

양아치가 태평하다고는 하지만, 세상으로부터 "인간 취급"을 받지 못하니 "마음 저 밑바닥에서는 그 세계로부터 달아나려고 끊임없이 발버둥친다"[60]라고 가지 다이스케는 자기를 응시하고 있다. 즐거움이란 이 '발버둥'의 이면일 뿐이다. 그렇긴 하지만 "쓰레기통을 여기저기 뒤적이면서 기대감을 품게 되고", "자연스레 웃음이 복받쳐 온다"는 것도 숨기려 하지 않는다. 왜냐하면 그것이 "양아치가 된" 증거이기 때문이다. 양아치에서 벗어나 "멋진 양복"을 입은 인간들이 날뛰는 상품경제 속에 들어갔을 때, 과연 그 복받쳐 오르는 '웃음'이라는 게 나타날 수 있겠는가. 미나모토 씨는 이렇게 묻고 있었으리라.

넝마주이에 들어 있는 놀이 요소 중 두 번째는 쓰레기 종류의 다채로움이다. 쓰레기의 세계는 단조롭지가 않다. 다양성과 즉흥성이 풍부하다.

예컨대 기름천(기름을 헝겊에 바른 방수천). 기타하라 사토코는 이렇게 말했다. "이리저리 허둥대다 보니 공장에서 사용했을 성싶은 기름천이 빼곡히 차 있었습니다. 과연 이런 걸 다른 것으로 재생시켜 쓸 수 있을지 어떨지 자신은 전혀 없었습니다만, 아무렇든 간에 그것을 수레 한 가득 싣고서 돌아왔습니다. 와서 이야기를 들어보니 재생 섬유의 재료로 훌륭하게 사용될 수 있다고 해서 두 번째로 깜짝 놀랐습니다." 우연히 쓸모 있는 물건을 발견한 기타하라에게 기름천의 발견은 "깜짝" 놀랄 만한 체험이었다.[61] 또한 아버지의 연줄로 양갱 포장지를 만들 때 잘려 나오는 대량의 종이 지스러기를 가지러 갈 수도 있었다. 그러나 "지질은 일본 종이라서 상등 품질이지만, 은종이가 붙어 있어 한 푼도 되질 않습니다"[62]라는 소릴 듣고, 스스로 그 은종이를 벗길 수밖에 없었다고 한다. 쓰레기의 세계도 참 심오하다.

가지 다이스케 역시 '반짝이'를 발견했을 때의 쾌감에 대해 자주 쓰곤 했다. "반짝이"란 철 조각 중에서도 한층 더 가치 있는 구리나 황동 같은 걸 가리킨다. 거의 눈에 띄는 일은 없지만, 무게당 가치가 높기 때문에 이 반짝이와 마주쳤을 때의 기쁨은 도박에서 대박을 칠 때와 같은 투기적 쾌락이 있다.

가령 미나모토 씨로부터 "오늘은 벌이가 좀 되었겠지?"라는 소릴 듣고, "네, 반짝이가 걸려서요."라고 대답했더니 미나모토 씨는 이렇게 말한다. "그래, 수집소 주인장한테 들었어. 종이쪼가리나 줄 같은 거라면 부피만 크지 별 대단할 게 없지만, 반짝이 한 움큼이면 값이 많이 나가니까. 반짝이가 눈에 띈다면 양아치 다 된 거지. 하하하."[63]

또한 가나모노거리에 갔다가 급증한 판잣집을 헐고 남겨진 그 터에서 "매장물"을 발견할 때도 대단히 흥분한다.

> 땅 파서 돈 버는 일을 오래 하다 보면, 흙의 빛깔로 매장물이 뭔지 감이 온다. (…) 한 자, 두 자 땅을 판 다음 이리저리 휘젓는 가운데 붉은 흙 속에 온갖 가지 것들이 튀어나온다. 공습 때 그대로 불타서 녹아버린 듯한 구리 기구나 황동으로 만든 물건 등이 (어떤 건 붉게 또 어떤 건 파랗게 독소를 뿜고 있다) 굳어져 밖으로 흘러 나와 있다. 그런 게 보이면 이미 무아지경이지.
>
> "목수 어르신, 이쪽은 엄청나요."
>
> "그려? 내 쪽은 광산뿐이야. 잠시 쉬고 나서 장소를 바꿔야 할까봐."
>
> 꼬마와 수염 씨도 휘젓고 있던 구멍에서 나와 다들 내 쪽으로 모였는데, 내가 건져 올린 구리 꽃병을 보고 우와! 하며 환성을 질렀다.
>
> "굉장해, 저놈을 건져냈구나. 두세 관은 될 거 같아."
>
> 수염 씨가 굳이 꽃병을 안고서 중량을 가늠해본다. 목수 어르신이 뒤에서 들여다보며 말한다.
>
> "그러니까 파기 시작하면 그만둘 수가 없지. 난 말이지 하룻밤에 무려 4, 5만까지 건진 적이 있다니까."[64]

번 돈은 저축하는 것도 아니고 또 앙아치를 벗어날 자금으로 쓰는 것도 아니다. 다 함께 먹고 마시며 사흘 만에 다 써버린다. 물론 이것은 슬프고 또 우스운 일이지만, 다른 한편 이 묘사로부터 "줍는다" "뒤진다" "발견한다"라는 인류의 원시적이고도 기본적인 행위의 쾌락과 흥분이 어떤 것인지 확실히 알 수 있다. 게다가 그런 패턴은 갈수록 더 강화되어간다. "그만둘 수가 없는" 감각이 한층 더 강해지는 만큼 넝마주이라는 일은 "부끄러움"을 일단 뛰어넘은 다음에는 변치 않는 쾌감을 가져다주는 "무아지경"의 행위가 되는 것이다.

"아파치족"도 그러하다. 미군의 대공습에 파괴당한 후 모두 흩어져버리고 남은 오사카 포병공창 자리는 35만 6500평, 대략 1제곱킬로미터의 규모인데, 여기서 경찰과 경찰견의 감시를 요리조리 피해가며 철 조각을 모으는 '아파치족'에 대해서는 가이코 다케시의 『일본 서푼짜리 오페라』(1959)와 이 작품의 SF적인 패러디인 고마쓰 사쿄의 『일본 아파치족』(1964) 등으로 잘 알려져 있는 듯하다. 가이코 다케시에 따르면 아파치족은 다채로운 특징과 특성을 가진 인간들의 모임이었다. 주요 멤버들 "외에, 일군의 '자코'가 있었다. 자코는 노인, 여성, 아동, 불구자 등으로, 선두 그룹들이 하는 방식의 노동은 불가능하다. 하지만 그들은 선두 그룹의 허가가 내려지면 능력에 상응하는 일을 할 수 있었고, 게다가 분배금은 선두 그룹과 동일한 금액을 받았다. 예를 들어 부락에는 절름발이나 한쪽 손이 없는 사람, 손가락 없는 사람, 노쇠한 자, 곱사등이 같이 밥줄이 끊긴 자들이 빈둥거리고 있지만, 그들은 반장이나 우두머리에게 신신당부를 해서 낮 동안에는 어디에 어떤 부츠가 묻혀 있는지 탐색하러 나가기도 하고, 야간 행동 전에는 히라노가와의 흙으로 쌓은 제방에 서서 경찰이나 수위들의 정황을 정찰하거나 혹은 일부러 경찰서 앞에 룸펜들 차림으로 24시간 동안 계속 버티면서 기동부대의 동정을 엿보기도 했다."[65] 여기에 있는 사람이라면 누구에게든 능력을 불문하고 평등하게 몫을 나눠주는 규칙을 가진 공동생활체임과 동시에, 우두머리와 부하 사이는 엄격한 법이 지배하는 철 조각 회수 집단이다. 『일본 서푼짜리 오페라』에도 높은 가격의 쓰레기가 나온다. "선반의 바이트에 사용하는 금속 절삭용 특수강으로 대단히 고가의 물건이다."[66]

쓰레기통을 뒤지는 부끄러움을 불식시켜버리고, 국가나 행정에 의지하지 않고도 살아갈 수 있는 한 사람의 양아치가 되는 과정은 분명히 일반적 통념으로는 전진이 아닐 수도 있다. 하지만 과연 후퇴일까? '개미촌의 마리아'라는 극장 장치를 벗겨낸 후에도 넝마주이의 마리아는 무아지경이 되어 넝마주이의 삶을 즐기는 듯 보인다. 가지 다이스케도 '반짝이'를 발견하고 흥분한다. 양아치 생활을 "그만둘 수가 없음"의 근원에는 자신이 생태계 밖에서는 살아갈 수 없다고 하는 자기 확인이 있는 것 같다. 그 하나의 사례로서 가지 다이스케는 '도쿄도 자원회수 노동자조합'(동자협)을 설립했을 때 이런 선언문을 발표했다.

> 떠올려 보자면 우리가 일하는 영역이 세상 사람들이 버리고 돌아보지 않는 폐지, 헌 줄 같은 것을 쓰레기통에서 수집하여 사회에 재생시키고 이것이 연간 수억 원에 달하는 부로 창조되고 있다는 사실을 알 때, 새삼스레 우리는 노동 가치의 존엄에 대해 경탄하고 한없는 긍지와 환희가 솟아나온다.
>
> 지하 몇천 척 깊이에서 일하는 광부들과 비바람을 무릅쓰고 밭을 가는 농민들을 생각해보곤 한다. 그들과 우리의 노동 가치에는 어느 정도의 차이가 있는 것일까.[67]

광부는 석탄을 파고 농민은 토양을 판다. 양아치 또한 쓰레기통을 파서 쓰레기를 재생시킨다. 이 중 어느 쪽도 특정한 방향은 없다. 최소한 위로 향하는 것은 아니며 앞으로 향하는 것도 아니다. 성과는 쌓이지 않는다. 되풀이될 뿐이다. 이것은 성과와 이윤을 쌓아 올려야만 성립되는 시장경제의 관점에서는 멸시의 대상이다. 그러나 방향이 없기에 도리어 발생하는 쾌락도, 무아지경도, 환희도, 그리고 생태적 및 사회적 작용도 있는 것이다. 기타하라 사토코와 가지 다이스케는 그 점을 시장 밖에 있는 쓰레기 세계에서 포착한 양아치였다.

9 쓰레기를 먹는다

그리고 양아치는 음식물 쓰레기도 줍는다. 기타하라 사토코는 이렇게 회고한다.

> 분명히 처음 수레를 끌었던 날 저녁의 일입니다. 이전처럼 하나카와도의 거리만을 왕복하는 건 좀 시시해서 어딘가 안 가본 곳에 가보고 싶어졌습니다. 그래서 과감하게 고토토이바시(言問橋)를 건너 무코지마(向島) 쪽으로 가보았습니다. 다리를 건너고 나서 곧장 왼쪽으로, 왼쪽으로 나아갔지만, 아무리 가보아도 여관 같은 집만 계속 이어지는 어두운 거리였습니다. 줄도 지푸라기도 전혀 떨어져 있지 않고 대신 쓰레기통 속에는 아까우리만치 많은 음식들, 즉 잔반들이 버려져 있었습니다. 양아치 일을 하는 분들 중에는 버려진 잔반을 기꺼이 먹는 사람들이 상당히 있다고 들었습니다만, 혹여 사고라도 나면 큰일이

니까 아이들한테는 먹는 것만은 수거하지 않도록 주의를 주고 있었습니다.[68]

잔반은 양아치들을 포함해 하층민들의 귀중한 영양원이었다. 도쿄 시청의 『잔반물 수급에 관한 조사』(1930)에 따르면,[69] 1892년경부터 요쓰야의 '이마이' 성을 가진 아무개라는 사람이 그전까지는 폐기 처리되었던 군대의 잔반(殘飯)*을 활용한 잔반집을 처음 열었다고 한다. 군대, 극장, 백화점, 관청 식당, 병원, 학교 등의 잔반이 빈민가로 흘러들고 있었다. 다만 이 조사는 대량으로 잔반이 배출되는 곳밖에 조사하지 않은 것이라고 저자 구사마 야소오는 적고 있다. 즉 "부랑자로서 남은 음식물을 찾아 수시로 돌아다니는 자라든가, 아니면 이런 자들 중에서 시쳇말로 나와바리(구역)라 부르며 관행적으로 남은 음식물들을 거저 얻으러 다니는 경우 등에 대해서는 조사를 할 수 없다"라고 말하는 것이다. 역으로 말하면 그러한 부랑자들도 많이 있었을 터이고, 또 전전(戰前)부터 적잖은 수의 넝마주이들도 (음식물) 쓰레기를 먹었다는 것은 아마도 틀림없는 사실인 것 같다.

레토릭이긴 하지만, 아파치족도 쇠 조각을 '줍는다'는 말을 쇠 조각을 '먹는다'고 표현하기도 한다. 『일본 아파치족』은 쇠 조각을 말 그대로 먹고, 쇠 똥을 배설하는 아파치족을 그렸다. 쇠 조각에 점점 식욕을

* 가령 "내가 군대 짬밥이 얼만데"라는 말이 있는데 이때의 짬밥도 잔반의 발음이 변해 생겨난 말이다. 참고로 이 말은 흔히 잘못 이해되고 있는 대로, 군대의 고참이 자기가 먹은 군대 밥의 양을 말하는 게 아니다. 자기가 먹다 남긴 잔반만 다 합해도 너희 신참들이 먹은 밥의 양보다 많다는 말이다. 본서에서도 잔반은 누군가 먹다 남긴 밥과 반찬을 가리킨다.

느끼게 되어가는 과정은 대단히 흥미롭다. 또한 와타나베 신이치로의 『에도의 생업 사전』(1997)에 의하면, 에도 시대*의 쓰레기 줍기를 그린 센류(川柳)**에는 이런 것이 있다.

> 지팡이만한 젓가락으로 밥을 먹는 넝마주이
> 넝마주이 젓가락을 가지고도 걸식이구나[70]

에도 시대에는 휴지를 줍는 걸 "먹는다"고도 표현했다. 왜냐하면 방금 본 센류에서도 알 수 있듯이 넝마주이가 두 개의 긴 막대기를 들고 그것으로 쓰레기를 주워 바구니에 넣는 모습이 젓가락으로 뭔가를 먹고 있는 모습과 닮았기 때문이다.

반대로 생태학 교과서를 펴보면 분해한다는 말은 바로 먹는다는 말과 같다. 지렁이도 미생물도 동식물의 사체를 먹고 배설하여 그 배설물을 다른 불특정 분해자에게 먹도록 맡기는 그런 일을 반복하고 있다. 그 결과, 사체는 끊임없이 자연의 일부로 환원되어간다. 인간도 그러하다. 다른 생물의 단백질을 소화 기관에서 분해하여 아미노산으로 변화시키고, 그것을 또 다른 단백질로 새로 조합하여 자기 신체의 일부로 만든다. 단, 먹는다는 것은 한 개체에서 완결되지 않는다. 먹는 것도 또 분해하는 것도 네트워크적인 영위이다. 인간 사회도 현상적으로는 비슷하다. 쓰레기 세계에서는 먹을 수 있는 것이든 먹을 수 없는 것

* 17세기 초(1615년)부터 1867년 메이지 유신으로 근대화가 시작되기 직전까지의 시대. '에도'는 도쿄의 옛 이름으로 도쿠가와 막부의 소재지였다.

** 에도 시대의 짧은 시로 풍자나 익살이 특색이다.

이든 모두 '줍는다'고 하고 그것을 또한 '먹는다'고도 말했다는 것은, 방금 말한 작용을 생각하면 실로 적확하며 지극히 당연한 일로 여겨진다. '먹는다'라는 말은 줍고, 모으고, 재생한다고 하는 창조성을 한마디로 표현한다. 게다가 한 개인의 천재적인 창조성이 아니라 제각각 멋대로 움직이면서도 상호행위적인 그러한 창조성을 표현한다. 소유권 제도가 마련되고 위생 행정이 수립되며 치안 대책이 치밀해진 근대 사회에서는 더욱이, 소유와 절도의 틈새 이외에서는 이 창조 과정을 볼 수가 없다. 경찰 권력에게 감시당할 수밖에 없는 룸펜 프롤레타리아트로서의 양아치들에게서 마르크스는 혁명의 주체를 찾지 않았다. 그것은 옳다. 양아치는 혁명을 하려고 하지는 않는다. 어떤 사상 신조를 갖고 있느냐와 무관하게 생활을 유지시켜 줄 법한 인간 측에 붙는다. 한데 이것은 양아치의 생활 문제이다. 양아치 세계의 작용과 구조는 혁명과는 다른 세상의 변화 방식을 태내에 갖추고 있다. 각 개인의 부끄러움을 넘어선 흥분과 망아(忘我)가 모임으로써 각 개체의 의도나 목적과는 다른 전체적인 움직임이 산출되고 그것이 각 개인의 행위를 근저에서 지켜보며 돕는 것이다.

이처럼 가능성들로 충만한 분해의 세계가 점점 비가시화되고 있는 지금, 가장 먼저 필요한 것은 다음에 올 '넝마주이의 마리아'를 찾는 게 아니다. 스스로가 쓰레기를 먹는 존재라고 인정할 때의 그 부끄러움을 버리는 일이다.

5장

떠들썩한 장례식

—생태학사 속의 '분해자'

1 생태계라는 개념

생태계란 무엇인가?

당연히 다양한 정의들이 있고 시대에 따라 변천을 거듭해왔지만 일단 누마타 마코토가 편집한 『생태학 사전』(1974)을 펴보면 이런 식으로 설명되어 있다.

> 생물 군집과 무기적 환경으로 구성되는 하나의 물질계. 동의어는 holocoen[전 체계. 생물과 무기적 환경을 포함한 전체 체계]. 생물적 구성요소는 생산자(producer), 소비자(consumer), 분해자(decomposer)로, 무기적 환경의 구성요소는 대기, 물, 토양, 빛 등으로 나뉜다. 이들 각 구성요소는 환경 작용(action)과 환경 형성작용(reaction) 혹은 생물 상호작용(coaction)에 의해 역동적으로 결합되어 있다. 계 내에서는 무기물 →

유기물 → 무기물의 흐름으로 물질 대사가 이루어지고 그에 따라 에너지 또는 물질이 순환한다.[1]

즉 생태계란 두 화합물이 주거니 받거니 하는 교환 시스템을 의미하는데 한쪽은 대기나 광물 등의 무기 화합물이고 다른 한쪽은 생명체나 그들의 사체 및 배설물 등 탄소를 함유한 유기 화합물이다. 그 주고받음을 담당하는 생물은 생산자, 소비자, 분해자로 나뉜다. 진딧물을 무당벌레가 먹는 행위만이라면 그건 생태계의 일부일 뿐이다. 진딧물을 무당벌레가 먹은 장소인 가지밭과 그 가지가 뿌리를 뻗고 있는 토양과 그 토양에 사는 생물과 그 생물이 산소와 이산화탄소를 흡수하거나 배출하는 공기와 거기에 쪼이고 있는 태양광 등 이런 식으로 일정한 범위에 있어 물질과 에너지의 주고받음을 파악하는 것이 생태계를 안다는 행위이다. 생명 활동을 하는 생물과 생명 활동을 하지 않는 물체의 상호작용 속에서 전체적으로 한 덩어리로 완성될 때에야 비로소 생태계라 명명할 수가 있다.

미국의 생태학자 프랭크 벤저민 골리의 「생태학에서 생태계 개념의 역사」(1993)에 따르면, 생태학이라는 학문 분야에서 생태계, 즉 에코시스템(ecosystem)이라는 말이 연구 논문에 등장한 것은 1935년의 일이다.[2] 에른스트 헤켈이 Ökologie(생태학, 생태론)라는 신조어를 만들어낸 1866년부터 70년 가까이나 지난 뒤다. 역사학적으로 말하면, 세계 공황의 여파 속에서 아직 사회가 황량하던 시대, 히틀러가 독일에서 정권을 획득하고 2년 뒤이고, 소련에서는 스탈린에 의한 숙청의 태풍이 휘몰아쳤으며, 일본이 중화민국 동북부에 만주국을 건국하여 아시아에서 세력을 확대하려 하던 시대, 20세기도 중반으로 접어들려 하는 시대에 해당한다. 요컨대 '생태계'란 어두운 시대에 나타난 신개념인 것이다.

에코시스템이라는 개념의 발명자는 아서 조지 탠슬리라는 1871년생 영국의 생태학자이다. 탠슬리는 1935년 『에콜로지』지에 게재된 「식생이라는 개념 및 용어의 사용과 오용」이라는 논문에서 세계 최초로 '생태계'라는 말을 사용했다.

탠슬리는 이 논문에서 우선 기존 연구자들이 주창했던 '컴플렉스 오거니즘'과 '바이오틱 커뮤니티'라는 두 개념을 비판했다. 이 두 개념은 남아프리카공화국의 생태학자 존 필립스가 사용한 말이다. 탠슬리는 '바이오틱 커뮤니티'라는 말에는 '회원들'(members)이라는 뉘앙스가 있어 인간의 커뮤니티나 공동체의 구성원이라는 이미지에 가까워지고, 그래서 어떤 동질성 같은 게 강조되는 면이 있다고 하면서, 유기물과 무기물로 가득 찬 물질계를 설명하는 개념으로서는 기각했다. 또 '바이오틱 오거니즘'도 필립스가 의거하는 철학의 유기체론을 상기시키기 때문에 생물들의 세계를 설명하기에는 너무 과장스러운데다가, 생태학은 철학과 분명한 선을 그어야 한다며 이것도 기각했다. 그런 전제 위에서 그는 이렇게 말한다.

> 하지만 내게 더 근원적인 개념으로 생각되는 것은 완전한 **시스템**(물리학의 의미에서)이다. 그것은 단순히 유기체들의 복합체를 포함할 뿐 아니라 우리가 바이옴[식물군계라는 용어에 대응하는 생물 군집을 가리킴]의 환경이라 부르는 것을 형성하는 물질의 모든 인자들의 완전

한 복합체도 포함한다. 즉 가장 넓은 의미에서 서식지의 모든 인자들을 포함하는 것이다.

생태학자의 관점에서 보면 그것은 지구 표면에 존재하는 자연의 기본적인 단위처럼 형성된 시스템을 가리킨다.

우리가 **생태계**라 불러도 좋은 것들에는 다양한 종류와 규모가 있다. 생태계는 유니버스에 존재하는 복수의 군집적인 물리학적 시스템을 하나의 카테고리에 담고 있고, 그 범위는 전체로서의 유니버스에서 원자 레벨에까지 이른다.[3]

여기서 중요한 것은 생태계는 시스템인 이상, 물질의 성질과 구조를 밝히는 학문인 물리학을 모델로 태어난 개념이라는 점이다. 물리학이 모델이라는 말은 당연하게도 모든 걸 물질의 법칙에 입각해 설명하는 것이 바람직하다고 본다는 말이다. 즉 인간의 이성과 논리에 의해 통찰할 수 있는, 설명 가능한 시스템이 전제로 놓여 있는 것이다.

나는 생태계라는 단어가 태어났을 때 '물리학'이 참조되었다는 사실에 당혹감을 느낀다. 하지만 그 이상으로, 나는 거기서 가능성도 느낀다. 유기체와 커뮤니티 개념을 철거해버린 뒤 남겨진 '시스템'이라는 건조한 개념과, 모든 것을 설명할 수 있다고 하는 '전능감', 이 두 가지에 의해 역설적이게도 세계를 생물들로 북적거리는 곳으로 풍부하고도 역동적으로 그리는 것이 가능해진다. 가능할 뿐만 아니라 실제로도 그러했다는 사실을 생태학의 독특한 연구 성과를 읽을 때마다 느끼게 된다.

왜냐하면 생태계라는 개념에서는 인간에 포함되는 질소도, 짚신벌레에 포함되는 질소도, 토양이나 공기 중에 존재하는 질소도 모두 동일한 지평에서 논의되기 때문이다. 다만 탠슬리가 틀렸던 점은 생태계라는 개념을 사용한 목적이 생태학을 철학의 언어 체계로부터 **수호하기 위해서**였다는 것이다. 사실 생태계라는 개념이 일시적으로 유효한 것은, 그 개념을 통해 생태학을 철학에, 더 나아가서는 인문학 전반에까지 침입시킬 수 있기 때문이다. 일시적이라고 말한 이유는 생태계라는 개념에 인간 세계까지 함께 포함시키려 할 경우, 반드시 시스템이라는 단어에 함의되는 전능감과 위화감을 비판하게 되어 있기 때문이다.

2 생산자와 소비자와 분해자

생산자, 소비자, 분해자라는 개념은 앞서 『생태학 사전』의 설명에서도 이미 보았듯이, 생태계를 설명함에 있어 빼놓을 수 없는 것이다. 그러므로 한 세트로 되어 있는 이 세 개념은 생태계라는 말이 내포하는 두 가지 측면(설명 범위의 확대 가능성과 관찰자가 모든 걸 한눈에 파악할 수 있다는 전능감)을 모두 포함하고 있다. 이 세 개념이 총출동한 것은 1926년의 독일에서였는데, 그 일에 대해 논하기 전에 우선 현재 어떤 언어 환경 속에서 이 세 개념이 사용되고 있는지를, 특히 그 위화감을 중심으로 생태학 교과서를 읽으면서 생각해보자.

기본적으로 생산자, 소비자, 분해자라는 생태학의 개념에는 기묘한 울림이 있다. 특히 말의 뉘앙스에 집착하는 인문학자의 입장에서 그 기묘함은 그다지 이상하게 느껴지지 않을 것이다.

사람들은 대부분 이 세 개념을 중학교 과학 시간에 처음 듣게 된다.

광합성을 하는 식물이 '생산자', 그것을 먹는 초식동물과 그 초식동물을 먹는 육식동물이 '소비자', 그리고 이들의 배설물과 사체를 탐하는 균류나 미생물이 '분해자'로 정의된다. 생태계에 위세 좋게 등장해서는 점점 자라고 결국 죽어가는 모든 생물들이 이 세 종류의 생물 군집으로 분류되는 것은 기억해야 할 내용이었다. 물론 소비자는 1차 소비자(초식동물)와 고차 소비자(육식동물)로 분류되는 경우도 많긴 하지만, 크게 보면 역시나 세 종류로 나누어진다.

이 개념들과 맞닥뜨렸던 기억을 더듬어 올라가면, 지금도 선연하게 느껴지는 당혹감이 떠오른다.

첫째, 생물을 설명하는 말치고는 지나칠 정도로 경제학적 용어법이라는 점.

포도당을 '생산'하는 나팔꽃. 얼룩말을 '소비'하는 사자. 나팔꽃과 얼룩말과 사자의 배설물 및 사체를 '분해'하는 무수한 미생물들. 전체적으로 대단히 인간적인, 더 심하게는 인공적인 울림이 있다. 그리고 생산자와 소비자는 경제학 용어이기 때문에 신문 경제면에서 보도되는 기사 같은 울림도 있다. 그런 가운데, 분해자는 다른 두 단어와는 달리 조금 떠 있다는 느낌이 들지만 여기서 이 문제에 깊이 들어가지는 않겠다. 어찌 되었든 간에 이렇게 세 종류의 생물 군집으로 나누는 건 괜찮다고 쳐도, 그렇게 나눌 때 생태학의 독자적인 용어를 만들어내지 않았다는 점은 인문학의 입장에서 상당히 흥미로워 보인다.

둘째, '먹는 행위'가 '소비'로 표현된다는 점.

인간은 분명히 야채도, 고기도 먹을 수 있다. 먹을 걸 소비하고 있다는 표현 자체가 부자연스럽지는 않다. 부자연스럽지는 않지만 어딘가 기계적이어서 먹는다는 일의 야생성이 깎여나갔다는 느낌은 부정할 수 없다. 하물며 동물이 먹는 행위를 관찰해보면 소비라는 표현은 너무나도 인간적이어서 어울리지 않는다. 소비란 화폐를 매개로 제품을 구입하는 일이다. 동물은 화폐는 말할 것도 없고 신체 외부에 있는 것을 매개로 해서 뭔가를 먹는 일은 매우 드물다. 먹는 일의 직접성이 전해져 오지 않는다.

이상 두 가지 위화감은 물리학과 경제학이라는 상이한 두 학문 장르의 설명 원리를 혼용하고 있는 데서 기인하는 것 같다.

생물계의 전체상을 생태계로 보는 생태학이 명백히 물리학적인 작용에 입각해 있다는 것은, 앞서 말했듯이 한계이자 가능성이다. 물리적 시스템을 모델로 삼고 있는 이상, 생태학이 '감정'이나 '분위기' 혹은 '유대'나 '인연' 같은 애매한 것들을 설명 용어로 채택하는 것은 원칙적으로 기피된다. 생물 군집의 운동 '법칙'을 마치 자동차의 구조처럼 이해할 수 있다는 것, 그리고 한눈에 전체를 모두 파악하고 싶어 하는 지적 야심이 전제로 자리 잡게 된다. 그 야심의 바탕에는 물리 법칙과 그것을 성립시키는 수학이 깔려 있다. 세계 속 생물들의 현상을 각각 선택해서 관찰하고 그것을 논리식으로 정리할 수 있다면, 현상 간의 연관을 자세히 들여다볼 수 있게 된다.

다음으로, 생물의 세계를 경제학의 용어법에 입각해 설명하고 있다는 점. 경제학인 이상, 생물의 세계는 시장으로 비유된다. 정글이든 사바나든 할 것 없이 이 '시장'에는 다양한 식물과 동물이 동일한 가치 체계하에서 존재하고 있는 것으로 간주된다. 정확히 시장이 화폐를 매체로 삼는 가치 체계에 입각해 있듯이, 생태학의 경우에 화폐를 대신하는 것은 에너지와 물질인데, 생산자와 소비자와 분해자가 오가는 장소, 즉 먹이 사슬의 고리에서는 자기 보존의 욕망을 충족시키느냐 못 시키느냐라는 가치 체계가 소용돌이친다. 자기 보존, 즉 에너지를 만들어내고 그것을 바탕으로 세포의 물질 출입을 관리함으로써 조직이나 기관을 움직이는 것이 이 시스템의 화폐가 되고 있는 것이다. 경제학도 화폐의 움직임을 바탕으로 사회를 전망해 보려는 욕망이 야기한 학문이었다. 욕망의 발로가 과연 어디에서 어떻게 발생하는지는 일단 차치해 둔다면, 생태학과 경제학은 관계성을 통찰하는 학문이라는 점에서 같다. 이 두 분야가 많은 학생들에게 매력적으로 보이고, 또 세계 각국에서 커다란 학문적 헤게모니를 창출하고 있는 것은 두 학문이 설명할 수 있는 규모와 논리성에 있다고 보아도 크게 틀리진 않을 것이다.

물리학과 경제학. 이 두 학문의 논리를 바탕으로 그려지는 생물의 세계는 매우 유망해 보이지만 또 그런 만큼 인공적이고 딱딱한 이미지를 품고 있다. 바로 이 지점이 언어의 뉘앙스를 생명처럼 여기는 인문학이 생태학에 위화감을 갖게 되는 원인 중 하나일 것이다.

단, 내가 이제부터 하려는 이야기의 궁극적인 목적은 인문학의 입장에 서서 생태학의 언어를 윤리적으로 비판하고 그리하여 그 언어의 사용을 금지하자고 제안하는 것은 아니다. 인문학의 입장에 서서 생태학을 관찰하는 것은 기본적으로 외재적이다. 외재적이기 때문에 그런 시도는, 인문학적 언어들을 동원해 생태학의 언어들을 폭력적으로 제거하고 자의적으로 재편해버릴 위험성이 내포되어 있다. 그것은 생태학이 자연 세계에 뛰어들어 여러 날 동안 관찰하고, 벌레에 물리고, 수면 부족을 참아가면서 얻어낸 풍부한 지식과 견해들을 짓밟는 처사일 뿐이다. 기본적으로 '나무블럭 놀이'를 하나의 모델로 삼는 이 책의 '분해' 연구 방법으로는 어울리지 않는다.

가령 생태학 교과서인 『생태학 입문 제2판』(2012)을 펴보면 생태학의 매력이 다양하게 표현되어 있다.[4] 영국의 회색가지나방이 원래는 밝은색 유형뿐이었는데, 1850년대부터 어두운색 유형이 증가했고, 마침내 1940년대에 이르러서는 어두운색 유형이 96퍼센트에 달했다고 한다. 그 원인은 석탄 소비의 증가로 대기 오염도가 높아져 나무껍질을 덮고 있던 흰색 지의류와 선태류가 고사하는 바람에 검은 나무껍질이 직접 드러나게 되었던 것과 관계가 있다. 그러한 상황 변화로 인해 밝은색 유형들은 새를 비롯한 다른 동물들에게 포식당하기 쉬워진 반면 어두운색 유형 쪽은 적응도가 높아졌고 결국 이런 유형을 생존시키는 자연 선택이 일어났기 때문이라고 한다. 인간의 경제 활동에 의해 겨우 100년 만에 나방의 색깔이 변해버린 것이다. 이러한 생태학적 사실이 인문학에서 더 활발히 논의된다면, 인문학의 시간 개념도 더 풍부해지고 역사의 움직임도 더 역동적으로 파악하게 되어 그 결과 학문 자체도 더 발달하게 될 것이다.[5]

이런 취지에서 나는 인문학이 생태학에 대해 품는 위화감을 철두철미하게 생태학의 용어에 입각하여 내측으로부터 새로이 축적하고, 그리하여 생태학의 잠재력을 인문학의 언어로 더 끌어내보고 싶다. 그것이 이번 장의 과제이다.

과연 생태학 교과서에서는 생산자, 소비자, 분해자가 어떤 식으로 정의되어 있을까? 『생태학 입문 제2판』을 다시 한 번 보기로 하자.

생물 군집 내의 생물들을 생산자(식물), 생산자를 섭식하는 1차 소비자(초식동물이라고 함), (…) 그것을 또 섭식하는 고차 소비자(고차 육식자), 나아가 이들의 사체나 배출물을 분해하는 존재들은 분해자라고, 혹은 썩은 것을 먹는 생물이라고 분류했을 때, 이 단계들을 영양 단계라고 한다. 생물 군집은 복수의 영양 단계들로 구성되며, 각각의 영양 단계에는 다양한 종들이 생활하고 있다. 한 영양 단계에 속하는 종은 포식자인 상위 생물들 및 먹이인 하위 생물들과 각각 먹고-먹히는 관계를 형성한다. 따라서 대부분의 생물 군집들의 경우, 어떤 영양 단계와 그 상하 영양 단계의 포식 관계는, 그보다 하나 더 위나 아래의 영양 단계에 속하는 생물들에게도 영향을 끼치게 된다.[6]

여기서 또 하나의 당혹스러움과 마주친다. 생태학 용어에서는 영양 단계에 따라 생물 군집의 서열이 정해지고 있는 것이다. 먹는 쪽이 '상위', 먹히는 쪽이 '하위'가 된다. 역사학의 용어로 말하면 신분제 사회를 연상시키는 이런 서술 방식은, 물론 예리한 맛을 풍기는 설명이며 또한 생물 세계에 가책이란 없다는 점을 빼어나게 표현하고 있다는 느낌을 준다.

자, 이 지점을 좀 더 파고들어 보자. 왜 먹는 쪽이 '상위'이고 먹히는 쪽이 '하위'인가? 물론 이 서열 덕분에 생태학의 초심자가 쉽게 접근할 수는 있다. 먹힌 쪽은 죽고 먹은 쪽은 계속 살아가기 때문이다. 그래서 생태학에서는 먹이사슬의 피라미드를 그린다. 상위로 올라갈수록 개체 수는 적고 하위로 내려갈수록 개체 수가 많다. 육식동물, 초식동물, 식물 순으로 그려진다. 그런데 식물들은, 다른 생물들은 하지 못하는 광합성 능력을 갖추고 있는데다가, 개체 수로 보자면 육식동물의 최상위에 군림하는 독수리나 올빼미보다 많다. 또 영양 단계상 낮은 분해자도 '하위'에 위치되어 있다. 그러나 이렇게 영양 단계를 서술하는 방식은 너무나도 인간 사회와 닮았다. 신분제 사회로 말하자면 왕, 귀족, 평민이고 또 계급 사회로 말하자면 자본가, 중간 계급, 노동자라는 동일한 유형의 피라미드 구조가 떠오르는 것이다. 먹히는 존재는 폄하될 존재인가? 먹는 존재는 우러러 보아야 할 존재인가? 사실 그것은 인간적인 가치관에 입각한 것일 뿐이다. 식(食)이라는 현상을 생태계의 틀에서 생각했을 때는 단순히 에너지와 물질이 교환되는 상호작용의 일환으로 관찰될 수 있는 것이므로, 이러한 서열 짓기는 반드시 자명하지는 않을 터이다. 포식자는 '먹도록 규정되어 있다'고까지 말할 수 있기 때문이다.

생태학이 인간 사회를 모델로 생물의 세계를 설명하려 하는 것은 어떤 의미에서는 당연한 일이다. 생태학도 인간 사회에서 생성된 언어를 사용하지 않고서는 자연 현상을 설명할 수 없기 때문이다. 이 사실을 나는 생태학의 한계로서만이 아니라 동시에 가능성으로서도 사유하고 싶다. 아울러 그 가능성을 사유하는 일은 지금까지 말해왔듯이 인문학이 거의 잊고 있었던 '분해자'를 인문학의 세계로 불러들이는 변화로 이어질 것이다.

3 '분해자'란 무엇인가

분해자에 대해 비전문가의 입장에 계속 머물면서 사유를 심화시키기 위해 다시 한 번 누마타 마코토가 편집한 『생태학 사전』(1974)의 '분해'(영어와 프랑스어로는 decomposition, 독일어로는 Zersetzung) 항목을 살펴보기로 하자.

> 동식물의 사체, 배출물, 인공적 산물 등의 유기물이 미생물의 작용에 의해 더 간단한 화합물로 변하는 것. 호기적(好氣的)으로[공기, 즉 산소가 충분히 있는 상태에서] 행해지는 경우와 혐기적으로[산소가 결핍되어 있는 상태에서] 행해지는 경우가 있다. 후자 중 악취가 발생하는 경우를 부패(putrefaction)라고 부른다. 완전히 분해되면 최종적으로 탄산가스, 물, 암모니아 등이 되는데, 토양 속이나 수중에는 분해 도중의 유기물이나 잘 분해되지 않는 부식질 등의 유기물이 존재한다.[7]

요컨대 동식물의 사체나 거기서 떨어져 나온 것을 호기성 세균(결핵균이나 낫토를 만드는 고초균 등)이나 혐기성 세균(파상풍균이나 유산균 등)이 먹고, 그것을 더 간단한 구성물인 이산화탄소, 물, 암모니아로 바꾸어가는 것이다. 당연한 얘기지만 이들 중 물과 이산화탄소는 생산자인 식물이 태양광과 함께 광합성에 이용하는 기본적인 요소이며, 암모니아는 생산자가 아미노산 및 (아미노산의 조합에 의해 만들어지는) 단백질 등의 질소 화합물을 합성(질소 동화)할 때 필요하므로 뿌리로 흡수하는 것이다. 그럼 이 물질의 순환을 담당하는 분해자(영어로는 decomposer, 독일어로는 Zersetzer, 프랑스어로는 decomposeur)는 어떻게 정의될까?

> 생태계의 구성요소 중 하나로, 죽은 생물체를 분해하며 생활하는 미

생물을 말한다. 분해자의 작용에 의해 유기물은 이산화탄소를 비롯한 각종 무기물로 되돌아간다. 소비자라 정의되는 동물들도 분해를 행하지만 분해자라는 말은 일반적으로 세균, 방선균, 곰팡이류 등의 미생물을 말한다.

결국 분해자란 분해를 하는 미생물을 가리킨다. 탄소가 포함되어 있는 유기 화합물을 해체하고 탈(脫)탄소화해가는 생물들이다(참고로 이산화탄소 같은 간단한 탄소 화합물은 비록 탄소가 포함되어 있지만 무기 화합물에 포함시킨다). 여기서 중요한 것은 "소비자라 정의되는 동물도 분해를 행한다"라고 단서가 붙어 있다는 점이다. 죽은 동물의 살을 탐식하고 그것을 소화기관으로 소화하는 동물, 즉 소비자도 유기물이 이산화탄소, 물, 암모니아로 돌아가는 데 틀림없이 공헌하고 있다. 분해자와 소비자의 차이를 확실히는 알 수가 없는 것이다.

자, 이 대목에서 『생태학 사전』보다 최근 생태학의 성과를 반영한 마이클 베건, 존 L. 하퍼, 콜린 R. 타운센드의 『생태학: 개체에서 생태계로』(제4판, 2005)의 해당 부분을 읽어보자. 우선 '분해'의 정의부터 보자.

분해란 에너지의 방출과 합성된 영양염의 무기화(mineralization)이다. 무기화(無機化)란 원소가 유기태에서 무기태로 변환되는 것이다. 분해는 죽은 생물 조직이 서서히 붕괴하는 것이라 정의되며, 그것은 물리적 작용과 생물적 작용 모두에 의해 진행된다. 분해는 풍부한 에너지가 담겨 있는 복잡한 분자가 그 소비자(분해자와 '유기 쇄설물 먹는 생물')에 의해 이산화탄소, 물, 무기 영양염으로까지 분해되면서 끝난다. 화학

성분의 일부는 일시적으로 분해자 몸의 일부로 고정[무기 영양염이 유기태의 화합물에 흡수되는 것]되며, 그중 유기물 속에 들어 있는 에너지는 생명 활동에 사용되고 머잖아 열로 손실된다.[8]

무기 영양염이란 생물의 영양으로서 필요한 것인데, 산과 염기의 중화 반응에 의해 생기는 화합물이다. 앞서 『생태학 사전』에서 '암모니아'라고 했던 것은 엄밀하게 말하면 '암모늄염'이며, 구체적으로는 비료로 이용되는 황산암모늄도 그 일종이다. 『생태학 사전』에서는 서술되지 않았던 것 중 두 번째 중요한 사항은 분해 과정에서 에너지가 방출된다는 점이다. 결국 분해자들이 담당하는 분해라는 행위는 물질의 순환뿐 아니라 광합성을 통해 생물체에 축적된 에너지가 소실되어 가는 과정이고, 열역학적으로 말하자면 엔트로피를 증가시키는 것이기도 하다. 그리고 세 번째는 분해를 담당하고 있는 듯 보이는 소비자와 분해자의 구별이다. 이것은 제11장 「분해자와 '유기 쇄설물 먹는 생물'」에 적혀 있다.[9]

여기에 보면 부생 생물(saprotroph)이라는 분류가 설정되어 있다. 부생(腐生) 생물은 "죽은 생물 조직을 이용하는 생물"이다. 이것은 다시 두 종류로 나누어진다. 한 종류는 '유기 쇄설물 먹는 생물'(detritivore)이라는 소비자이고, 또 한 종류는 분해자이다. 유기 쇄설물*이란 생물체의 사체, 파편, 잔해, 배설물을 말하며 '파편, 잔해'란 구체적으로 "절지동물의 탈피 껍질, 뱀의 탈피 껍질, 기타 동물의 피부, 털, 깃털, 뼐" 등이

* detritus를 번역한 말인데, 일상적인 의미는 생물체 등에 의한 자연발생적인 쓰레기 혹은 그냥 쓰레기나 폐기물이다. 이 책의 전체 주제와도 맥이 닿는 단어다.

다. 이런 유기 쇄설물들을 먹는 동물을 '유기 쇄설물 먹는 생물'이라 한다. 이런 생물들의 예로 가령 이 책에서는 진드기, 소라진드기, 지렁이, 톡토기를 열거하고 있다.

그럼 왜 '유기 쇄설물 먹는 생물'들은 분해자의 동료로 넣어주지 않는 것일까? 그것은 그들이 분해 과정의 한 부분을 담당하긴 하지만 다른 한편 먹이를 스스로 포식하기 때문이다. 포식은 세포 등을 물리적으로 파괴하는 반면 분해는 느린 생화학적 반응인데, 이 두 가지의 연대에 의해 썩은 고기는 머잖아 뼈로 변해간다.

요컨대 『생태학』에서 분해자란 미생물에 한정되어 있어 낙엽을 먹는 지렁이나 사람의 피부를 먹는 진드기는 분해자가 아닌 소비자로 분류되는 것이다. 앞서 언급했던 『생태학 사전』과 지금 살펴보고 있는 『생태학』에서 '분해'와 '분해자'의 정의를 추적해 왔지만, 아무래도 이 두 가지 생태학 개념 사이에는 미묘한 어긋남이 발생하고 있는 듯하다. '분해'는 반드시 분해자만 담당하는 게 아니라 소비자도 담당하는 일이라서 명확히 선을 긋기가 어려운 것이다. 그리고 그 어려움 때문에 습기가 많고 음침한 분해자의 세계는 저항하기 어려운 매력을 발산한다.

4 '분해자' 개념의 탄생

'분해자' 개념에 명확한 선을 긋는 건 왜 어려운지, 그리고 그 매력은 무엇인지를 탐구하기 위해 그 탄생의 현장에 입회해 보고자 한다. 언제, 어디서, 누가 낳아놓은 개념일까?

'분해자' 개념을 낳은 부모는 독일의 습지학 전문가 아우구스트 티네만이다. 독일 북부 슐레스비히-홀슈타인 주의 플뢴(Plön)이라는 작은 마을에 독일 최초로 세워진 담수전문연구소의 2대 소장을 지낸 인물이다. 이 연구소는 현재의 막스 플랑크 진화생물학연구소의 전신이다.

플뢴은 플뢴호라는 28제곱킬로미터 넓이의 호수에 접해 있다. 여기에서 1891년 4월 1일 오토 차하리아스라는 플랑크톤 전문가가 프로이센 정부와 다양한 개인들의 원조를 받아 담수연구소의 '연구 스테이션'을 설치하여 잡지를 발행했다. 물론 담수를 전문으로 취급하는 연구소는 독일에서 처음이다. 차하리아스가 1916년에 죽은 뒤, 이 연구소는 '카이저 빌헬름 과학 추진 협회'에 인계되고 그와 동시에 티네만이 이 협회의 습지생물학연구소 소장으로 부임한 것이다.

티네만이 분해자 개념을 처음 논문에서 사용한 때는 1926년이다. 제목은 『독일 동물학회 논집』에 게재된 강연록 「수권(水圈)의 영양순환」.[10] 동물학회에서 한 강연이므로 호소학(湖沼學, 호수나 늪을 연구하는 학문)의 테마를 최대한 보편적으로 이야기하려고 도처에서 노력했고, 그런 바탕위에서 호수의 생물 다양성을 역동적으로 설파한 강연이다.

애당초 티네만은 호수라고 하는 폐쇄적인, 그러나 한 덩어리처럼 살아가는 생물들의 세계를 생명공동체(Lebensgemeinschaft)라 부르고 있었다. 또 학문의 세분화를 우려하면서 이 생명공동체를 다양한 각도에서 논의할 것을 제창했다. 그래서 티네만은 독일뿐 아니라 세계 각지의 생물학자와 생태학자들에게 주목받고 있었다. 하나의 공동체(Gemeinschaft), 즉 커뮤니티로서 생물 세계를 바라보는 그 시선은 플뢴 호수를 연구하는 가운데 배양된 전체성을 파악하려 하는 시선이다. 이미 말했듯이 이 공동체라는 말에 담겨 있는 회원제(membership)스러운 뉘앙스에 반발하여 영국 생태학자 탠슬리가 생태계(Ecosystem)라는 건조한 용어를 개발했던 것이다. 단, 탠슬리의 '생태계' 개념도 티네만의 논의가 없었으면 존재할 수 없었을 것이다. 그럴 정도로 티네만은 생태학의 발전에 중요한 역할을 수행했다.

티네만은 「수권의 영양순환」에서 생산자, 소비자, 분해자에 대해 다음과 같이 담박하게 적고 있다.

> '뿔뿔이 흩어진 원소들 — 이 원소들을 녹색식물이 유기물로 합성 — 미생물에 의한 이 물질들의 해체 — 뿔뿔이 흩어진 원소들'이라는 도식은, 따라서 물질 순환 과정 대부분의 근저에 있다. 그리고 동물과 일련의 동물군은 이 과정의 일부분으로서만 생산자들(녹색식물)과 환원자들(미생물) 사이에 끼어 있는 것이다.[11]

"환원자들"이라고 번역한 단어는 Reduzenten, 영어로는 reducers이다. 환원이란 화학 용어로, 화합물로부터 산소를 빼앗는 것이다. 그러니까 우리에게는 '분해자'(decomposer)라는 말이 익숙하지만, 사실 맨 처음에는 이들에게 다른 이름(환원자들)이 부여되었던 것이다. 이어서 티네만은 호수 표면이 아니라 호수 바닥에 퇴적되는 플랑크톤이나 물고기의 사체를 분해하는 환원자들에 대해 말하는데, 특히 분해가 잘 되느냐 여부를 호수의 온도와 상관시켜 논한다. 그리고 이 생명공동체를 '아우타르키'(자급자족 체제)로 파악하고, 그런 다음 유기 쇄설물(detritus)을 먹는 미생물이나 이들을 호수 바닥에서 휘젓는 실지렁이 등의 중요성을 호수의 유형별로 나누어 논의해간다. 생산, 소비, 환원으로 전개되는 역동적 메커니즘을 하나의 세계로 포착하고 그 위에서 호수의 풍부한 생명공동체를 논하는 이 글은 무려 50페이지에 달한다. 마지막에는 '학문의 세분화'를 비판하면서 "자연계에서 가장 작은 존재들의 비밀에 대해 주의를 기울이는" 것이 생물학자들의 기쁨이며, 연구 조사에 대한 충족감이야말로 연구의 필수 불가결한 전제라고 말하는 등 상당한 힘이 담긴 문장이다.

그런데 이런 티네만의 "환원자"를 "분해자"로 바꾼 사람은 누구인가?

그는 바로 미국의 생태학자 레이먼드 로럴 린드먼이다. 린드먼은 미네소타 대학 인근의 시더백 호수에 사는 생물들에 대해 아내와 함께 조사를 시도했다. 견실하게 조사를 수행한 결과, 수치로 정리된 방대한 정보를 바탕으로 설득력 있는 논의를 전개할 수 있었고, 결국 이 호수가 '물질'의 순환이라는 의미에서 탠슬리가 말하는 '생태계'임을 확인한 것이다. 박사 학위를 취득한 뒤 『에콜로지』에 투고했지만 거부당하고 1년 후인 1942년 6월 29일 희귀형 간염으로 사망한다. 겨우 27세에 불과한 나이였다. 그러나 사후에 그의 논문은 『에콜로지』에 게재되었고 생태학의 한 시대를 구획하는 업적으로 반복해서 참조된다.

린드먼은 사후에 발표된 이 논문 「생태학의 영양적 다이내미즘 측면」에서 티네만의 '생산자', '소비자', '환원자' 분류를 선구적인 시도라고 평가했는데, 다만 '환원자'를 '분해자'라고 번역을 변경하여 소개했다.[12]

독립영양 식물은 **생산자** 생물이다. 이들은 광합성을 통해 얻은 에너지를 사용하여 간단한 비유기적 물질로부터 복잡한 유기물을 합성한다. 식물은 [이렇듯 광합성, 즉 탄소 동화(同化) 작용을 통해] 잠재 에너지로 갖고 있던 것을 나중에 이화(異化) 작용 과정에서 내어놓긴 하지만, 대신 엄청난 유기물의 잉여분은 축적된다. 한편 동물과 종속영양 식물은 **소비자** 생물로서 잠재하는 에너지의 잉여분을 먹고, 소비된 물질의 상당한 양을 산화하여 신진대사에 필요한 운동에너지를 방출하지만, 남겨진 잉여를 자신의 체내에 있는 합성 화학물질로 변화시킨다. 모든 생물은 사후에 부생(腐生) 생물이 에너지를 얻는 잠재적인 원천이 되고(부생 생물이 죽은 생물의 조직을 먹음으로써), 그것은 이어서 다음 단계의 소비자에게 에너지의 원천이 되는 경우가 있다. 종속영양 미생물과 균류는 부패물을 먹을 때 가장 중요한 에너지를 소비하는 것이 사실이지만, 편의상 유기물의 분해자(decomposer)로 한정을 함으로써 동물 소비자와 구별할 수도 있다.[13]

핵심을 포착하는 간단한 요약이다. 게다가 린드먼은 티네만의 '환원자' 개념을 더 정교화하고 있다. '산화가 아니라 오히려 화학적 환원에 의해서만 분해가 이루어진다'라는 식의 오해가 발생하지 않도록 탈(脫)산화를 의미하는 환원이 아니라 분해라는 단어를 사용하자고 최초로 주장한다. 여기서 다시 한 번 확인해두자면, 분해(decomposition)는 조립한다, 구성한다를 의미하는 compose라는 동사에 부정 접두사 de를 추가한 단어의 명사형이다. 따라서 composer는 음표를 다루는 경우라면 작곡가, 활자를 취급하면 식자공(植字工)이라 번역된다. 음표도, 활자도 전체를 구성하는 요소이지만, 만일 일정한 규칙에 따라 구성한다면 단순한 총합이 아니라 그 이상의 뭔가를 만들어낸다. 생태학도 기본적으로는 요소와 전체를 그런 식으로 파악한다. 환원자가 분해자로 개명됨으로써 마치 다시 한 번 활자를 뿔뿔이 흩어지게 하고 그리하여 이후 새롭게 조판(組版)되기를 기다리는, 그런 풍부한 이미지를 제공하는 개념으로 변신한 것이다.

다만 지금까지 거론되어온 생태학자들과 마찬가지로, 린드먼 역시 분해자 개념과 소비자 개념 사이에 명확한 구분선을 긋기 힘들어한다는 느낌이 든다. 분해자는 소비자의 일부로 설명할 수도 있지만, 굳이 특별하게 다룬다면 '분해자'라고 할 수 있다는 그런 말투다. 먹이사슬은 영어로 food chain이다. '푸드', 즉 '먹는다'라는 행위를 근간으로 한 생태학의 설명에서는 다이내믹하고도 유기적으로 동식물의 행동을 바라볼 수 있지만, 그런 반면 아무래도 분해자와 소비자의 경계가 모호해지는 것이 사실이다. 얼룩말 사체에 꾀어드는 생물들은 사자든 미생물이든 비록 몸의 크기는 전혀 다르지만 먹는다는 점에서는 차이가 없기 때문이다.

더 중요한 것은 린드먼이 계절마다 호수를 구성하는 요소들의 조합 상태가 변화될 수 있다는 것도 밝혀냈다는 점이다. 그 시간적 변화를 함께 고려하다 보니 생산자, 소비자, 분해자라는 세 요소의 분류를 고집하는 데에도 주저하고 있다. 린드먼은 정적으로가 아니라 동적으로 생태계의 시간적 변화를 포착하려고 했기 때문에 이 세 종류의 명사를 일관되게 사용하며 논의하는 데 꽤나 거북함을 느꼈던 것일 수도 있다.

생태학의 '분해자' 개념이 탄생한 과정을 보다 보면, 역시나 이 개념의 모호성이 깔끔하게 해결되지 않는 데서 기인하는 생태학 학자들의 고뇌의 일단을 엿볼 수 있다.

단, 이 대목에서 이러한 논의가 일어난 시대 배경에 대해 서둘러 보충할 필요가 있다. 토마스 포트하스트가 나치 시대 생태학자들의 동향을 논한 연구에 따르면,[14] 독일에서는 1925년경부터 생태학이 학문의 한 분야로 인정받게 되었고 그 과정에서 티네만이 수행한 역할은 매우 컸다. 다만 다수의 생태학자들은 19세기 말~20세기 초의 시기부터 독일에서 활발하게 진행된 자연보호운동에 대해 '촌스럽다'는 등의 이유로 거리를 두어 왔다. 그러나 1933년에 히틀러가 총리에 임명되고, 그리하여 '피와 흙'이라는 에콜로지컬한 단어가 포함된 슬로건을 내거는 정권이 독일 전역을 덮은 뒤, 생태학자들은 정치의 계절을 맞이한다. 얼핏 생각하면 생태학자들이 이 학문의 근간인 다양성 및 다원성을 중시하고 생명의 역동성을 호소함으로써 유대인이나 정신장애인, 성적 소수자에 대한 나치의 공격을 비판했을 수도 있었을 것 같지만, 현실은 그렇게 진행되지 않았다. 특히 1935년 6월 26일의 '제국 자연보호법' 이래로 정치, 학문, 자연과학, 문화, 철학 등의 합일, 더 나아가 이론과 실천의 합일을 호소하는 분위기가 조성되자 생태학자들을 둘러싼 공기는 돌변한다. 예컨대 그런 점들을 바이마르공화국 시절부터 호소했던 티네만도, 나치의 세계관에 있어 생물학이야말로 핵심이라고 간주하는 나치의 언설을 높이 평가하고 바로 그 분야에서 학문을 하는 것을 '중대한 임무'라고 표명했으며, 이를 바탕으로 자신이 발명한 '생명공동체' 등의 개념을 지정학이나 인종주의, 아우타르키(자급자족) 등 나치즘의 교의와 결부시켰다.[15] 패전 직전에는 나치에 대한 실망감이 커지긴 했지만, 서독 국민으로 살아남은 후에도 나치 시대에 사용했던 말로 생태학과 문화의 융합을 호소해 마지않았다.

포트하스트는 쓰지 않았지만, 티네만의 '생명공동체'나 '환원자'에 보이는 '전체성'과 '통일성' 등의 의미에 대해 영국의 생태학자들이 비판을 하거나 아예 다른 개념을 수립했다는 사실은 단지 학문적인 대결이라고만 치부할 수는 없을 것이다. 「프롤로그」에서 이미 확인했듯이 생태학적 언설에는 항상 나치즘의 덫이 숨어 있는 것이다. 포트하스트는 결론 부분에서 이렇게 적고 있다. "독일문화, 자연과학, 자연보호를 결부시키는 관점의 전통은 가장 깊은 곳에서 비민주주의적으로 되었으며, 그리하여 나치즘과 협정을 맺는 데에도 문제가 없었다."[16] 이런 포트하스트라면 철학과 자연과학과 생태학을 결부시키는 본서의 테마에 대해서도 틀림없이 경계를 할 터이다.

그렇다면 나치즘과 협정을 맺지 않는 생태학적 앎이란 있을 수 있는 것일까? 「프롤로그」에서도 언급했듯이 그것은 곤란한 것이 사실이다. 하지만 나는 생태학과 철학을 합일시키는 과제의 성패가 분해 현상을 어떻게 하나의 중앙으로, 하나의 목적으로, 한 명의 지도자로 환원되지 않도록 그려내는가에 달려 있다고 판단한다.

이를 위해 분해자와 소비자 사이에 선을 긋기 어렵다는 점, 바로 그 지점에 조금 더 다가가 보고 싶다. 이것은 회원제 성격을 가진 티네만의 생태관을, '분해'라는 말을 사용하여 무너뜨린 린드먼의 작업을 한층 더 철저화한다는 걸 의미한다.

5 장의사와 재활용 업체

실제로 현재에도 분해자와 '유기 쇄설물 먹는 생물'(detritivore)을 나누어 논의하는 것에 위화감을 표명하는 생태학자들도 있다. 베른트 하인리히는 미국의 생리생태학 전문가이지만, 많은 시간을 숲의 오두막에서 지내는 자연주의자로서 에세이도 다수 출판하고 있다. 최신작 『생명에서 생명으로』(2012, 일역은 2016)* 에서 하인리히는 분해자 개념을 의도적으로 느슨하게 사용하자고 제안한다.

> 우리는 생명의 소재를 재분배하는 중요한 일을 담당하는 동물들을 청소동물이라고 간주한다. 그리고 우리는 청소동물들이 자연의 장의사로서 필요한 '서비스'를 제공해준다는 데 대해 찬사를 보내며 감사할 수도 있다. 우리는 자연의 제반 시스템이 원활한 활성화를 계속 유지하도록 생명환(生命環, life cycle)의 대열을 구성하는 존재로서 청소동물들을 생각한다. 우리는 부식자(腐食者)들을 포식자들과 구분하는 경향이 있다. 포식자는 (부식자들과) 동일한 서비스를 제공하지만 그것은 살해에 의해서이며, 우리는 그 행위를 파괴와 결부시킨다. 그러나 자연의 장의사에 대해 생각하기 시작하자, 내 머릿속에서는 포식자와 부식자의 구별이 흐려지기 시작하여 결국 그런 식의 구별 대부분이 자의적인 것에 불과해져 버렸다. [물론 개념상으로는] '순수한' 부식자는 오로지 죽은 생물만 먹고 살며, '순수한' 포식자는 오로지 자신

* 베른트 하인리히, 김명남 역 『생명에서 생명으로: 인간과 자연, 생명 존재의 순환을 관찰한 생물학자의 기록』 궁리, 2015년.

이 죽인 것만을 먹고 산다고 깔끔하게 정리할 수 있다. 하지만 엄밀하게 어느 한쪽이라고만 할 수 있는 동물은 몹시 드물다. 큰까마귀와 까치의 경우 겨울에는 순수한 부식자일 수도 있지만, 가을에는 베리 종류를 먹는 초식동물이며, 여름에는 곤충이나 쥐, 그밖에도 죽일 수 있는 것이면 뭐든지 먹으며 살아가는 포식자다.[17]

여기서 나는 생태학 분야에 '서비스'라는 말을 사용하는 데 대한 위화감이 나타나고 있다는 느낌을 받는다. 지금의 생태학에서는 인류가 생태계에서 얻고 있는 '서비스'를 '생태계 서비스'라 부르게 되었다. 예컨대 레크리에이션을 제공한다거나 먹을 걸 제공하거나 신선한 공기를 공급하는 등 생태계는 인류에게 다양한 이익을 제공해준다는 식의 설명이다. 이 '생태계 서비스'라는 사고방식이 생태계의 파괴에 일정한 브레이크가 될 수 있다는 점은 인정하지 않을 수 없다 해도, 그 말의 전제인 '시장'에서의 '상품 교환' 이미지에 대해서 하인리히는 불명확한 위화감을 품고 있다. '생태계 서비스'라는 말은 식물이나 동물 그리고 그들의 작용을 어떤 특권적인 인간에게 쓸모가 있느냐 없느냐라는 '기능'으로 파악할 뿐, 모든 방향으로 영향을 미칠 수 있는 복수의 '작용'이라는 측면은 소홀히 함으로써 일대일 대응으로 감축시켜버리기 십상이기 때문이다. 서비스 공급원과 수요자라는 식으로 분류할 수 있는 것이라면, 소비자와 분해자의 분류도 더 순조로워지는 것이다. 그러나 생물 세계는 (물론 인간 세계도) 그리 간단히 작용과 존재가 일대일로 대응하지는 않는다. 마치 작용이 다양한 생물들에게 옮겨 갔다가 다음에는 또 다른 곳으로 이동하듯이, 큰까마귀 한 마리를 관찰하더라도 상황에 따라 다양한 '존재'의 역할을 달리 수행하는 것이다.

하인리히에게서 발견되는 흥미로운 면모는 인간 사회의 개념을 생물 세계에 적용할 때의 위험성을 이상과 같이 제대로 의식하면서도, 다른 한편 그런 적용에 내포된 가능성 쪽도 철저히 규명하고 있다는 점이다. 그는 우선 동물의 사체를 무대의 중심에 놓은 다음, 거기에 모여드는 '장의사들'이 주인공으로 등장하는 '이야기'를 그려내고 있다. 동물계 먹이사슬 중 첫 단계에 속하는 대형 동물도, 체내에 알을 낳는 곤충도, 체내에서 부패를 진행시키는 미생물도 그에게는 장의사의 일원일 뿐이다. 오히려 주인공은 장례 자체일 수도 있다. 하인리히는 이 책에서 예컨대 콘라트 로렌츠처럼 한 마리의 동물을 동물행동학적으로 추적해가지 않는다. 오히려 끊임없이 교체되는 장의사들의 배턴 릴레이를 관찰하고 있다.

하인리히는 분해자들을 멍하니 느슨하게 포착하는 대신 극히 풍부한 단어를 또 하나 획득한다. 절 제목 중에 이런 게 있다. 「궁극의 재활용업자: 세상을 다시 만든다」(The Ultimate Recycler: Remaking the World). 티네만도, 또 린드먼도 언급했던 분해자의 작용, 즉 유기물을 무기물로 변화시키거나 식물이 흡수 가능한 유기물로 변화시킴으로써 새로운 유기물을 새로 만들기 위한 부품들을 갖추어 놓는 역할에 하인리히는 '리사이클'*이라는 말을 적용하고 있는 것이다. 이 말을 적용함으로써

* 통상 '재활용'으로 번역되는 단어지만, 여기서는 '재활성화'라는 의미로 이해하는 것이 좋다. 식물이나 인간에게 재활용되기 위해서는 먼저, 다양한 존재들이 벌이는 떠들썩한 장례식이 치러져야 한다. 이미 분해되어 생의 주기(cycle)를 마감한, 그래서 원소 형태로 존재하는 것들은 이 장례식에 의해 재활성화되어 다시 새로운 생의 주기를 맞이할 채비를 갖춘다.

우리는 생물의 세계를 왜소화해서 보기보다는 더 생동감 있게 바라보게 될 것이다. 본서의 4장에 등장했던 '넝마주이'들은 쓰레기를 주워 리사이클함으로써 실로 세계를 다시 만드는 것을 시도하고 있었다. 하인리히가 20세기 도쿄의 룸펜 프롤레타리아트를 관찰한다면, 쓰레기 '먹는' 존재라 불렸던 피차별민들이나 종이 쓰레기를 모으며 집단으로 생활했던 개미촌 아이들은 물건의 '장의사'요, '세계를 다시 만드는' '분해자'로 비칠지도 모른다.

6 얼룩말과 연어와 고래의 '장례'

하인리히의 저작 『생명에서 생명으로』의 원제는 『영겁토록 계속된다: 동물들이 죽는 방식에 대하여』이다. 그럼 무엇이, 어떤 식으로 영겁토록 계속 이어져간다는 것인가? 하인리히는 최종적으로 경이로운 결론에 다다르는데, 그 전에 그가 관찰하는 생물들의 '장례' 모습을 소개해두고 싶다.

사자가 기린을 죽인다. 사자가 기린을 먹으면 이번에는 하이에나가 기분 나쁘게 다가와 사자로 하여금 그 자리를 뜨게 한다. 하이에나의 배가 차면 자칼이 달려들어 걸신들린 듯 먹어댄다. 하늘에는 춤추는 독수리들이 있다. 사자와 하이에나 등이 떼 지어 있는 가운데 독수리들이 하강하여 기린의 사체를 쿡쿡 쪼아댄다. 하루만 지나도 뼈와 털과 껍질만 남는다. 뼈에 들러붙은 고기에는 파리가 알을 낳아 구더기가 꿈틀거리고 있다. 딱정벌레류*도 다가와 "잔반을 깡그리 먹어치운다." 사자, 하이에나, 자칼은 먹은 기린을 "똥으로 가공해낸다." 거기에 소똥구리**들이 몰려와 둥근 공으로 변형시키고 그걸 굴려 운반한 다음 땅에 묻는다. 소똥구리 암컷은 거기에 알을 낳는다. 소똥구리 애벌레는 똥을 먹고 번데기가 되고, 날개달린 성충이 되어[우화하여] 날아오른다. "한 마리 기린은 죽었지만 수십 마리의 사자, 하이에나, 자칼, 그리고 아마도 수백 마리의 독수리에게 먹을 것이 주어졌다. 수천 마리의 소똥구리가 잔치를 벌이고 평원은 더 많은 풀을 자라게 했을 것이다."[18]

나무가 시들어 땅바닥에 쓰러진다. 하늘소, 비단벌레, 나무좀벌레가 나무껍질 위 혹은 속에 산란한다. 애벌레들은 나무 속으로 파들어간다. 그 후 애벌레의 부모가 구멍에 남기고 간 진균류가 나무를 소화해내기 시작한다. 그것들은 버섯이 된다. 대부분은 부패하거나 파리 애벌레에게 먹혀버린다. 그러나 선반형 버섯이 자란다. 가령 구름버섯, 주걱간버섯, 잎새버섯, 느타리버섯 같은 것들이다. 죽은 나무의 구성요소를 '리사이클'한 그것은, 당연히 식탁에서 사람들의 혀를 즐겁게 한다. 물론 시들어버린 나무는 생물들의 서식처를 마련하고, 거기에

* 딱정벌레는 자연계 최대의 종류를 자랑하는 생물군으로 분류상으로도 (종, 속, 과보다 상위에 있는) 목(目)에 해당한다. 지구상 모든 동식물의 1/5 혹은 최소한 1/10이 모두 딱정벌레목이다. 여기에 소똥구리, 무당벌레, 비단벌레, 딱정벌레, 하늘소, 잎벌레, 바구미, 물방개, 장수풍뎅이 등이 포함되는데, 이때의 딱정벌레라는 하위 생물군과 구별하기 위해 본 번역서에서는 맥락상 '딱정벌레류'로 번역할 때도 있다. 대부분 껍데기가 단단해서 갑충(甲蟲)이라고도 불린다. 딱정벌레류의 엄청난 아름다움과 다양성을 실감하고 싶은 독자들에게 훌륭한 사진들이 가득 실려 있는 『딱정벌레의 세계』(까치, 2004)를 추천한다.

** 딱정벌레목 풍뎅이과(Scarabaeidae) 소똥구리아과(Scarabaeinae)에 속하는 곤충. 흔히 쇠똥구리라 불리지만 생물학의 학명으로는 소똥구리다. 한국에서는 소똥구리과와 풍뎅이과 등을 따로 분류하지만 외국에서는 풍뎅이, 꽃무지, 장수풍뎅이 등의 과를 모두 하나의 풍뎅이과로 통합한다. 소똥만이 아니라 다양한 짐승의 똥을 먹이로 삼으며 '말똥구리'라고도 불린다. 우리나라에서는 멸종위기종으로, 1971년 이후 발견된 적이 없다.

다른 식물들의 뿌리가 뻗고, 이끼가 무성하게 덮인다.

태평양에서 2, 3년간 수영해온 연어는 다시 고향의 하천으로 귀환한다. 거기에 곰이 기다리고 있다. 곰은 연어를 먹지만 배가 부르면 "껍질을 벗겨 연어의 생식선"이나 "뇌"만 먹는다. 지방분이 많기 때문이다. 나머지는 버린다. 죽어가는 연어와 버려진 연어는 갈매기, 흰머리수리, 수달, 까마귀, 까치, 어치, 미국너구리의 먹이가 된다. 이런 식으로 바다의 풍부한 영양원을 숲으로 되돌린다.

고래가 노령으로 쇠약해져 죽는다. 범고래, 백상아리가 살을 물어뜯고 고래의 사체는 천천히 해저에 가라앉는다. 태평양잠상어(Somniosus pacificus)가 살을 물어뜯고 먹장어가 살 속으로 들어가며 수염대구, 바위게, 그리고 수백만 마리나 된다는 단각류(端脚類)가 몰려든다. 연조직이 얼추 먹히고 나면 세균들이 증식하여 집단을 이루고 조개류가 그것들을 먹는다. 나아가 다모류(多毛類)가 1제곱미터당 많을 때는 무려 4만 마리 정도가 에워싸고 영양을 빨아들인다. 또한 뼈의 내부에 있는 지방도 세균들이 분해한다.

영락없이 동물들의 구상도(九相圖)* 이다. 기린, 나무, 연어, 고래의 장례 모습을 구상도처럼 상상해보면, '소비자' 및 '분해자'라는 개념은 아무래도 생태계를 구성하는 생물들의 모임에 적용하기에는 유연성이 부족하다. 소위 발이 가려운데 신발 위를 긁는 그런 단어인 것이다. 생물의 시체를 먹는 행위라는 의미에서는 동일해도 독수리는 '소비자'이며 세균류는 '분해자'가 된다. 더 탄력성 있는 개념으로 치환되어야 하

* 구상도는 본서의 1장 1절에서 자세히 다룬 바 있다.

지 않겠는가? 차라리 '소비'라는 경제학적인 단어를 걷어치우는 편이 깔끔하지 않은가? 창을 들고 매머드를 뒤쫓는 호모 사피엔스, 또는 기린을 먹는 사자, 그 찌꺼기를 노리는 하이에나, 자칼, 독수리, 그리고 소똥구리, 기문진드기, 지렁이를 거쳐 미생물까지 죄다 '장의사'라고 하인리히가 명명했던 점에서 힌트를 얻어 차라리 생태계를 구성하는 생물들을 '생산자'와 '분해자' 두 종류로 나누어버리면 어떻게 될까?

그러나 어느 이분법도 생물 군집의 역동성을 포착하기에는 너무 대략적이고 거칠며, 게다가 세상의 생물들을 식물과 동물로 나누는 것과 크게 다르지도 않다. '분해'라는 개념이 지닌 가능성을 한없이 제로에 가깝게 만들어버린다. 또한 광합성세균이라 불리는 일군의 미생물들은 식물의 광합성과는 약간 다르긴 하지만, 태양광 에너지를 생명 활동에 활용하면서 동시에 분해도 하고 있다. 광합성세균은 이 이분법에 잘 들어맞지 않는다.

더 나아가 식물 자체도 광합성을 통해 포도당을 '생산'하는 것은 사실이지만, 다른 한편 광엽수는 가을이 되면 잎에 영양 공급을 하지 않은 채 땅바닥에 떨구고, 그리하여 오래된 뿌리털도 점점 토양 쪽으로 공급하게 된다. 요컨대 부분적으로 자기 파괴를 하는 것이다. 혹은 '세계 최대의 생물'이라고 해도 과언이 아닐 나무들은 표면에 미생물이 서식하게 해주어 부분적으로 자신의 일부를 분해하게 한다. 인간 또한 오래된 피부와 머리카락을 바닥에 떨어뜨려 작은 진드기들에게 먹이를 계속 제공해준다. 늘 세포 조직을 갱신해가지 않으면 나무도, 인간도 살아갈 수 없다.

하인리히 또한 생물이 자신을 분해시키도록 촉구하는 현상을 연어에서 보고 있다.

연어는 고향에 돌아와 번식하고, 그런 다음 죽는다. 실제로 연어가 고향에 있는 강의 민물에 들어서자마자 호르몬이 작용하기 시작해 그들의 생리를 바꾸는데, 홍연어의 경우는 심지어 외관도 변화시킨다. 귀환한 홍연어는 큰 턱과 등의 혹을 발달시키고 몸통도 선명한 빨간색으로 바뀐다. 산란 후 홍연어는 생리적으로 촉진되는 돌연한 노화를 경험한다. 그들의 신체 조직은 거의 말 그대로 용해되고 그들이 태어난 곳에서 죽는다.[19]

그리고 그 원인을 하인리히는 이렇게 추측한다.

스스로 부과한 죽음은 자기 자식의 생존을 돕는다. 이 물고기는 자신이 태어난 고향의 하천으로, 자신이 태어난 특정 장소로 돌아온다는 점을 상기해주시기 바란다. 이 장소는 그들의 자식도 결국은 돌아오게 될 장소이며, 그들의 친척들이 있는 장소이기도 하다. 그리고 만약 자신의 자식과 친척을 먹지 않는 것이 충분한 선택압이 아니라면, 다른 더 간접적인 효과로 인해 자기 자신을 내어주는 것이 선택 차원에서의 이익을 증가시킬 수도 있다. 적어도 그것을 감소시키지는 않을 것이다. 이것은 결국 그들의 몸이 하천에 대량으로 유입되는 것은 그들의 생태계를 창출해내고 또 유지하는 것을 돕는다는 이야기다.[20]

요컨대 연어가 고향에 돌아왔을 때 분비되는 노화 촉진 호르몬은 진화 과정에서 유리한 방향으로 계승되어온 것이라는 얘기다. 쇠약해지고 상처 입은 그들은 곰이나 수달, 갈매기, 그리고 무수한 숲의 생물들에게 자신의 육체를 제공한다. 특히 미생물들의 먹이가 됨으로써 토양을 기름지게 하고 식물을 무성하게 만들어주어 어린 개체들이 더 잘 자라는 환경 조성에 공헌하는 것이다. 이러한 설이 생태학 속에서 얼마나 지지받고 있는지는 모르겠다. 그리고 하인리히가 인정한 바에 따르면 실제로 반대 의견도 있다고 한다. 하지만 본서가 취해온 분해론 입장에서는 비록 생태학자 한 사람(하인리히)의 상상에 불과한 것이라 해도 이치에 맞는 행위라 하지 않을 수 없다.

그렇다고 한다면 연어는 '자기 분해자'이며 또한 분해자의 일원이기도 하다고 생각할 수는 없을까? 아니, 그렇게만 보면 너무 협소해지는 것일지도 모른다. 한 걸음 더 나아가 연어의 노화 현상도 분해 현상의 일부라고 할 수는 없을까? 이미 말한 바 있지만 지금까지의 생태학에서는 생물들이 안이하게 인간에 비유되는 경향이 있었고, 생물들의 움직임 또한 안이하게 인간의 경제 활동에 비유되었다. 그리고 분해자라고 하면 지금까지는 철저하게 능동적인 존재로 간주되는 경향이 있었지만, 지금 말한 대로 자신의 분해를 촉구한다고 하는, 동물과 식물의 그러한 유혹(또는 권유)과도 같은 작용도 역시 분해 현상의 일부라고 볼 수는 없을까?

하인리히는 앞서 말했듯이 분해자들을 관찰하면서 분해자 자체보다 오히려 그 '장례'의 양상을 그리고 있다. '영겁토록 이어지는' 것은 바로 이 분해의 공동 작업, 바로 그것이다. 분해는 한 개체에서는 완수될 수 없다. 분해하는 측의 복수의 행위자들의 협력 관계만이 아니라,

분해하는 측과 분해되는 측의 암묵적 협력 관계가 전제이다. 주체적이지도 객체적이지도 않은 '분해' 작용의 담당자가 시시각각 변화해간다는 식으로 생각하는 쪽이 생물계를 더 풍부하게 파악하게 될 것이다.

7 인간의 '장례'

결국 생태계는 생산자, 소비자, 분해자라는 생물 그룹들로 나뉘는 게 아니라 광합성이라는 '생산' 현상, 그리고 '분해' 현상, 이렇게 두 가지로 나누어지며, 그중 '분해' 현상은 다양한 생물들이라는 탈것에 오르락내리락하면서 종횡무진 돌아다니고 있다고도 생각되는 것이다.

물론 인간도 분해 현상에서는 탈것에 지나지 않는다. 인간 사회는 하이에나나 독수리 같은 동물을 종종 폄하한다. 사자나 치타처럼 위험을 무릅쓰며 살아 있는 동물들에게 어금니를 드러내는 동물과 달리, 그 동물들은 용기가 없어 이미 죽은 동물의 살을 탐하는, 한마디로 남이 먹다 남은 거나 차지하는 비겁자라고 간주하는 것이다. 그리고 다른 사람이나 집단을 폄하할 때 하이에나나 독수리 같은 자라고 부른다. 하지만 인간이란 존재가 기본적으로 하이에나와 다른 것일까? 죽은 고기를 탐하는 점에서는 다르지 않다. 동물의 생명을 죽이는 것은 기본적으로 특정한 타인들에게 일임한다. 인간이 먹는 음식은 결국 생물의 시체 덩어리일 뿐이다. 더 나아가 인간은 배설물을 배출하여 다가올 생물들에게 진수성찬을 제공한다는 면까지 하이에나와 같다. 게다가 인간의 구강, 소장, 대장 등의 내장 기관에는 1조를 넘는 미생물이 살고 증식하면서 인간의 소화를 돕고, 죽고, 배출되어 간다.

그리고 본래는 우리 인간의 사체 또한 강으로 거슬러 올라가는 연어처럼 지구상의 많은 생물들에게 최고의 진수성찬이 되기 마련이다. 실제로 조장(鳥葬)* 등의 자연장을 치르는 지역도 존재한다. 하인리히의 책도 실은 중병에 걸린 동료(즉 생물학자)의 편지를 소개하는 것으로 시작된다. 어떻게 하면 자연장[수목장]으로 치를 수 있겠느냐고 동료가 상담을 해온 것이다. 동료는 편지에서 이렇게 썼다. "죽음이란 다른 존재들과 함께 재생을 축원하는 야생의 축하회이기도 하며, 그 파티를 주최하는 것은 우리의 본질이라고 생각해. 야생 속에서 동물들은 죽은 장소에 길게 누워 거기에 몰려드는 청소동물들이 형성하는 원 속에 몸이 놓이게 되지. 그럼 결말은 어떻게 되느냐 하면, 고도로 농축된 동물의 영양물이 파리나 딱정벌레 등의 거대한 무리에 의해 지면 전체에 흩뿌려져. (…) 화장은 온실 기체의 증가를 고려하면, 그리고 세 시간 동안 사체 하나를 태우는 데 투입되는 연료의 양을 감안하면, 우리의 선택지가 될 수는 없어."[21]

하인리히는 "적정한 매장 방법에 관해서는 법률이 엄존하고, 그 행동은 불법"이라는 인간 사회 고유의 이유를 들며 동료에게 도움 주기를 거절하지만, 당연하게도 동료가 하는 말에는 공감을 한다. 그리고 그와 정반대의 행위로서 "현대의 상업적인 매장"을 거론한다.

> 그것은 벌거벗은 유체(遺體)를 강철 받침대 위에 두는 데서 시작해 그 받침대 위에서 사체 방부처리사가 혈액을 뽑아내고, 매우 독성이 강

* 송장을 들에 내다 놓아 새가 파먹게 하는 장사.

> 한 어떤 부패방지용 화학물질—포름알데히드—을 시체에 주입한다. 그렇게 한 다음 시체는 금속으로 제작된 관에 넣어져 포름알데히드가 누출되는 일이 없도록 꽁꽁 봉한다. 마치 매립식 쓰레기 처리장의 유해 폐기물이라도 되는 것처럼.[22]

그리고 곧장 동일한 칼로 화장도 비판한다.

> 현대의 화장은 그러나 세레모니가 아니며 우리의 고향, 즉 생물권을 존중하는 방식도 아니다. 도리어 처분이라고 하는 것에 가깝다. 불에 의해 유체를 기화시키는 일은 헤아릴 수 없이 많은 독성 화학물질을 발생시킨다. 현대의 공업적인 화장터는 전 세계 다이옥신 및 푸란(furan) 발생 원인의 0.2퍼센트를 차지하며, 유럽의 대기에 존재하는 수은의 두 번째로 큰 발생원이다. 북아메리카에서 매년 모든 유체를 화장하는 데 필요한 화석 연료의 총량은 자동차로 달을 80회 왕복하는 데 사용되는 양과 같다고 추정된다.[23]

이것은 3장에서 언급되었던 것과 일치하는 내용이다. 카렐 차페크의 『마크로풀로스 사건』을 관통하는 테마는 부패하지 않는 인간이나 노화되지 않는 (혹은 노화되지 않기를 계속 시도하는) 인간이 인간 존재의 불완전성을 간과함으로써 역설적으로 미적 세계로부터 멀어져 버리는 것이었다. 그것과 일맥상통하는 "현대의 상업적인 매장"과는 반대로, 인간의 사체는 무방비 상태의 불완전한 것이기에 이를 둘러싸고 벌이는 생물들의 "세레모니" 혹은 "연회"의 상호 연대적인 행위, 즉 '분해'의 양상은 떠들썩하고 화려하다.

그러나 하인리히가 생물의 "죽음의 양상"을 추적함으로써 얻은 결론을 내가 본 장의 서두에서 "경이롭다"고 했던 이유는 이상과 같은 사실 때문만이 아니다. 또 하나의 이유가 있는데, 이제부터 그 점을 생각해보기로 하자.

8 똥 속의 보석

소똥구리는 동물의 배설물, 즉 똥을 먹이로 삼는 갑충이다. 소똥구리 중 어떤 종류는 똥을 둥글게 뭉쳐 굴려간다는 점에서 '똥구리'라는 이름으로도 잘 알려져 있지만, 둥글게 뭉치지 않은 채 먹는 소똥구리도 존재한다. 일본은 대부분의 경우 후자이지만, 소똥구리 연구자인 쓰카모토 게이이치에 따르면 일본에 서식하는 소똥구리속에 속하는 4종의 소똥구리가 똥을 굴린다고 한다.

베른트 하인리히도 소똥구리에 매료된 생물학자였다. 『생명에서 생명으로』에서도 한 장을 소똥구리로 채우고 있다. "'장의사'로서의 소똥구리에 대해, 그리고 그 소똥구리들이 고슴도치의 털만큼이나 빽빽이 몰려드는 케냐 동물들의 똥에 대해 하인리히는 다음과 같이 쓰고 있다.

> 그들[소똥구리]은 아무래도 지상에서의 격렬한 경쟁을 통해 모은 똥을 갖고 가기 위해 구멍을 판 듯하다. 똥을 생산하는 동물들—코끼리, 버펄로, 영양, 기린, 혹멧돼지, 원숭이, 사자, 하이에나, 자칼, 표범,

하마, 인간, 코뿔소—이 많이 있다는 걸 생각하면, 똥은 양도 많지만 종류 또한 다양하다. 동물들은 똥을 떨어뜨리면서 그것을 재활성화(리사이클)하는 자들의 도움으로 토양을 만들어낸다. 또 그들은 똥을 떨어뜨리면서 (미생물 공생자와 마찬가지로), 동물의 창자 속에서 소화되지 않은 채 있다가 몸 밖으로 운반될 수 있는 식물의 씨앗들을 각지에 퍼뜨려 심게 된다. 예를 들어 코끼리는 과일을 좋아하는데, 과일이 달린 식물을 많이 먹은 뒤 엄청난 수의 씨앗들을 땅바닥에 산포한다.[24]

즉 코끼리는 미생물을 위장 속에 흡수하되 죽이지는 않고, 게다가 비교적 거친 소화밖에 안 한다. 그래서 입에 들어온 풀에서 영양을 별로 뽑아내지 않는다. 그런 코끼리의 소화, 즉 분해의 특징 덕분에 코끼리의 똥은 자기 해체를 시작할 수 있으며, 나아가 소똥구리들에게 영양이 풍부한 먹거리를 제공하는 것이다.

이러한 생태학적 연계의 움직임뿐 아니라 소똥구리의 조각상 같은 뿔과 금속질 광택에 매료되는 애호가도 많다. 고대 이집트에서 소똥구리는 '스카라베'(scarabée)*라는 명칭으로 불렸는데, 구르는 똥덩어리가 태양에 비유되어** 이 갑충은 태양신 케프리(또는 케페라)와 동일시되었

* 소똥구리를 영어로는 'Scarabs'라고 한다. 고대 이집트에서 스카라베라 불렸던 이 소똥구리를 우리말로는 '왕소똥구리' 혹은 '신성소똥구리'라고 한다.

** 저자는 똥덩어리의 모양을 지적했지만, 고대 이집트인들은 이 소똥구리가 똥을 굴려가는 방향에도 주목했을지 모른다. 참고로 2013년 이그노벨상 관련해서 이런 기사가 있다. "스웨덴의 마리 데크 박사팀에 따르면 (…) 소똥구리는 주로 일직선으로 움직여 자신이 만든 쇠똥경단을 빠르게 옮기는데, 이때 태양이나 달을 보고 방향을 찾는다. (…) 달이 없는 밤에는 (…) 은하수를 기준으로 길을 찾는다는 사실을 알아냈다."(http://www.hani.co.kr/arti/science/kistiscience/608789.html)

다. 케프리가 머리는 소똥구리로, 목 아래쪽은 남성의 몸으로 그려졌던 건 바로 그런 연유에서였다(현대 세계를 살아가는 인간의 눈으로 볼 때는 아주 이상한 모습이겠지만 말이다). 재생과 부활의 상징으로 숭배를 받으며 그것을 모방한 인장(印章)이 부적으로 이용되었다거나, 독수리나 매의 날개를 지닌 스카라베 부적이 미라의 심장 위에 놓인다든가 했다는 사실은 잘 알려져 있다.

쓰카모토 게이이치는 『일본 소똥구리기(記): 소똥구리로 보는 열도의 자연』(1993)에서, 하인리히의 경우에는 그다지 언급하지 않은 소똥구리의 아름다움에 대해 이렇게 썼다.

> 대흑소똥구리속*은 이 대흑소똥구리 외에도 세 종류가 있는데, 저마다 독특한 뿔을 갖고 있으며 그 자태는 대흑신**이라는 이름에 부끄럽지 않다. 가장 작은 것은 오각(五角)대흑소똥구리로 몸길이는 10~15밀리미터인데, 이름 그대로 뿔이 다섯 개 달렸으며 광택이 나는 종류이다. 늘 생각하는 것이지만, 이 오각대흑소똥구리가 만약 대흑소똥구리와 같은 크기이거나 심지어 좀 더 크다면 세상에서 가장 끝내주는 대흑소똥구리가 될 것이다. 소똥구리를 비롯한 갑충들***의 근사함은 뭐니 뭐니 해도 입체감 있는 형태일 것이다. 몇 가지만 들어보자면 방아벌레처럼 날씬하고 아름다운 자태, 사슴벌레 같은 강인한, 아

* '대흑'(大黑)은 '신성한'이라는 뜻으로, '대흑소똥구리'를 우리나라에서는 '신성소똥구리' 혹은 '왕소똥구리'라 부른다.

** '대흑'은 '대흑천'(大黑天, Mahākāla)의 준말로 힌두교의 시바신의 별칭이다. 이것이 불교에 흡수되었고 7복신(7福神)의 하나이기도 하다.

*** 딱정벌레류의 별칭.

니 투쟁성 있는 아름다움, 하늘소와 같은 균형 잡힌 아름다움이 있는 것 등 그야말로 다양하다.[25]

이어서 쓰카모토는 빛깔에 대해 이렇게 쓴다. 가령 보라금풍뎅이의 일종인 녹색금풍뎅이에 대해서는 "금록색으로 빛나는, 똥 속의 보석이라 할 수 있는 존재다"라고 쓰기도 하고, "우리 인간의 의식에서는 똥이라는 나쁜 환경에 시달리며 이런 아름다운 생물이 살아가고 있다고 하면 꽤나 이상스레 여겨질 테지만, 실제로 똥에는 보석 같은 갑충이 생활하고 있다는 걸 사람들에게 알려줄 필요가 있다"고 호소하기도 한다. 또한 쓰카모토는 소똥구리 전문가로서 소똥구리의 명예 회복을 반복해서 설파한다.

> 생물 사회에 있어 소똥구리들은 아득한 옛날부터 긍지에 찬 분해자의 일을 주체성 있게 맡아온 것이다. 고대 이집트인들이 소똥구리를 거룩한 갑충이라 여기며 지구의 움직임과 관계가 있다고 본 탁견에 찬사를 보내고 싶다.
>
> 보석보다도 아름다운 광택과 조각상의 아름다움을 지닌 소똥구리야말로 신의 창조물 중에서도 걸출한 것이리라.[26]

여기서 쓰카모토 역시 하인리히와 마찬가지로, 소똥구리가 지닌 형태 이외의 아름다움에 대해서도 언급하고 있다는 점에 주목하고 싶다. 바로 그들이 수행하는 작용의 아름다움이다. "긍지에 찬 분해자의 일"에 대해 쓰카모토는 『소똥구리의 생물 다양성: 자연학의 풍경』(2010)에서 이렇게 말한다. "생물 다양성 사회의 첫 시작은 '생과 사의 연쇄'에서 비롯된다고 나는 본다. 우리는 이에 대한 학습을 오랫동안 망각해 온 것 같다. 또 생물학적으로 생각하면 생명과 죽음의 혼돈인 공간에는 썩은 내와 사체라는 현실이 있는데, 그곳은 '진짜 생명의 아름다움'을 아는 공간이었다."[27] 소똥구리의 작용에서 생과 사의 '옮겨감'[변천, 바뀌어감]을 보는 소똥구리 연구자는 에도 시대에 그려진 〈구라마산(鞍馬山) 만다라도〉의 중앙에 있는 비사문천*의 양 옆에 지네가 있다는 걸 발견하고 '충격'을 받는다. 이 지네는 마주보았을 때 오른쪽은 S자로, 왼쪽은 역 S자로 구불거리고 있는데 "누구라도 싫어할 지네"가 이집트의 "스카라베"처럼 신성시되고 있었다는 점에 감동을 받았던 것이다.

그렇다고 하면 쓰카모토의 목표는 단순히 소똥구리의 신성화가 아니다. 분해 과정 속에서 지네나 스카라베 같은 생물들이 서로 연결되는 한편, 생산자였던 생물이 분해자로 또 분해자였던 생물이 생산자로 변천해가면서 빚어지는 그 아름다움과, 빛깔과 모양의 아름다움, 이 두 종류의 아름다움을 쓰카모토는 소똥구리라는 곤충에 투영하고 그러면서 분해 세계의 신성함을 호소하고 있다고도 읽을 수 있는 것이다.

9 파브르의 소똥구리

하인리히와 쓰카모토가 "똥 속의 보석"의 복권(復權)을 외칠 때, 그들

* 毘沙門天. 불교에서 사천왕의 하나.

의 마음속에는 두말할 필요 없이 프랑스의 곤충학자 장 앙리 파브르의 『곤충학적 회상록』(*Souvenirs entomologiques*), 일본어 번역으로는 『곤충기』가 있었다. 파브르는 1879년에 제1권을 낸 뒤로 약 30년에 걸쳐 전 10권에 달하는 대작을 완성시켰는데, 제1권과 1897년에 출판된 제5권의 전반부에서 소똥구리를 생생하게 그려냈다. 『곤충기』 서막을 화려하게 담당했을 뿐 아니라 책 한 권 분량을 차지할 정도로 빈번히 등장했으니 소똥구리는 초특급 대우를 받았다고까지 할 수 있으리라. 파브르는 프랑스 남부 아비뇽의 강 건너편에 있는 레 장글이라는 마을, 그중에서도 백리향의 일종인 타임(thyme)이 우거진 모래 언덕에서 소똥구리 관찰에 몰두했다. 참고로 일본에서는 2017년 여름, 오쿠모토 다이사부로에 의한 총 10권 20책의 번역이 달성되었고, 이를 통해 그때까지의 일본어 번역본에는 없던 가독성, 정확성 그리고 풍부한 해설과 그림에 의해 『곤충기』를 맛볼 수 있게 되었다.

파브르에 의한 "똥 속의 보석"의 복권도 다음과 같은 묘사에 의해 이루어지고 있다.

> 지금 청소부 딱정벌레가 한창 작업 중이다. 그들에게는 지상에서 오물을 일소하는 귀한 사명이 부여되어 있는 것이다. 재료가 되는 똥을 운반하고 잘게 부수고 형태를 정돈하기 위한 것이라 해도, 또는 산처럼 쌓인 배설물로부터 취해온 재료를 안고 틀어박힐 깊은 은신처를 파기 위한 것이라 해도, 이 벌레들이 몸에 장착하고 있는 도구들의 다양성에는 정녕 감탄하지 않을 수 없다.[28]

"귀한 사명"과 "도구"(즉 뿔과 다리 등의 형태)를 결부지어 소똥구리를 그린다. 분해자라는 개념이 아직 등장하지 않았던 이 시기에 파브르가 "청소부"라는 비유로 소똥구리의 일을 설명했다는 점은 주목받아 마땅하다. 또한 소똥구리의 색상에 대해서는 다음과 같이 극찬한다.

> 더러운 작업을 해내는 보상으로 이들 중에는 강한 사향 냄새를 발산하는 종류나 복부가 충분히 연마한 금속처럼 빛나는 종류들이 적잖이 있다. 검은금풍뎅이는 복부가 구리나 금처럼 반짝이고 줄금풍뎅이는 배의 색깔이 자수정의 보랏빛이다.
>
> 그렇긴 하지만 일반적으로 그들의 색조는 검은색이며, 한편 눈부시게 아름다운 의상을 몸에 두른 소똥구리, 소위 '살아 있는 보석'이 분포하는 것은 열대 지방이다. 이집트 오지에 가면 낙타의 똥 아래에 에메랄드와 푸른빛을 겨루는 듯한 스카라베가 보일 것이며, 남미의 기아나와 브라질, 아프리카의 세네갈에 가면 금속광택으로 빛나는 붉은대흑소똥구리(붉은신성소똥구리)가 있는데, 빛깔의 풍요로움은 구리와 닮았고 그 선연함은 루비와 닮았으리라.[29]

훗날 쓰카모토에게로 계승되는 "더러운 작업"과 "보석"의 대비가 여기에 확실히 적혀 있다. 또한 소똥구리 성충이 자식들을 위해 바지런히 똥 덩어리를 만드는 모습을, 인간이 빵을 반죽하는 모습에 비유함으로써 독자의 후각 채널이 변하게 된다. 그리하여 빵의 구수한 냄새를 맡으며 소똥구리의 육아를 추체험할 수 있게 하는 파브르의 묘사력에는 무시무시함마저 감돈다.

파브르의 소똥구리 묘사 중 백미라고 여겨지는 것은 이 대목만이 아니다. 소똥구리의 똥 묘사는 유머러스한데다가 분해 현상의 "바뀌어 감"을 상징적으로 논하고 있는 듯하다.

> 벌레[소똥구리]의 전방*에서 재료가 끊임없이 씹히고 마셔지고** 있는 동안, 후방***에서는 동일한 장단으로 재료의 영양분이 끊임없이 흡입된다. 그리고 남은 찌꺼기는 마치 구두 수리점에서 쓰는 송진 바른 삼실(麻絲) 같다고나 할까, 그렇게 생긴 까만 끈이 되어 밖으로 나온다. 스카라베[소똥구리]는 식사를 하고 있을 때만 똥을 눈다. 그만큼 신속한 방식으로 이 벌레는 소화를 끝내는 것이다. 처음 한입을 먹으면 곧장 엉덩이에서 실이 나오기 시작하고, 마지막 한입을 다 먹었나 싶으면 실 쪽도 끝나버린다.
>
> (…)
>
> 배설은 정밀 시계처럼 정확하다. 1분마다—더 정확하게 말한다면 54초마다—1회 배설을 하고 실의 길이는 3, 4밀리 정도다. 때로 나는 핀셋을 사용해 이 실을 끊고 곧게 펴서 자로 길이를 측정해 보았다.
>
> 측정 결과를 전부 더해보니 12시간에 2미터 88센티미터에 달했다. 식사와 거기에 반드시 수반되는 실잣기 작업은 내가 밤 8시에 석유등의 은은한 불빛으로 마지막 본 이후에도 한동안 이어졌으므로, 이 벌레는 도중에 끊어지는 일 없이 얼추 3미터 정도의 똥 실을 자아낸 셈

* '전방'은 '입'을 뜻하는데, 원래 파브르가 쓴 그대로 살리기 위해 '전방'이라 직역한다. 뒤의 '후방'도 마찬가지이다.

** 일반적으로 소똥구리는 물을 따로 마시지 않고 똥을 비롯한 배설물에서 흡수한다.

*** 항문.

이다.

(…)

먹을 게 바닥나지 않으면 아마도 결코 멈추지 않을 이 멋진 증류기 속에서, 원래의 재료는 위장의 작용에 의해 금세 영양을 소진당하고 통과해버리는 것이다. 이토록 신속하게 오물을 정화하는 실험실이라니, 이는 필시 자연의 정화를 위해 뭔가 해야 할 역할이 있는 게 아닐까 생각된다.[30]

시속 24센티미터라는 경이적인 스피드로 소똥구리의 입에서 항문 밖까지, 소화기 계열의 관을 통해 한 줄기 "칠흑 같은 실"이 뽑혀 나오는 것으로도 읽을 수 있는 대목이다. 요컨대 이 묘사는 동물이란 바로 음식의 통과점이자 음식이 정화되는 통로라는 이미지를 독자에게 준다. 이 실이 소똥구리의 서식처에 얹혀사는 미생물들에게 진수성찬이 되리라는 것쯤은 구태여 말할 필요도 없으리라.

우리가 이러한 이미지를 품게 되는 것도, 소똥구리의 음식을 "빵"에 견주는 파브르의 묘사력 때문이다. 파브르는 인간 사회의 비유를 이용해 곤충의 '미'를 의식하고 또 묘사하고 있지만, 그것은 단순히 과학적 문장의 보충도, 독자의 주의를 끄는 테크닉도 아니다. 생물 세계의 계략을 제대로 그리고자 하는 글이라면 아무래도 비유의 힘에 의지하지 않을 수 없게 된다. 적어도 소똥구리를 통해 분해의 세계를 그리는 파브르의 필치는 분해 철학의 기본적인 리듬을 타고 있다.

파브르의 이 칠흑같이 까만 실 장면을 읽노라면, 나는 아감벤이 『벌거벗음』이라는 책에서 20세기 프랑스의 어느 신학자가 펼친 논의를 참고하면서 배설에 대해 쓴 다음과 같은 내용이 떠오른다.

> 영광스러운* 배설이라는 것이 존재한다. 그것은 단지 자연의 기능적 완전성[생리작용의 완전성]을 과시하기 위해서만 수행된다. 그러나 그 바람직한 사용법에 대해서는 신학자들이 입을 다물고 있다.[31]

배설이란 생리학적인 논리에서 보자면 어떤 물질을 소화, 흡수한 뒤 남은 잔재를 체외로 배출하는 일이다. 하지만 파브르의 문장에서 보자면 배설은 식사를 차리는 일과 거의 경계선을 그을 수 없는 행위이고, 의도치 않게 자신의 자식들이나 다른 생물들의 주거 공간을 정리, 정돈하는 일이며, 또 자신의 소화 기관을 의도치 않게 물질 순환의 통로로 만드는 일이다. 이런 배설 행위가 근대 사회에서는 경직된 맥락에만 한정되게 되었다. 그리하여 분해 현상 중에서, 더러움과 혐오스러움 따위의 의미만 덩그러니 남고 그 이외의 '기능'은 상실되었다. 아무 쓸모도 없고 의미도 없는 '무위'가 되어버린 것이다. 한데 파브르의 글에서는 그런 배설 행위가, 그런 '무위'가 여러 생물들 사이를 마치 유희처럼 한들한들거리며 움직인다. 실로 『곤충기』는 결코 곤충만을 그리고 있는 게 아닌 것이다.

* 여기서 '영광스러운'은 일반적인 의미가 아니라 개신교의 기도문 중 '나라와 권세와 영광이'라고 할 때의 영광이며, 신학상의 의미를 갖는다. 이를 간단히 풀어보자면 이런 얘기다. 천국에서의 모든 일들은 하느님의 영광을 온전히 드러낼 터이다. 그렇다면 가령 사후에 천국에 간 신자들이 배설하는 똥은 과연 하느님의 무슨 영광을 온전히 드러내는 것이냐, 라는 문제인 것이다.

10 분해 세계로서의 번데기

지금까지 나는 하인리히의 “생물의 장례”라는 시점을 단서로 출발하여, 딱정벌레에 속하는 소똥구리의 생태에 대해 배우고 또 그러면서 생태학의 ‘분해자’로부터 ‘분해’를, 변천해가는 ‘작용’으로서 해부해왔다. 기능이 아니라 작용이라고 표현한 데에는 의미가 있다. 기능은 어떤 특정한 수익자를 상정하고 있는 듯한 의미를 갖는데, 정치적으로 말하자면 나치의 중앙집권주의적인 의미를 갖는 것이다. 그에 반해 작용은 어떤 특정한 수익자에 대해 비교적 중립적인 의미를 갖는다. 바로 그처럼 나는 분해를 생산자에게도, 소비자에게도, 그리고 당연히 분해자에게도 깃들었다가 떠나가는 작용으로 보아왔다. 그런 관점에서 보자면 연어가 강을 올라와 죽으면서 숲의 식사로 변화해가는 삶의 방식도, 뿌리털을 일주일 만에 새로 교체하고 그렇게 교체된 이전의 뿌리털은 토양에 서식하는 미생물들의 먹이로 만드는 삶의 방식도, 각기 방식은 다르지만 모두 분해 현상이 ‘잠시 깃드는 것’으로 볼 수도 있다.

그리고 무엇보다도 많은 자극을 주는 것은 하인리히가 분해의 깊은 비밀을 곤충인 번데기의 삶의 방식에서 찾고 있다는 점이다.

그 전에 먼저 파브르의 번데기 묘사를 보아두자.

> 유충(애벌레)은 탈피하여 번데기가 된다. 곤충 세계를 볼 때 간소한 아름다움이라는 점에서, 이제 막 껍질을 벗은 연한 번데기에게 필적할 생물은 거의 없다. 초시*가 굵게 주름진 숄 같은 형태로 전방을 향해

앞다리를 구부리고 있는 면모는, 아마포로 감긴 이집트의 미라가 관에 잘 수습되어 있는 모습을 연상시킨다.

번데기는 반쯤 투명한, 벌꿀 같은 노란색을 띠고 있어서 마치 호박(琥珀)을 조각해 만든 것처럼 보인다. 이 상태로 굳어 광물이 되고 그것이 썩지 않게 되면 근사한 토파즈 장식품이 될 것이다.[32]

파브르는 "호박색 토파즈"에 대해 "형태와 빛깔이 모두 고귀하고도 간소한 이 경탄스러운 것"이라며 칭찬을 아끼지 않는다. 곤충이되 움직이지 않는 저 번데기에게서 파브르는 무엇을 본 것인가?

사실 하인리히는 파브르가 소똥구리의 번데기를 "이집트 미라"에 비유한 그 탁견을 생물학 용어로 상세하게 설명하고 있는 것이다. 하인리히의 견해는 유충과 성충이 유전적으로 전혀 다른 생물이라고 간주하는 것이다. 그는 박각시나방을 이용해 그 변태의 양상을 다음과 같이 묘사해 보인다.

내가 잡았던 박각시나방의 유충은 완전한 크기로 자랐을 때 그때까지 자기 삶의 터전이었던 체리나무에서 나와 땅 위를 떠돌다가 땅에 구멍을 파고 들어갔다. 거기서 애벌레[유충]는 자신을 위한 지하성당(crypt)을 지었다. 유충은 캄캄한 어둠 속에 누워 꼼짝 않고 있다가 마침내 쪼그라들어 죽은 피부를 벗어버린 다음 딱딱한 천을 두른 미라

* 鞘翅. 가죽질의 딱딱한 날개. 딱정벌레류 곤충들이 초시류 혹은 갑충이라 불리는 건 그들의 앞날개가 이런 특징이 있기 때문이다. 단단한 앞날개 속에는 얇은 막으로 된 뒷날개가 들어 있다.

같은 형상으로 바뀌었다. 유충의 내부 기관들이 차츰 녹아가면서 내부는 죽 같은 상태로 변해가고 세포들은 대부분 죽었다. 그러나 '성충원기'(成蟲原基) (…) 라 불리는 일부 세포 집단은 남았다. 마치 식물의 싹이 잔가지로 성장할 수 있고, 또 잔가지가 완전히 새로운 식물로 성장할 수 있는 것과 마찬가지로, 이 세포 집단은 종자나 알처럼 새로운 기관을 만들어낸다.* 이렇듯 외견상 "쉬고 있는" 번데기 단계에 있을 때, 성충원기는 유충의 세포들을 파괴하여 그 세포에서 단백질과 기

* 이 문장을 읽은 독자들 중에는, 식물의 변해감(싹 → 잔가지 → 새로운 식물)이라는 것은 종자나 알에서 새로운 기관으로의 변화만큼 큰 변화는 아니지 않나, 그런 점에서 양자의 비교가 좀 어색하지 않나 싶어 하는 분들도 계실지 모르겠다. 예상되는 이 의문에 대해 역자로서 두 가지를 보태고자 한다. 우선 첫 번째는 식물의 그러한 변화가 꽤 클 수 있다는 점이다. 가령 찰스 다윈이 『종의 기원』 1장에 의미심장하게 적어놓은 '가지가 변하는 식물'(sporting plant)이 그러하다. '아조변이 식물'이라고도 불리는 이런 종류의 식물에 대해 다윈은 이렇게 말한다. "원예가들이 말하는 이른바 '가지가 변하는 식물'의 예는 아예 긴 목록을 제시할 수 있을 정도로 많다. 가지가 변한다는 것은 싹이나 아조(芽條, 가지) 중 한 곳에서 갑자기 전혀(또는 상당히) 다른 형질이 나타나는 경우를 가리킨다. 이러한 싹은 접붙이기 등과 같은 기술이나 혹은 씨를 이용하여 번식시킬 수 있다."(『종의 기원』 1판(1859년) p. 9)
두 번째는 종자나 알에서 새로운 기관으로의 변화에 관해서인데, 이 역시 막연하게 떠오르는 이미지보다는 훨씬 더 격한 것일 수 있다. 일단 이 인용문 직전 단락에서 저자(후지하라)가 쓴 문장에 주목하자. "하인리히의 견해는 유충과 성충이 유전적으로 전혀 다른 생물이라고 간주하는 것이다." 여기서 "전혀 다른"이란 대체 어떤 정도를 말하는 것일까? 『종의 기원』 중 13장 [생물의 상호 유연]의 한 대목을 보자. "러보크 경은 하루살이과의 어떤 곤충이 20회 이상이나 탈피하는 것을 보았으며, 그때마다 얼마만큼 변화하는지를 관찰하였다. (…) 곤충 및 많은 갑각류는 발생 과정에서 생물의 구조가 얼마나 크게 변화할 수 있는지를 잘 보여준다. 이러한 변화 중 가장 뚜렷한 것은 하등동물에 있어서의 세대 교번으로서, 가히 발생 과정에 있어서의 변화의 절정이라고 할 수 있다. (…) 이러한 순환 과정이 끊임없이 되풀이된다는 것보다 더 놀라운 사실이 있을 수 있을까?"(『종의 기원』 1판 p. 439의 대목 중 4판 이후 수정한 대목들을 정리한 것. 박성관, 『종의 기원, 생명의 다양성과 인간 소멸의 자연학』(그린비, 2010), p. 805에서 재인용).
대략 이 정도의 지식이 이 인용문의 원저자인 베른트 하인리히나 이 문장을 인용한 저자 후지하라에게 최소한의 교양으로 깔려 있지 않을까 생각한다. 이 내용은 자연의 변화와 생명의 살아감 자체가 곧 '분해'이기도 하다는 저자의 문제의식과도 깊이 상통할 것이다.

타 영양물을 원기 자체로 흡수한다. 결국 애벌레의 세포는 전부 새로운 세포로 교체되고, 새로운 세포는 질서 있는 방식으로 스스로 집합하여 나방을 산출한다. [대개의 생명이 그렇듯 이 과정은 생물의 생리현상에 직접 영향을 미치는 유전적 지침에 따라 진행된다.]*[33]

유전자의 지령에 따른 곤충의 변태 과정에는 한 차례의 '죽음'이 끼어 있다. 고대 이집트에서 미라의 심장에 스카라베(소똥구리) 부적을 놓은 것은, 당시 사람들의 입장에서 보자면 스카라베가 굴리던 덩어리로부터 일정 시간이 경과하면 스카라베가 등장한다고 하는, 그 재생의 모습을 본뜬 것이었다. 그래서 고대 이집트 사람들은 소똥구리에게는 성별이 없다고 여겼다. 현대 생물학은 그런 설명을 하지 않는다. 번데기는 생과 사의 경계 상태에 있다. 아마포로 빙글빙글 감싸인 사체는 정말이지 영락없이 번데기다. 사후 세계의 재생을 기원할 때 곤충만큼 상서로운 존재는 없는 것이다.

파브르가 "미라"라고 형용한 번데기의 모습이야말로 하인리히의 입장에서 보면 "장의사"의 세계, 즉 분해의 세계의 궁극적인 본연의 모습이다. 하인리히는 이 변태를 인간에게도 적용한다. "우리 인간의 경우도 이 변형 과정은 동일하지만 뭔가 새로운 것이 더해진다. 첫째, 변화 과정이 점진적으로 평생에 걸쳐 진행된다. 둘째, 유전자의 힘만 작용하는 게 아니다. 뇌도 생각의 차원에서 거의 말 그대로 환생을 초래할 수 있다. 자신은 물론이거니와 타인의 환생까지도."

* 인용문이 이어지는 본문과 매끄럽게 이어지도록 국역본을 참조하여 옮긴이가 추가 삽입함.

인간의 몸도 오래된 머리카락이나 피부 등이 벗겨지고 새로운 것들이 재생한다. 인간은 번데기처럼 단숨에 "죽"이 되지 않을 뿐이지, 실은 그 "죽" 상태를 극히 소규모로, 부분적으로 반복하고 있는 것에 지나지 않는다. 그렇다고 한다면 인간 역시 분해라고 하는 작용이 탑승했다가 내리는 존재다.

파브르의 소똥구리는 먹으면서 동시에 계속 배설을 한다. 인간도 입에서 항문까지 하나로 이어지는 튜브[관]를 체내에 갖고 있어 부엌과 화장실이 연결되어 있다. 이 내재하는 외부인 공간에서 산 것이나 죽은 것들이 꿈틀거리고 있다.[34] 소화기관이 긴 만큼 먹을 때와 배설할 때 시간적으로 차이가 조금 날 뿐이다. 그렇다고 한다면 역시나 인간에게도 분해는 깃들어 있다고 할 수 있다.

오스기 사카에*는 도요타마 감옥에 수감되어 마치 번데기처럼 살고 있을 때 파브르의 『곤충기적 자서전』을 영역본으로 읽었고, 출옥 후에는 프랑스어 원서를 가지고 일본어 번역을 시도했다. 『파브르 곤충기』라는 제목**을 붙인 사람은 여러 번 지적되었듯이 오스기 사카에다. "땅에서 부정(不淨)을 제거하는 것을 그 존귀한 천직으로 삼고 있다"고

* 오스기 사카에(大杉栄, 1885-1923). 일본의 노동운동가이자 아나키스트의 상징과도 같은 인물. 강압적 권력 시스템에 저항하는 외로운 싸움을 두려움 없이 실천했다. 감옥 안에서도 여러 나라의 언어를 습득하고, 국제연대를 위해 에스페란토를 연구했으며, 동시에 아시아의 주요 인물들과 교류하며 역사의 흐름을 바꾸려 했다. '자유정신', '천재적인 문필가', '에로틱한 아나키스트' 등의 형용사가 따라다닌다. 1920년대 그가 주동했던 아나키즘 운동은 동아시아 전체에 광범위한 영향을 미쳤다. 1923년 일본 관동대지진 때 일제 헌병의 손으로 잔혹하게 학살당했다. 그 죽음이 일본에 아나키즘 운동을 촉발시킨 불씨가 되어 그의 죽음을 추모하며 17개 사상단체와 7개 노동단체가 규합하여 '흑색청년연맹'이 발족했다. 그의 자서전이 우리말로 번역되어 있다. 『오스기 사카에 자서전』(김응교·윤영수 역, 실천문학사, 2005).

** 원서의 제목은 『곤충학적 회상록』(*Souvenirs entomologiques*)이다.

하는 강한 번역투에도 끌리지만, "1922년 8월 22일"이라는 날짜가 붙은 번역본 「서문」에서 오스기 사카에가 파브르의 소똥구리 묘사에 감격하는 대목은 역시나 인상적이다. "소똥구리라는 것은 딱정벌레의 일종으로 소똥이나 말똥, 양똥 등을 먹는다는 점에서 생겨난 속칭이다. 소똥구리는 그런 똥들을 주먹에 쥘 만한 크기의 경단으로 둥그렇게 만들어 그것을 땅속에 있는 자신의 집에 운반하는데, 그 운반 방식의 기괴함이라니! 또한 하루 밤낮에 걸쳐 그 경단을 탐식하고 먹는 족족 그것으로 똥을 만들어 엉덩이로 내보내니, 이 얼마나 철저한 똥벌레* 스러움인가!"[35]

최신판 『파브르 곤충기』의 옮긴이 오쿠모토 다이사부로는 이곳을 인용하며 무정부주의라는 사상과 곤충이 결부된다기보다는 "오스기라는 한 자유인과 벌레와 파브르"가 결부되어 있다고 지적했다.[36]

물론 그럴 수도 있다. 앞의 인용만 가지고 오스기의 사상을 추출해내기는 어렵다. 단, 소똥구리의 세계가 오스기가 바꾸고 싶었던 세계보다 매력적으로 느껴졌다고 상상할 수도 있다. "똥벌레스러움", 즉 "똥벌레성(性)"이라고도 바꿔 말할 수 있는 이 개념은 오스기를 감옥에 가두지 않을 수 없으리만치 부자유스러운 사회에 대한 저항의 말일지도 모른다. 오스기가 사상의 근거로 삼은 "본능"을 위에서 단단히 짓누름으로써만 발전하는 사회 구조에 대한 비판일지도 모른다. 물론 이런 추측은 상상의 영역을 넘지 못한다.

익숙한 사고방식을 전환시키기란 어려운 일이다. 특히 "오물"이라

* 糞虫. '소똥구리'를 뜻하는 일본어인데, 한자를 우리말로 직역하면 '똥벌레'다.

불린 것, '더러운'이라는 말로 형용된 것, "더럽다"고 지정된 것, 오스기의 말을 빌리자면 '부정(不淨)'한 것, 이런 것들이 사회학적으로, 생물학적으로, 역사학적으로 사실은 유용한 것이라고 아무리 되풀이 말해도 생리적 혐오감까지 쉽게 사라지지는 않는다.

다만 고대 이집트에서 비롯해 파브르를 거쳐 오스기 사카에, 베른트 하인리히, 쓰카모토 게이이치로 계승되어온 "똥벌레성"[소똥구리성]과 관련해서 단 한 번도 "아름다움"에 대한 언급이 사라지지 않았다는 사실은 역시나 몇 번이고 강조해도 지나치지 않을 것이다. 게다가 그것은 중앙집권적인 기능미가 아니라 확산적이고 비통일적인 작용들이 어지러이 뒤섞이는 아름다움이다.

분해 과정은 단순한 과정이 아니다. 그 과정에 부수적으로 발생하는 소똥구리의 보석 같은 광택이 상징하듯이, 부차적인 파생에 불과한 것이 인간계의 맥락에서는 풍치(風致)를 자아내는 일도 있다. 우유가 분해되어 젖산 발효가 진행되고 거기서 독특한 풍미가 발생하며 요구르트가 되듯이.

오물과 식물(食物, 음식)의 역전. 생에서 죽음으로의 옮겨감. 그리고 역전의 유머. 분해라는 작용이 매나 독수리의 날개로 날아다니는 떠들썩한 세상이라면 하인리히의 말마따나 생각도 또 다른 것으로 환생할지도 모른다.

6장

수리의 미학

—수선한다, 푼다, 베푼다

1 계획적 진부화

수리는 언제부터 이렇게 힘든 일이 된 것일까?

얼마 전 꽤 오래된 버전의 스마트폰 배터리가 너무 빨리 닳아서 전화가 중간에 끊어져버리는 일이 몇 차례 발생하는 바람에, 수리 키트와 배터리를 구입해서 혼자 힘으로 교체를 해보았다. 스마트폰 제조사는 이런 일을 별로 권장하지 않는 듯하지만 말이다.

여러 가지로 잘 되지 않아 힘들었다. 나사는 깨알 반쪽보다 작고, 배터리 주위의 배선은 의외로 튼튼하지 못했다. 확대경을 책상 스탠드에 고무테이프로 고정시켜 놓고 즉석 랩을 차려 수리에 도전했다. 하마터면 나사를 찌부러뜨릴 뻔도 했고 아예 없애버릴 뻔도 했다. 기껏해야 배터리 교체가 아닌가! 더 간단히 처리할 순 없단 말인가! 도중에 몇 차례 내팽개칠 뻔도 했지만 어찌어찌 끝내긴 했다. 덕분에 지금까지

한낱 기계로밖에 여기지 않았던 물건에 조금 애착이 솟아나니 신기했다. 이게 바로 망가진 것을 사랑하는 나폴리 사람의 감각이리라.

이 스마트폰 제조사는 2017년 말부터 2018년 초에 걸쳐 이 문제로 화제가 된 적도 있었다. 이 회사가 혹시 사용자들 몰래 "계획적 진부화"를, 즉 배터리가 열화된 제품의 동작 속도를 의도적으로 떨어뜨리는 짓을 하고 있는 거 아니냐는 비판이 일었던 것이다. 사용자가 새 상품으로 갈아타도록 하려는 메커니즘이 아닌가 하는 항의가 폭풍처럼 쇄도하면서 프랑스에서는 소비자 단체가 소송을 제기했다.

계획적 진부화란 마케팅 용어로, 사용 중에 일부러 질이 떨어지도록 미리 설계하여 다음 세대의 제품을 팔아먹는 수법을 말한다. 현재 세계의 상품들은 비록 정도의 차이는 있지만 계획적 진부화를 시작했고, 그리하여 마치 다 죽어가는 사람에게 강심제 주사를 놓듯이 소비자들의 구매욕을 계속 부채질하고 있다. 이에 결코 적지 않은 사람들이 어디에 쏟아 부어야 할지 모르는 분노를 줄곧 느껴왔다. 액정 화면이 보이지 않을 뿐 본체는 멀쩡한 소형 컴퓨터 앞에서, 나는 분한 마음에 발만 동동 굴렀던 것이다.

만국의 소비자는 단결……하기 전에 모두 "호갱님"화되고 말았다. 순종밖에 모르는 사람들처럼 신형 기종으로 갈아타고는 버리고 갈아타고는 또 버리기를 반복하며, 이 불안의 시대에 모아 두지 않으면 장래가 위태로울 금쪽같은 돈을 계획적 진부화에 공헌하기 위해 던져 넣고 있다. 진공청소기, 선풍기, 컴퓨터, 게임기 등 온갖 물건들이 다 망가지는 걸 보아왔지만, 이건 좀 너무 빠르다 싶은 그런 식으로 망가진다. 한번은 노트북 화면이 꺼져버려서 황급히 업체에 전화를 해보았더니 10만 엔이 든다고 했다. 대단히 놀랐다. 그렇다면 새로운 노트북을 구입할까 싶어지는 것도 자연스럽다. 하지만 그러긴 억울해서 이리저리 찾아보다가 노트북 화면을 밝게 해주는 작은 형광등 같은 것을 3만 엔에 구입해 바꿔 끼워보았다. 조금 어둡긴 해도 노트북은 문제없이 사용할 수 있었다.

또 진공청소기가 사용한 지 5년째에 멈춰버렸다. 가슴에 손을 얹고 보면 확실히 거칠게 사용할 때도 있었음은 부정할 수 없지만, 새로 사기는 또 억울해서 다방면으로 조사를 해본 결과, 본체가 아니라 연장관의 신축부에 전기가 통하지 않는다는 걸 알게 되었다. 이런 종류의 진공청소기가 얼마나 많은가? 그중 연장관의 전기가 통하지 않아 통째로 버려지고 있는 경우도 틀림없이 많을 것이다. 일자 드라이버로 열심히 분해해보니 신축부 중 부하가 걸려 있는 곳이 타서 눌어붙는 바람에 단선이 되어 있었다. 커터 칼로 동선을 파내고 납땜을 해서 연결했더니 멋들어지게 재생되었다. 이후 진공청소기의 연장관은 신축성이 없어졌지만 그래도 역시 애착심이 솟구쳤다. 완제품에 재미를 느끼기보다는 손상된 물건에서 폭넓은 기술 세계를 발견하는 저 "나폴리 사람"에 한 걸음 더 다가간 기분이다.

이 세상 상품들은 보증기간이 너무 짧고 수리비는 너무나도 비싸다. 가령 PC나 진공청소기를 한 대 사면 한 50년 정도는 사용할 수 있는 그런 세계는 있을 수 없는 것일까? 수리점에 가면 아무리 오래된 제품이라도 최신 소프트웨어를 설치해주고 약해진 키보드의 키 한 개라도 바꿔주는 그런 일은 불가능한 것일까? 액정 화면이 손상되면 그 위에 새로 붙이고 그래서 상처가 남은 채로 죽을 때까지 계속 사용하는 것은 정녕 꿈의 세계런가! 하다못해 부품만 저렴하게 파는 가게라도 있으면 안 되는 것일까?

어쨌든 간에 이 세계는 수리 대금이 너무 비싸다.

2 감축

계획적 진부화를 거스르는 건축 실천을 하고 있는 건축가가 있다. 노사쿠 후미노리라는 건축가로 대표적인 작품 중 하나가 〈다카오카 게스트 하우스〉(2016)다. 이 프로젝트는 'en(縁)'*이라는 타이틀로 일본의 다른 건축 프로젝트와 함께 2016년 베네치아 비엔날레 국제건축전 일본관에 참여했다.[1] 참여한 건축가들 전원이 1975년 이후 출생한 사람들로, 새로운 건축의 존재 방식을 제시했다는 점에서 심사위원 특별상을 받았다.

노사쿠는 다카오카시(高岡市)에 사는 할머니 집을 해체하여 할머니도 거주할 수 있는 게스트 하우스로 변형시켜주었는데 "감축(減築)"**, 즉 "반(反)증축"이라는 관점에서 드러나듯이, 과거의 것을 그대로 남겨둠으로써 비용 삭감만이 아니라 뭔가 신비한 맛을 자아내고 있다. 〈다카오카 게스트하우스〉의 해설에는 이렇게 쓰여 있다.

> 앞으로 인구가 더 감소될 것으로 예상되는 일본 시골의 경우, 건물을 신축하거나 증축하는 것보다 오래된 건물을 감축한다면 더 풍부한

* 'en(縁)'은 '엔'이라 읽는다. '인연'을 뜻하는 '연(縁)'이란 한자의 일본어 발음이 '엔'이다

** 사전적인 의미는 '건물을 개축할 때, 바닥 면적을 줄이는 것'이다.

공간과 생활을 얻을 수 있지 않을까? 이런 인식에서 출발하여 이 작품은 우선 일본 건축의 요소인 목조 지붕의 단위를 살려 집 한 채를 작은 집 세 채로 분해했다. 기존 가옥의 중앙 부분을 해체하여 안뜰을 만들어놓고 그 둘레에 할머니의 거처, 공동 식당, 게스트 룸을 배치해 가족 이외의 회원을 받아들이는 열린 구조를 취하고 있다. 또 해체할 때 나온 것들을 폐기하지 않고 그걸 건축의 새로운 자원으로 재활용했다. 제거된 기와를 새로 이음으로써 주변의 풍경이나 거리와 연계성을 부여했으며, 기존 가옥에 남아 있던 미닫이나 교창(交窓)을 남기고 가족의 생업이었던 놋그릇이나 도구들을 전체 계획에 편입시킴으로써 가족의 역사와 기억을 소중히 보존하고 있다. 지붕을 크레인으로 옮겨 다이내믹하게 재배치하는 작업에는 마을 잔치 같은 축제성이 있으며, 또 그 경쾌한 이동성이 땅에 깊이 뿌리 내린 오래된 건물에 새로운 숨결을 불어넣고 있다.[2]

이러한 면모는 노사쿠 본인한테서 직접 이야길 들을 때도 마찬가지였지만, 커다란 흔적을 남겨보겠다는 건축가적인 야심이 일체 없다. 쓰레기장으로 직행할 듯한 “머티리얼”(material)이 어느새 자재로 남게 되니 새로운 역사를 새기고 있다는 티가 전혀 안 난다. 이것이 건축의 신진대사가 아닐까 하는 느낌마저 든다. 건물은 세워진 순간 늙기 시작한다. 인간과 같다. 그러나 언제까지나 젊게만 살겠다고 하면 얼굴에 새겨지는 주름은 기피되어버린다. 얼굴에 새겨진 주름들은 심지어 지성과 경험이 그 사람에게 깃든 상징이 될 수도 있지 않겠는가. 마치 다카오카의 게스트하우스에 있는 재사용된 지붕의 기와, 눈 구경을 할 수 있는 미닫이 혹은 교창처럼 말이다.

해설에는 이렇게도 적혀 있다. "한 번에 전체를 완성시키는 게 아니라 기존 건물을 해체하면서 그 과정에서 발생하는 부재들을 새로운 건물에 이용한다. 이처럼 단계적으로 건축함으로써, 회복하면서 동시에 성장해가는 '존재'(物) 자체에 의한 신진대사 네트워크를 창출해내고자 한다."

3 쟁기를 유지 보수한다

다나카 도시카즈의 『소와 함께 밭을 간다: 에티오피아의 재래식 쟁기』(2018)는 에티오피아의 중앙 고원에서부터 북부 지역에 걸쳐 2000년 전부터 오늘날에 이르기까지 줄곧 소와 함께 밭을 갈아온 오로모 사람들에 대한 천 일 이상의 필드 조사 보고다. 아프리카 대륙 농업의 견인력이 급속히 트랙터로 대체되고 있는 가운데, 여전히 소에게 계속 쟁기를 끌게 해온 오로모 사람들은 쟁기 끄는 방식에 대단히 집착한다.

이 책에 이런 대목이 있다. "사람들은 쟁기질을 할 기간이 되면 쟁기 작업 전후에 혹은 휴일에 쟁기의 점검 및 조정을 빈번히 실시한다." 쟁기의 구조가 극히 간단하기 때문에 일상적으로 유지 보수함으로써 쟁기의 파손을 예방한다는 얘기다. 다나카는 필드워크 중에 쟁기가 파손된 현장을 딱 한 번 관찰할 수 있었다. 바로 그 장면이다.

2011년 7월 27일, 이날은 세대의 넘버원이 소유한 경작전(耕作田), 혹토(黑土)에서의 4회째 우경(牛耕) 및 테프* 진압 작업이다. 어젯밤에 비가 많이 내렸으니 진압(鎭壓) 작업[작물의 뿌리가 마르지 않도록 밟아주는 농사법]에는 아주 절호의 날이라고 세대주 바르차는 이른 아침부터 필자에게 말한다. 9시 10분에 밭에 도착해 작업을 개시한다. 흙은 예상한 대로 수분을 충분히 머금고 있어 버티솔**의 점토가 쟁기볏에 심하게 들러붙는다. 쟁기가 무거워져 조작하는 데도 평소보다 더 힘을 주어야 한다. 하지만 작업은 특별한 문제없이 순조롭게 진행된다.[3]

문제는 여기부터다.

13시 30분, 쟁기꾼 비라하누가 사용하고 있던 쟁기에 파손이 발생한다. 점토흙이 눌러 붙어 쟁기 본체가 무거워진 상태로, 밭 귀퉁이에서 180도 선회하며 흙을 뒤엎는 작업을 한다. 그러느라고 쟁기의 손잡이를 들어 올려 쟁기를 띄운다. 그때 쟁기에 과부하가 걸리면서 쟁기를 소에 매는 끌채와의 접속부 부근이 꺾이는 형태로 파손되어 똑 부러져버렸다. 새로운 부품으로 교체할 수밖에 없는 상황이다.[4]

만약 이것이 기계라면 근처 수리 센터에 전화를 걸 것이다. 그러나 비라하누는 생각지도 못한 행동을 하기 시작한다.

쟁기꾼 비라하누는 당황한 기색도 없이 주변을 둘러보더니, 마침 쟁

* teff. 에티오피아에서 재배되는 곡물.
** vertisol. 열대나 아열대에 존재하는 점토질의 흑색 토양.

기질을 종료하고 귀로에 오른 가족 중 한 사람에게 말을 건다. "쟁기가 망가져서 그런데 쟁기 좀 빌려주시오"라고 부탁하고 일면식도 없는 사람한테 집 위치를 대략 묻고는, 집에 가는 길에 반환하겠다고 하며 쟁기를 빌렸다.[5]

그러느라 걸린 시간은 겨우 5분이었다. 나는 이 대목을 읽으면서 순간, 틀림없이 비라하누는 직접 수리를 해낼 테지, 라고 생각했다. 그러나 내 예상은 배신당했다. 본 적도 없는 사람한테서 쟁기를 빌려 그 상황을 모면한 것이다.

이 이야기도 나는 다나카 본인으로부터 직접 듣는 행운을 얻었는데, 매우 흥미롭게 다가왔다. 여기에는 두 단계의 위상(位相)이 있다. 첫째, 쟁기의 유지 보수를 평소 게을리 하지 않는다는 점이다. 그래선지 평균 2년마다 쟁기날을 바꾸지만 본체는 그대로다.

두 번째는 낯모르는 사람의 쟁기여도 웬만하면 빌릴 수 있으며 특별한 어려움 없이 사용할 수 있다는 점이다. 다나카의 관찰을 읽다보면 유지 보수란 이렇듯 관대한 인간관계도 포섭하는 다이내믹한 행위라는 사실이 부각되기 시작한다. 다나카는 이 일련의 흐름을 "즉흥적 조달"이라고 부른다. 망가져도 다른 사람의 힘을 빌려 즉흥적으로 대처할 수 있다는 점은 계획적 진부화와는 또 다른, 사람과 도구의 존재 방식을 보여주고 있다.

4 유지 보수와 애착

유지 보수는 maintenance, 즉 '유지하다', '보유하다'를 의미하는 동사 maintain의 명사형이다. 물건은 영원하지 않는 법이니 필히 뜯어지고, 풀어지고, 망가진다. 그러나 수선을 해서 다시 한 번 사용하게 되는 경우도 있다. 의복도, 집도, 자전거도, 자동차도 고쳐서 사용하고 망가지면 또 고친다. 청소하고 닦고 털어내고 보존한다. 이런 일을 반복하는 사이에 물건에 애착이 솟아 가능한 한 손 가까이에 놓아두고 싶어진다. 애착이란 상처 입지 않는 게 아니다. 상처나 뜯어짐을, 중요한 작용이 상실되지 않는 한에 있어서 끝까지 음미하는 행위인 것이다.

그런데 현재의 신품 세계에서는 애착이 솟아나기 전에 이미 차세대 버전이 매장에 죽 진열된다. 일부만 교체하면 되는 것을 수리비용이 비싸니 결국 새로 사고 만다. 오로모 사람들의 쟁기는 쟁기날만 사서 교체하고 본체는 유지 보수를 해서 계속 사용한다. 어느 쪽이 합리적이고 논리적인 건지, 답은 분명할 것이다. 오로모 사람들은 문명사회로부터 뒤처진 가련한 농경민 따위가 아니라, "문명인"임을 자처하는 사람들에게 최첨단 테크놀로지의 바람직한 존재 방식을 제시하고 있는 것이다.

수선하는 일에서는 게다가 미적인 것이 배어 나온다.

내 기억에 선명하게 남아 있는 초등학교의 서예 시간. 옆에 앉은 친구의 벼루가 여느 때와 다르다는 걸 깨달았다. 벼루에 균열이 나 있고 게다가 그곳이 이어 붙여져 있었다. 어떻게 된 거냐고 묻자 "떨어뜨려서 깨져버렸어. 집에 있는 모든 접착제를 섞어서 붙여놓았더니 원래 상태로 돌아오더라구"라는 대답이 돌아왔다. 깨진 벼루가 집에 있는 접착제로 부활했다니, 놀라움을 금할 수 없었다. 벼루를 새로 살 돈이 굳었을 뿐 아니라 뭔가 이 상처 입은 벼루가, 이음새가 매끄럽지 않은 이 벼루가 이상한 매력을 발하고 있는 듯 느껴졌던 것이다.

어느 민예관(民芸館)에서 금계*가 뿌려진 그릇을 보았을 때도 거의 똑같은 쾌감을 느꼈다. 산산조각이 난 그릇이 옻칠에 의해 원래대로 돌아갔을 뿐 아니라 깨진 곳을 잇는 옻칠의 색깔과 금의 둔한 빛이 이 그릇의 가치를 역으로 높여주고 있는 듯 느껴졌다. 깨졌을 때의 균열은 그대로 남긴다. 균열이 없었던 것처럼 겉을 꾸미는 일은 없다. 남겨둔다고 하는 바로 이 지점은 뭐라고도 형언할 수 없다. 수리했습니다, 라고 선언해버린다. 게다가 그 선언은 매우 작은 목소리로, 수수하고 두드러지지 않는다. 두드러지진 않지만 균열이 난 자취 그대로 행해지는 옻칠은 대단히 독특한 모양이 되어 그릇의 장식으로 변한다. 사용하는 자와 보는 자가 깨진 것이 회복된다고 하는 치유의 이야기를 즐기고 있다. 그뿐 아니다. 깨진 찻잔의 역사가 그대로 새겨진 채 고즈넉이 새로운 시대를 살고 있다는 데 매료되는 것이다.

찻잔이나 유리컵을 깨뜨리는 데 관해서라면 보통 사람 이상의 경험을 해온 나이기에, 깨진 것은 위험하니까 곧장 신문지를 갖고 와서 일단 둘둘 싸고 청소기로 남은 파편들을 빨아들이는 일은 아비투스에 새겨져 있다. 하지만 그것을 접착제로 붙여보겠다는 발상을 떠올려본 적

* 金継ぎ. 박살나거나 조각난 도자기에 옻칠을 해서 다시 이어붙이고, 그 이음매에 금이나 은, 백금 등의 가루를 뿌려 장식하는, 일본의 독자적인 수리법. 수리 후의 이음매를 그 그릇의 '경치'라 칭하며, 파손 전과는 다른 풍취를 즐긴다. 현대에는 합성 접착체로 대체되었다.

은 별로 없었다.

하지만 금계가 새겨진 그릇을 보노라면, 버려질 수도 있었던 과거를 뛰어넘은 일에 대한 작은 수줍음과 약간의 자부심을 우리에게 보여주는 듯하다.

5 금수선

깨진 그릇을 옻칠을 해서 수선하고 그리하여 다시 사용할 수 있도록 한다는, 세계에서 유례를 찾아볼 수 없는 "금계"는 일명 "금수선"이라고도 한다. 아니, 오히려 후자인 "금수선"(金繕)이라고 하는 편이 역사적으로 볼 때 정식적인 명칭인 듯하다. 시라토리 유카리가 쓰고 하라 이치나가 감수한 『금수선에 관한 책』에 따르면 "금수선"에 들어 있는 '수선'이라는 말 쪽이 유서 깊은 표현이기 때문이다. 그 기술이 탄생한 무로마치 시대 이래로 '수선' 혹은 '칠 수선'이라는 명칭이 사용되어 왔다는 대목을 보더라도 금수선이라는 표현 쪽이 정확하다는 걸 알 수 있다. 금계는 "금수선 기술의 일부분을 가리키는 직인들의 약식 명칭"이다.

현재 온갖 물질들의 홍수에 빠져 허덕이는 사람들 사이에서 금수선이 조용한 붐을 일으키고 있다. 그러나 원래 금계 또는 금수선은 사실 차 문화와 깊이 관련되어 있었다. 『금수선에 관한 책』에 따르면 "가마쿠라 시대에 다도가 중국"으로부터 전래되고 그때 "손님에게 차를 내는 법식"으로서 이용된 것이 중국의 청자, 백자, 천목찻잔 등의 당물(唐物)이었다. 당시 일본 열도에서는 도예 기술이 중국의 수준까지는 발달

되지 못했기 때문에 기본적으로는 수입에 의존하고 있었는데, 배로 운반하는 중에 파손되는 경우도 많았다고 한다. 일본은 고대부터 있었던 옻칠 기술을 이용하여 파손된 그릇을 수선함으로써 부족한 도예 기술을 벌충하고자 했던 것이다. 세계에서 가장 오래된 칠기 유물은 지금부터 약 9천 년 전의 것으로 홋카이도 하코다테시의 가키노시마 유적지에서 출토되고 있으며, 시마네현 마쓰에시의 소레테 유적지에서 6800년 전의 칠액(漆液) 덩어리가 발견되고 있다. 옻(漆)은 영어로 japan이라고도 표기되듯이 일본 열도의 문화에 깊이 뿌리내린 것이었다.[6] 무로마치 시대에 금수선한 그릇은 고급스러운 것이었지만, 현재는 일회용 문화와는 다른 문화로서 더 캐주얼하게 수용되고 있다. 옻이란 낙엽교목인 옻나무의 껍질에 상처를 내 채취한 수액(生漆)을 가리키는데 접착제나 도료로도 사용된다. 피부에 직접 닿으면 옻이 올라 염증이 생기기 때문에 작업에는 세심한 주의가 필요하다.

그릇을 수선하는 작업은 시간이 걸리고 복잡하다. 짧게는 몇 개월, 길게는 1년 이상 걸리는 작업이다. 마치 땅속에 사는 분해자들(지렁이나 미생물 등)이 지표의 유기물을 시간을 들여 더 작은 유기물과 무기물들로 바꾸어 가듯이 금계는 효과가 서서히 나타나는 작업이다. 게다가 도구도 다수 필요하다. 가루 등을 섞기 위한 판과 주걱, 뿌리는 붓, 생칠, 납색칠, 붉은칠, 숫돌, 밀가루, 나무가루, 금가루, 붓 세척용 유채기름, 칠에 섞는 무수(無水) 에탄올, 옻오름을 방지하는 고무장갑, 물, 금가루를 뿌리는 풀솜, 방수 사포, 칠이 비어져 나온 곳을 잘라내는 면도날, 어긋남을 방지하는 마스킹 테이프 등이 필요하다.

공정도 복잡하다. 깨진 식기를 예로 들어보자. 우선 사전 조치로서 수리하려는 그릇을 씻고 건조시키고 접착면을 거친 사포로 갈아야 한다. 소량의 생칠과 에탄올을 섞고 그것을 붓으로 바른 다음 천으로 누르듯이 닦아낸다. 촛불의 불꽃으로 접착면을 1, 2분 구워 코팅. 강력밀가루에 물을 타서 반죽하고 거기에 생칠을 더 섞는다. 이를 맥칠(麥漆)이라고 부른다. 맥칠은 대나무 주걱을 사용해 접착면에 빈틈없이 바르고 마스킹 테이프로 고정한다. 이 상태로 통에 넣어 2주간 말린다. 면도날로 비어져 나온 맥칠을 깎아내고 사포로 다듬은 다음 가는 붓을 사용해 납색칠을 발라 코팅. 이어서 또 통에 넣어 하루를 말린다. 또 사포로 표면이 매끄러워질 때까지 문지른다. 그리고 생칠을 휘저어 검게 만든 것에 붉은칠을 섞은 칠을 접합부에 바른다. 금가루를 풀솜에 묻혀 손가락으로 털듯이 뿌린다. 그 후 다시 한 번 2, 3일 동안 통에 넣는다. 무수 에탄올로 희석한 생칠을 바르고, 티슈 등으로 닦아낸 다음 하루 동안 말린다(이것을 3회 되풀이하면 금이 더 잘 정착된다). 마지막으로 도미엄니(鯛牙)나 사포를 사용하여 금을 문질러 광택을 낸다. 손가락에 유채기름을 잘 먹여 지문에 들어갈 정도의 돌가루를 붙이고 빛날 때까지 문지른다.[7]

바른다, 문지른다, 말린다, 기다린다. 이 네 가지 행위를 되풀이하는 작업에는 끈기가 필요하다. 게다가 옻칠을 통 속에서 말리는 것은 습기에 의해 말리는 것인지라 습도 조절이 필요하다. 생옻에 함유된 라카아제(laccase) 효소*가 공기 중의 수분을 흡수해 '산화 중합'을 일으켜

* p-디페놀(히드로퀴논)을 산소와 결합하여 p-퀴논으로 만드는 페놀산화효소의 일종이다. p-디페놀산화효소라고도 한다. 옻나무의 수액 속에서 옻을 산화시키고 경화시킨다. 각종 미생물·균류에도 분포한다.

건조 및 경화시키는 것이다.[8] 사실 수선하기로만 치면 순간접착제로 몇 초면 끝나는 일이다. 순간접착제는 투명한데다가 접착한 흔적도 남지 않기 때문에 수선한 뒤의 모습은 금수선보다 번듯하다고까지 할 수 있다. 그에 비해 이렇게나 많은 도구를 사용하고 시간이 지나야만 접착되어가는 금수선 수법은 번쇄한데다가 이음매가 마구 눈에 띄는 게 별로인 사람도 있을 것이다. 그럼에도 불구하고 폐기되기는커녕 사람들의 마음을 아직 붙잡고 있는 것은 왜일까? 우리가 보고 사용하는 그릇에 대해 어디까지나 막후의 조치 정도의 의미밖에 갖지 못하는 것이 사람들의 이목을 끄는 건 도대체 무엇을 의미하는 것일까?

6 그릇의 '경치'

여기서 중요하다고 생각되는 것은 금수선 기술에서 파손되는 방식을 다섯 가지로 분류한다는 점이다. 물건이 파손된 후에는 관심이 줄어들다가 쓰레기통에 버리는 데 익숙한 현대인들 입장에서 파손되는 방식을 분류한다는 건 쓸모없는 짓처럼 생각된다. 어떤 식으로 손상되었는지 관찰할 시간이 있으면, 새로운 것을 만들기 위한 아이디어를 짜내는 편이 시간상으로도 효율적이기 때문이다. 그런데 새삼 생각해 보자. 그릇이 파손된다는 건 어떠한 일인가?

첫째는 "깨짐". 깨진 파편들이 모두 남아 있는 상태이다.

둘째는 "결여". 깨진 파편(들)이 분실되어버린 상태이다.

셋째는 "풀림 혹은 흐트러짐". 표면만이 벗겨진 상태이다.

넷째는 "균열". 크게 금이 간 상태이다.

다섯째는 "틈". '균열'보다 작은 틈이 생긴 상태이다.

몇 가지 파손이 복합적으로 발생할 수도 있다. 파손된 각각의 방식에 따라 옻칠의 종류나 수리 방법이 다르다. "결여"의 경우, 나무 조각 등을 결여된 부분에 이어붙이고 옻칠로 고정한다. "균열"과 "틈"의 경우에도 방법이나 사용되는 소재가 다르다.

어디가 어떻게 결손되어 있는지도 여러 가지로 다양하다. 그리고 결손 부분이라고 하지만 그것이 메워져야 할 공백이기만 한 것도 아니다. 새로운 표현을 연출할 수 있는 무대이기도 하다. 어디까지나 주역은 아니고 부차적인 것으로 숙명지어지면서도, 파손의 흔적을 주장할 수 있도록 허락받는다. 주지하듯이 일본의 고전 예능에서도 이와 유사한 경향을 볼 수 있다. 분라쿠* 공연에서 인형을 놀리는 사람은 자신의 모습을 객석에 드러내 보인다. 모습을 보이고 있지만 어디까지나 주역은 인형이며 살아 있는 몸을 가진 인간은 부차적인 존재일 뿐이다. 사라져간다. 사라져가는 방식이 동시에 나타나는 방식이 된다. 객석의 시선으로부터 인형 놀리는 사람이 사라지기 시작하면 인형은 역으로 생기를 띤다. 사라짐과 살아감. 이 둘의 모순적 동일성이야말로 분라쿠의 세계, 금수선의 세계, 그리고 분해의 세계가 우리에게 고혹적으로 다가오는 이유 중 하나일 것이다.

나무블럭은 쌓아올릴 때 못지않게 허물어질 때도 아이들을 흥분시킨다. 어느 쪽이 더 흥분시키냐고 묻는다면, 글쎄, 양쪽이 막상막하라고나 할까. 무너지는 방식만이 아니라 무너진 뒤의 양상으로부터 상상

* 文楽. 조루리(浄瑠璃)에 맞추어 하는 설화(說話) 인형극.

과 창조의 실마리를 모색하는 것이 교육학자 프뢰벨에게는 어린이 교육의 중점이기도 했다. 마치 과부하가 걸려 끊어진 근섬유가 수선 과정을 거쳐 회복되면 전보다 더 굵어지듯이, 혹은 식사 후 치아의 에나멜질이 산에 의해 녹은 뒤 타액에 의해 재결정화 과정을 거침으로써 충치가 상시적으로 예방되듯이, 혹은 칼을 갈아 날이 깎여나간 뒤 숫돌 표면의 끈적끈적한 숫진흙이 칼을 다시 한 번 예리하게 만들어주듯이, 그렇듯 흉터를 무시하는 게 아니라 응시하고, 관찰하고, 메우고 또 장식한다고 하는 행위는 늘 과잉을 포함하고 있다. 과잉은 상처와의 등가 교환에 그치지 않고 치유 이후의 새로운 전개도 맡으려고 하는 듯하다.

또 손상의 넓이와 깊이를 계측하고 통증을 경감시키면서 수선을 하려 하는 것은 의사들이 취하는 행동과 마찬가지라고도 할 수 있다. 상처 분석이 충분치 않으면 상처를 치유하는 일 역시도 충분치 않다. 이런 면은 특히 의족이나 의수 혹은 의안(義眼), 의비(義鼻), 의이(義耳)에서도 볼 수 있다. 하나같이 그것이 닿는 신체의 접속 부위에 부담을 준다. 신체의 그 접속 부위를 없앨 수는 없다. 하지만 의족이나 의수 등은 그 접속 부위와 함께 어느새 그 사람에게 빼놓을 수 없는 몸의 부분으로 녹아들어간다. 수술 후의 꿰맨 자리처럼 혹은 화상 후 이식한 피부처럼 독특한 맛을 내포하면서 계속 남는다.

금수선도 그러하다. "옥에 티"라는 말에서 "옥"은 완전무결의 균형 잡힌 미를 내포하지만 "티"는 농익은 미가 될 수 있다. 금수선은 마치 한쪽 팔이 없는 비너스라든가 색이 벗겨진 종교화처럼 시간의 경과를 알리는 티의 아름다움이다.

오자와 노리요의 『금수선을 권함』에는 젊은 금계 장인의 인터뷰와 함께 작품이 소개되어 있다. 장인들의 말에는 지금까지 이야기해온 티에 대한 역발상이 있다. 만화가이자 금계 작가인 호리 미치히로는 도야마현 출신으로 '와지마 칠공예 기술연수소'에서 기본 토대를 닦았고, 지금도 "금계부"(金継部)라는 도내 워크숍을 주재하면서 옻칠에 관여하고 있으며 또 만화도 그리고 있다. 호리 미치히로는 금수선 기법을 구사하는 옻칠에 대해 이렇게 말한다. "중심이 되는 존재는 비록 아니지만, 다른 무언가를 받쳐주는 존재라는 인상이 있어서… 아마도 그런 면모에 끌리는 것 같습니다. 금계도 그 자체는 주역이 아니고 어디까지나 파손된 그릇을 수선하기 위한 기술. 깨져버려서 본래라면 버려지고 말 것, 물건으로서 운명이 끝나버릴 것, 말하자면 더 이상은 햇볕 볼 일 없게 되어버린 물건을 재생시키는 기술이라는 점이 좋은 거겠죠."[9] 호리 미치히로 자신도 수선된 그릇에 둘러싸여 살고 있다. 이 기사를 보고 나니 호리 미치히로의 이야기를 듣고 싶어졌다. 전적으로 우연이었지만, 이 기사를 읽은 후 내 직전 저서 『먹는다는 건 어떤 일인가』(2019)[10]의 표지 그림과 삽화를 담당할 예정인 만화가가 호리 미치히로라는 걸 알고 놀랐다. 편집자를 통해 연락을 해서 2019년 3월 15일 나는 그의 작업장을 방문해 이야기를 들었다.

호리 미치히로에 따르면 금계에 대한 사람들의 관심도가 동일본 대지진 참사 이후 급속히 높아졌다고 한다. 그 이유로 호리는 세 가지를 들었다. 첫째, 지진으로 그릇이 많이 깨졌다는 것. 둘째, 지진 대참사 후 "불쌍하다"든가 "애처롭다"든가, 인간에 대한 심정이 표명되는 일이 많아졌는데, 그것이 그릇 쪽으로도 향했다는 것. 셋째, 젊은 도예가들이 늘어 도예품의 분모가 늘었다는 것. 이 중 두 번째 이유가 흥미롭다. 사람에 대한 심정과 물건에 대한 심정이 아무렇지도 않은 듯 분리될 수는 없다는 호리의 직감이 맞는다면 인간 심신의 "결여", "흐트러짐", "깨짐", "균열", "틈"도 깨진 그릇과 마찬가지로 "금계"가 가능하다는 점을 의미한다고 나는 생각했다.

그리고 접착제와는 다른 옻칠의 매력은 어디에 있냐고 물었더니 "불완전한 면이 나와 닮았다", "다시 해볼 수 있다"라는 대답 이외에도, "나는 이대로 죽지 않아!"라는 만화나 애니메이션에서 화가 났음을 표시하는 마크처럼 금계로부터는 "그릇의 집념"이 배어 나온다, 그리고 몸에 해가 없다, 라는 답이 돌아왔다. 마지막에 든 매력 포인트에 대해서는 호리의 저작 『집에서 너끈히 할 수 있는 금계』(2018)에도 "천연 소재인 옻칠로 수선하면 몸에 무해하며, 만일 했다가 맘에 안 들면 다시 해볼 수도 있습니다"라고 적혀 있다.[11]

다만 금계 자체의 가치에 대해서는 지극히 겸손하다. 아무리 금계를 해도 완성품에는 영원히 이르지 못한다. "멜론빵이 영원히 멜론에 이르지 못하는 것과 매한가지"라고 호리는 인상적인 말을 했다. 금계는 곧 나 자신의 표현이다, 라는 어필을 나는 호리로부터 전혀 느끼지 못했다.

또한 마찬가지로 금계 작가인 구시타니 아스카도 "작품을 만든다고 하는 '자기표현'의 측면보다는 사람들이 기뻐해주거나 누군가에게 도움이 된 것 같은 기쁨에"라며, 한 발 물러서 있는 감각에 만족을 느끼면서도, 다른 한편 "부서진 존재들의 집합은 어두운 겁니다. 하지만 고쳐가는 가운데 그 존재로부터 밝고 건강한 무언가가 발산되는 걸

느낍니다. 그것이 수수한 작업을 계속하는 이유입니다"라고 금계의 존재 의의를 분명히 내세움과 함께 금계가 빚어내는 맛에 대해서도 언급한다.[12]

호리 미치히로와 구시타니 아스카의 작품을 바라보노라면 역설적이게도 금이라고 하는, 가장 눈부신 빛을 발하는 색깔의 신중함에 눈길이 간다. 금색 이음매는 신기하게도 그릇의 전체상 그 후경으로 물러나준다. 역으로 틀림없이 손상되어 있을 수수한 색깔의 그릇 파편이 전경으로 나온다. 한편 이음매를 따라가다 보면 마치 이 이음매가 그릇의 형상이라도 되는 양 주장하기 시작한다. 원경과 전경 그리고 역동적인 교환 과정에 홍겨워지자, 그 옛날 일본에서 금수선으로 수선한 뒤의 모습을 '경치'라 불렀다는 것도 납득이 되었다. 눈에 띄기 때문에 눈에 띄지 않게 된다. 이 절대적 모순의 합일에야말로 언어로는 표현하기 힘든 금수선의 매력이 숨겨져 있는 듯하다.

직원 식당이나 학생 식당에서 사용되는 플라스틱 식기는 확실히 저렴하고 안전하며 대형 식기세척기로 씻어도 손상이 잘 안 된다. 그러나 이 식기들은 손상된 순간에 폐기된다. 수선하는 것보다 새로 구입하는 편이 싸게 먹히기 때문이다.

이렇듯 그릇이 깨지지 않는다는 걸 전제로 움직이는 상품 세계는 인간이 파손되지 않는 것을, 인간의 어딘가에 결손이 나거나, 인간의 어딘가에 뜯어짐이 발생하거나, 인간의 어딘가가 깨지거나, 인간의 어딘가에 금이나 균열이 나거나 하지 않는 것을 전제로 움직이는 인간 사회와 어딘가 닮았다. 건강한 인간이 정상이라는 전제 위에서 움직이는 사회는 머잖아 결여되어 있음이나 손상되어 있음을 견딜 수 없게 되고, 그리하여 그것을 배제하기 시작했다는 사실은 우생학의 역사를 잠시 펼쳐보는 것만으로도 충분히 실증할 수 있다. 하지만 결여되어 있음, 균열이 나 있음을 인간의 전제로 삼고 그 결여나 균열을 매일 조금씩 수선하면서 간신히 꾸려나가고 있다고 생각하면, 금수선 기술은 서바이벌이나 공존의 기법과 닮았다.

나는 금수선에 대해 생각하던 중에 마쓰시마 다케시가 이탈리아 정신의료의 역사와 현 상황에 대해 쓴 연구서 『프시코 나우티카: 이탈리아 정신의료의 인류학』(2014)을 공연히 재독하고 싶어졌다. 우연히 펴본 페이지는 마침 포도 농장 이야기가 적혀 있는 「다양성과 보완성」이라는 절이었다.[13] 이탈리아에는 "노동 시장에서 배제되기 쉬운, 사회적으로 취약한 입장에 있는 사람들에게 실제로 일하는 경험을 제공함으로써 노동 시장에 대한 진입 문턱을 낮추려는 목적" 아래에 마련된 '노동 장려금' 제도라는 것이 있다. 마쓰시마는 이 제도를 이용해 포도 농장에서 일하고 있는 30대 남성 로렌초를 인터뷰했는데, 커뮤니케이션이 서툴고 "자신의 내적인 감각에 대해 과하게 민감해 보이는" 그가, 이 포도 농장에서 노동하는 가운데 포도송이를 잘라내는 방법을 고안하면서 즐거워하는 모습을 소개하고 있다. 정신 장애인, 신체 장애인, 과거에 수감 경력이 있는 사람, 예전의 약물 의존자 등 노동 시장으로부터 떨어져 나온 사람들이 여기서 노동을 하고 있다. 뭔가 통풍이 잘되는 특이한 곳이라는 느낌이 드는 농장이다. 왜 그럴까? 이 책에 수록되어 있는 농장주 젠틸리니의 발언, 바로 거기에 힌트가 있다. "사회는 다양한 인간들, 다양한 존재들로 이루어져 있기에 함께 뭔가를 할 수 있는 것이라고 한다. 그렇지만 함께 뭔가를 하기 위해서는 그 나름의 방법이 필요하다. 그것이 보완성이라고 하는 것인데, 그 둘이 잘 맞물리면 거기서 뭔가 창조적인 것이 산출된다." 또는 "아이쿠 잡초다, 흐이구 해충이야, 라고 말하며 배제하는 것은 인간의 일방적인 사정이며 어떤 풀도, 벌레도, 미생물도 자기들의 삶을 다하고 있을 뿐이다." 일견 흔히 접하는 유기농법가들의 상투적인 말처럼 들리기도 하지만 그렇지가 않다. 여기서 유기농업을 실천하는 젠틸리니(와 그것을 소개하는 마쓰시마)가 사람들의 "결여"나 "흐트러짐 혹은 풀림"이나 "균열"의 보완성과, 자연계의 "결여"나 "흐트러짐 혹은 풀림"이나 "균열"의 보완성, 이 두 가지 보완성을 동일한 차원에서 말할 수 있는 것은 그것이 자신의 삶을 다하고 있을 뿐이라고 하는 다소 매정한 관찰에 의거하고 있기 때문이다. 그리고 바로 이 점이 허다한 생태적 언설에서는 찾아볼 수 없는 박력이 되어 독자의 귀에 울리는 것이다.

과거에 깨져서 수선했던 흔적을 후경으로 물리기도 하고 때로는 전경으로 내어놓기도 하는 금수선의 착각 기법은 다른 한편 과거와 현재가 왕래하게 하는 기법이기도 하다. 「프롤로그」에서 논한 후지타 쇼조의 「신품 문화」도 수선에 대해 이렇게 말한 바 있다.

> 가령 뜯어진 곳이 교묘하게 기워졌을 때 거기에 출현하는 '재생'과 '부활'의 새로움 또한 신품 세계에는 없다. 기워 잇는 수선이 주위 부분들과의 저항관계를 고려하면서 그것들과의 "대립을 포함한 화해"로서 완성되었을 때, 거기에 출현하는 새로움은 하나의 전체적 구성에 있어서의 새로움이다. 재생이나 부활은 그러한 것으로서 부분적이면서도 관계적인 전체의 소생이었다.[14]

현재성에 덮여 과거가 사라지고, 전경만이 관심사로 되고, 깨진 것이나 균열이 간 것은 죽음을 의미하는 이 클린하고 스마트한 세계에서는 신품이야말로 만물의 왕이다. 인류가 지구에 등장하기 이전부터 축적되었던 수많은 유기체들이 액화된 결과 생겨난 석유를 연료와 소재로 소진해버리는 지금 시대에서, 과거는 그대로 현재이다. 한편, 현재와 과거가 대립하면서 서투른 방식으로 겹쳐 짜이고 전경과 후경이 으스스하게 뒤섞이며 또 흔들리는 왕국에서는 역시나 수선된 것이야말로 왕관을 바쳐야 할 대상이다. 단, 그 왕관에는 이미 수선된 자취가 있을 것이다.

7 '푼다/풀린다'와 '맺는다'

원래 "수선한다"(쓰쿠로우)는 말은 "만든다"(作る, 쓰쿠루)의 미연형(未然形)인 "만들지[않는다]"(쓰쿠라)에 계속이나 되풀이를 뜻하는 접미어 "후"(ふ)가 붙은 "쓰쿠라후"(수선한다)이다. "다 만들었다"가 아니라 때로 보수하여 지속시켜간다는 뉘앙스가 담겨 있다. ('수선한다'를 뜻하는) 한자 "선"(繕)도 좌측의 실(糸)이 뜻 성분이고 우측의 선(善)이 소리 성분이어서 찢어진 곳에 천을 충분히 대고 꿰매 틀어막는다는 의미다. 여기서 파생되어 "볼품 좋게 한다"라는 의미로도, "수선한다"라는 의미로도 모두 사용할 수 있다.

아울러 "푼다/풀린다", 한자로 쓰면 "解く"(호도쿠)라는 동사도 역시나 포괄할 수 있는 범위는 의외로 넓다.[15] "解"(해)라는 한자는 소를 칼로 해체하는 걸 뜻하지만,* 고대 일본어에서는 "푼다/풀린다"가 좀 더 유연한 뉘앙스를 갖고 있었다.

흔히 말하듯 화복(和服, 혹은 기모노), 즉 일본 전통복은 오래되면 실을 풀어서 사이즈가 다른 옷으로 만든다거나 아예 다른 종류의 옷으로 새로 지을 수도 있다. 푸는 데 필요한 도구는 리퍼** 하나로 충분하다. 양복은 "풀" 수 없지만 화복은 풀 수 있는 이유는, 화복이 폭 약 36센티미터, 길이 약 12미터 정도의 실크 직물, 즉 옷감을 직선으로 재단한 직사각형 직물들의 조합으로 이루어져 있는데다가 각각 손바느질로 봉합하여 풀기 쉽게 되어 있기 때문이다. 사이즈를 변형시켜 여러 세대에 걸쳐 천을 대물림하는 것이 전제인지라, 옷을 짓는다는 것은 그대로 옷을 푼다는 것의 전 단계이기도 하다. 역으로 말하면 옷을 푸는 것은 그대로 단절 없이 다시 짓는 것으로 이어진다. 전통복만 그런 게 아니다. 털실 옷도 풀 수 있다. 풀어서 털실로 되돌린 다음 잘 정리하면 다시 한 번 이용하는 것도 가능하다.

이는 신발 끈을 푸는 단순한 동작에도 해당된다. 신발은 몸에서 가장 부하가 많이 걸리기 때문에 어설프게 매 가지고는 금세 풀려서 위험하므로 튼튼하게 맨다. 튼튼하게 매지만 또한 풀어지기 쉽도록 맨다. '맨다'는 동사는 응고와 이완이라는 모순의 동시적 통합이다. 그리하지 않으면 벗었다가 신었다가 하는 반복이 불가능하다. 발이 부은 정도에 맞추어 좀 풀어주거나 붙들어 매거나 할 수도 없다. 반복하기 위해서는 '매기'와 '풀기'가 번갈아 쉽게 바뀔 수 있도록 서로 융합되어 있어야만 한다.

* 이 글자의 우측을 보면 위쪽은 칼 도(刀), 아래쪽은 소 우(牛)로 구성되어 있다.

** ripper. 봉제한 솔기를 푸는 데 사용하는 도구.

역시나 잘 알려진 일이지만 마을 같은 데서 모내기나 지붕의 이엉 교체 등을 위해 대규모 노동이 필요할 때, 사람을 빌리고 빌려주는 것을 "맺음" 즉 "두레"(結い)라 부른다. 당연한 얘기지만 "두레"란 절대로 떨어지지 않는 접착이 아니라, 일이 끝난 후 그 자리에서 곧장 헤어지기에 맺는다고 하는 것이다. 머리를 묶는 것 또한 머리카락이 한 가닥 한 가닥 떨어져 존재하는 까닭에 그것을 한데 모아 묶을 수가 있고, 게다가 묶인 머리카락은 다시 풀어 빗질을 할 수가 있다. 이 이외에도 수많은 사례가 있지만, 어쨌든 한 덩어리로 묶기도 했다가 따로 떼어놓기도 했다가 하는 일에 "맨다"(맺는다)는 동사가 사용된다.

응고와 해체라는 두 양상의 되풀이. 응고의 응집력에 이미 해체의 낌새가 있고 해체하는 과정 속에 한때는 있었던 응고의 힘이 남는다. 응고와 해체는 아이들 놀이에도 빈번히 등장한다. 이미 2장에서 이야기한 나무블럭이 그러했듯이 창조와 파괴, 응고와 해체의 반복에 아이들은 매료된다.

시즈오카현 가케가와시에서 어린이 미술학교를 운영하는 미술가 시부타레 히데오는 모래밭에서 노는 아이들을 꼼꼼히 관찰하여 그 모습을 저서 『모래밭』(1998)에서 다음과 같이 보고한다.

> 인간은 날 때부터 자기 힘으로 대상을 만들어내는 걸 좋아한다. 누군가 가르쳐준 것도 아닌데 왠지 알고 있다. 아무것도 없는 곳에서 대상을 창조해 나가는 힘을 갖추고 있다. 모래밭 같은 해방된 환경일수록 이 작은 아이들의 무한한 힘은 자연스레 발휘된다. 한데 이 모래라는 것은 너무나도 간단히 무너지고, 또 의도적으로 무너뜨릴 수도 있다.

그리고 어른들이 아이들한테 하듯 작품을 강요하는 일은 없다. 그래서 아이가 놀이를 마친 모래밭에는 작품이 아니라 아이들이 상상한 에너지가 감돌고 있을 뿐이다.

모래밭은 아이들을 언제나 중립적인 상태로 받아들여 주고, 아이들이 되풀이하는 무질서한 창조와 파괴의 에너지를 흔쾌히 받아들여 준다. 그래서 항상 아이들은 신선한 기분으로 모래와 놀 수 있는 것이다.[16]

이 글에는 모래밭이라는 장소에 대한 색다른 시각이 드러나 있다. 모래밭은 단지 산이나 터널, 교량 혹은 빌딩 등의 작품을 제작하는 장소가 아니다. 초등학생들이 그림을 그리거나 공작을 하는 도공실(圖工室)과는 다르다. 모래밭에서는 파괴나 융해가 전제로 되어 있다. 비나 바람에 의한 작용도 받아들이는 것이 전제로 되어 있다. 언제나 "중립적"(neutral)이라고 시부타레가 말하는 것이 바로 이 점이다. 부술 수도 있고 만들 수도 있다. 파괴자도 창조자도 함께 수용해주는 곳이 바로 이 모래밭이라는 것이다. 모래밭에 감돌고 있는 것은 아이들의 작품이 아니라 에너지뿐이라는 말은 깊이 있는 표현이다.

여기에는 물과 모래를 둘러싼 역동성이 있다. 시부타레는 이 '역동성'에 대해 이렇게 말한다.

물이 모래 속으로 스윽 스며들면 순식간에 모래는 유동하기를 그치고 굳어져 간다. 그러나 일정한 물의 양을 초과하면 다시 모래는 물과 뒤섞여 흙탕물처럼 흐르기 시작한다. 그것은 방금 전의 보송보송한 모래의 유동적인 모습과는 달리, 아이들이 태어나면서 지니고 있는 물컹한 신체 감각과 비슷한 감촉을 띤 모래의 모습이다.

모래알과 모래알은 물에 의해 결합한다. 허나 물이 많아지면 그 결합은 느슨해지고 더 큰 흙탕물이 되어 무너지면서 낮은 쪽을 향해 움직이기 시작한다. 응고와 해체. 옷이든, 양모 스웨터든, 머리카락이든, 신발 끈이든 하여간 우리 주변에 있는 수많은 반복 운동들을 모래밭은 대단히 이해하기 쉽게 보여준다.

8 '푼다/풀린다'와 '때'

'푼다/풀린다'(ほどく, 호도쿠)는 '푼다/풀린다'(とく, 도쿠)에서 왔다. 전자 역시 한자로는 (후자와 동일하게) '解く'라고 쓴다. 당연한 얘기지만 영어로 '해결한다'를 의미하는 solve와 마찬가지로 '녹는다'(溶ける, 도케루)와 '녹는다'(融ける, 도케루)도 어원이 같다. 또 하나 덧붙이자면 '설한다, 해설한다'(説く, 도쿠)도 그러하다. 이해 못하던 것을 이해하게 해준다. 그것이 설(혹은 설교)하는 것이다.

문제를 '해결한다'. 의문이 '얼음 녹듯 풀린다'. 마치 굳게 맺어진 매듭처럼 혹은 얼어붙은 연못처럼 문제는 긴장된 표피를 두르고 눈앞에 널려 있지만, 그것이 풀리거나 녹거나 했을 때처럼 답이 출현한다. 물음과 해답은 항상 세트이다.

오노 스스무가 편집한 『고어 기초어 사전』에 따르면 고어 '푼다/풀린다'(とく, 도쿠)에는 자동사와 타동사가 있었는데 두 경우의 의미가 반

드시 대응하지는 않았다고 한다. 현대의 일본어 화자들은 자동사일 때의 '푼다/풀린다'가 낯설 테니 해설을 읽어보는 게 좋겠다.

> 자동사는 사람이 손을 대지 않았는데도 묶여 있던 끈이 저절로 풀린다는 뜻을 갖고 있으며, 이것이 원뜻이 된다. 한데 옛날부터 끈(특히 허리띠 혹은 옛날에 예복 밑에 입던 짧은 통소매 속옷 위에 맨 띠)이 자연스레 풀리는 것은 그리운 상대와 만날 전조거나 혹은 상대가 자신을 생각하고 있기 때문이라는 속설이 있었던 터라, 끈이 잘 매어져 있는지 여부는 사람들에게 커다란 관심사였다. 끈이나 띠 등 구체적인 물건에 대해 사용되는 '푼다/풀린다'는 말이 정신적인 것에 대해서도 사용될 경우, 그것은 각자를 속박하고 있던 것이 없어진다고 하는 의미로부터 상대에 대한 경계심이 없어진다거나 마음에 맺혀 있던 응어리가 사라진다는 뜻이 된다.[17]

이로부터 해빙, 즉 얼음이 녹는 것 그리고 해임하는 것, 즉 신분이나 직책에서 떠난다(풀려난다)라는 의미로도 사용된다고 이 사전에는 정리되어 있다.

타동사의 경우는 "튼튼히 매어져 있는 끈이나 띠 등을 느슨하게 푼다는 뜻"으로, "복잡하게 뒤얽혀 분명치 않았던 것을 풀어헤치고 도리를 세워 상대가 이해할 수 있도록 타이른다는 점에서 설교한다, 해명한다는 뜻도 나타낸다"고 되어 있다.[18]

이처럼 고대 일본어 '도쿠'(푼다/풀린다)가 사용되었던 방식을 보다 보면 아직 찾아오지 않은 일이나 눈앞에 나타나지 않은 무언가의 전조라는 의미조차 걸칠 수 있는, 그야말로 폭넓은 뉘앙스를 지닌 말이었음을 알 수 있다.

그러나 이게 전부가 아니다. 국어학자 오노 스스무는 이전 시대의 일본어의 '호도쿠'와 '도쿠'*의 놀랄 만한 전개 양상을 논하고 있다.

저서 『일본어를 거슬러 오른다』에서 오노 스스무는 "밤의 호도로" 라는 말에 주목한다. 가령 "밤의 호도로(ほどろ) 작별함이 거듭되면서 당신 그리움에 가슴이 터질 듯합니다"라는 『만엽집』의 노래에서 알 수 있듯이, "밤의 호도로"란 '새벽'이라는 뜻이다. 오노에 따르면 여기서 '호도로'란 '호도케'(解, 푼다, 풀린다), '호도코수'(施す, 베푼다, 실시한다), '호도하시루'(奔, 내뿜다, 분출하다)에서의 '호도'의 의미이다. 여기서 "'호도케' 란 굳게 매여 있던 매듭이 느슨해지고 엮는 힘이 약화되어 엮여 있던 상태가 없어져 버린다는 뜻"이다. 그리고 "'호도코수'란 갖고 있는 힘을 혼자서만 갖고 있지를 않고 풀어서 사방 사람들에게 나누어준다는 뜻"이다. 마지막으로 '호도하시루'는 현재는 '호토바시루'(迸る)라고 하는 단어로,** 사방으로 퍼진다는 의미다. '호도로'의 '로'는 상태를 나타내는 접미사이다. 그렇다면 호도로는 "풀려 허물어지며 퍼지는 모습, 그 무렵"의 의미가 된다. 하여 "밤의 호도로"는 태양빛이 새어나와 밤이 풀리면서 밝아지기 시작할 무렵이라는 뜻이 된다는 것이다.

* 이번 8절의 맨 앞에서 저자는 '호도쿠'가 '도쿠'에서 유래하였으며 한자로는 똑같이 '解く'라고 표기한다고 말한 바 있다. 단, 그 시점에서는 아직 고대 일본어의 차원이 고려되지 않은 상태였다.

** 그래서 오늘날 사전에 '호도하시루'는 안 나오고 '호토바시루'만 등재되어 있다.

영원이라는 관념은 강고한 반석에 의해 상징되었고, 밤에서 아침으로의 옮겨감은 단단한 밤의 붕괴라는 관념에 의해 파악되었다. 중국에서는 '때'(時)가 가는 것, 나아가는 것이라는 뜻으로 파악되었고, 유럽에서는 널리 펴져간다는 관념으로 파악되고 있는 예가 있다.[19]

오노 스스무의 논의에 따르면 마치 모래로 지은 성이나 나무블럭으로 만든 탑이 소리를 내며 무너져가는 순간에 아이들이 온몸을 움직이며 뭔가를 느끼듯이, 응고된 것의 해체는 "시간"이 태어남을 표현하며, 이는 일본어 화자들이 독특한 시간 개념을 가졌다는 증거이다.

또한 공간을 나타내는 단어 '곳'(ところ, 도코로)의 '도코'(とこ)는 영원(とこしえ, 도코시에)의 '도코'와 같은 어근으로, 영원을 의미한다. 한자로는 床('바닥' 상)이나 常('항상' 상)이라는 한자가 주어진다. '곳'을 뜻하는 '도코로'의 '로'는 '호도로'의 '로'와 마찬가지로 상황을 나타내는 접미사이다. 부동(不動)인 '곳'에는 시간이 태어날 여지가 없다. 영원히 이어진다는 게 보증되어 있기 때문이다. 그러나 '곳'(도코로)은 머잖아 '퍼지는 모습 혹은 퍼지는 무렵'(호도로)으로 향한다. '품'이 영원성을 해체하고, 그 해체의 순간에 때가 시작된다.

이로부터 오노는 자신의 가설을 선보인다. 일본어의 '도키'(時, 때)라는 단어도 '도쿠'(푼다/풀린다)에서 온 게 아니냐는 지적이다. 다른 고어사전에 따르면 '도키'는 '疾く'(도쿠, '빨리'라는 뜻)에서 왔고, '달린다'라는 의미라고 되어 있는 것으로 보아 정설이라고 주장할 생각은 아닌 듯하다. 오노는 어디까지나 '시도를 해보려는 것'이라고 전제한 뒤 '도키'를 '도쿠'에서 출발해 사유를 전개한다.

'도키'라는 단어는 경과해가는 시간이라는 의미를 갖는다. "도키가 옮기면 만나지 못하겠지요", "도키도 지나고 달도 바뀌면" 등이 그 예다. 도키(töki)라는 이 형태는 도쿠(töku)라는 4단활용 동사의 연용 명사형과 동일하다.* '도쿠'라는 4단 동사는 단단히 매어져 있는 것을 느슨하게 해서 유동할 수 있게 만든다는 뜻을 갖는다. "끈을 푼다", "옷을 풀고 씻는다", "얼음을 푼다" 등 문헌에 남아 있는 예들은 타동사인 '도쿠'이다. 그리고 '도쿠'는 자동사로서는 하2단 활용형인 '도케'(溶け, '녹아'라는 뜻)가 된다.

그러나 지금 시점에서 고대의 동사 활용형을 돌아보면, 가령 '垂れ'(다레)라는 하2단활용 자동사의 옛날 형태는 4단활용인 '垂り'(다리)이고, '明け'(아케)라는 하2단활용 자동사는 '아키'라는 4단활용 자동사를 아울러 갖는다. 이러한 예들이 있으므로 '도케'(녹아)라는 하2단활용 자동사가 옛적에는 '도키'라는 4단활용 자동사형을 가졌다고 상정할 수 있을 것이다.

'도키'라는 이 연용(連用) 명사형은 뭔가가 녹는 것, 무너져 유동화되어 가는 것이라는 뜻이다. 그러고 보면 아주 오래전, 그러니까 문헌보다 훨씬 이전 시대에 살던 일본인들은 '때'라는 것을 존재하는 무언가가 풀려 유동화되어 가는 것으로 파악하고, 그 의미를 나타내는 '도쿠'라는 동사의 명사형 도키를 가지고 이에 적용시켰던 게 아닌가 그런 상정을 해볼 수 있다.[20]

* 한국어나 영어 문법에 빗대어 쉽게 설명하자면 이 문장은 대략 이런 뜻이다. '도쿠'라는 동사는 기본형이고, 실제 사용될 때에는 많은 경우 '도키'라는 형태로 변형된다.

"때"는 나아가는 게 아니라 무너져가는 것이라는 시각은 현대 사회에 길들여진 사람들에게는 받아들이기 힘들 수도 있다. 하지만 밤에 사내가 밀회를 하러 찾아왔다고 하는, 와카(和歌)에서 끊임없이 읊어대는 저 정경에는 더할 나위 없이 딱 들어맞는다. 만나고 있는 동안 시간은 진행되지 않는다. 그저 밤이고 영원이다. 그날 밤의 어둑한 응고가 무정하게도 해체되기 시작하는 새벽에 겨우 시간이 태어난다. "시간이여 멈춰라, 너는 어찌 이리도 아름답단 말이냐!"라고 외친 사내의 영혼을 빼앗는 메피스토펠레스*는, 시간이 진행되지 않아도 당연한 세계로부터 아득히 멀어진, "진보"를 떠맡은 세계에서만 활약할 수 있다.

혹은 이렇게 말해도 좋을 것 같다. 반석같이 단단한 대지에 괭이질을 하고, 땅을 일구고, 씨앗을 뿌리고, 농사일을 한다. 수확을 하면 거기에는 다시 풀이 자라고 뿌리가 뒤덮고 경우에 따라서는 눈이 쌓이고 원래의 상태로 돌아간다. 그 자체는 사이클이다. 사이클은 회전일 뿐 벡터가 태어나지 않는지라 사물에 '방향'이 태어나지 않는다. 대지도 움직일 기색이 없다. 다만 미술가 시부타레 히데오가 모래밭에서 보았듯, 거기에는 인간의 에너지만이 남아 있다고 할 수 있을지도 모르겠다. 그러나 지진이나 토사 붕괴가 일어나고 대지가 요동치고 무너지고 찢어지고 반석이라 믿어왔던 사이클이 '풀리면'[녹으면, 해제되면], 동

* 파우스트 전설에 나오는 악마로 괴테의 『파우스트』에도 등장한다. 이 작품에서 메피스토펠레스는, 당시 인간들 사이에 퍼져 있던 모든 지식을 깨우치고 허무해하는 파우스트에게 접근해 다음과 같은 계약을 맺는다. 메피스토펠레스는 파우스트에게 모든 종류의 쾌락을 제공하며, 파우스트가 '시간이여 멈춰라. 너는 어찌 이리도 아름답단 말이냐!'라고 하는 순간, 그의 영혼을 빼앗는다는 계약이다. 여기서 시간이 멈추길 바란다는 것은, 진리에 대한 끝없는 탐구를 포기하고 현재의 쾌락을 선택하는 타락을 의미한다.

시에 '때'가 발생한다.

그렇다고 한다면 일본 열도에 살았던 고대인들에게 시간이란 될 수 있는 한 발생하지 않았으면 하는 '파괴'를 나타내는 것이기도 하다는 점에서, 그것은 '곳'(도코로)* 의 영원성이 중간에 잠시 들르는 곳, 위험한 놀이에 불과할지도 모른다. 밤은 매일 풀리지만, 그러나 이윽고 다시 엮이어 캄캄한 상태로 복원된다. 지진은 영원히 계속되지는 않고 다시 흔들리지 않는 상태로 돌아온다. "풂"은 "맺음"이라는 예감 안에 있고 "맺음"은 "풂"이라는 예감 안에 있다.

'분해'(分解)에 들어 있는 '해'(解)라는 글자는 '호도쿠'(푼다/풀린다) 혹은 '호구수'(푼다/풀린다)라는 고대 일본어에 할당되는 한자다. '부순다'나 '쪼갠다'처럼 원형을 상실하고 뿔뿔이 흩어지는 것을 나타내는 동사들과는 달리, 다시 맺어질 거라는 예감 속에서 분리되어 간다. 또한 분리되어 간다는 예감 속에서 서로 엮인다. 그러한 오고감을 표현하는 개념이다. 그 자체가 한 편의 시와 같은 오노 스스무의 사색에 좀 덧붙이자면, 우리가 '시간의 진행'이라고 느끼는 것은 우리 생활을 균등하게 나누어 계측한다고 하는, 어떤 의미에서는 웃기는 짓을 하는 기계, 즉 시계가 우리에게 보여주고 있는 환상에 불과한 셈이 된다. 분해 운동은 아이가 때를 잊고 몰두하는 나무블럭이나 모래 놀이, 변신 놀이, 그 연장선에 있는, 아니 더 강하게 말하자면 연장에 다름 아닌 '건축'이나 '도예', '의복'에도 본래라면 적용되어야 마땅한 것이리라.

부서지고 무너지고 풀리는 것이, 아니 더 나아가 그런 일들을 기다

* 조금 아까 저자는 오노 스스무의 논의를 소개하면서, '도코로'(곳)가 영원을 의미함과 동시에 머잖아 펴지는 무렵으로 향한다고 말했다.

리고 받아들이는 것이 바로 건물이나 그릇이나 의복 또는 '푼다/풀린다'(解く, 도쿠)나 '설한다/설파한다'(説く, 도쿠)*의 전제라는 것이다. 거기에는 전혀 기이할 것이 없으며 그것을 기이하다고 여기는 우리 자신이 기이할 뿐이다. 오히려 건축과 도예와 의복, 그리고 문제를 마주하는 일이나('푼다/풀린다') 언어를 사용해 상대방에게 말하는 일('설한다')의 원래 모습이라고까지 할 수 있을지도 모르겠다.

이러한 의미에서 '푼다/풀린다'(호도쿠)와 '베푼다'(호도코수)라는 단어가 친척 사이라고 하는 오노 스스무의 지적은 숙고할 가치가 있을 것이다. 부(富)가 한 곳으로 집중되는 것과 부가 사방으로 흩어지는 것은 본래 한 세트임을 의미하기 때문이다. 부는 머잖아 풀려 사방팔방으로 '뿜어져 나가는'(호토바시루) 것이다.

물론 '푼다/풀린다'='시작된다'라는 감각이 일본 열도만의 독점적인 감각은 아니다. 나폴리 사람들을 관찰한 알프레드 존-레텔은 이렇게 말했다. "기술은 오히려 인간이 인간 자신에게 적대적이고 폐쇄적인 기계의 자동성(automatism)에 거부권을 발동하는 지점에서 비로소 시작된다." "기술은 시작된다…(Die Technik beginnt…)"라는 문형, 주어와 자동사가 그다지 친숙하지 않은 방식으로 조합된 이 문형 또한 '푼다/풀린다'와 '베푼다'와 '시작된다'라는 단어가 공통의 뿌리를 갖고 있음을 제시한다. 한낱 길가에 떨어져 있던 나무 조각만 가지고 덜컹거리는 오토바이를 수리하는 나폴리 사람들은 고친 오토바이를 타고 얼마 안 되어 또 어딘가에 고장이 날 것을 예상하고 있다. 그때에도 또 나무 조각

* 이 말을 '썰을 푼다'고 해석할 때도 역시 '푼다'는 말이 들어간다.

이 떨어져 있을지 모르며, 혹여 그런 조각이 없다면 다른 쪼가리나 쓰레기 같은 뭔가가 있지 않겠는가, 아니면 다른 사람이 뭔가 갖고 와 줄지도 모른다는 기대도 있을 것이다. 마치 쟁기가 망가졌을 때 근처를 지나가던 낯선 사람의 쟁기를 빌리는 오로모의 쟁기꾼 비라하누처럼, 원시적인 관계와 때가 시작되는 소리를, 나폴리 사람들도 또 비라하누도 아직 듣고 있었던 것이리라. 마치 점액으로 축축한 사체의 어떤 부분으로부터 세계 최초의 작물, 즉 만인의 배를 채워주는 곡물들의 싹이 나오는 소리를 놓치지 않았던 고대의 필자들처럼.

그러나 부가 풀리지 않은 채 축적되고 집중되고 그리하여 그것을 빌리고 빌려줌으로써 부가 부를 낳게 되면, '시간'은 '발생하는' 무언가에서 '영원'토록 계속 쪼개는 무언가로 바뀐다. 시간이 영원에 종속되는 것이 아니라 영원이 시간에 종속된다. 시간은 자고 있는 동안에도 일어나 있는 동안에도 인간을 계속 쪼갠다. 인간은 끊임없이 상승하기를 요청받고, 이를 위해 일치단결을 하도록 요구받는다. 시간이 항상 그러한 것이 된 까닭에, 시간 자체가 '발생하는' 것이었다는 사실은 아예 생각지도 못하게 된다. 시간을 느끼지 않게 되는 경험은 오직 도박이나 테마파크 혹은 수면 속에만 갇힌다. 늙는 것은 추한 것이 되고 죽음은 은폐되면서 젊음을 유지할 것이 집요하게 요구된다.

그렇지만 무너지고 푸는 것이 전제인 인간과 그에 바탕을 둔 집단도 또한 생각해볼 수 있다. 마치 일본의 전통 의복이나 두레가 그러하듯 "맺기"와 "풀기"는 분리할 수 없기 때문이다.

에필로그

분해의 향연

1 장치를 발효시킨다

나무블럭으로 지은 구축물을 무너뜨리고는 깔깔거리며 자지러지게 웃어대는 어린 아이, 자기 자신이 파괴되기를 희망했을 때 처음으로 사랑을 깨달았던 로봇, 지구상에 증식한 지성을 갖춘 도롱뇽, 흙의 향기에 취해 황홀해하는 아마추어 원예가, 길거리에 떨어져 있는 줄을 줍는 것의 부끄러움을 버리고서야 성모 마리아의 음성을 듣게 된 대학 교수의 딸, 붕괴되는 만주국에서 간신히 도망쳐 양아치 부락에 도착한 일가족, "똥 속의 보석"이라 불리는 금록색의 소똥구리, 강을 오르면서 숲의 동식물들의 먹이로 승화되는 수많은 연어들, 할머니 집을 해체할 때 발생한 '산업 폐기물'을 맛깔 나는 건축 자재로 바꾸어 "감축"[감소 재건축]한 건축가, 그릇의 깨진 곳을 옻칠로 접합하는 금수선 장인, 손상된 물건을 접할 때 창의력이 발동되는 나폴리 사람, 고장 난 진공청소기를 자력으로 수리한 나, 그리고 도쿄의 공공주택에서 일하는 청소 아저씨. 인간과 비인간을 막론하고 본서에서 등장한 이 분해자들은 공통적으로, 인간 사회에서는 마이너스라는 낙인이 찍히는 것들을 어느 쪽으로도 방향을 틀 수 있는 중립적인 존재로 전환시켜주는 작용의 담당자들이다.

다종다양한 식물들과 아이들이 함께 꺾였다가는 또 성장해가는 유치원, 지렁이가 기어 다니고 원예가가 손가락으로 들쑤시고 소똥구리가 제 새끼들을 위해 똥 침대를 차려놓는 토양, 전쟁과 경제변동에 의해 사회에서 떨어져 나와 흘러든 사람들이 소유권을 상실한 쓰레기를 보물로 변모시키는 양아치 동네, 대형 동물에서 미생물에 이르기까지 모두 참가하여 고래의 사체를 먹어치우는 바다의 리사이클 세레모니, 부서져 쓸모없어진 물건들을 시간을 들여 접합시켜 새로운 형상을 창출해내는 장인 공방 등 분해의 장은 이토록 다양하지만 거기에는 공통되는 것도 있다. 그것은 근본적인 형태 전환의 축제성, 그리고 온갖 생물들이 떼로 달라붙어 먹어 치우는 잔혹하고 소름 돋는 떠들썩함이다.

이처럼 하나의 전체를 위한 **기능**을 부여받고 있던 요소들을, 잠재적으로 모든 존재들을 위해 미칠 수 있는 **작용**을 가진 요소들로 변화시키는 존재들이 모여드는 것. 나는 이를 분해의 향연이라 부르고 싶다.

'로섬스 유니버설 로보츠'의 사장인 도민으로 상징되는 차페크의 작중 인물들은 주관적으로는 노동으로부터 인간을 해방시켜 인류의 복지와 이익에 몸을 바친 숭고한 인물이지만, 로봇과 헬레나가 왜 그에 맞서 반란을 일으키려 했는지를 로봇한테 살해당할 때까지 끝내 이해하지 못했다. 자신의 우월성에 동요를 일으키는 존재가 두려워 배제하는 처사와 분해 세상을 기피하고자 하는 처사는 동일한 동전의 앞뒷면과 같다.

나는 '네그리+하트'를 특집으로 꾸렸던 『현대사상』 2013년 7월호에 논문 「분해의 철학」을 기고했고, 그것을 계기로 그 잡지에 '분해의 철학'이라는 연재를 시작했다. 네그리와 하트는 2000년의 시점에서 지구를 뒤덮은 "탈중심적이고 탈영토적인 지배 장치"(a decentered and deterritorializing apparatus of rule)를 '제국'이라 명명했다. 그리고 아리스토텔레스의 논의(발생과 부패는 상보적인 과정이다)를 참고하여 '제국의 형태'를 그려냈다. 차페크의 시대로부터 80년이나 지난 지금은 우리를 다스리는 자들도 학습한다. 그래서 분해 세상을 기피할 뿐 아니라 흡수하기 시작했다는 게 '제국'론의 가장 중요한 부분이었다. '제국'이라는 표현은 독특하기도 하고 또 유행이 될 정도의 힘을 가질 수 있었지만 결국 세계 공통의 개념이 될 수는 없었다. 따라서 '제국'이라고 명명된 것을 다른 방식으로 명명할 필요도 있을지 모르겠다. 특정 계층에 부가 자동적으로 집중되도록 하는 장치(apparatus), 세계의 부정의를 고정시키고 차이를 안정적으로 산출하는 글로벌 장치라고 해도 좋을 것이다. 이 장치는 마치 세속 종교처럼 보인다. '운명'처럼 확산되어 각 지역에 '체념'을 살포시키면서 '황폐'나 '항의'조차도 자신의 양분으로 삼아간다. 요컨대 부패와 재생이라는 양 측면을 가질 수 있었던 게 이 글로벌 체제인 것이다.

네그리와 하트는 네트워크로 연결된 다중을 양분으로 삼는 장치가 그것을 과도하게 흡수하여 스스로 무너지는 비전을 그렸다. 푸코의 생명권력 개념을 원용하면서 분석해낸 그 새로운 장치다. 하지만 그것은 쉽지 않은 일이다. 장치의 위장(胃腸)은 탐욕스러우면서도 자유자재의 신축성을 갖고 있는지라 흡수가 그리 간단하게는 끝나지 않기 때문이다.

또한 장치도 분해 세계를 의태한다. 창조적 파괴에 의한 시장의 창출이 그것이다. 마치 유기물을 분해하여 더 단순한 유기 화합물과 무기 화합물로 변화시키고 이것을 유기물로 구성된 생명체가 다시 한 번 흡수하는 사이클을 의태하기라도 하듯이, 오래된 서비스나 물건들을 일단 파괴하고 그로부터 새로운 서비스와 물건들을 산출해낸다.

하지만 아무리 새롭다 해도 장치는 여전히 생산을 분해보다 우선한다. 바로 여기에 모순이 내포되어 있다. 그런데 본서에서 반복해 말해왔듯이 이 세계 자체의 생산, 구축, 확대는 분해, 붕괴, 감축을 기반으로 움직이고 있는 것이지 그 반대가 아니다. 냉정하게 주위 현상들을 관찰하면 당연한 사실이다. 국민 총생산 전투에 날이 새고 해가 지는 국제 정치도, 본질적으로 축소가 불가능한 저 장치도 모두 광대한 분해 세계의 일부에 불과하다. "분해 불가능한 쓰레기가 없는 행성"은 ("인간이 유기되어버리지 않는 행성"이라는 비전과 마찬가지로) 안이하게 내뱉고 나면 도덕가나 위선자라는 낙인이 찍힐 뿐이지만, 이론적으로는 불가능하지 않은, 정치와 경제와 문화와 자연을 모두 포괄하는 형상이다. 장치를 타도하기 위해 혹은 분쇄하기 위해 장치를 흉내 내 보지만, 결국은 꿀꺽 삼켜져버리고 만다. 역사는 그런 과정의 반복이었다. 그렇게 할 것이 아니라 장치가 끝내 다 처리할 수 없는 분해 과정을 가속시킬 것. 그렇게 하면 장치가 양산하는 불의 또한 '운명'이나 '숙명'의 자리를 분해에 양도하게 될 것이다.

게다가 장치의 창조적 파괴는 본서에서 지금까지 말해온 분해와는 근본적으로 다른 것, 즉 분해의 의태에 불과하다. 창조적 파괴는 불의의 고정화를 파괴할 정도의 위력도, 불의를 유동화시킬 정도의 여유도 갖고 있지 않다. 근본적으로 겁 많고 나약한 것일 뿐이다. 겁이 많고 나약해서 대항하는 자들을 도구에 의해 감시하고 말살한다. 반면 분해는 선악의 저편에서 모두를 파괴하고 모두를 재이용한다. 분해는 차페크가 그린 것처럼 인류를 심지어 파괴할 수도 있는 잠재력을 갖고 있다. 하지만 장치는 그런 분해를 의태하는 일조차 불가능하다. 장치에게 에너지를 계속 빨아 먹힐 뿐인 존재가 그렇지 않은 세계를 구상한다고 해보자. 그렇다면 우선 장치를 서서히 분해하고 발효시켜 맛있는 것으로 만들어야 하며, 그런 상태로 바뀌었다면 다른 분해자들과 함께 그것을 먹어치우고 배설하는 방법, 즉 분해를 제어하는 방법을 깊이 연구할 필요가 있다. 발효란 생물 입장에서는 부패요, 더 나아가서는 먹기이지만, 인간 입장에서는 인간에게 유익한 것을 얻기 위해 부패를 제어하는 기술이다.

그러므로 본서의 어느 장을 보더라도 분해와 재생 과정에서 항상 다채로운 **부산물**의 세계가 펼쳐졌던 것은 우연이 아니다. 마치 포도, 보리, 쌀의 사체와 잔유물들이 미생물의 힘에 의해 발효되어 포도주, 맥주, 청주가 태어나듯이, 모든 것이 우발적이고 향기로운 '발효물'이었다. 나무블럭이 무너지는 소리든, 쇠두엄에서 피어오르는 김이든, 쓰레기를 모으는 사람들의 상부상조나 쓰레기를 줍는 즐거움이든, 얼룩말과 고래의 '장례'의 떠들썩한 활기든, 소똥구리의 반짝임이든, 금수선의 '경치'든 모든 것이 다 그랬다. 그것은 차페크가 경계했던 과도한 파괴의 부산물인 '절대'와는 달리, 발효의 기본인 '기다림'과 '내맡김'을 교묘하게 조합한 기법이었다.[1] 이 책은 그 기법을 심화시켜가기 위한 학문 분야에서의 공헌이 될 것이다.

2 식(食) 현상의 확장적 고찰

역사철학 없는 역사연구는 단순한 작업에 불과하다. 사실 조사를 꼼꼼히 쌓아올린 퇴비가 발효되고 안정된 뒤에야 비로소 추상적 사고가 풀려나간다고 하는 과정은 역사학의 기본이다. 역으로 말하자면, 사실의 축적만으로는 이론으로 승화되지 않는다. "기성품처럼 이미 만들어져 있는 사고[사상]에 황홀해진 나머지 사고의 이미지를 새로 창출하지 않는 자는, 아니 그런 상태에 대해 문제를 깨닫지도 못하는 자는 철학자가 아니라 차라리 관리다"[2]라는 들뢰즈의 경구는 역사학의 현 상황에도 적용된다.

역사를 서술하는 사람들은 철학이라는 영위를 지나치게 타인에게 맡겨버린 게 아닌가 싶다. 분해라는 장대한 세계를 묘사하고 사고한다는 건 어떤 일이었는가? 그것은 결국 손상시키는, 가르는, 부수는, 부패시키는 현상들 쪽보다 산출하는, 만들어내는, 쌓아올리는, 생산하는 현상들 쪽이 암묵적으로 상위에 놓여 있는 사고 체계를 비판하는 일이었다.

19회에 걸쳐 연재하는 중 예상외로 각 방면에서 반향이 있었다. 예컨대 미술가 시부타레 히데오는 이 연재에 영감을 받아 작품들을 잇달아 제작하여 2018년 1월 22일부터 2월 4일까지, 또한 2월 6일부터 13일까지 〈decomposition: 분해〉라는 제목의 개인전을 열었다. 본서[일본어 원서]의 표지 도판도 그의 작품이다. 또 인류학자 이노세 고헤이도 내가 쓴 '분해자'라는 말을 원용하여 다양한 과거 혹은 핸디캡을 가진 사람들, 그중에서도 특히 장애인들이 '머물 곳'*을 고찰하는 연구를 동시에 계속 진행했다. 중간 중간 그의 발표를 듣는 기회도 있었는데, 그 성과는 2019년 3월 단행본 『분해자들: 미누마탄보의 근처를 산다』로 마침내 간행되었다. 도예가 모토하라 레이코도 '분해의 철학'을 자신의 예술 활동을 설명하는 하나의 관점으로 삼아 그림을 곁들인 아름다운 노트를 적어가며 읽어주었다. 또한 나도 '분해의 철학'에 대해 모토하라 레이코와 몇 차례 논의할 기회를 얻을 수 있었는데, 그 결과 모토하라의 예술 활동을 소개하는 『도로(登呂)**에서, 나는 생각했다』(2018)라는 책에, 나도 참가한 정담(鼎談)과 나와 둘이서 나눈 대담이 많은 분량으로 실리게 되었다.[3] 아카데미즘 바깥에서 이 개념이 먼저 뿌리를 뻗은 것은 요행이었다.

이제 나는 이러한 지적 환경 덕분에 자랄 수 있었던 각 장의 글들을 한 냄비 속에 녹여 넣고 싶다. 그러기 전에 새삼 본서의 내용을 최대한

* 居場所. 기본적으로는 자신이 살고 있는 곳, 거처를 가리키는 단어다. 하지만 좀 특별한 의미도 있다. 가령 우리 사회에는 가출이나 장애 등 다양한 이유로 집 밖에 나오게 된 사람들이 적지 않다. 이들에겐 잠시라도 머물 거처가 필요하다. 단지 그런 곳을 찾지 못하는 바람에 짧은 가출로 끝날 수 있는 상황이 극단적인 선택으로 이어지거나 심각한 범죄자가 되는 계기로 돌변할 수도 있기 때문에 더 그러하다. 이런 문제의식 아래 뜻있는 사람들이나 단체가 마련해 놓은 시설을 '머물 곳'이라 부른다. 혹은 각 지자체가 소유한 공공건물이나 청소년 센터 등의 공간을 자택과 회사 이외의 제3의 머물 곳(third place)으로 일정 기간 개방하는 시도도 '머물 곳 사업'이라 불리고 있다. '있을 곳'이라는 번역이 좋지만, 여기서는 편의상 '머물 곳'으로 번역한다.

** '도로'(登呂)는 야요이 시대의 농촌 및 무논 유적지로서 시즈오카시 남부에 있다.

간략하게 돌아보고자 한다.

프리드리히 프뢰벨이라는 19세기 교육학자의 논의를 더 발전시켜 나가면, 나무블럭을 쌓아올리는 것은 나무블럭을 무너뜨린다는 전제를 바탕으로 성립되어 있으며, 그 형성과 붕괴의 반복이야말로 프뢰벨이 만들어낸 '유치원'의 이론적 지주가 되기도 한다. 무너뜨림을 전제로 하기에 블록들끼리 잘 미끄러지도록 만들어진 나무블럭이라는 장난감은 분해론 전체의 모델이다.

이 나무블럭의 원리를 현실 세계에 적용하기란 쉽지 않은 노릇인데, 과학소설 작품 속에서 그것을 시도한 사람이 바로 카렐 차페크였다. '로봇'이란 말의 발명자인 차페크가 금속 로봇이 아니라 부패하는 로봇을 상정했다는 점을 하나의 계기로 삼아, 나는 그의 작품들을 이 로봇이나 또는 『도롱뇽과의 전쟁』의 도롱뇽 등 부패력을 가진 비인간 쪽이 번창한 반면 부패력을 상실한 인간은 멸종되어가는 작품들이라고 해석했다. 이를 바탕으로 분해를 더 이상 재통합이 불가능할 지경까지 철저히 밀어붙인 결과 인류의 붕괴 직전까지 도달한 『압솔루트노 공장』이나 『크라카티트』와 같은 작품은 핵에너지에 의해 현재 진행 중인 상황에 상응하는 것으로, 한편 척추를 장애물로 간주할 정도로 토양과 일체화된 듯한 '원예가'의 몸짓은 그와 대비되는 것으로서 배치했다.

차페크가 유머러스하게 그려낸 탈인간적인 분해자를 현실 세계에서 찾기는 어렵지만, 고물과 쓰레기로부터 인간 사회를 새로이 바라보면 그 순간 원예가들의 친척과 만나게 된다. 룸펜이라고 마르크스에게 지칭된 사람들이 차별받아온 역사의 배후에는 경탄스러운 분해력이 항상 존재했다. 경찰 권력은 법률과 소독액으로 그들을 관리하고자 했지만 아무래도 미치기 어려운 영역이 있었다. 법과 일상의 틈새에 있는 영역인 만큼 걷고 줍고 모으고 분류하는 '넝마주이'의 작업은 법에 지배당한 세계에서는 모조리 말소되어버린 역전의 힘을 내포하고 있었다.

그렇다면 기본적으로 '분해'란 무엇인가? 이 분해라는 개념의 원류를 찾아가는 여정으로서 나는 생태학의 '분해자' 개념을 추적했다. 생산자, 소비자, 분해자라는 생태학의 세 범주의 경계가 사실은 애매하며 게다가 한 개체 속에 소비와 분해라는 두 현상이 공존하는 일도 있다. 오히려 현상이 먼저고 각각의 동식물 개체는 그 현상들의 이른바 '탈것'이라고까지 말할 수 있다. 곤충은 번데기가 되면 스스로 일단 몸을 질척질척하게 녹여 전혀 다른 생물로 우화한다. 한편 연어는 산란을 위해 강으로 올라와 영양 풍부한 부위만 곰에게 먹히고, 그 잔반은 숲의 동식물과 미생물의 식량이 되며, 마지막은 흙의 거름이 된다. 이렇듯 동물의 세계에서는 죽음이 삶에 속하는 것이 아니라 삶이 죽음에 속한다.

이러한 생물계의 분해는 인간 사회의 수리 행위와도 친화성이 있다. 일본 옷인 기모노는 풀면 다시 직사각형의 여러 부분들로 나누어지고 그것으로 다른 옷을 새로 지을 수 있듯이, '푸는/풀리는' 것은 '시작되는' 것의 전제이다. 밤의 장막이 풀리면 아침이 밝아오는 데서 알 수 있듯이 '푼다/풀린다'는 '때'라는 말의 원형이다. 오노 스스무의 이러한 논의를 참고하면 분해란 곧 시간의 시작이다.

지금까지 장별로 요약한 내용을 각각 한 문장으로 표현하자면 "쌓아올림은 분해함에 종속된다", "분해하는 정도까지라면 재이용할 수 있지만 분쇄한다면 재이용할 수 없다", "분해와 재생이라는 변화의 영역은 법과 일상의 경계에 있다", "분해는 개체들을 이동하며 작용한다", "삶은 죽음에 속한다", "분해는 시간의 시작이다"가 될 것이다.

더 나아가 이 문장들을 한 문장으로 정리해보자. 분해란 부수는 행위로되, 각 요소들을 다른 개체의 식사 행위나 다음 단계의 어떤 생성을 위해 과도하게 부서지지 않은 상태로 보류하여 그 개체에게 맡기는 일이며, 그런 까닭에 분해는 각 요소들의 합성인 창조에 필수적인 전제 기반이다. 궁극적으로 분해론이란 식론(食論), 즉 확장적임과 동시에 탈영역적인 방식으로 '식 현상'을 재고하는 일이다.

3 물어 죽이는 축제

그렇다면 '분해의 철학'은 지금까지 구축되어온 사유 세계 속에 어떻게 위치 지을 수 있을까? 여기서는 저자로서 최소한의 것만을 덧붙여두고 싶다.

첫째, 식(食)을 통한 인간과 비인간의 관계에 대한 (단, 인종주의를 경유하지 않는) 통합적 분석.

사회진화론이나 사회생물학을 인간 사회 분석에 응용할 때 수반되는 논의의 돌파력을 최대한 유지하면서도, 그런 식의 논의가 범하게 되는 인간 사회에 대한 지나친 단순화에는 대항하는 사유 방식이다. 지나친 단순화가 생물학(좁은 의미에서는 인종학)을 학문의 왕좌에 올려놓았고, 그리하여 열등 인종을 동물보다도 하위에 위치시킨 독일의 나치즘에 도달했다는 점은 말할 필요도 없을 것이다. 동식물 세계에 대해 깊은 이해를 갖춘 연구자가 인간 사회를 논하면, 인문사회 과학에서는 일반적으로 도달할 수 없는 깊은 심연을 엿볼 수도 있지만, 만일 성공적이지 못할 경우 인간의 행동과 심리, 인간끼리의 상호 작용 등을 천박하게 파악하는 경우도 적지 않다. 인간이 단순히 자극과 반응 속에서 살아가는 것이 아님을 고려하면, 생물계와 인간계의 접점을 찾기란 어려운 일이다. 분해 작용은 이러한 의미에서 인간과 그 이외의 생물을, '먹는 일'을 경첩으로 삼아 단절 없이 매끄럽게 연결 지을 수 있는 다이내믹한 것이었다. 차페크 같은 '원예가'도, 기타하라 사토코 같은 '넝마주이'도, 그리고 먹는 사람도, 배설하는 사람도 모두 분해의 담당자라고 보면 그로부터 자연계와 인간계의 접합 부분이 떠오른다. 그뿐만이 아니다. 분해 부분을 터부시해서 숨기고는 법과 경찰의 힘에 의해 관리하고자 하는 인간계의 복잡한 양상도, 역으로 그로부터 지금과는 이질적인 세계, 즉 쓰레기 세계에서 존립 가능한 다른 세계를 구상해낼 힘이 싹튼다는 사실도 모두 밝힐 수가 있다.

물론 이러한 구상력은 입이라는 분해 기관의 입구에 식사와 호흡 말고도 언어 운용이라는 이상한 기능까지 보유한 인간에게만 갖추어져 있다. 정신분석을 연구하는 우에오 마사미치는 자크 라캉의 '인간 부식토'(humus humain)라는 개념을 부연하며 이렇게 말한다. "인간은 단절적 이성의 특수한 양태인 언어 안에 거주하며, 그럼으로써 그 토막토막 나 있는 존재의 집적을 비옥한 토양으로 변화시킬 수가 있다", "인문학이 지닌 읽어 들이는 시선은 지렁이처럼, 세계의 매끄러운 표층을 읽어 무너뜨려 간다. 여러 겹으로 접힌 역사의 페이지들을 열어 생각지도 못한 생활의 세부를 발굴해내며, 문자의 간극에서 가느다란 선례를 찾아내고, 그렇게 하면서 우리가 사는 이 '현재'가 어떻게 복수의 인간성에 의해 다중 결정되어 있는지 실천 속에서 밝혀주는 것이다."[4] 우에오 마사미치의 인문학 진단은 다음과 같이 바꿔 말해도 좋을 것이다. 만일 인문학이 세상을 읽어 들이며 지식을 축적할 뿐이라면 '장치'가 인간과 자연을 자신의 연명을 위해 동시적이고도 항상적으로 계속 이용하는 것을 조장할 뿐이지만, 그렇지 않고 세계를 읽어 **무너뜨린다**고 한다면 그런 인문학은 이번에는 '장치'를 인간과 자연의 활성화를 위해 발효시켜 떼로 모여들어 먹어치우는 연회를 개최할 수도 있다. 이 의미에서도 로봇에게 음식을 입까지 운반시켜 먹는 그런 인류는 망할 수밖에 없다고 경고했던 차페크는 정곡을 찔렀다고 할 것이다.

둘째, 삶과 죽음이라는 이항 대립으로부터 누출되어 나오는 생물과 무생물의 형태 분석.

이미 1장에서 말했듯이 마르크스는 『자본론』 제4장 제2절에서 화폐의 자본으로의 전화(轉化)를, "자본가 유충"이 나비가 되어 날개를 펼치는 "변태"라고 표현함으로써 "경제적 사회구성[체]의 발전을 자연사적 과정으로" 그리겠노라는 「서장」에서의 말을 실행하고 있다. 단, 원서의 이 대목에서 번데기는 안 나온다. 예컨대 이와나미문고판이나 지쿠마쇼보판의 일본어 번역에서는 유충을 번데기로 오역했지만, "경제적 사회구성[체]의 발전"을 묘사하기 위해 번데기를 비유로 도입하지 않았던 점이야말로 『자본론』의 가치를 높이는 것이다. 왜냐하면 본서 5장에서 생태학을 논하며 언급했듯이 번데기 껍질 속에서는 유충의 면모를 찾아볼 수 없고 이미 걸쭉한 죽처럼 되어서, 말하자면 유충의 '죽음'이라고 해도 좋을 상태에 있기 때문이다. 번데기 속의 무방향적이고 무정형적인 분해 상태는 번데기 외부의 시공간과는 전혀 다르다. 그리고 그것은 머잖아 나비의 형상이 되어 우화를 기다린다. 우화와 동시에 새로운 분해, 즉 죽음에의 여정이 시작된다. 시간이 움직이기 시작하는 것이다.

포유류의 경우 새끼는 태반에서 자라고(태생) 그 이외의 동물이나 단공류(單孔類)의 경우 새끼는 알 속에서 자라지만(난생), 태생이든 난생이든 탄생 이전의 새끼의 초시간적인 상황과 출생 후의 시간의 솟구침 사이에는 질적인 차이가 존재할 것이다. 그 직전까지는 분해에서 재생으로 움직이던 상태에서 다시 한 번 죽음을 향해 긴 분해의 여정을 떠난다는 것, 그것이 바로 출산과 부화가 의미하는 바이다. 시계처럼 동일 간격으로 구획되는 '시간'은 하나의 한정된 시간 표상에 불과하다. 마르크스가 '경제적 사회구성체의 발전'을 그릴 때 번데기를 건너뛴 것은 올바른 관찰이었다. 번데기는 그 '구성체' 혹은 '장치'가 흉내 낼 수 없다. 생물의 끊임없는 분해 릴레이, 즉 가득 차고 파열되고 풀리며 시간이 시작된다고 하는, 번데기를 개재시킨 시간의 이미지는 매력적으로 비친다.

셋째, 방금 말한 두 번째 문제와 관련하여 근대적 시간을 상대화하는 시간을 전제로 역사 서술하기.

분해의 세계에서 바라보면, 역사는 발전해왔고 또 지금도 발전하고 있다는 논의는 망언 이외의 아무것도 아닐 것이다. 오히려 역사는 분해 세계로부터 멀어지는 것을 진보 혹은 발전이라고 암묵적으로 간주하면서 그 발걸음을 진전시켜 왔다. 그러나 근대화라 불려온 것은 재산, 권력, 기술 등을 가진 인간이 지구상의 분해력으로부터 이탈하는 것이기도 했다. 또한 인간들이 영위해온 생활의 총체로서의 역사를, 인구와 이산화탄소 배출량과 화폐량으로 치환되는 그런 비인간의 세계사에 완전히 빠져버리지는 않을 수 있도록 동식물 관찰을 배가시킴으로써 더 가열차게, 그러면서도 풍부하게 그려나갈 수도 있을 것이다. 생태학에서 말하는 '먹이사슬'을 단순히 식(食)을 통한 동식물의 탈경계적 네트워크로 치환해버리면, '생태 서비스'라는 경제학적인 개념에 꿀꺽 삼켜져 소비되고 만다. '물어 죽이는' 일의 연쇄라고 하는 유동적인 축제 속에서만 우리가 살아갈 수밖에 없는 것이라면, 적어도 물어뜯고 깨물어 죽이는 능력에서 동물들에게 승산이 없는 인간 사회에서는, 이제부터 본격적으로 동물에게서 배워야겠다고 결심하는 일이 결코 무의미하지만은 않을 것이다. 지금까지의 역사학이 전제로 삼아온 직선적이고 균등한 시간축의 척도가 아니라, 발작과 수면, 단절과 파열을 포함한 시간 묘사 방식을, 분해 세계는 역사를 쓰는 이들에게 요청할 것이다. "시간이 돌연 끊어졌다가 다시 출현한 그런 경우에 그 두절된 동안의 시간을 가늠하는 것은 본래 불가능한 일"이기 때문이다.[5]

최고의 미를 추구하며 부패해가는 아내를 그린 중국의 화가(오청수)까지는 될 수 없어도, 혹은 스스로 숲을 기름지게 하기 위해 강을 거슬러 오르는 연어까지는 될 수 없다 해도, 다양한 존재들이 사자(死者)를 먹어치우는 장대한 죽음의 축제에는 우리는 언제든지 참가할 수 있다. 잔혹하다고 눈을 가린 그 손을 한 번 더 뿌리치면서 장치가 초래하는 잔학함과 분해가 초래하는 철저함의 차이를 판별하는 것이 분해 세계의 담당자가 되는 첫걸음이 될 것이다.

후기를 대신하여

이 책은 잡지 『현대사상』 2013년 7월호에 게재된 독립적인 논문 「분해의 철학」(1장)과 2015년 12월호부터 2018년 11월호까지 불연속적으로 연재된 '분해의 철학' 총 19회, 그리고 재직 중인 대학의 홍보지 『인문』(人文)의 에세이 「청소 아저씨」(「프롤로그」의 일부)를 한 권의 책으로 잘 연결될 수 있도록 고쳐 쓴 것이다. 그 외에도 시민들과 함께하는 이야기 프로그램, 대학에서의 강의나 연구회 혹은 심포지엄 등에서 일부를 발표할 수 있었다. 급식 연구* 및 트랙터 연구** 와 병행하여 햇수로 7년에 걸쳐 숙고해온 '분해' 연구가 드디어 이런 서적 형태로 완성될 수 있었던 것은 위태롭게 전개되어온 나의 사고를 단련시켜준 만남들 덕분이다.

분해라는 말에 홀리게 된 것은 대학원생 시절이다. '이케다 히로시 연구실'에서 에무라 기미 선생이 러시아 화가 말레비치에 대한 연구를 발표했던 때다. 말레비치가 회화론에서 '분해'라는 말을 사용했다는 걸 알

* 후지하라 다쓰시(藤原辰史), 『급식의 역사(給食の歴史)』 岩波新書, 2018년.
** 후지하라 다쓰시, 황병무 역 『트랙터의 세계사』 팜커뮤니케이션, 2018년.

게 되자 그때까지 먼 존재일 뿐이던 이 화가가 왠지 가깝게 느껴졌다.

이 책에서도 소개했지만, 미누마탄보*를 살아가는 장애인들을 그린 에스노그래피 『분해자들: 미누마탄보의 근처를 산다』**의 집필자인 인류학자 이노세 고헤이 선생은 내 연재에서 책 제목을 땄으며 이후에도 다양한 기회와 프로그램을 통해 의견 교환을 할 수 있어서 매우 격려가 되었다. 과학사 분야의 쓰카하라 도고 선생으로부터는 화학을 역사학에서 다룰 때의 자세를 배웠다. 고시오 가이헤이 선생한테서는 식물학의 관점으로부터, 시노하라 마사타케 선생한테서는 철학 및 사상의 관점으로부터 기회 있을 때마다 지식과 영감을 받았다. 인터뷰에 응해 주신 금계 직인이자 만화가인 호리 미치히로 선생, 내 연재에 촉발받아 개인전을 열었고 게다가 본서 표지의 그림을 제작해 주시기도 한 미술가 시부타레 히데오 선생, 도로(登呂) 유적에서의 실험을 통해 다양한 힌트를 제공해 주는 도예가 모토하라 레이코 선생에게도 감사의 말씀을 드리지 않을 수 없다.

역사학도 제대로 연구할 수 있을지 심히 의심스러운 사람이 '철학' 같은 무서운 말을 책의 제목에 내건다는 것이 솔직히 지금도 망설여진다. 단, 그 말이 걸려 있는 것은 오직 세이도샤(青土社)***의 무라카미 루

* 見沼たんぼ. 도쿄 도심으로부터 20-30킬로미터 권내에 위치해 있는 수도 근교의 대규모 녹지 공간. 논, 밭, 잡목림, 하천과 전원 풍경, 생물들을 기르는 풍부한 자연이 특징이다.

** 후이노세 고헤이(猪瀬浩平) 저, 모리타 유키(森田友希) 사진 『분해자들: 미누마탄보의 근처를 산다(分解者たち―見沼田んぼのほとりを生きる)』 生活書院, 2019년.

*** 이 책을 이루는 원고들 대부분이 실린 월간 잡지 『현대사상』을 내는 출판사. 이 잡지에 '분해의 철학'이라는 제목하에 글이 연재되었고, 그 외 부정기적으로 '네그리와 하트' 특집호, '가코 사토시' 특집호, '하이데거' 특집호에도 일부 글이 실렸다. 『분해의 철학』의 출판사 역시 세이도샤이다.

리코 선생이 그 말을 내걸지 않기를 계속 거부했기 때문이다. 무라카미 선생은 『현대사상』 연재의 반주자였다. 네그리와 하트 특집호, 가코 사토시 특집호, 하이데거 특집호와 관련해 그리고 결정적으로 「분해의 철학」의 서적화에 이르기까지 원고를 끊임없이 의뢰해주셨고, 원고마다 매번 장문의 심도 있는 감상문을 보내주어 자칫 역사학자에 안주하려는 나를 조금도 고삐를 늦추지 않고 맹렬하게 단련시켜주셨다.

사상이나 철학 분야의 책을 읽는 것은 꽤 좋아하는 편이라서 사료 분석에 지치면 집어 들곤 한다. 본서는 많은 철학책들에 신세를 지고 있기 때문에 철학 전문가라면 내가 어떤 책을 읽어왔는지 곧 간파하실 수 있을 것이다. 하지만 나 정도의 독서 편력만으로, 책에서 읽은 거 말고는 죄다 자신의 어설픈 머리로 생각하는 허술한 작가의 철학이 과연 사상 세계의 입구에라도 들어섰는지 의심스럽다. 이 점은 왕성한 독서와 유쾌한 철학 담소를 매일같이 과시하고 있는 교토대학 인문과학연구소 동료들을 바라보는 내게는 움직일 수 없는 '불편한 진실'이다.

그러므로 여기서는 단지 나를 이런 테마로 향하게 해준 우연한 사건들, 사람들로부터 허를 찔렸던 경험들, 그리고 그렇게 허를 찔린 경험과 사귀어가는 일이야말로 철학의 자세임을 가르쳐준 청소 아저씨에게 감사하면서 조심스레 독자의 비판을 기다리고자 한다.

2019년 5월 교토에서

후지하라 다쓰시

| 주 |

프롤로그: 생겨나면서 손상된다

1 화학의 영역에서 유기물은 탄소를 포함하는 화합물(유기 화합물)이고, 무기물은 탄소를 포함하지 않는 화합물(무기 화합물)을 말한다(단, 금속의 탄산 화합물과 이산화탄소는 무기물로 본다). 이 책에서도 원칙적으로 화학의 정의를 따른다. 그러나 문맥에 따라서는 일반적으로 사용되는 표현을 채택할 때도 있다. 즉 유기물에는 생물을 구성하는 물질들이라는 뉘앙스가, 반면 무기물에는 그 외 물, 광석, 공기 같은 물질들, 심지어는 모든 무기 화합물을 다 포함한다는 뉘앙스가 담기기도 하는 것이다.

2 후지하라 다쓰시(藤原辰史)『나치 독일의 유기농업: '자연과의 공생'이 낳은 '민족의 절멸'(ナチス·ドイツの有機農業—「自然との共生」が生んだ「民族の絶滅」)』柏書房, 2005년(新装版 2012년).

3 후지하라 다쓰시(藤原辰史)『나치의 주방: '먹는 일'의 환경사(ナチスのキッチン—「食べること」の環境史)』水声社, 2012년(결정판은 共和国 출판사에서 2016년 간행).

4 후지하라 다쓰시(藤原辰史)「고물과 쓰레기의 인문학: '밑바닥'에 대한 종합적 고찰(ボロとクズの人文学—「どん底」の総合的考察)」山室信一+岡田暁生+小関隆+藤原辰史 編『우리는 어떠한 '세계'를 살고 있는가: 도래할 인문학을 위하여(われわれはどんな「世界」を生きているのか—来るべき人文学のために)』ナカニシヤ出版, 2019년.

5 후지하라 다쓰시(藤原辰史)『トラクターの世界史—人類の歴史を変えた「鉄の馬」たち』中公新書, 2017년. [국역본은 후지하라 다쓰시, 황병무 역『트랙터의 세계사: 인류의 역사를 바꾼 철마』팜커뮤니케이션, 2018년.] 藤原辰史『전쟁과 농업(戦争と農業)』集英社インターナショナル新書, 2017년. [국역본은 후지하라 다쓰시, 최연희 역『전쟁과 농업: 먹거리와 농업을 통해 본 현대 문명의 그림자』따비, 2020년.]

6 한나 아렌트가 고대와 근대의 '노동'관(특히 마르크스의 '노동')을 대비한 대목을 참조할 것. "근대는 전통을 모조리 전도시켰다. 즉 근대는 활동과 관조의 전통 순위를, 아니 그 정도가 아니라 '활동적인 삶' 내부의 전통적인 위계 구조조차 전도시키며 노동을 모든 가치의 원천으로 찬미함으로써, 전통적으로 '이성적 동물'이 차지했던 지위로 '노동하는 동물'을 격상시킨 것이다." (『人間の条件』志水速雄訳, ちくま学芸文庫, 1994년, p. 139). [국역본은 한나 아렌트, 이정우·태정호 역『인간의 조건』한길사, 2003년, p. 140.] 아렌트에 따르면, 나치즘과 스탈린주의의 노동중심주의는 마르크스의 노동 찬미의 연장선상에 있다. 이는 종종 '오독'이라 비판받지만, 거꾸로 바로 이 오독에서 아렌트의 가능성을 발견하는 연구도 나오고 있다. 모모키 바쿠(百木漠)『아렌트의 마르크스: 노동과 전체주의(アーレ

ントのマルクス―労働と全体主義)』人文書院, 2018년,

7 모모키 바쿠(百木漠)는 『아렌트의 마르크스』에서 아렌트의 주장을 다음과 같이 논했다. 즉 노동(내구성 낮은 물건을 생산하는 일), 작업(내구성 높은 물건을 제작하는 일), 활동(공공 영역에서 의견을 서로 교환하는 일)이라는 세 가지 장르를 마구 뒤섞어 전부 노동과 소비로 혼연일체화시켜 나가는 것을 '노동의 키메라화'라 부르면서, 아렌트는 이 비대화된 '노동'을 장차 전체주의로 이어질 것으로서 비판했다.

8 倉野憲司校注『古事記』岩波文庫, 2007년(改版. 初版 = 1963년). [국역본은 노성환, 『고사기』 민속원, 2009년, p. 59.]

9 고이즈미 요시유키(小泉義之)의 코멘트. 고이즈미 요시유키(小泉義之) + 지바 마사야(千葉雅也) + 나카야마 히후미(仲山ひふみ)「사변적 실재론 '이후'와 트럼프 시대의 제문제(思弁的実在論'以後'とトランプ時代の諸問題)」『現代思想』47巻1号, 2019년.

10 메리 더글러스(メアリ・ダグラス)『오예와 금기(汚穢と禁忌)』塚本利明訳, ちくま学芸文庫, 2009년, p. 365.

11 나는 주 4에서 인용한 논문「고물과 쓰레기의 인문학: '밑바닥'에 대한 종합적 고찰」에서 예술작품과 고물 및 쓰레기의 관계에 대해 논한 바 있다. 또 카트린 드 실기(カトリーヌ・ド・シルギー)『인간과 쓰레기: 쓰레기를 둘러싼 역사와 문화, 유럽의 경험에서 배운다(人間とごみ―ごみをめぐる歴史と文化,ヨーロッパの経験に学ぶ)』(久松健一編訳, ルソー麻衣子訳, 新評論, 1999년)도 참조.

12 福岡伸一『生物と無生物のあいだ』講談社現代新書, 2007년. [국역본은 후쿠오카 신이치, 김소연 역『생물과 무생물 사이』은행나무, 2008년.] 福岡伸一『新版 動的平衡―生命はなぜそこに宿るのか』小学館新書, 2017년. [이 판본이 아니라 2009년에 나왔던 초판을 번역한 국역본은 후쿠오카 신이치, 김소연 역『동적평형』은행나무, 2010년.] 福岡伸一『新版 動的平衡 2―生命は自由になれるのか』小学館新書, 2018년, "합성보다 분해하는 쪽을 끊임없이 우선한다"는 구절은『新版 動的平衡』p. 294에서 인용. 후쿠오카의 저작들은 내가 본서를 쓰고 나서 초고를 교정하는 도중에 읽었지만, 분자생물학적으로 접근한 후쿠오카의 분해 이미지와 인문학적으로 접근한 나의 분해 이미지가 적잖이 겹치는 우연에 놀랐다. 이 우연에 대해서는 또 다른 기회에 생각해보고 싶다.

13 Alfred Sohn-Rethel, Das Ideal des Kaputten: Über neapolitanische Technik, in: *Frankfurter Zeitung vom Sonntag*, 21. März 1926. 파손된 것을 사랑하는 나폴리 사람들에 대해서는 오카다 아쓰시(岡田温司)『아감벤 독해(アガンベン読解)』(平凡社, 2011년)에서 알게 되었다.

14 가와무라 아야(河村彩)『러시아 구성주의: 생활과 조형의 조직학(ロシア構成主義―生活と造形の組織学)』共和国, 2019년.

15 ジョルジョ・アガンベン『裸性』岡田温司 + 栗原俊秀訳, 平凡社, 2012년. [국역본은 조르조 아감벤, 김영훈 역『벌거벗음』인간사랑, 2014년.]

16 같은 책, pp. 156-157. [국역본은 『벌거벗음』, pp. 156-157].

17 같은 책, p. 164. [국역본은 『벌거벗음』, p. 163.]

18 처음에는 월간 잡지 『みすず』에 실림(1981년 2월호, みすず書房). 후지타 쇼조(藤田省三) 『정신사적 고찰(精神史的考察)』(2003년, 平凡社ライブラリー) 수록. 인용은 이 판본에서 취했다. [국역본은 후지타 쇼조, 조성은 역 『정신사적 고찰: 붕괴와 전환의 순간들』 돌베개, 2013년.]

19 같은 책, p. 275.

20 같은 책, p. 276.

21 요시무라 후지오(吉村不二夫) 『형태학의 복권: 분자생물학을 넘어(形態学の復権—分子生物学を超えて)』 学会出版センター, 1987년, p. 11.

1장 '제국'의 형태

1 『유메노 규사쿠 전집 제4권(夢野久作全集 第４)』 三一書房, 1969년, p. 305.

2 야마모토 사토미(山本聡美) + 니시야마 미카(西山美香) 編 『구상도 자료 집성: 사체의 미술과 문학(九相図資料集成—死体の美術と文学)』 岩田書院, 2009년.

3 야마모토 사토미(山本聡美) 「일본 구상도의 성립 및 전개(日本における九相図の成立と展開)」, 같은 책, p. 201.

4 규마 가즈타케(九馬一剛) 編 『최신 토양학(最新土壌学)』 朝倉書店, 1997년, p. 7.

5 안토니오 네그리 · 마이클 하트(アントニオ・ネグリ + マイケル・ハート) 『제국: 글로벌화의 세계질서와 다중의 가능성(〈帝国〉—グローバル化の世界秩序とマルチチュードの可能性)』 水嶋一憲他訳, 以文社, 2003년, pp. 256-257. [국역본은 안토니오 네그리 · 마이클 하트, 윤수종 역 『제국』 이학사, 2001년.]

6 같은 책, p. 262.

7 안토니오 네그리 · 마이클 하트(アントニオ・ネグリ + マイケル・ハート) 『공통체 상권: '제국'을 넘어서는 혁명론(コモンウェルス(上)—〈帝国〉を超える革命論)』 水嶋一憲監訳, 幾島幸子 + 古賀祥子訳, NHK 出版, 2012년, p. 290. [국역본은 안토니오 네그리 · 마이클 하트, 정남영 · 윤영광 역 『공통체: 자본과 국가 너머의 세상』 사월의책, 2014년.]

8 안토니오 네그리 · 마이클 하트(ネグリ + ハート), 『제국(〈帝国〉)』, pp. 262-263. 강조는 저자.

9 안토니오 네그리 · 마이클 하트(アントニオ・ネグリ + マイケル・ハート) 『다중 상권: '제국' 시대의 전쟁과 민주주의(マルチチュード(上)—〈帝国〉時代の戦争と民主主義)』 幾島幸子訳, 水嶋一憲 + 市田良彦監修, 日本放送出版協会, 2005년, p. 233. 이 일역본에서는

'demonic'이 '악마적'이라 번역되어 있다. [국역본은 안토니오 네그리 · 마이클 하트, 정남영 외 역 『다중: 제국이 지배하는 시대의 전쟁과 민주주의』 세종서적, 2008년.]

10 가라타니 고진(柄谷行人) 『마르크스 그 가능성의 중심(マルクス その可能性の中心)』 講談社学術文庫, 1990년, p. 128. [국역본은 가라타니 고진, 김경원 역 『마르크스 그 가능성의 중심』 이산, 1999년.]

11 시이나 시게아키(椎名重明) 『농학의 사상: 마르크스와 리비히(農学の思想―マルクスとリービヒ)』 東京大学出版会, 1976년, pp. 200-201. 현재는 마르크스를 에콜로지컬한 관점에서 새로 읽고자 하는 연구가 급속히 진전되고 있으며, 그 과정에서 리비히와 마르크스의 문제에 대한 재검토도 진전되고 있다. 예를 들자면 岩佐茂+佐々木隆治編 『마르크스와 에콜로지: 자본주의 비판으로서의 물질대사론(マルクスとエコロジー―資本主義批判としての物質代謝論)』(堀之内出版, 2016년)은 이에 대한 입문서로 본서 집필에 참고가 되었다.

12 네그리 · 하트(ネグリ+ハート) 『〈帝国〉』, p. 243.

13 아리스토텔레스(アリストテレス) 『생성과 소멸에 대하여(生成と消滅について)』 池田康男訳, 京都大学学術出版会, 2012년, p. 174.

14 이 점과 관련하여 네그리와 하트의 불충분함에 대해서는 감역자(監譯者)인 미즈시마 가즈노리(水嶋一憲)도 『공통체(コモンウェルス)』의 「해설」을 통해 지적하고 있다.

15 안토니오 네그리 · 마이클 하트(アントニオ・ネグリ+マイケル・ハート) 『다중 상권(マルチチュード(上)』 pp. 187-188.

16 규마 가즈타케(九馬一剛) 編 『최신 토양학(最新土壌学)』 p. 58.

17 예컨대 폴 로버츠(ポール・ロバーツ) 『식량의 종언: 글로벌 경제가 초래한 또 하나의 위기(食の終焉―グローバル経済がもたらしたもうひとつの危機)』(神保哲生訳, ダイヤモンド社, 2012년)를 참조. [국역본은 폴 로버츠, 김선영 역 『식량의 종말: 지금 당신의 밥상은 안전합니까?』 민음사, 2010년.] '식(食)의 종언'(기업이 식의 안전성을 방기해버림)을 초래하고 있는 것은 월마트, 맥도날드, 필립 모리스 등 세계적인 푸드 기업만이 아니다, 거기에는 우리의 욕망이 있다는 로버츠의 결론은 너무나도 어둡다. 하지만 달리 보자면, 우리가 먹는다는 행위를 회복함으로써 이 기업들과 우리를 맺어주고 있는 푸드 시스템을 와해시킬 가능성을 시사하는 것으로도 독해할 수 있다.

18 ハンナ・アレント 『人間の条件』 志水速雄訳, ちくま学芸文庫, 1994년, p. 151. [국역본은 한나 아렌트, 이진우 역 『인간의 조건』 한길사, 2019년. p. 151.]

19 후지하라 다쓰시(藤原辰史) 『나치의 주방: '먹는 일'의 환경사(ナチスのキッチン―「食べること」の環境史)』(水声社, 2012년, 결정판은 共和国, 2016년)의 제5장 「주방의 나치화」를 참조.

20 고토쿠 슈스이(幸徳秋水) 「세타가야 폐물장터(世田ケ谷の艦褸市)」, 中川清編 『메이지 시

대 도쿄의 하층생활지(明治東京下層生活誌)』 岩波文庫, 1994년, p. 190. 처음에 발표된 곳은 『평민신문(平民新聞)』(1903년 12월 17일자).

21 고토쿠 슈스이(幸徳秋水), 같은 글, pp. 190-191.

22 요코야마 겐노스케(横山源之助) 『일본의 하층 사회(日本の下層社会)』 岩波文庫, 1949. p. 43. 첫 출간은 1899년.

23 작자 미상. 「도쿄의 빈민(東京の貧民)」 中川清編 『메이지 도쿄 하층생활지(明治東京下層生活誌)』 岩波文庫, 1994년, p. 124. 처음 발표는 『시사신보(時事新報)』 1896년 10월 11일, 18일, 25일, 11월 1일, 22일, 29일자.

2장 나무블럭의 철학

1 마쓰다 미치오(松田道雄) 『정본 육아백과(定本 育児の百科)』(중권) 岩波文庫, 2008년, p. 281.

2 키디오(キディオ) 『와르르 쿠궁(ガラガラ ドッシャーン)』 キディオフォーラム, 1991년.

3 이토 지사토, 다카하시 도시유키(伊藤智里 + 高橋敏之) 「한 유아의 나무블럭 놀이에 나타나는 다양한 발달적 특징(一幼児の積み木遊びに見られる多様な発達的特徴)」 『미술교육학: 미술과 교육학회지(美術教育学—美術科教育学会誌)』 32号, 2011년, p. 41-53. 「한 유아의 나무블럭 놀이로 보는 생활체험을 통한 입체 표현의 다양성(一幼児の積み木遊びに見る生活体験を通した立体表現の多様性)」 『미술체육학(美術教育学)』 33号, 2012년, pp. 93-105.

4 『호빵맨(*Anpanman*)』, 『월리를 찾아라』 등 아동도서 출판으로 알려져 있는 프뢰벨관(1907년 창업)의 명칭도 프뢰벨에서 따온 것이다.

5 이후 프뢰벨의 생애에 대해서는 다음의 책들을 참고했다. 마르기타 록슈타인(マルギッタ・ロックシュタイン) 『놀이가 어린이를 키운다: 프뢰벨의 '유치원'과 '교육용 놀잇감(遊びが子どもを育てる—フレーベルの〈幼稚園〉と〈教育遊具〉)』 小笠原道雄監訳, 木内陽一 + 松村納央子訳, 福村出版, 2014년. 헬무트 하이란트(ヘルムート・ハイラント) 『프뢰벨 입문(フレーベル入門)』 小笠原道雄 + 藤川信夫訳, 玉川大学出版部, 1991년. 쇼지 마사코(荘司雅子) 『프뢰벨 연구(フレーベル研究)』 玉川大学出版部, 1984년.

6 마르기타 록슈타인(ロックシュタイン) 『놀이가 어린이를 키운다(遊びが子どもを育てる)』 p. 33.

7 오바라 구니요시(小原國芳) + 쇼지 마사코(荘司雅子) 監修 『프뢰벨 전집 제4권 유치원 교육학(フレーベル全集第4巻　幼稚園教育学)』 荘司雅子訳, 玉川大学出版部, 1981년, p. 180. 이후, 프뢰벨 문장의 번역어에 대해서는 원칙적으로 일본어 번역본들을 사용했지만, 원서 대조를 통해 변경한 대목도 있다. Wichard Lange (Hrsg.), *Die Pädagogik des Kin-*

dergartens: Gedanken Friedrich Fröbel's über das Spiel und die Spielgegen stände des Kindes, Osnabrück: Biblio Verlag, 1966.

8 쇼지 마사코는 프뢰벨이 나무블럭을 "신이 유아들을 위해 선물한 것"이라고 보아 "은물"이라고 명명했다는 점을 인정한 뒤 "삼라만상 일체의 모양, 성질, 법칙을 상징"하는 것으로서 자연의 이치와 신을 아는 매체적 성질을 갖는다고 하는 프뢰벨의 세계관과 상응한다고 썼다(쇼지 마사코(荘司雅子) 『프뢰벨 연구(フレーベル研究)』 pp. 257-258).

9 『프뢰벨 전집 제4권(フレーベル全集　第4巻)』, p. 186.

10 같은 책, p. 276.

11 같은 책, p. 188.

12 같은 책, p. 218.

13 같은 책, p. 277.

14 같은 책, pp. 348-349.

15 같은 책, p. 275.

16 같은 책, p. 365.

17 쇼지 마사코(荘司雅子) 『프뢰벨의 교육학(フレーベルの教育学)』 玉川大学出版部, 1984년, p. 200.

18 이 방대한 농업서는 일본에도 번역되어 있다. 알브레히트 다니엘 테어(アルブレヒト・ダニエル・テーア) 『합리적 농업의 원리(合理的農業の原理)』 上巻・中巻・下巻, 相川哲夫訳, 農山漁村文化協会, 2007-2008년.

19 오카다 아케오(岡田暁生) 『피아니스트가 되고 싶어! 19세기 또 하나의 음악사(ピアニストになりたい！—19世紀 もうひとつの音楽史)』 春秋社, 2008년. 참고로 저자 오카다는 "분해/반복/강화 사상이야말로 19세기 모든 음악의 공통분모라고까지 주장하고 싶을 정도다"(p. 206)라고 말하는데, 이 경우의 "분해"란 정확히 낭만주의 시대에 독일에서 유행했던 체조 운동과 마찬가지로, 모든 것을 요소들로 분절화한다는 것이다. 실로 나무블럭 자체라고도 할 수 있지만, 본서의 목적은 나무블럭에 비치는 분해라는 과정에서 반복 및 강화로 치닫지 않는 뭔가를 파악하려는 것이다.

20 존 듀이(ジョン・デューイ) 『학교와 사회(学校と社会)』 宮原誠一訳, 岩波文庫, 1957년.

21 『프뢰벨 전집 제4권(フレーベル全集　第4巻)』, p. 301. 이후 인용문 속의 강조 표시는 원문에 따른 것이다.

22 쇼지 마사코(荘司雅子) 『프뢰벨의 생애와 사상(フレーベルの生涯と思想)』 玉川大学出版部, 1975년, pp. 25-26.

23 『프뢰벨 전집 제4권(フレーベル全集　第4巻)』, pp. 20-21.

24 같은 책, p. 544.

25 같은 책, p. 551.

26 식용 모란채(Grünkohl)는 원래 소시지 반찬 등에 사용하는 식용 잎양배추로 녹색의 양배추이다. 일본에서 개량되어 관상용이 되었다.

27 『프뢰벨 전집 제4권(フレーベル全集　第4巻)』, p. 466.

28 같은 책, p. 23.

29 같은 책, p. 347.

30 프뢰벨의 신체 교육에 대해서는 언급되지 않았지만, 당연하게도 그는 나무블럭 쌓기뿐 아니라 달리기나 농사일을 통해 몸을 움직이면 신체 발달에 효과가 있다는 점을 인정한다.

31 쇼지 마사코(荘司雅子) 『프뢰벨의 교육학(フレーベルの教育学)』 玉川大学出版部, 1984년, p. 158.

32 같은 책, p. 237.

33 오바라 구니요시(小原國芳) + 쇼지 마사코(荘司雅子) 監修 『프뢰벨 전집 제5권 속편 유치원교육학. 어머니의 노래와 애무의 노래(フレーベル全集　第5巻　続 幼稚園教育学　母の歌と愛撫の歌)』 荘司雅子 + 藤井敏彦訳, 玉川大学出版部, p. 42, 44.

34 『프뢰벨 전집 제4권(フレーベル全集　第4巻)』, pp. 477-478.

3장 인류의 임계

1 부패의 조짐이 나타나고 있던 레닌의 시신을 어떻게 미라로 바꾸어갔는지, 그 방부 처리를 둘러싼 과학자들의 분투는 경탄스럽다. 게다가 그 기술은 소련 붕괴 후 마피아 보스 등을 미라로 만드는 미라 비즈니스로 이어지게 된다. 일리아 즈발스키(イリヤ・ズバルスキー), 새뮤얼 허친슨(サミュエル・ハッチンソン) 『레닌을 미라로 만든 남자(レーニンをミイラにした男)』 赤根洋子訳, 文春文庫, 2000년.

2 중국의 신선 사상에 대해서는 오가타 도루(大形徹) 『불로불사: 신선의 탄생과 신선술(不老不死ー仙人の誕生と神仙術)』(講談社現代新書, 1992년)을 참고했다.

3 고지마 나오코(小嶋菜温子) 「『다케토리 이야기』로 보는 황권과 도교: 불사약의 역사로부터(「竹取物語」にみる皇権と道教ー不死の薬の歴史から)」 『일본문학(日本文学)』 37巻 4号, 1988년.

4 『야나기타 구니오 전집 5(柳田国男全集 5)』 ちくま文庫, 1989년, pp. 309-327.

5 『유레카(ユリイカ)』의 1995년 제27권 12호의 증면특집 '카렐 차페크(カレル・チャペック)'에는 차페크의 연보와 주요 저작에 대한 해제가 실려 있어 편리하게 전체상을 그려볼 수 있다. 또한 이지마 이타루(飯島周) 『카렐 차페크: 작은 나라의 큰 작가(カレル・チャペックー小さな国の大きな作家)』(平凡社新書, 2015년)도 이 글의 구상을 가다듬는 데 많은 참고가 되었다. 체코를 제외하면 차페크가 가장 많이 읽히는 나라가 일본이라는 것

도 흥미로운 현상이지만, 그것은 번역자들(千野栄一, 栗栖継, 飯島周, 田才益夫, 石川達夫 등)의 방대하고도 꼼꼼한 작업에 의한 결과다. 그들의 번역 작업 덕분에 차페크의 팬이 된 나는 이번 글을 쓰면서 그러한 점을 끊임없이 느끼지 않을 수 없었다.

6 카렐 차페크(カレル・チャペック) 「마크로풀로스 사건(マクロプロス事件)」 『차페크 희곡 전집(チャペック戯曲全集)』 田才益夫訳, 八月舎, 2006년, pp. 155-229.

7 단, 2011년에 잘츠부르크에서 빈 필하모니의 연주로 상연된 〈마크로풀로스 사건〉에서는, 차페크의 희곡에 있는 논의 중 일부를 무언극이라는 형태로 서두에 제시하는 연출이 구사되었다. 또 차페크와 야나체크의 〈마크로풀로스 사건〉을 동시에 논한 글이 있다. 고누마 준이치(小沼純一) 「'평범함'이라는 유토피아: 차페크/야나체크의 오페라 〈마크로풀로스 사건〉을 둘러싸고(〈ふつうさ〉というユートピア—チャペック / ヤナーチェクのオペラ《マクロプロス事件》をめぐって)」 『유레카(ユリイカ)』 「증면특집 카렐 차페크(増頁特集 カレル・チャペック)」 제27권 12호, 1995년.

8 독가스와 농약이 쌍둥이 같은 관계에 있다는 점에 대해서는 후지하라 다쓰시(藤原辰史) 「제1차 세계대전의 환경사(第1次世界大戦の環境史)」 공익재단사학회(公益財団史学会) 編 『재해와 환경으로부터 전쟁을 읽는다(災害・環境から戦争を読む)』 山川出版社, 2015년.

9 야마무로 신이치(山室信一) + 오카다 아케오(岡田暁生) + 고세키 다카시(小関隆) + 후지하라 다쓰시(藤原辰史) 編 『현대의 기점 제1차 세계대전(現代の起点　第1次世界大戦)』 全4巻, 岩波書店, 2014년.

10 일본의 메치니코프 수용(특히 칼피스Calpis와의 관계)에 대해서는 과학사 연구자 노사카 시오리(野坂しおり) 선생에게 많은 것을 배웠다.

11 차페크는 전쟁 중 겪은 식량난으로 건강을 해치게 되어 1916년 8월에 부모님 계신 곳에서 요양을 한다. 이지마 이타루(飯島周) 『카렐 차페크(カレル・チャペック)』, pp. 228-229.

12 "생각지도 못한 전쟁이 발발했을 때, 카프카와 마찬가지로 건강상의 이유로 군대에 입대할 수 없었다. 그러나 이 전쟁은 그에게 큰 타격을 주었다. 그사이에 그의 사고방식도, 저작도 완전히 변했다." 이반 클리마(イヴァン・クリーマ) 『카렐 차페크』 田才益夫訳, 青土社, 2003년, p. 17.

13 지노 에이치(千野栄一) 『주머니 속의 차페크(ポケットのなかのチャペック)』 晶文社, 1975년, p. 10.

14 이지마 이타루(飯島周) 『카렐 차페크(カレル・チャペック)』, p. 42.

15 아카쓰카 와카기(赤塚若樹) 「차페크는 지금 어디에 있는가?: 체코가 낳은 소설가와 '현대소설'(チャペックはいまどこにいるのか?—チェコが生んだ小説家と「現代小説」)」 『유레카(ユリイカ)』 「증면 특집 카렐 차페크(増頁特集 カレル・チャペック)」 1995年 11月号.

16 카렐 차페크(カレル・チャペック) 『로봇(ロボット(RUR))』 千野栄一訳, 岩波文庫,

1989년, 책 말미에 실려 있는 차페크의 「로봇이라는 말은 어떻게 탄생했는가(ロボットという言葉はどのように生まれたか)」라는 짧은 글과 지노 에이치의 「후기」를 참조.

17 차페크(チャペック) 『로봇(ロボット)』, p. 34. Karel Čapek, *Dramata (Karel Čapek Spicy VII)*, Český Spisovatel, 1992, p. 107. [이 대목은 국역본(김희숙 역, 길, 2002년)도 참조하며 번역했다.]

18 배아줄기세포(ES세포)나 만능줄기세포(iPS세포)처럼 다양한 조직들로 분화할 수 있는 능력을 지닌 미분화 세포를 가리킨다.

19 차페크(チャペック) 『로봇(ロボット)』, p. 161-162. Čapek, *Dramata*, op. cit., p. 164.

20 같은 책, p. 84. Čapek, *Dramata*, op. cit., p. 129.

21 나무블럭의 고안자 프리드리히 프뢰벨이 나무블럭이라는 장남감의 성질로 증식만이 아니라 제어를 보고 있었다는 점은 여기서도 역시 중요하다.

22 에릭 슐로서(エリック・シュローサー) 『핵은 폭주한다: 미국 핵개발과 안전성을 둘러싼 투쟁(核は暴走する—アメリカ核開発と安全性をめぐる闘い)』 상, 하권, 布施由紀子訳, 河出書房新社, 2018년.

23 카렐 차페크(カレル・チャペック) 『도롱뇽과의 전쟁(山椒魚戦争)』 栗栖継訳, 岩波書店, 1978년, p. 74. [국역본 p. 65.]

24 같은 책, p. 73. [국역본 p. 64.]

25 같은 책, p. 93. [국역본 p. 81.]

26 같은 책, p. 184. [국역본 p. 158]

27 같은 책, p. 233. [국역본 p. 207]

28 같은 책, p. 188. [국역본 p. 161]

29 같은 책, p. 189. [국역본 p. 162]

30 같은 책, p. 196. [국역본 p. 168]

31 같은 책, pp. 348-355.

32 카렐 차페크(カレル・チャペック) 『압솔루트노 공장(絶対製造工場)』 飯島周訳, 平凡社, 2010년, p. 33.

33 같은 책, p. 26.

34 같은 책, p. 36.

35 같은 책, p. 37.

36 카렐 차페크(カレル・チャペック) 『크라카티트(クラカチット)』 田才益夫訳, 青土社, 2008년, pp. 18-19.

37 같은 책, p. 116.

38 같은 책, p. 296.

39 카렐 차페크(カレル・チャペック)「하얀 질병(白い病気)」『차페크 희곡 전집(チャペック戯曲全集)』田才益夫訳, 八月舎, 2006년, pp. 231-294.

40 차페크(チャペック)『크라카티트(クラカチット)』, p. 323-324. [국역본은 김규진 역『크라카티트』행복한책읽기, 2020년, p. 440.]

41 가즈오 이시구로(カズオ・イシグロ)『나를 보내지 마(わたしを離さないで)』土屋政雄訳, 早川書房, 2008년. [국역본은 김남주 역『나를 보내지 마』민음사, 2012년.]

42 파올로 바치갈루피(パオロ・バチガルピ)『태엽 감는 소녀(ねじまき少女)』上下, 田中一江+金子浩訳, ハヤカワ文庫SF, 2011년. [국역본은 이원경 역『와인드업 걸』다른, 2011년.]

43 카렐 차페크(カレル・チャペック)『압솔루트노 공장(絶対製造工場)』飯島周訳, 平凡社ライブラリー, 2015년, p. 150. "백성, 농민"이라고 번역한 대목의 원문은 'rolník'라는 한 단어다. 물론 독어-체코어 사전을 보면 이 단어에는 자연 혹은 가족에 뿌리박은 농가 경영을 하는 Bauer(농민)와, 상대적으로 자본가적 경영에 가까운 Landwirt(영농가)라는 두 가지 의미가 담겨 있지만, 삽화에 나온 농민의 모습이 그냥 백성이라고 하기에는 너무 당당하다는 점과 또 격언으로서의 리듬도 고려하여 여기서는 그냥 '농민'이라고 했다.

44 같은 책, p. 148.

45 이시구로(イシグロ)『나를 보내지 마(わたしを離さないで)』, p. 431-432. [국역본은 김남주 역『나를 보내지 마』민음사, 2012년, p. 386.]

46 카렐 차페크(カレル・チャペック)『원예가의 1년(園芸家の一年)』飯島周訳, 平凡社ライブラリー, pp. 50-51. [국역본은 카렐 차페크, 요제프 차페크(그림), 배경린 역『정원가의 열두 달』펜연필독약, 2019년, pp. 57-58.]

47 같은 책, p. 165. [국역본 pp. 156-157.]

48 같은 책, p. 184. [국역본 pp. 173-174.]

49 같은 책, 같은 곳. [국역본 p. 174.]

50 같은 책, p. 187. [국역본 p. 176.]

51 같은 책, p. 194. [국역본 p. 183.]

52 같은 책, p. 195. [국역본 p. 184.]

53 같은 책, pp. 196-197. [국역본 pp. 185-186.]

54 카렐 차페크(カレル・チャペック)『영국 소식(イギリスだより)』이지마 이타루(飯島周)訳, ちくま文庫, 2007년, p. 83.

55 같은 책, p. 84.

56 같은 책, pp. 93-94.

57 같은 책, p. 96.

4장 넝마주이의 마리아

1 이나무라 미쓰오(稲村光郎)『쓰레기와 일본인: 위생, 근검, 재활용으로 보는 근대사(ごみと日本人―衛生・勤倹・リサイクルからみる近代史)』ミネルヴァ書房, 2015년, pp. 1-2.

2 무라세 게이코(村瀬敬子)『차가운 맛의 탄생: 일본 냉장고 100년(冷たいおいしさの誕生―日本冷蔵庫100年)』論創社, 2005년, p. 17.

3 후지이 세이치로(藤井誠一郎)『쓰레기수거라는 노동: 청소차를 타면서 생각한 지방자치(ごみ収集という仕事―清掃車に乗って考えた地方自治)』コモンズ, 2018년.

4 시오미 센이치로(塩見鮮一郎)『에도의 빈민(江戸の貧民)』文春新書, 2014년.

5 같은 책, pp. 64-65.

6 같은 책, p. 117.

7 요코야마 겐노스케(横山源之助)『일본의 하층 사회(日本の下層社会)』岩波文庫, 1949년, p. 44.

8 도쿄도 자원회수사업 협동조합 20년사 편찬위원회 編『도쿄도 자원회수사업 협동조합 20년사(東京都資源回収事業協同組合二十年史)』資源新報社, 1970년.

9 야스마루 요시오(安丸良夫)『데구치 나오: 여성교조와 구원사상(出口なお―女性教祖と救済思想)』岩波現代文庫, 2013년, p. 37.

10 요코야마 겐노스케(横山源之助)『일본의 하층 사회(日本の下層社会)』, p. 44.

11 나카가와 기요시(中川清) 編『메이지 도쿄 하층생활지(明治東京下層生活誌)』岩波文庫, 1994년, 나카가와는 인용을 할 때 일본 글자든 한자든 구식 글자체를 신식 글자체로 변경했다.

12 같은 책, p. 243.

13 요코야마 겐노스케(横山源之助)『일본의 하층 사회(日本の下層社会)』, p. 45.

14 나카가와 기요시(中川清) 編『메이지 도쿄 하층생활지(明治東京下層生活誌)』.

15 같은 책, pp. 137-138. 인용 시 행갈이 등을 통해 정리를 했다.

16 구사마 야소오(草間八十雄)『불량아(不良児)』玄林社, 1936년, p. 176.

17 이토 다카시(伊藤隆) 감수, 모모세 다카시(百瀬孝) 지음『사전 쇼와 전전기 일본: 제도와 실태(事典　昭和戦前期の日本―制度と実態)』吉川弘文館, 1990년.

18 東京都資源回収事業協同組合 編『도쿄도 자원회수사업 협동조합 30년사(東資協二十年史)』, p. 9.

19 같은 책, pp. 14-15.

20 같은 책, p. 40.

21 같은 책, p. 11. 호시노 아키라(星野朗) + 노나카 이누이(野中乾)『양아치 사회 연구(バタヤ社会の研究)』蒼海出版, 1973년, p. 52.

22 동자협(東京都資源回収事業協同組合) 編『동자협 20년사(東資協二十年史)』, p. 56.

23 같은 책, pp. 76-77.

24 같은 책, p. 207.

25 호시노 아키라(星野朗) + 노나카 이누이(野中乾)『양아치 사회 연구(バタヤ社会の研究)』. 도쿄도 자원회수사업 협동조합(東京都資源回収事業協同組合) 編『동자협 20년사(東資協二十年史)』, pp. 35-40.

26 호시노 아키라(星野朗) + 노나카 이누이(野中乾)『양아치 사회 연구(バタヤ社会の研究)』. pp. 37-38.

27 같은 책, p. 39.

28 칼 마르크스(カール・マルクス)『마르크스 선집 Ⅲ(マルクス・コレクションⅢ)』横張誠 + 木前利秋訳, 筑摩書房, 2005년, p. 69. [국역본은 카를 마르크스, 프리드리히 엥겔스, 박종철출판사 편집부 역『칼 맑스 프리드리히 엥겔스 저작선집 2』박종철출판사, 1997. p. 339.]

29 Karl Marx/Friedrich Engels, *Gesamtausgabe*, I-11, Dietz Verlag, Berlin 1985, S. 142.

30 이후, 프란체스코회의 나가사키 활동 내용에 대해서는 마쓰이 도루(松居桃楼)『제노, 죽을 겨를이 없다: '개미촌의 신부' 인생편력 신판(ゼノ死ぬひまない—〈アリの町の神父〉人生遍歴 新版)』(春秋社, 1998년), 이시토비 진(石飛仁)『바람의 사자 제노 신부: 아우슈비츠의 죽음(風の使者・ゼノ神父—アウシュビッツの死)』(講談社, 1984년), 다이아나 듀어(ダイアナ・デュア)『콜베 신부(コルベ神父)』(山本浩訳, 時事通信社, 1984년)를 참조했다. 나가사키마루호가 나가사키에 도착한 날짜에 대해서는 콜베 신부와 제노 수도사의 기록 간에 차이가 보이지만, 전후 맥락을 고려하여 콜베 신부가 기록한 날짜를 채택했다.

31 이시토비 진(石飛仁)『바람의 사자 제노 신부(風の使者・ゼノ神父』, p. 35.

32 다이아나 듀어(ダイアナ・デュア)『콜베 신부(コルベ神父)』, p. 105.

33 이시토비 진(石飛仁)『바람의 사자 제노 신부(風の使者・ゼノ神父』, pp. 176-177.

34 이하, 기타하라 사토코의 발자취에 대해서는 기타하라 사토코(北原怜子)『개미촌 아이들(蟻の街の子供たち)』(三笠書房, 1953년), 마쓰이 도루(松居桃楼)『개미촌의 마리아 기타하라 사토코(アリの町のマリア　北原怜子)』(春秋社, 1963년), 기타하라 긴시(北原金司)『마리아 사토코를 그리며: 그 사랑은 영원히(マリア怜子を偲びて—その愛は永遠に)』(八重岳書房, 1971년), 파울로 그린(パウロ・グリン)『개미촌의 미소: 개미촌에 살았던 마리아 기타하라 사토코(蟻の街の微笑み—蟻の街で生きたマリア北原怜子)』(大和幸子編, 聖母の騎士社, 2016년)를 참고했다.

35 이시토비(石飛)『바람의 사자 제노 신부(風の使者・ゼノ神父)』, p. 210.

36 이하, 요시다 게이코의 발자취에 대해서는 기타하라 긴시(北原金司)『마리아 사토코를 그리며(マリア怜子を偲びて)』(pp. 244-249)와 파울로 그린(パウロ・グリン)『개미촌의

미소』(pp. 281-284)를 참조했다.

37 기타하라 긴시(北原金司) 『마리아 사토코를 그리며(マリア怜子を偲びて)』, p. 284.

38 같은 책, p. 169.

39 같은 책, pp. 248-249.

40 같은 책, pp. 105-106.

41 마쓰이 도루(松居桃楼) 『궁핍 추방: 개미촌의 경제학(貧乏追放—蟻の街の経済学)』 サンケイ新書, 1956년, pp. 122-125.

42 기타하라 긴시(北原金司) 『마리아 사토코를 그리며(マリア怜子を偲びて)』, pp. 68-69.

43 같은 책, p. 71.

44 같은 책, p. 273.

45 같은 책, p. 286.

46 같은 책, pp. 39-40.

47 같은 책, pp. 254-255.

48 같은 책, p. 45. 다음 인용문도 동일.

49 같은 책, p. 47.

50 가령 1958년에는 고쇼 헤이노스케(五所平之助) 감독이 영화 〈개미촌의 마리아〉를 제작했고, 여기서 기타하라 사토코 역은 지노 가쿠코(千之赫子)가 맡았다. 1971년에는 다카라즈카 가극단(宝塚歌劇団)이 〈뭇별들이 반짝이는 동네(星のふる街)〉라는 제목으로 작품을 올리기도 했다.

51 기타하라 긴시(北原金司) 『마리아 사토코를 그리며(マリア怜子を偲びて)』, p. 210.

52 마쓰이 도루(松居桃楼) 『궁핍 추방: 개미촌의 경제학』, pp. 231-237.

53 기타하라 긴시(北原金司) 『마리아 사토코를 그리며(マリア怜子を偲びて)』, pp. 144-145. 다음 인용문도 동일.

54 같은 책, pp. 145-146.

55 같은 책, p. 147.

56 가지 다이스케(梶大介) 『양아치 이야기: 우리도 인간이다(バタヤ物語—俺達だって人間だ)』 第二書房, 1957년, pp. 14-15.

57 같은 책, p. 16.

58 같은 책, pp. 17-18.

59 같은 책, p. 23.

60 같은 책, p. 19.

61 기타하라 긴시(北原金司) 『마리아 사토코를 그리며(マリア怜子を偲びて)』, p. 150.

62 같은 책, p. 151.

63 가지 다이스케(梶大介)『양아치 이야기(バタヤ物語)』, pp. 19-20.

64 같은 책, pp. 55-56.

65 가이코 다케시(開高健)『일본 서푼짜리 오페라(日本三文オペラ)』新潮文庫, 1971년, p. 71.

66 같은 책, p. 134.

67 가지 다이스케(梶大介)『양아치 이야기(バタヤ物語)』, p. 179.

68 기타하라 긴시(北原金司)『마리아 사토코를 그리며(マリア怜子を偲びて)』, p. 148.

69 이소무라 에이치(磯村英一) 監修, 야스오카 노리히코(安岡憲彦) 編『도시하층 민중생활 실태자료 집성 [Ⅱ] 구사마 야소오 1921년-1927년 조사(都市下層民衆生活実態資料集成 [Ⅱ] 草間八十雄　1921年-1927年 調査)』明石書店, 1993년, pp. 405-436. 인용부는 pp. 435-436. 또 잔반집에 대해서는 유자와 노리코(湯澤規子)『위장의 근대: 먹는 것과 사람들의 일상사(胃袋の近代—食と人びとの日常史)』(名古屋大学出版会, 2018년)의 제7장도 참조.

70 와타나베 신이치로(渡辺信一郎)『에도의 생업사전(江戸の生業事典)』東京堂出版, 1997년, p. 102.

5장 떠들썩한 장례식

1 누마타 마코토(沼田真) 編『생태학 사전 개정 증보판(生態学辞典　増補改訂版)』築地書館, 1983년, p. 203.

2 Golley, F. B., *A History of the Ecosystem Concept in Ecology: More than the Sum of the Parts*, Yale University Press, 1993, p. 8.

3 Tansley, A. G., The Use and Abuse of Vegetational Concepts and Terms, *Ecology*, Vol. 16, No. 3, 1935.

4 일본생태학회(日本生態学会) 編『생태학 입문 제2판(生態学入門 第２版)』東京化学同人, 2012년,

5 일본생태학회(日本生態学会) 編『생태학 입문 제2판(生態学入門 第２版)』, p. 35, 37.

6 같은 책, p. 181.

7 누마타 마코토(沼田真) 編『생태학 사전 개정 증보판(生態学辞典　増補改訂版)』p. 345. '분해자' 항목도 같은 페이지.

8 마이클 베건, 존 하퍼, 콜린 타운센즈(マイケル・ベゴン＋ジョン・ハーパー＋コリン・タウゼンド)『생태학: 개체에서 생태계로 원저 제4판(生態学—個体から生態系へ[原著

第4版])』 堀道雄監訳, 京都大学学術出版会, 2013년, p. 426.

9 같은 책, pp. 425-451.

10 Thienemann, August, *Der Nahrungskreislauf im Wasser, in: Verhandlungen der Deutschen Zoologischen Gesellschaft*, Vol. 31, 1926.

11 a.a.O., S. 30.

12 Lindeman, Raymond L., The Trophic-Dynamic Aspect of Ecology, *Ecology*, Vol. 23, No. 4, 1942.

13 op. cit., pp. 158-159. 강조는 원문.

14 Thomas Potthast, Wissenschaftliche Ökologie und Naturschutz Szenen und Annährung, in: Joachim Radkau/Frank Uekötter (Hrsg.), *Naturschutz und Nationalsozialismus*, Campus Verlag, 2003.

15 a.a.O., S. 238.

16 a.a.O., S. 254.

17 Heinrich, Bernd, *Life Everlasting: the Animal Way of Death*, Marinar, 2012, p. XIII. 일역본은 베른트 하인리히(ベルンド・ハインリッチ)『삶에서 죽음으로, 죽음에서 삶으로: 생물 장의사들 이야기(生から死へ, 死から生へ―生き物の葬儀屋たちの物語)』 桃木暁子訳, 化学同人, 2016년, pp. 10-11. 이후 인용은 일역본을 참조하면서 저자가 번역했다. [국역본은 김명남 역 『생명에서 생명으로』 궁리, 2015년, p. 11.]

18 op. cit., p. 86.

19 op. cit., p. 152. [국역본은 『생명에서 생명으로』. pp. 208-209.]

20 op. cit., p. 152. 강조는 하인리히. [국역본은 『생명에서 생명으로』. p. 211.]

21 op. cit., pp. IX-X. [국역본은 『생명에서 생명으로』. pp. 5-6.]

22 op. cit., p. 195. [국역본은 『생명에서 생명으로』. p. 259.]

23 op. cit., p. 196. [국역본은 『생명에서 생명으로』. p. 260.]

24 op. cit., p. 137. [국역본은 『생명에서 생명으로』. pp. 190-191.]

25 쓰카모토 게이이치(塚本珪一)『일본 소똥구리기: 소똥구리로 보는 열도의 자연(日本糞虫記―フン虫からみた列島の自然)』 青土社, 1994년, pp. 46-47. 다음 인용은 p. 55, 56.

26 같은 책, p. 198.

27 쓰카모토 게이이치(塚本珪一)『소똥구리의 생물다양성: 자연학의 풍경(フンころがしの生物多様性―自然学の風景)』 青土社, 2010년, p. 248.

28 장 앙리 파브르(ジャン=アンリ・ファーブル)『완역 파브르 곤충기 제1권 상(完訳 ファーブル昆虫記　第一巻上)』 오쿠모토 다이사부로(奥本大三郎) 訳, 集英社, 2005년, p. 21. 저자는 이하에서 인용할 때 오쿠모토 다이사부로의 이 번역을 사용한다.

29 같은 책, p. 23.

30 장 앙리 파브르(ジャン＝アンリ・ファーブル)『완역 파브르 곤충기 제5권 상(完訳 ファーブル昆虫記　第五巻上)』 오쿠모토 다이사부로(奥本大三郎) 訳, 集英社, 2007년, pp. 52-54.

31 조르조 아감벤(ジョルジョ・アガンベン)『벌거벗음(裸性)』 岡田温司＋栗原俊秀訳, 平凡社, 2012년, p. 162. [국역본은『벌거벗음』, pp. 161-162.]

32 장 앙리 파브르(ジャン＝アンリ・ファーブル)『완역 파브르 곤충기 제5권 상(完訳 ファーブル昆虫記　第五巻上)』, p. 140.

33 Heinrich, *Life Everlasting*, pp. 183-184. [국역본은『생명에서 생명으로』, pp. 243-244.]

34 나는 이전에 인간을 하나의 튜브로 다룬 적이 있다. 후지하라 다쓰시(藤原辰史)「인간 튜브론: 식(食)의 다이내미즘을 사유한다(人間チューブ論—食のダイナミズムを考える)」『미술수첩(美術手帖)』 제1060호, 2017년.

35 장 앙리 파브르(ジャン＝アンリ・ファーブル)『오스기 사카에 역 파브르 곤충기(大杉栄訳　ファーブル昆虫記)』 오스기 사카에(大杉栄) 訳, 明石書店, 2005년, pp. 8-9.

36 장 앙리 파브르(ジャン＝アンリ・ファーブル)『완역 파브르 곤충기 제1권 상(完訳 ファーブル昆虫記　第一巻上)』 오쿠모토 다이사부로(奥本大三郎), p. 2.

6장 수리의 미학

1 이 프로젝트의 이론적 지주였던 시노하라 마사타케 선생을 통해 노사쿠 프로젝트에 대해 많은 걸 알게 되었다.

2 야마나 요시유키(山名善之)＋히시카와 세이이치(菱川勢1)＋우치노 마사키(内野正樹)＋시노하라 마사타케(篠原雅武) 編『엔(縁): 아트 오브 넥서스(en [縁]：アート・オブ・ネクサス)』 TOTO 出版, 2016년, p. 61. 다음 인용문은 p. 67.

3 다나카 도시카즈(田中利和)『소와 함께 밭을 간다: 에티오피아의 재래식 쟁기 농경의 미래 가능성(牛とともに耕す—エチオピアにおける在来犂農耕の未来可能性)』 松香堂書店, 2018년, pp. 90-91.

4 같은 책, p. 91.

5 같은 곳.

6 시라토리 유카리(白鳥由加利) 著, 하라 이치나(原一菜) 監修『금수선에 관한 책(金繕いの本)』 グラフィス, 2016년, pp. 88-89.

7 오자와 노리요(小澤典代)『금계를 권함: 물건을 소중히 여기는 마음(金継ぎのすすめ—ものを大切にする心)』 誠文堂新光社, 2013년, pp. 124-135.

8 호리 미치히로(堀道広)『집에서 너끈히 할 수 있는 금계(おうちでできるおおらか金継ぎ)』実業之日本社, 2018년, p. 17.

9 호리 미치히로(堀道広)『집에서 너끈히 할 수 있는 금계(おうちでできるおおらか金継ぎ)』, p. 100.

10 후지하라 다쓰시(藤原辰史)『먹는다는 건 어떤 일인가: 세계를 보는 방식이 바뀌는 세 가지 질문(食べるとはどういうことか—世界の見方が変わる3つの質問)』農山漁村文化協会, 2019년.

11 호리 미치히로(堀道広)『집에서 너끈히 할 수 있는 금계(おうちでできるおおらか金継ぎ)』, p. 16.

12 오자와 노리요(小澤典代)『금계를 권함(金継ぎのすすめ)』, pp. 109-110.

13 마쓰시마 다케시(松嶋健)『프시코 나우티카: 이탈리아 정신의료의 인류학(プシコ・ナウティカ—イタリア精神医療の人類学)』世界思想社, 2014년, pp. 258-262.

14 후지타 쇼조(藤田省三)「신품 문화: 처음부터 반짝이는 상태로 주어진다(新品文化—ピカピカの所与)」『정신사적 고찰(精神史的考察)』平凡社ライブラリー, 2003년, p. 276.

15 내가 말하는 '분해의 철학'과 관련하여 도예가 모토하라 레이코 선생으로부터 '분해'에는 '푼다'(ほどく)라는 말이 들어맞는 것 같다, 가령 초가지붕 장인은 풀기 쉽도록 이엉을 인다고 하더라, 라는 시사를 받았다. 선생의 근작에 실려 있는 나와의 대담을 참조. 모토하라 레이코(本原令子)『도로(登呂)에서, 나는 생각했다.(登呂で, わたしは考えた.)』(静岡新聞社, 2018).

16 시부타레 히데오(渋垂秀夫)『조형과 아이들의 우주 I 모래밭(造形と子どもの宇宙 I 砂場)』明治図書出版, 1998년, pp. 38-39. 이어지는 인용문은 p. 34.

17 오노 스스무(大野晋) 編『고전 기초어 사전(古典基礎語辞典)』角川学芸出版, 2011년, 이와 관련된 논의는 저자가 본서의 원고를 월간지(『現代思想』)에 연재한 뒤 나중에 읽게 된 고쿠분 고이치로(國分功一郎)의『중동태의 세계: 의지와 책임의 고고학(中動態の世界—意志と責任の考古学)』(医学書院, 2017년)의 논의와 겹치는 바가 많은데, 상세한 검토는 다른 기회를 마련해 도전하고자 한다. [후자의 국역본은 고쿠분 고이치로, 박성관 역『중동태의 세계』동아시아, 2019년.]

18 같은 책, pp. 832-833.

19 오노 스스무(大野晋)『일본어를 거슬러 오른다(日本語をさかのぼる)』岩波新書, 1974년, p. 187.

20 같은 책, pp. 187-188.

에필로그: 분해의 향연

1 발효 세계의 인문학적 가능성에 대해서는 아래에 적은 발효학자와의 대담에서 논의한 적이 있다. 고이즈미 다케오(小泉武夫), 후지하라 다쓰시(藤原辰史) 「발효식으로 생각하는 새로운 '에콜로지'(発酵食から考える新しい〈エコロジー〉)」 『현대사상(現代思想)』 「총특집 미생물의 세계(総特集 微生物の世界)」 44巻11号, 2016년.

2 질 들뢰즈(ジル・ドゥルーズ), 펠릭스 가타리(フェリックス・ガタリ) 『철학이란 무엇인가(哲学とは何か)』 財津理訳, 河出文庫, 2012년, p. 92. [국역본은 질 들뢰즈·펠릭스 가타리, 이정임·윤정임 역 『철학이란 무엇인가』 현대미학사, 1995년.]

3 모토하라 레이코(本原令子) 『도로에서, 나는 생각했다.(登呂で, わたしは考えた.)』 静岡新聞社, 2018년.

4 우에오 마사미치(上尾真道) 「부식토의 인문학(腐植土の人文学)」 야마무로 신이치(山室信一) 編 『인문학 선언(人文学宣言)』 ナカニシヤ出版, 2019년, pp. 138-139.

5 기무라 빈(木村敏) 『시간과 자기(時間と自己)』 中公新書, 1982년, p. 142. 이 인용은 전간양 경련(癲癇様痙攣, epileptic convulsion)을 염두에 두고 서술된 문장이다. 번데기론을 전개함에 있어 기무라 빈의 '물(物)'과 '일(事)'을 나누어 사고하는 방법, 그리고 정신병리로부터 시간의 근원에 바싹 다가가는 논의에 큰 자극을 받았다.

옮긴이의 말

7년 전, 이 책의 저자를 일본의 어떤 잡지에서 처음 보았다. 그는 반 년 뒤 그 잡지에 '분해의 철학'이라는 제목 아래 연재를 시작했고, 3년 반 전 그렇게 연재된 글들을 바탕으로 책을 냈다. 이 책과 그 전에 나온 그의 주저의 번역을 추진했는데 많은 우여곡절이 있었고 그 후 겨우 저작권 계약을 맺었다. 그랬던 책이 이제 나오게 되었다. 그래서 옮긴이의 말은 이 과정을 중심으로 쓰기로 한다. 아마 내게도, 또 이 책에도 이것으로 족할 것이다.

1 나치가 생명과 노동을 존중하는 정책을?

저자 후지하라 다쓰시를 처음 본 것은 일본의 세계적인 월간 교양지 『現代思想(현대사상)』(青土社) 2015년 6월호에서였다. 이 호는 '새로운 유물론'을 특집으로 꾸민 것이었는데, 당연히 요즘 유행하는 '신유물론'도 포함되지만 사물에 주목하는 더 광범위한 흐름을 사정권에 넣은 것이었다. 이 특집의 맨 처음에 주제 전체를 다루는 대담 「생활의 분해를 위하여」가 실렸는데, 두 대담자 중 한 명이 후지하라 다쓰시였다.* 이 대담의 초반에 그는 자기 학문의 원점이랄까, 문제의식의 바탕을 이야기한다. 그의 대표작인 『나치의 주방』(2012)에 관한 언급이기도 해서 독자들께도 흥미로울 것 같다. 길지만 인용해보겠다. 근데 뭘 분해한다고? 생활…을 분해해?

> **후지하라 다쓰시**: 저는 나치 시기의 독일을 중심으로 한 정치경제 현상을, '먹는다는 것', '먹을 수 없다는 것'으로부터 숙고해왔습니다. (…) 먹는다는 문제에 오늘의 테마인 사물 혹은 존재라는 개념을 대조시켜 생각해보면, 역시나 우리가 먹는 사물, 먹는 존재인 '먹거리'에 대해 이야기하지 않을 수 없겠습니다. (…) 실은 제가 『나치의 주방』을 집필하는 가운데 가장 고민한 문제가 있었는데요, 그 얘길 하기 전에 우선은 과연 어떤 식으로 나치즘에 접근해 들어갈까라는 방법론에 대해 제가 생각했던 것을 말씀드리겠습니다. 저는 추상적인 논의에 약한 성격인지라 나치 연구에 뛰어들었던 당초부터 구체적인 것에 흥미를 갖는 경향이 있었어요. 그것은 특히 두 가지였는데, 첫째, 농민들이 어떤 심정으로 밀이나 소, 돼지를 길렀는가? 둘째, 사람들이 무엇을 어떤 식으로 먹었는가, 였죠. 『나치의 주방』은 그중 두 번째 주제를 다룬 것입니다.
>
> 그중에서도 흥미 있었던 게 식량 자급 문제였어요. 독일은 제1차 세

* 또 한 명은 『현대사상』의 단골 필자 중 하나인 시노하라 마사다케로 최근 그의 저서 『인류세의 철학』(모시는사람들, 2022)이 국내에 번역 소개된 바 있다. 2023년에는 『인류 이후의 철학: 인류세를 살아간다』(講談社, 2020)도 번역 출간될 예정이다.

계대전에서 76만 명이나 아사자를 내고 말았는데, 나치는 이를 대실책이었다고 비판했습니다. 특히 그 희생자들인 여성과 어린이들을 절대로 굶기지 않을 것을 대방침으로 내걸고, 식량 자급률을 올릴 것을 목표로 삼았죠. 2012년에 출간한 저서 『순무의 겨울』(人文書院)에서도 이미 거론했습니다만, 손에 빵을 든 어린 사내아이가 "우리를 굶기지 마!"라고 외치는 나치의 포스터는 대단히 강력했습니다. 세계대전의 고통과 슬픔으로부터 자유로울 수 없는 사람들에게 상당한 울림을 주지 않았겠습니까? 한편, 세계공황 시에도 나치는 실업자를 굶기지 않기 위해 구제사업을 열렬히 벌였습니다. 기아와 빈곤이라는 이 생존 위험으로부터 사람들을 해방시킨다고 하는 말과 행동에 의해 나치가 독일 민중의 지지를 획득해간 과정을 어떻게 생각할지가 저의 문제의식의 근저에 있습니다.

나치가 등장한 것은 세계공황의 시대였습니다. 도시의 길거리에는 실업자들이 넘쳐났습니다. 우유 소비량이 급속히 상승하는 가운데 농축산업 근대화를 위해 은행에서 상당한 돈을 빌렸던 낙농 지대 농촌에서는 특히 농민들이 채무 변제에 시달리며 은행에 저당 잡혔던 소나 가옥 등을 점차 상실해갑니다. 다들 생활의 위기에 노출되었어요. 최전선이 아닌 후방에서의 굶주림이라는 전쟁 기억이 되살아나고 있는 가운데, 나치에 의해 무게 중심이 낮은, 구체적인 말과 그림, 사진들이 도착한 것입니다. 요컨대 자신들을 지지하면 굶주림, 빈곤, 채무로부터 해방된다는 문구였죠. 이 대단히 단순하지만 생존에 직접 관련되는 메시지가 나치의 여러 정책들의 근저에서 일관성 있게 흐르게 되었습니다.

재미있는 예를 들자면 사과는 먹어도 좋지만 바나나는 먹어선 안 된다는 정책이 있었습니다. 사과는 국산이고 영양가도 높으니까 장려하지만, 해외 산품인 바나나는 장려하지 않는다, 해외에서 배에 실려 운반되어 오는 식료품은 1차 세계대전 때처럼 긴급 사태가 발생하면 해상 봉쇄를 당해 국내로 들어오지 못하니까 크게 의지해서는 안 된다, 라고 나치는 주장합니다. 혹은 주방의 젖은 쓰레기를 돼지의 사료로 사용하기 위해 가정의 주부들에게 분별을 확실히 하지 않으면 범죄라 간주하겠소, 라고 위협하면서 사료 자급률 향상 정책을 시행했습니다. 이렇듯 사람들이 매일 살아가는 생활에 대해 묻는 그런 정책이 많아졌던 것입니다.

시노하라 마사타케: 나치 체제의 근저에 있던 것은 사람들이 굶어 죽지 않도록 식료를 공급하는 일이었군요. 그러고 보면 공중위생 정책이나 국토 계획 등도 그런 생존적인 방침 속에 위치 지워지는 것이었겠어요. 우린 자칫하면 히틀러가 장악한 제3제국의 장대하고 강렬한 비전에 대한 대중의 열광적인 지지가 나치를 떠받치고 있었다고 생각하기 십상이지만, 실제의 나치는 더 일상적인 생활 수준에서 대중의 지지를 조달하고 있었다는 얘기가 되는 겁니까?

후지하라: 그 지점은 신중하게 검토하지 않으면 안 될 것입니다. 이데올로기에 대한 열광적인 지지가 몰리는 국면이나, 히틀러의 연설을 비롯한 미디어 전략이 강렬한 환희를 낳았다는 것은 여러 사료들이 명확히 보여줍니다. 예컨대 히틀러와 민중이 가장 가까이 접촉할 수

있는 기회였던, 1년에 한 번 열린 '수확 감사제'라는 비일상 공간 속에서는, 참가한 사람들이 얼마나 히틀러의 등장과 연설에 취해 있었던지, 사료에는 그를 뒷받침하는 증거들이 많이 남아 있습니다. 그러나 그 열광을 떠받치고 있던 것은 일상적인 메시지, "당신들을 살리겠습니다", "살아 있어 주세요"라는 단순 소박한 메시지였습니다. 또 그 메시지는 "살아 있지 않았으면 좋겠는 인종"을 공격함으로써, 민중 속에 있는 어두운 선민의식을 자극하고 또 나치가 추진하던 유대인 및 장애인 절멸 정책으로부터 시선을 돌리는 역할도 수행하고 있었습니다.

시노하라: 사람들은 일상생활에 만족하면 자신들과는 관계없는 일에 냉담해지고 만다는 것이군요. 그곳을 나치는 교묘히 이용했지요.

후지하라: 그렇습니다. 일상이라는 말을 가지고 이야기를 이어가 보자면, 나치는 여가를 조직하는 문제에서도 뛰어난 능력을 발휘했습니다. 여가의 조직화에 대해서는 이탈리아 파시즘의 도폴라보로(Dopolavoro, 노동 이후) 정책이 선구적이었는데, 이는 일이 끝난 후 혹은 휴일 시간을 어떻게 의미 있게 보내게 할까라는 고민에서 탄생했습니다. 파시즘 교육을 하기보다는 모두 노래를 부르거나 여행을 가거나 영화를 감상하는 그런 프로그램이 장려된 것입니다. 이러한 '유연한 파시즘'(빅토리아 데 그라치아)을 나치도 받아들여 'KDF'(Kraft durch Freude, 기쁨을 통한 힘)이라는 조직을 만듭니다. 여가 혹은 그 여가 속에서의 기쁨이라는, 그러니까 생활의 기저 영역에까지 나치즘은 범위를 확장하고

있었던 것입니다.

시노하라: 그랬군요. 절멸 수용소의 슬로건 "노동하면 자유로워진다"에 특징적으로 나타나 있듯이, 나치라고 하면 노동의 조직화라는 이미지를 갖고 있었는데, 사실은 그런 면모도 있었다니 놀랍군요.

이처럼 「파시즘의 근원」이라는 소주제로 시작된 대담은 이후 「쇠미와 결핍」 「도시를 '분해'한다」 「사회를 나무블럭으로 보는 모델」을 거쳐 「생태적인 미래를 향하여」라는 소주제의 논의로 마무리된다. 이 대담을 읽고 놀라기도 하고 여러모로 고민도 깊어지게 된 나는 얼마 후 이진경 선생님과 산책을 하다가 이 얘길 하게 되었다. 그랬더니 이 선생님 왈, "나도 놀랐다니까. 생태주의 사상가들을 조사하고 연구하다 보면 대부분이 여지없이 나치 사상가이거나 그게 아니라 해도 어떤 식으로든 나치와 연결되어 있더라고." 이 무렵 나는 처음으로 궁금해졌다. 나치는 정말 어떤 존재였을까? 그의 『나치의 주방』은 어떤 내용일까. 참고로 그는 2004년 5월에 교토대학 인간·환경학 박사학위를 받았는데, 논문 제목은 「나치 독일의 유기농업: '자연과의 공생'은 왜 '민족 말살'에 가담했는가」였다. 제목에 그의 고민이 응축되어 있다.

이후 나는 통념과는 대조되는 정보들을 산발적으로 접하게 된다. 당시 미국은 통조림 사업 등 농축산 가공산업을 본격화하고 있었으며, 바로 그것에 반대되는 세력이 나치였다는 것을 알게 된다. 히틀러가 채식주의자였던 맥락이기도 하다(미국은 예나 지금이나 세계 농업 부문 1위이며, 유전자 조작 기술 등이 가세하면서는 더 압도적으로 세계를 지배하게 되었다). 양자역학의 창시자인 1901년생 하이젠베르크가 쓴 현대의 고전 『부분과 전체』를 통해서는 당시의 세계정세와 히틀러 정권의 등장에 대해 독일의 민중과 지식인들이 어떻게 생각하고 있었는지를 생생하게 알게 되며 여러 차례 놀랐다. 연합국 측은 1차 대전 후 독일 시민들을 타락시키고 마비시킬 목적으로 주요 도시에 카바레 등 홍청망청 문화를 즐비하게 깔아놓는다. 모차르트와 베토벤이 늘 흐르던 나라에, 칸트에서 헤겔에 이르는, 마르크스와 엥겔스가 맹활약한 철학과 사상의 나라에 말이다. 이에 대해 뜻있는 독일의 지식인과 청년 학생들이 분개했던 장면은 아직도 기억에 서늘하다. 패배한 독일에 어마어마한 배상금을 때린 것은 물론인데, 이 천문학적 배상금이 부메랑이 되어 프랑스와 영국까지 휘청거리게 하고 결국 미국까지 뒤흔들면서 일어나는 게 2차 대전이라는 건 칼 폴라니의 『거대한 전환』을 통해 알게 된다. 평전으로 유명한 슈테판 츠바이크의 『어제의 세계』에 보면 당시 나치를 지지한 것이 독일은 물론 유럽의 청년과 지식인들이었음이 드러난다. 나치 독일이 얼마나 가공할 만한 지옥을 창조했는지도 아울러 듣고 보게 되었기 때문에, 나는 이 문제와 관련하여 늘 혼란스러웠다. 그래서 내게는 공부와 관련하여 아직 못 이룬 꿈이 하나 있다. 미래파 및 다다이스트와 함께 독일의 나치에 대해 깊이 연구해보는 것이다. 그리고 저자의 또 하나의 주저인 『나치의 주방』도 조만간 한국 독자들에게 소개되길 바란다.

2 네그리와 하트의 『제국』 비판

후지하라가 내 레이더에 들어오고 6개월 뒤, 같은 잡지인 『현대사상』 12월호에 그의 '분해의 철학' 연재 제1회가 실렸다. 제목은 「나무블록이 무너지는 소리: 상」. 프뢰벨이 창안한 나무블럭 놀이가 소재였고 그런대로 흥미로운 글이었다. 하지만 장기 연재물인지라 글이 짧기도 했고 이후 부정기적으로 연재되다 보니 아무래도 처음의 관심은 약해졌다. 그래, 연재물을 찔끔찔끔 읽느니 나중에 최종회가 실렸을 때 몰아서 읽자, 라는 심사도 있었다. 쉽게 말해서 연재할 때는 한 톨도 읽지 않았다는 얘기다. 몇 해가 흘러 연재도 끝나고 2019년 7월에는 책이 출간되었다. 책을 해외에 주문하고 도착할 때까지 이전에 눈팅만 했던 『현대사상』의 글들을 읽게 되었다. 찾아보니 2015년 6월의 대담보다 꽤 이전인 2013년 7월호(네그리와 하트의 『제국』 특집)에 이미 「분해의 철학」이라는 제목으로 그의 글이 실려 있었다. 나의 평소 관심사나 견해와도 상통해서 흥분하며 읽었다. 나도 늘 문제라고 여겼던 생산지상주의에 대한 비판이 출발점이었던 것이다.

언제나 생산은 선이고 소비는 악이었다. 소비가 강조될 때도 있었지만 그때의 소비란 더 나은 생산을 위한 것, 그러니까 필요악 같은 존재였다. 물론 20세기 전반에도 창조적 파괴라는 말은 이미 있었고, 지금은 정말이지 세상이 바뀌어 소비가 더 중요해졌다고까지 할 수 있다. 아마 주류 경제학에서도, 소비 없이는 경제성장이고 발전이고 지속가능성이고 없다는 데 이제는 다수가 공감하지 않을까? 그렇긴 하지만 가령 예술 같은 분야에서도 파괴를 위한 파괴보다는 건설적인 파괴, 그냥 부정보다는 변형이 더 높이 평가되는 것은 여전하다. 더 길게 말할 필요 없이 진보와 좌파의 상징인 마르크스주의가 생산자 중심주의고 생산력 중심주의 아닌가! 그리고 그 상징은 오래도록 프롤레타리아트, 즉 공장에서 중후장대한 상품을 생산해내는 생산직 노동자였다.

이에 대한 뚜렷한 이의제기로 가라타니 고진은 오래전부터 생산양식이 아닌 교환양식 중심의 변혁론을 제창하였다. 간단히 말해서 노동자는 몸뚱이를 상품으로 팔 수밖에 없는 입장일 때는 자본가에 대해 약자지만, 물건을 사는 소비자 입장에서는 자본가의 상품을 사줄 수도 있고 안 사줄 수도 있다. 경우에 따라서는 불매 운동 등의 전술을 조직적으로 사용해 자본가를 직접 공격할 수도 있다. 이것이 교환양식의 응용편이다. 생산자로서의 노동자보다 소비자로서의 노동자가 더 중요해진 것이다(사실 마르크스의 이론에서도 노동자가 공장에서 생산할 때는 '가변자본', 즉 자본의 일부로 편성된다는 점에서 일맥상통하는 면도 있다). 이런 발상 등을 포함해 가라타니 고진이 『트랜스크리틱』에서 제시한 아나키즘과 마르크스의 종합을 추구하는 대항운동체 NAM(New Associationist Movement, '남', 신연합운동)이 2000년 6월에 발족하여 활동을 개시한다. 2년 반 만인 2003년 1월에 해산하며 활동을 접긴 했지만 말이다. 이에 대해 가라타니는 특정 운동체가 해산한 것일 뿐, 이후에는 고유명사가 아니라 새로운 연합운동이라는 일반명사로 계속 이어질 것이라고 말했다. 실제로 한참 뒤인 『현대사상』 2018년 1월호에 가라타니는 「자본의 '힘'과 그것을 넘는 '힘'」이라는 글을 실으며 마지막을 이렇게 맺었다. "저는 근래 『세계사의 구조』(2010년)를 비롯해서 이론적인 서적들을 써왔습니다. 그러나 그것은 NAM의 실천을 통해 사유한 문제들입니다. 내가 사유하고 있는 것은 언제나 실천적임과 동시에 윤리적인 문제입니다. NAM의 문제가 소멸하는 일은 있을 수 없습니다."* 당시 이 글을 읽고 이론가이자 실천가로서 가라타니 고진이 새삼 다가왔던 것 같다. 가라타니는

바로 한 달 전인 2022년 10월에도 『힘과 교환양식』(力と交換様式)을 이와나미 출판사에서 출간했다. 조만간 시간을 내어 여전히 씩씩하게 운동 중인 그의 글을 읽어줘야겠다.

네그리와 하트의 『제국』에 대한 후지하라의 공감적 비판은 본서의 1장 「'제국'의 형태」에 쉽게 쓰여 있으니 직접 확인하시기 바란다. 『분해의 철학』을 가라타니 고진의 교환양식론 및 네그리, 하트의 『제국』과 오버랩시키며 읽어보기. 이렇게 되면 본서가 21세기에 생태론을 기반으로 제출된 새로운 대안 세계론이라는 면모가 드러날 것이다.

3 발효와 농업, 축산업

후지하라는 할머니, 할아버지가 농업을 하셨고 지금은 아버지가 농업을 하고 있다. 자기를 농업사 또는 식(食) 사상사 연구자라 자처하는 사람에게 어울리는 내력이다. 『현대사상』 2016년 6월호 '미생물의 세계' 특집에 등장하여 발효학과 식 문화론의 원로인 고이즈미 다케오와 토의를 벌이기도 한다. 토의 제목은 「발효식의 관점에서 생각하는 새로운 '에콜로지'」다. 한편, 2018년의 특집호에서는 하이데거의 유명한 글 「기술에 관한 물음」을 패러디하여 「농업 기술에 관한 물음: 하이데거의 개념 '기른다'에 대하여」라는 글도 실었다. 하이데거의 글은 본래 1953년 뮌헨 공과대학에서 '기술 시대의 예술'이라는 주제 중 하나를 강의하는 연사로서 했던 강연이 바탕이 되었던 글이다. 후지하라는

* 柄谷行人, 「資本の「力」とそれを超える「力」—NAM再考(자본의 '힘'과 그것을 넘는 '힘'—NAM을 다시 생각한다)」, 『現代思想』(青土社), 2018년 1월호 수록. p. 35.

「농업 기술에 관한 물음」이라는 짧은 글의 서두에서 이런 가정을 해본다. 만일 하이데거가 뮌헨 공대가 아니라 전통 있는 농업 단과대학으로 유명한 호엔하임 대학에서 진행된 '기술 시대의 농업'이라는 연속 강연의 강사 중 한 명으로 '기술에 관한 물음' 강연을 했다면 어땠을까? 혹시 내용에도 어느 정도의 변용이 발생하지 않았을까? 라는 가정형 질문을 던지는 것이다. 이에 대한 그의 답은 이렇다. 만일 그랬더라면 "하이데거가 그려 보이는, 위험을 아슬아슬할 정도로 끝까지 보고자 하는 괴로운 '시인'이 아니라, 약간은 성급하고 참을성이 없긴 하지만 실은 '구원'에 가까운 곳에 구릿빛 얼굴로 살고 있는 '농민'을 그릴 수 있었을지도 모른다." 이런 소박한 맺음말이라니! 하이데거의 주장에 정면 대결하기보다는 슬쩍 비껴나며 가볍게 다른 상상력을 곁들인 정도다. 방향키는 세상의 흐름과 정반대로 틀었지만 기어는 최저로 내리고 있는 그다운 결말이기도 하다.

2022년 6월호 특집 '육식주의를 생각한다'에는 「배양육에 대한 고찰」이 실렸다. 배양육이란 소를 비롯한 가축의 근육 세포를 체외에서 조직 배양한 식품을 말한다. 배양육의 장점은 가축을 직접 사육하는 쪽보다 지구 환경에 가하는 부담이 적고, 넓은 토지를 필요로 하지 않으며 엄밀한 위생 관리가 가능하다는 점, 사료가 필요하지 않다는 점 등이 꼽힌다. 이외에도 세계적인 공장식 축산 기업들은 여러 가지 이유들을 늘어놓는데, 후지하라는 이에 맞서 육식 반대나 육식 배제로 곧장 직진하지 않는다. 어찌 보면 태평하다고까지 느껴지는 태도로 가축을 기른다는 것의 문제에 대해 찬찬히 생각해보자고 한다. 가축을 기르고 죽이는 문제, 사람에 의해 생명을 빼앗기는 문제는 곧 식사의 문제인데, 먹는다는 행위는 본래 마찰과 저항의 행위라고 말한다. 그리고 배양육을 커다란 계기로 해서 식사는 머잖아 자연계와 인간의 마찰이 아니라 조화의 세계로 이행해갈지 모른다고 전망한다. 그러나 마찰이 없는 세계에서 살아가는 것은 과연 지구에 살아가고 있다고 할 수 있겠는가, 라고 의문을 제기하며 글을 맺는다.

쓰다 보니 『현대사상』에 실린 글들만 다루었는데, 그건 내가 일본 쪽 관련해서는 이 잡지 말고는 보는 게 거의 없기 때문이다. 사실 이 월간지도 다 보기 힘들다. 그리고 꽤나 상세하게 내용을 정리했는데 그 이유는, 후지하라가 단지 흥미 있는 생태 이야기를 잘 쓰는 낭만적이고 추상적인 학자처럼 소개되지는 않기를 바라는 마음에서였다.

4 그동안 쓴 책들

후지하라 다쓰시는 2013년 출간한 『나치의 주방』으로 제1회 가와이 하야오 학예상을 수상했다. 이 책은 2016년에 『나치의 주방: '먹는 일'의 환경사』라는 제목으로 결정판이 나왔다. 본서 『분해의 철학』으로는 2019년 산토리 학예상을 수상했다. 이외에도 다음과 같은 저서들이 있다.

『순무의 겨울: 제1차 세계대전 독일의 기근과 민중』(2011)
『나치 독일의 유기농업』(2012)
『벼의 대동아공영권: 제국 일본의 '녹색 혁명'』(2012)
『먹기와 생각하기』(2014)

『트랙터의 세계사: 인류의 역사를 바꾼 '철마'들』(2017)*
『전쟁과 농업』(2017)**
『급식의 역사』(2018)
『먹는다는 건 어떤 일인가: 세계를 보는 방식이 바뀌는 세 가지 질문』(2019)
『연식론(縁食論): 고식(孤食)과 공식(共食) 사이』(2020)
그리고 야마무로 신이치 등과의 공동 편집으로 『현대의 기점: 제1차 세계대전』 전 4권(2014)이 있다.

5 진중하면서 경쾌한

후지하라는 진중한 문제의식의 소유자이면서도 경쾌한 스텝을 밟을 줄 아는 사람이다. 『분해의 철학』 차례에서도 드러나듯, 지구 전체의 문제를 친숙한 아이템을 선정해 잘도 요리해내고 있다. 그는 나무 블럭이 조립과 건축과 결합의 놀이임과 동시에 처음 창안되었을 때부터 이미 분해와 붕괴의 놀이였음을 알려준다. 아동교육으로 유명한 프뢰벨에 이런 이야기가 숨어 있을 줄은 전혀 몰랐다. 로봇이란 단어를 처음 쓰고 소설 『R.U.R. 로봇』을 지은 유명 작가 카렐 차페크도 마찬가지다. 저자는 그의 주요 작품을 거의 전부 다루면서 그가 얼마나 깊숙이까지 인간과 지구의 문제를 파고들었는지 알려준다. 『도롱뇽과의 전쟁』 같은 흥미진진한 SF물이나 『원예가의 열두 달』 같은 유머러스

* 『트랙터의 세계사: 인류의 역사를 바꾼 철마』(팜커뮤니케이션, 2018)로 번역되었다.
** 『전쟁과 농업: 먹거리와 농업을 통해 본 현대 문명의 그림자』(따비, 2020)로 번역되었다.

한 에세이를 통해서 말이다. 본서에서 특히 나를 사로잡았던 것은 넝마주이의 세계를 다룬 4장과 여러 생물들과 물리적 조건들이 떠들썩한 장례식을 벌이는 5장 「떠들썩한 장례식」이었다(이 장에선 『파브르 곤충기』로 너무나 유명한 파브르도 출연한다). 4장에서는 부당할 정도로 역사 속에서 폄하당해 온 룸펜 프롤레타리아트의 복권 및 재평가가 이루어지는데, 참으로 통쾌하다. 이런 점에서 본서는 '양아치'를 자연계의 분해자들에 비겨도 결코 뒤지지 않을 인류 최고의 분해자로 격상시킨 명예회복서이기도 하다. 마르크스의 『루이 보나파르트의 브뤼메르 18일』 이래, 어떤 면에서는 부르주아보다 더 큰 혐오 대상이었던 양아치들, 하지만 2018년 영화 〈김군〉에서 대단히 의미심장한 무리들로 재발견되었던 그 넝마주이들의 명예 말이다.

6 맺는말

본서의 비평 대상인 『제국』에서 '제국'은 세상 어떤 것도 부패시킬 수 있고, 또 부패되어가는 사태들을 먹고 끊임없이 갱신되는 괴물이다. 사실 이런 표현은 요즘에는 흔한 것이며, 제국만이 아니라 자본 역시 마찬가지다. 한데 저자 후지하라는 단지 거기에만 그치지 않는다. "'제국'에 의한 '공통적인 것'의 부패가 동시에 자연의 부패 능력을 감축시"켰다는 점을 지적한다. 방부제가 인스턴트 라면을 몇 년 동안이라도 썩지 않게 만들듯, "자갈이나 아스팔트로 뒤덮여버린 토양에서는 부패의 기능이 거의 사라져버렸다"는 것이다. 생태적 분해 과정이 거의 정지되어버린 상황! 이런 상황에서 다중은 자연의 부패 과정을 도

우면서 지구 전체의 부패 능력을 서서히 높여야 한다. 저자는 그렇게 '제국'도 분해하여 흙으로 되돌리자는 약속을 제시한다.

작년에 티머시 모턴의 어느 글에서, 근현대 문명은 분해의 단계를 축소시켜버렸다는 대목을 읽고 한 통찰력을 얻었다. 우리가 쓰레기를 버리거나 오줌똥을 눈 다음, 공장이나 핵발전소에서 폐기물들을 버린 다음 그것이 어떻게 처리되는지 깜깜한 채로 있는 동안, 자본을 비롯한 지배 세력은 그 쓰레기 오물의 분해 단계를 최소한으로 줄여버렸다는 것이다. 그 극한이 플라스틱이다. 거의 분해되지 않는 물건. 그것은 폐기 이후 분해되어야 할 여러 단계들을 한 단계로 압축당한 슬픈, 그러면서도 무시무시한 사물이다. 썩지 않는 것이 이토록 무서울 줄이야! 우리는 지금 생산과 소비를 줄이는 것으로는 이전으로 돌아갈 수 없는 단계까지 와버렸다. 과연 쓰레기는 이후 어떻게 되는 건지 그 이후를 계속 따라가야 한다. 쓰레기와 함께 살아가면서 말이다. 후지하라와 모턴이 공히 말하듯, 활성화시켜야 할 것은 생산 과정이 아니라 분해 과정이다. 생산력이 아니라 부패력을, 구축력이 아니라 분해력을 드높이자. 이것이 생명을 유지한 상태로 제국을 사멸시키는 부패, 즉 분해의 힘일 것이다. 새로운 지구로 향해가는 출발점이라면 정말이지 좋을 것이다.

번역 작업을 시작했던 작년의 나와 지금의 나는 한 가지 점에서 다르다. 올해 8월 하순부터 생채식(또는 자연식물식)을 시작했기 때문이다. 채식 중에서도 일체의 가공을 하지 않는, 자연 그대로 먹는 방식이다. 당연히 김치는 먹을 수 있는 줄 알았다. 하지만 젓갈을 사용할 뿐만 아니라 오래 절인다는 점에서 자연스러운 음식이 아니라고 했다. 충격이었다. 이런 견해에 대해 100% 동의하지는 않았고 지금도 그렇지만 일단 시작했다. 지금까지는 대체로 만족스럽다. 물론 쉽지 않기 때문에 다른 사람들에게 권하기는 꺼려진다. 이것이 진짜 대안인지도 모르겠다. 하지만 우리는 완벽한 대안을 찾을 때까지 기다릴 수가 없다. 일단 자기가 할 수 있는 유의미한 변화를 수행하면서 계속 찾아야 한다. 나는 내 몸과 내가 사는 지역과 주변, 그리고 지구 전체를 더 여러 단계로 분해하는 데 일조하고 싶다. 나의 생활이 지금보다 더 분해되어 편안하게 이산되기를 바란다. 드넓은 바다의 섬들처럼, 무한정한 우주에 여기저기 흩어져 있는 별들과 행성들처럼. 내 방과 이 책과 신호등과 저 나무와 수많은 교차로들에 흩어져 있는 내 생각들처럼.

한 권의 책을 세상에 내보내는 것은 언제나 기쁘지만 이번에는 특히 나의 미래와 관련하여 의미롭고 그래서 더 기쁘다.

2022년 11월 하순

박성관